Public Policy Studies:

Social Transformation and Government's Public Policies

当代中国政府改革与公共政策论丛
陈剩勇◎主编

公共政策论

社会转型与政府公共政策

王春福◎著

北京大学出版社
PEKING UNIVERSITY PRESS

图书在版编目(CIP)数据

公共政策论:社会转型与政府公共政策/王春福著.—北京:北京大学出版社,2014.10

(当代中国政府改革与公共政策论丛)

ISBN 978-7-301-24462-3

Ⅰ.①公… Ⅱ.①王… Ⅲ.①政策科学—研究—中国 Ⅳ.①D601

中国版本图书馆CIP数据核字(2014)第148010号

书　　名:公共政策论——社会转型与政府公共政策

著作责任者:王春福　著

责 任 编 辑:胡利国

标 准 书 号:ISBN 978-7-301-24462-3/C·1023

出 版 发 行:北京大学出版社

地　　址:北京市海淀区成府路205号　100871

网　　址:http://www.pup.cn　新浪官方微博:@北京大学出版社

电 子 信 箱:ss@pup.pku.edu.cn

电　　话:邮购部62752015　发行部62750672　编辑部62753121

出版部62754962

印 刷 者:三河市博文印刷有限公司

经 销 者:新华书店

650毫米×980毫米　16开本　23印张　350千字

2014年10月第1版　2014年10月第1次印刷

定　　价:58.00元

总　序

又到甲午年。蓦然回首，两个甲子前的那个甲午，天朝大国装备了当时亚洲最先进坚船利炮的北洋水师，竟然不堪一击，大败于东夷倭国。接踵而至的割地赔款之辱，从天而降的“亡国灭种”危机，终于惊醒了天朝君臣士子，乃知耻而图变法维新。革除秦政专制，建立现代国家制度，以强国富民，复兴中华，从此成为朝野共识。

两个甲子轮回，一百二十年过去。现代性与新的价值观、共和、民主、自由、平等、正义、法治、宪制，已为人心所向，譬如之江大潮，浩浩荡荡，沛然而莫之能御。不过，现代性和新价值一旦落实到国家制度层面，即欧美发达诸国，亦因历史传统、现实国情和国民性特点而自备一体，没有统一适用的制度模式。一百二十年来，面对“二千年未有之大变局”，往圣先贤们开始从世界的眼光看中国，仿效东西，师夷长技，移植法制，致力于政府改革与现代国家制度建设。于是，便有了1898年戊戌变法，1901年晚清新政与预备立宪，1911年辛亥革命与共和宪政，最后在1949年建立了当代中国国家制度。

当代中国政府体制，是执政党为建国初期农业国与计划经济的举国体制而量身定制。六十五年天地翻覆，尤其是1978年中共十一届三中全会开启的改革开放，通过国家在经济、社会、管理及法律等领域的一系列变革，全面推进了从1840年鸦片战争起步、1911年辛亥革命加速的中国社会大转型：工业化、市场化和城市化如风卷残云，摧毁了以小农经济为主的农耕文明和乡土社会格局；国中亿万农民，有一多半离土、离乡，涌进各地的大小城市，转而以工商业和服务业谋生；当下中国社会，已经从改革开放前农业立国、实行计划经济和闭关锁国的传统社会，发展成为工商立国、实行市场经济和对外开放，从社会结构、社会阶层、利益群体到人们的价值观念和生活方式都呈现出越来越多元化和多样性特征的现代社会。因全球化、互联网与自媒体的兴起而迅速普及的现代性和新的价值观，从根本上动摇了旧体制、旧权威和旧秩序的基础。政治社会大转型，工业化，市场化，城市化，全球化，信息化，新变化，新事物和新的社会格局，注定了计划经济时代形成的全能型政府模式已经不堪重用，以及政府改革与治理转型的无可避免。

政府改革是个世界性的难题。古今中外，历史经验表明，即使区区几十万人口的蕞尔小国，政府改革从来都是困难重重，何况中国政府这么一个人类文明史上规模超大型、结构超复杂的政治综合体。中国政府改革与制度重建，涉及政府与市场、政府与社会、政府间关系（包括中央与地方）、政府与执政党、政府与人大和政协、行政权与司法权等一系列关系架构，其中任何一种关系架构的变革与调整，都意味着权力关系的重大调整与利益格局的重新洗牌。公共政策是执政党和政府为解决公共问题、达成公共目标、实现公共利益，经由特定的政治过程选择和制定的施政方案，政治社会大转型时期的政策选择，关乎十三亿国民的切身利益，决定着施政的方向和目标。政府体制要不要改，改什么，怎么改，社会治理结构的重构，国家治理能力的提升，公共政策的选择，社会政策的制定，多元社会利益如何统筹兼顾，公平正义如何实现，等等，既是重大的理论问题，更是极具挑战性的实践课题。

浙江工商大学公共管理学院诸学人，僻在东南一隅，百无一用，然食民之禄，又生逢全面深化改革之时，职志所在，敢忘国事？于是讲课之余，坐而论道，井里观天，管窥蠡测，爰有此编。曰：《政府改革论》《政府成本论》《公共政策论》《社会政策论》。野人献芹，略陈刍荛之见云尔。是为序。

陈剩勇

2014 年 2 月 12 日于杭州

目录

导　论

在当今时代，伴随着政府职能的不断扩张，公共政策已经成为社会规范体系中最为引人注目的组成部分，对社会生活发挥着越来越重要的作用。由于公共政策还肩负着规划人类未来的重任，其地位就更为显赫。尤其是在中国，政府更加强势，致使政府在同市场和社会的关系中居于绝对的支配地位，公共政策已成为社会规范体系的核心。一个国家是否公平正义，经济社会发展是否健康高效，公民享有多大程度的自由，能否形成合理的公共秩序，都同公共政策直接相关。不仅如此，在社会生活中，每一个人都要同公共政策打交道，都要受到国家公共政策的管理。从某种意义上讲，公共政策不仅规划了人类的未来，而且也规划着个人一生的全部生活。一个人出生、上学、工作、退休，哪一步都无法摆脱公共政策的影响。国家公共政策的每一次调整，都或直接或间接地影响着每一个人的生活。

公共政策之所以能够发挥如此重要的作用，说到底是由公共政策的本质决定的。公共政策是国家公共权力主体为了实现特定目标而选择的政治行为。从一定意义上说，公共政策的本质是公共政策主体对公共资源的权威性分配，反映的是社会利益关系。人是社会关系的总和，而社会关系中最本质、最核心的关系就是社会利益关系。每一项公共政策的出台都要引起社会利益关系的变化，社会就是在这种利益关系的变化中或前进、或停滞、或倒退，这需要社会进行权衡；每个人都在这种利益关系的变化中，或者获得某种利益，或者失去某种利益，需要重新审视自己的利益需求，调整自己的利益结构。公共政策能够发挥如此重要的作用还有一个原因，那就是公共政策主体掌握着国家的公共权力，以国家的强制力做后盾，这就使它对公共资源的分配具有了权威性。任何权威都是以服从为前提的。掌握着国家公共权力的公共政策主体主要有立法机关、司法机关和行政机关，在中国还包括执政党的领导机关。所谓公共资源，从原初状态来说所有的资源都是公共的。一切处于不同占有方式下的资源，都是政策分配的结果。当然，经过政策的分配，就产生了私人资源和公共资源的区别。通过某种方式把这种资源分配的结果固定下来，其中一部分就成为神圣不可侵犯的私人财产。从与私人资源相对应的角度来说，公共资源就不是由私人占有的资源，而是公有的、公用的资源，包括政府所掌握的资源和社会共同体共有的资源。公共政策的本质决定了公共政策是调整社会利益关系的工具。公共政策对社会利益关系的调整是通过公共资源的分配实现的，因此，分配公共资源构成了公共政策的最基本的功能。正是公共政策对公共资源的分配功能，决定了它在社会生活中发挥着服务、导向、协调、管制等作用，它们是基本功能的具体表现形式。公共政策通过对公共资源的分配，为社会公众提供公共产品和公共服务；通过公共资源的分配引导经济、政治、文化、社会和生态的发展方向；通过公共资源的分配协调社会不同群体的利益关系；通过公共资源的分配对社会行为进行管理和控制。其中为社会提供公共产品和公共服务已成为公共政策的重要职能。

在现代生活中，公共政策是一个庞大的系统，其形态极为丰富。它覆盖了社会生活的各个领域，渗入到社会结构的不同层次，伴随着整个政治生活的始终。可以从不同的视角对公共政策的具体形态进行分类。从公共政策制定主体的角度进行分类，可分为立法机关的政策、司法机关的政策、行政机关的政策，在中国还包括执政党机关的政策；从公共政策覆盖领域的角度进行分类，可分为经济政策、政治政策、文化政策、社会政策和生态政策；从公共政策在政策体系中地位的角度进行分类，可分为根本政策、基本政策和具体政策；从公共政策作用层次的角度进行分类，可分为制度性政策、体制性政策和机制性政策，等等。当然还可以从多种角度进行分类，凡此种种，不一而足。在社会生活中，公共政策是作为体系发挥作用的。公共政策体系纵向一致、横向协调、层次衔接、相互配合，是公共政策有效发挥作用的前提条件，因此，公共政策体系的系统设计尤为重要。每一项公共政策的出台都必须考虑同其他公共政策的关系，更重要的是还要考虑这项公共政策同整个公共政策体系的关系。

由于公共政策在现代社会生活中的地位越来越重要，并发挥着越来越大的作用,催生了公共政策学这一新兴学科。伴随着公共政策学的发展,形成了最具代表性的政策过程理论、政策网络理论和政策工具理论。政策过程理论在对公共政策进行静态考察的基础上,尤其关注对它的动态考察,把公共政策运行过程划分为不同阶段进行分析和探讨。按照政策过程理论,公共政策的运行过程通常可以划分为:政策议程、政策制定、政策执行、政策评价和政策终止等阶段。当然,对具体阶段的划分存在不同观点,但这并不影响政策过程理论对公共政策研究的指导意义。由于政策过程理论对公共政策研究产生的深远影响,它已经成为公共政策传统而又经典的研究范式。

20 世纪末,政策网络理论开始兴起,并力图取代过程理论成为新的研究范式。政策网络理论正是在批评政策过程理论的基础上发展起来的。政策网络理论认为,公共政策的运行并不像过程理论所描述的那样,一个环节一个环节地呈现在人们的面前,所谓的不同阶段实际上是错综复杂地交织在一起的,不可能截然分开。政策网络理论在批评过程理论的同时提出了自己的理论主张,认为社会发展到今天,公共政策的主体已不仅仅限于掌握国家政治权力的机构,企业组织和社会组织在公共政策运行中发挥着越来越重要的作用。公共政策的运行往往是政府、企业和社会多主体协同互动的结果。政策网络恰恰是不同行为主体协同互动的载体。主体多元性、相对自主性、相互依赖性构成了政策网络的基本特征。政策网络从实质上来说是资源交换和利益整合的场所。政策网络具有有限开放的性质,只接纳那些拥有可以用来交换的资源的主体。当一个社会问题引起政府关注的时候,与此有关并掌握一定资源的利益相关者就开始结成一个网络,在这个网络中不同行为主体,或者出于私人理性进行博弈,或者出于公共理性进行协商。公共政策就是在这种博弈和协商中形成、运作,并发挥自身作用的。政策网络的特征极大地影响着政策工具的选择。

近年来,对政策工具的探索成为公共政策研究的重要内容。政策工具理论的兴起与一种观念直接相关,那就是公共政策失灵是人们有关政策工具知识的不足导致的,因此,只有通过政策工具理论的发展才能够解决政策失灵问题,从而提升公共政策的合理性和有效性。正是基于这样一种认识,同时也是政府提升公共政策有效性的实际需要,推动了政策工具理论的发展。政策工具,简言之就是指公共政策主体用来实现特定目标的手段。政策工具的选择同政策目标的实现具有直接的关联性。政策工具的分类是一项极其复杂的工作,到目前为止还没有一个系统的分类。从多元治理的角度来看,政策工具可分为政府工具、市场工具和社会工具。公共政策主体可以根据所要实现的不同政策目标选择政府工具,也可以选择市场工具和社会工具。当然公共政策主体也可以把政府工具、市场工具和社会工具有机结合起来,综合运用,这恰恰是多元治理模式的应有之义。

当前,公共政策学理论研究开始关注政策对政治的影响。在政治和政策的关系上,按照传统的观点通常认为,"政治决定政策"。而新近出现的政策类型理论,一反传统观点,认为"政策决定政治"。不同类型的政策催生了与之相应的不同政治形式;政策成本和效益集中与分散的不同组合会产生出不同类型的政治。这无疑更进一步地揭示了公共政策的重要社会地位,揭示了公共政策在社会生活中极为重要的功能。

政策过程理论、政策网络理论和政策工具理论,对公共政策的研究各具特色,它们从不同的视角对公共政策做出了有一定说服力的解释,但每一种理论又都不可避免地存在自身的局限性,这也是不言而喻的。能否把三者有机结合起来,并对各自的分析框架加以修正,构建一种新的分析框架,也许可以为公共政策的研究开辟新的视角,使之更有成效。这一新的分析框架可以称为"网络-过程"分析框架。它以网络为载体、以网络的结构为核心,重点探讨公共政策在网络中的运行机制、运行过程及其结果,为提升公共政策的有效性提供理论上的支撑和实践上的思路。"网络-过程"分析框架,对中国社会转型期的公共政策也具有一定的解释力。

中国正处在社会转型期,公共政策及其运行过程带有自身的鲜明特色。中国社会转型的突出特征可以用双重过渡来概括。这一方面表现为不仅要完成从农业社会向工业社会的转型,而且还要向后工业社会迈进。工业化和信息化两步并作一步走,因此中国的工业化被称为新型工业化。基于此,也可以把中国的社会转型称为新型社会转型,以与西方发达国家的社会转型相区别。另一方面,中国的社会转型是结构转型和体制转轨相叠加,既要完成由传统社会向现代社会和后现代社会转型,又要完成由计划经济体制向市场经济体制转轨。新结构与旧结构相互掣肘,新体制与旧体制相互冲突,使中国社会各种矛盾错综复杂地交织在一起。在这个色彩纷呈的历史舞台上,既可以演出威武雄壮的活剧,也可能上演令人怆然泣下的悲剧。问题的关键在于发展道路如何选择,公共政策怎样设计。

对中国社会转型期公共政策的制度生态、体制特征、价值取向、机制建构、模式选择、职能转变等方面进行系统的、全方位的探讨,重构公共政策的合理性,有助于指导公共政策的整体设计,使之更富有成效,最大程度地提升公共政策的有效性,释放公共政策的正能量。

改革开放以来,中国社会转型步伐在加快,加之与体制转轨交织在一起,极大地冲击了原有的制度体系。在原有的制度体系变得支离破碎,新制度还没有建立起来的情况下,形成了大量的潜规则。这导致了正式制度的现实化同形式化相交织、非正式制度同正式制度相抵牾、潜规则与正式制度相冲突,形成了中国社会转型期特有的制度生态。在这样的制度生态下,公共政策的有效性大打折扣。同时,社会结构转型必然对公共政策体制自身产生极大的影响。由于中国社会结构转型具有双重过渡的特点,导致了公共政策体制极其复杂的异质性,主要表现为组织结构上的集中型、层级型和网状型三型同构;权力分配上的高度集权、层级授权和多元分权三重交叠;运作方式上的单向命令、双向指令和多向协商三式并存,直接影响公共政策体制的协调运作。优化公共政策的制度生态,改革和完善公共政策体制,已成当务之急。

公共政策的公共性决定了它必须以社会正义为根本价值取向。中国传统的正义理念往往同民本、公平、扶弱、爱、秩序等观念联系在一起。而西方的正义理念最突出的表现在平等、自由、权利、守法、公共利益等方面。正义不仅仅是一个伦理范畴,也承载着社会共同体的公共利益。公共政策就是要在坚持以民为本的核心理念基础上,通过构建公平、自由、守法的良好公共秩序,在社会利益关系的平衡中实现公共利益。在中国社会转型期,由于制度和体制上的不完善及其过渡性的特点,公共政策偏离公共利益的现象时有发生,在某些领域甚至使公共政策沦为少数人谋取私利的工具。真正地、平等地落实公民所享有的一切权利,用公民的权利有效地制约国家的政治权力,把包括执政党的权力在内的一切权力都关进制度的笼子里,真正实行有限政治、票决政治、阳光政治、协商政治和法制政治,才能保证公共政策真正成为维护社会公平正义、实现公共利益的有效工具。

公共政策制度和体制的正常运作,公共政策价值取向的实现,都必须以相应的机制作保证。构建和完善合理而又高效的公共政策运行机制,是中国社会转型期面临的一项重要任务。其中重要的:一是完善利益表达机制,使社会上的不同群体都享有平等的诉求表达权利,尤其是要保证弱势群体的诉求表达权。畅通和拓展诉求表达渠道,使公民的要求能够通过正常渠道予以表达和传递,只有这样才能使公民依法、理性地表达诉求。非正常的诉求表达方式往往是正常渠道不健全、不畅通导致的结果。二是完善诉求回应机制,对社会公众的利益诉求能够作出迅速反应和积极应答。开放机制、传导机制和应答机制构成了公共政策回应机制的主要内容。在群体性事件频发的当下,构建广泛的开放机制、高效的传导机制和快速的应答机制显得尤为重要。三是完善协同互动机制,实现不同行为主体之间的良性互动和整体协同。中国的社会转型,尤其是向市场经济体制的转轨,加快了社会的分化,能否在分化的基础上实现新的社会整合至关重要。协同互动机制是多元互动、整体协同的统一。在公共政策运行中,完善的协同互动机制有助于形成公共理性,并在公共理性的基础上实现社会整合。四是完善利益协调机制,协调好不同群体的利益关系。社会利益主体多元化、社会利益结构失衡、强弱群体分化明显,已成为当今中国社会利益关系的主要特征。使公共政策面临的协调社会利益关系的任务非常艰巨、异常复杂。要有效地发挥公共政策在协调社会利益关系中的作用,既要处理好不同群体和个人的利益关系,同时要善于凝结公共利益,实现公共利益。五是完善执行保障机制,提高公共政策执行力。社会转型造成的社会结构的解构与体制转轨导致的新旧体制的碰撞,使公共政策执行链条出现一定程度上的纵向断裂和横向碎片化,这是造成许多公共政策无效或效能非正常衰减的重要原因。六是完善效能评价机制,在事实和价值的统一中科学、合理地评价公共政策,防止公共政策制定主体自说自话,自我辩解,甚至"王婆卖瓜"。

公共政策运行模式的选择至关重要,事关公共政策的公共性本质。从世界范围来看,传统的公共政策运行模式或者是政治官僚主导模式,或者是经济精英主导模式,或者是文化精英主导模式。这三种模式各自运作的结果往往使公共政策的公共性备受奴役。在中国改革开放以后，伴随着市场经济体制的确立，造就了独立的市场主体，同时也形成了私人经济交换领域。在市场经济的推动下，促进了国家与社会的分离，社会公共交往领域也逐渐发展起来，国家政治权力领域、私人经济交换领域、社会公共交往领域既相互分离、又相互联系和相互作用的格局正在形成。这种格局对公共政策产生了深远的影响，把正确处理政府、市场和社会关系的重要性提升到前所未有的高度。伴随着私人经济交换领域的不断扩张，社会公共交往领域的逐步拓展，动摇了公共政策的政治官僚主导模式，多元治理模式登上公共政策的舞台，开始演绎政府、市场、社会多角色互动的丰富多彩的动人情节。在多元治理模式下，政府、市场、社会之间的互动，应该是主体与主体之间的平等互动。然而，受政治官僚主导模式的影响，政府往往把自己看做是主体，而把市场和社会当成客体。既然是主体就可以随意支配客体、控制客体，按照自身的需要来改造客体。在政府也成为“理性经济人”的情况下，其结果不言而喻。多元治理模式的真正实行，依赖于市场体制的不断完善和社会领域的进一步发育。

以资源分配的方式提供公共产品和公共服务是公共政策的基本职能。这无可辩驳地说明了公共政策同公共产品和公共服务极为密切的关系。体制转轨推动了政府职能的转变，也要求公共政策由以管制为主向以服务为主的方向转轨。处于社会转型期的中国，公共产品和公共服务的供给有其特殊性。原本应该由政府提供的公共产品伴随着市场化的推进范围收缩了，因此，既面临着供给范围上的拓展，也面临着供给层次和供给效率的提升问题。而且还有一个最关键的任务，那就是消除差异，实现基本公共服务均等化。打破城乡二元结构，消除不同群体之间的差距，实现公共服务均等供给已成为公共政策资源分配的首要任务。现存制度中的某些弊端直接影响公共产品和公共服务的供给效率。打破政府垄断，形成政府、市场和社会协同互动的多元供给新模式势在必行。当然，这不意味着政府可以减轻责任，也不能成为政府推卸责任的借口。公共产品和公共服务供给的责任主体就是政府，而且只能是政府。依据多元供给方式有效运作所产生的公共政策需求进行公共政策创新，这是充分发挥多元供给方式作用的前提，也是在公共产品供给过程中实现公平和效率统一的必不可少的先决条件。

社会转型中最深层次的转型是文化转型，从文化转型的视角探讨公共政策的合理性问题，揭示文化模式、文化冲突、文化转型对公共政策理论和实践的意义，促进公共政策主体行为的规范化、制度化，以增强公共政策的合理性，已成为中国社会转型期公共政策理论研究和实践探索的重要内容。中国传统文化在向现代和后现代文化转型的过程中，形成了独具特色的文化模式，造就了文化的多重属性，解构了中国传统的经验合理性、伦理合理性，甚至“马克思主义合理性”。当然，这里所说的马克思主义，是改革开放前人们所理解的马克思主义。改革开放后，人们原来所理解的“马克思主义”成为教条，需要进行中国化的改造。加之其他种种因素，马克思主义的绝对统治地位发生了动摇，西方现代文化乘虚而入。为了抵制西方文化歪风，开始大力弘扬中国传统文化，形成了马克思主义文化、中国传统文化和西方现代文化交织杂陈的状态。解构就需要重构。在某些政治精英的倡导下，西方具有现代性色彩的合理性得到了张扬。然而，这种合理性主要是一种工具合理性，价值问题往往被遮蔽了。工具合理性的过度张扬，价值合理性式微，导致了生活世界的意义缺失，极具功利特色的实用主义开始大行其道。目的压倒一切，意义无足轻重。这造就了官员的 GDP 情结，导致市场主体和某些官员疯狂地聚敛财富，也导致了某些所谓的文化精英为了谋取某种利益不惜出卖灵魂，同时使社会公众也不同程度地被金钱拜物教所侵蚀。社会环境被破坏，自然环境也难逃厄运。合理性重构，要重构一个怎样的合理性？“初级阶段”的合理性，“猫论”“摸论”的合理性，还是“三个代表”的合理性、科学发展的合理性，抑或“中国梦”的合理性。解构相对容易，重构更为困难，因为合理性不仅仅是个理论问题，更重要的还是实践问题。

文化意义上的合理性解构了，公共政策的合理性也不能摆脱被解构的命运。公共政策合理性的重构，毫无疑问依赖于文化转型的推动。文化结构转型产生的断裂助推了社会结构其他层面的断裂。经济、政治和意识形态；政府、企业和社会；强势群体、中势群体和弱势群体，都不同程度地发生了某种断裂。使公共政策主体越来越纠结，也造就了公共政策主体行为的多重属性。公共政策主体仍然在文化转型与合理性重构的痛苦中挣扎。在非理性和理性的张力中挣扎，在工具理性和价值理性的断裂中挣扎，在个体理性和公共理性的撕扯中挣扎。在公共政策运行过程中完全诉诸理性,然而理性又不是万能的;诉诸非理性,又会在情感和欲望的撕扯中使公共政策偏离正确的轨道。在公共政策运行过程中高扬工具理性,注重手段和目标的关系,会导致意义的缺失;高扬价值理性,注重目标的意义,又有可能由于目标和手段的不匹配导致公共政策的无效率和低效率。在公共政策运行过程中以个体理性为出发点,依赖于不同群体的博弈,在力量不对称的情况下博弈的结果必然是成本和收益的不合理分布;以公共理性为出发点,依赖于不同主体的民主协商,那么,公共理性如何凝结,能否避免"多数人的暴政",或者如何解决"沉默的大多数"问题?

重构合理性还是要到马克思那里寻找出路。以马克思的实践合理性为根据,解决公共政策的合规律性与合目的性的问题,以哈贝马斯的交往合理性解决公共政策的合规范性问题。在理性和非理性、工具理性和价值理性、个体理性和公共理性的统一中,把合规律性、合目的性、合规范性有机地结合起来。三者结合的承载体在"公民"语境下就是公共利益,在"人民"语境下就是人民群众的利益。把人民群众的根本利益实现好、维护好、发展好,不只是一个口号,而要真正实行之。真正把人民群众的利益或者说公共利益作为重构公共政策合理性的根据,合理地分配公共资源,从而使公共政策更好地把握现在,规划未来。既然从原初状态来看,所有的资源都是公共的,那么资源分配的最终结果还是要还给公共,使资源真正回归为社会共同体共同占有,到那时,社会也就变成了高度自治的社会。

第一章　公共政策的制度生态和体制结构

社会转型主要是指由传统社会结构向现代社会结构和后现代社会结构转型,这种转型带来的变化不是局部的,而是全方位的;造成的影响不是短暂的,而是深远的。如果把社会结构转型分为初期起始阶段、中期演进阶段和后期激变阶段的话,中国社会结构转型已经进入了后期激变阶段。由社会结构转型步伐加快导致的剧烈变动,可能在一定程度上引发社会某种震荡。改革开放以来,社会结构转型与体制转轨交织在一起,带来了社会结构的大变动,以前所未有的力量冲击着原有的制度体系,呼唤新的制度和体制。新的制度设计必须经过现实化的过程才能转化为制度生态。在原有制度体系变得支离破碎、新制度还没有实现生态化的情况下,滋生了大量的潜规则,从而导致正式制度的现实化同形式化相交织、非正式制度同正式制度相抵牾、潜规则与正式制度相冲突,形成了中国社会转型期特有的制度生态。社会结构转型也必然引起公共政策体制的变化。中国社会结构转型是一种新型社会转型,具有双重过渡的特点,导致了公共政策体制极其复杂的异质性,直接影响公共政策体制的正常运作,降低了公共政策的有效性。要使公共政策更好地发挥调整社会利益关系,化解社会矛盾的作用,必须优化公共政策的制度生态系统,完善公共政策体制,推动公共政策主体转型。

一、公共政策的制度生态

公共政策就是公共权力主体为实现一定的目标而选择的政治行为,其本质是通过公共资源的权威性分配对社会利益关系的集中反映。因此,公共政策是调整社会利益关系,化解社会矛盾的重要工具。公共政策要在社会生活中发挥其应有的作用,离不开特定的社会制度,离不开特定的制度所形成的制度生态。制度生态塑造了公共政策运行中的权力关系,规定了公共政策主体的选择行为,决定了公共政策运行的实际效果。要优化公共政策的制度生态,必须构建一个不同层次环环相扣,不同领域横向协调,不同层级纵向一致,正式制度和非正式制度相互支撑、相互补充的,动态开放的制度体系。制度设计要依据宪法原则在不同主体权利平等的基础上,通过多元互动和民主协商做出抉择。更重要的是要推动制度设计转化为制度生态。制度生态化的过程是一个制度学习的过程。

1. 社会转型期的制度生态

"社会结构是一个由各种角色组成的整体,旨在协调个人的行动,以期达到某些具体目的。它通过确定某一具体岗位的行为方式,划分出每个人所应当担当的角色。"①社会结构就是社会各种构成要素之间所形成的相对稳定的关系。通常,社会结构可以通过以下变量予以描述:社会经济结构、社会职业结构、社会分配结构、社会阶层结构、社会组织结构、社会行为结构、社会价值结构。以上七个变量实际上也为探讨社会结构问题提供了一个分析框架。社会结构质的变化是通过社会转型实现的,因此社会转型就是社会结构的转变。"社会转型的主体是社会结构,它是指一种整体的和全面的结构状态的过渡,而不仅仅是某些单项发展指标的实现。社会转型的具体内容是结构转换、机制转轨、利益调整和观念转变。"②社会结构转型通常是从社会经济结构的变迁开始,由此引发了社会职业结构和社会分配结构的转变,这必然带来社会阶层结构的变化。伴随着社会阶层的分化,重组社会的阶层结构势所必然。随着不同社会阶层组织化程度的不断提高,由于社会阶层组织化过程的不同步,也带来了它们之间组织化程度上的差异,形成了不同的组织结构。这一切,或早或

---

① 〔美〕丹尼尔·贝尔:《后工业社会简明读本》,彭强编译,科学普及出版社 1985 年版,第 1 页。

② 李培林:《另一只看不见的手——社会结构转型》,社会科学文献出版社 2005 年版,第 7 页。

迟地要改变社会的行为方式和重构社会的价值体系,使社会转型向更深层次的社会文化结构转型推进。社会结构转型对社会的影响是全面的,深远的,带来的是经济、政治、文化和社会所有领域全方位的系统重构。这种重构从一定意义上也可以看做是制度系统的重构。

制度从根本上来说是在社会生活中形成的规范化、系统化、定型化的社会关系体系,通常以社会准则、行为方式和规范体系的形式展现自己。通过对制度内在结构的分析,制度首先表现为社会准则,也就是人们在社会生活中遵循的一些原则,正如马克斯·韦伯指出的,"制度是任何一个圈子里的行为准则"①。诺斯认为,"制度是一个社会的游戏规则,更规范地说,它们是决定人们的相互关系而人为设定的一些契约。"②在社会生活中,作为行为准则或游戏规则的制度塑造了人们的行为方式,因为制度作为社会准则要求人们必须遵守,避免了人们行为的随意性。制度也是一种规范体系,罗尔斯说:"我要把制度理解为一种公开的规范体系。"③这种规范体系背后承载的是特定的社会关系。马克思认为,"现存的制度只不过是个人之间迄今所存在的交往的产物。"④制度从本质上来说,作为社会关系体系,是人们在社会生活中通过交往形成的,目的是对人们的交往行为予以规范,建立起正常的社会秩序。社会之所以需要制度,是因为制度可以通过形成相应的秩序,降低人们的交往成本。没有制度人们不可能在一定的社会中生活,即使生活在一起也要付出高昂的代价。

制度生态就是由制度构成的社会主体生存和发展的状态,反映的是社会主体同制度所形成的环境之间紧密相连、环环相扣的关系。生态原本是生物学的一个概念,伴随着生态学的产生而成为生态学的核心概念。生态学对生态概念的界定是:"生态是生物与环境,生命个体与整体之间的一种相互作用关系,在生物世界和人类社会中无处不在,无时不有。"⑤伴随着生态学的发展,生态概念也逐渐泛化

---

① 〔德〕马克斯·韦伯:《经济与社会》上卷,林荣远译,商务印书馆 1977 年版,第 345 页。

② 〔美〕道格拉斯·C. 诺斯:《制度、制度变迁与经济绩效》,杭行译,上海三联书店 1994 年版,第 3 页。

③ 〔美〕罗尔斯:《正义论》,何怀宏等译,中国社会科学出版社 1988 年版,第 50 页。

④ 《马克思恩格斯全集》第 3 卷,人民出版社 1960 年版,第 79 页。

⑤ 常杰等:《生态学》,高等教育出版社 2010 年版,第 1 页。

了，被广泛应用到各个领域，因而，也形成了诸如“行政生态”“政治生态”等概念。这里把制度同生态联系起来，使用制度生态的概念，无非是要突出制度环境同行为主体的极为密切的关系。当然，从生态视角研究制度问题，可生发出新的制度理念，形成新的分析模式。公共政策的制度生态，就是公共政策行为主体同制度构成的环境之间，在相互作用中所形成的公共政策生存和发展的状态。公共政策的运行不可能脱离特定的制度。良好的制度生态为公共政策提供了健康的运行环境，构成了公共政策有效性的基础。只有在良好的制度生态中，公共政策才能够更有效地发挥自己的功能。

根据组织在制度中所发挥的作用不同，可以把制度划分为正式制度和非正式制度。“一般而言，历史制度主义所指的制度，即对行为起构造作用的正式组织、非正式规则及与之相关的程序。”①公共政策的制度生态，正是由正式制度和非正式制度同公共政策行为主体相互作用形成的。所谓“正式制度是指人们自觉发现并加以规范化和一系列带有强制性的规则。正式规则包括政治(及司法)规则、经济规则和合约。”而“非正式制度包括行为准则、伦理规范、风俗习惯和惯例等，它构成了一个社会文化遗产的一部分并具有强大的生命力。非正式制度是正式制度的延伸、阐释或修正，它是得到社会认可的行为规范和内心行为准则。”②正式制度和非正式制度交织在一起，以各自的不同性质，从不同层面上规范着公共政策主体的各种行为。

在中国现阶段，社会转型是与新型工业化道路相联系的社会结构的变革。这场变革又同计划经济体制向市场经济体制转轨交织在一起。由此引起的社会结构的变动空前复杂。尽管我国由农业社会向工业社会转型已接近尾声，总体上已经进入工业社会，但这种转型所带来的影响还会持续相当长的时间。与此相伴随的由工业社会向后工业社会迈进的大门已经开启，为社会结构转型增添了新的内容，也带来了新的矛盾。随着社会结构转型步伐的不断加快，社会矛盾

---

① 何俊志等编译：《新制度主义政治学译文精选》，天津人民出版社 2007 版，第 142—143 页。

② 〔美〕道格拉斯·C. 诺斯：《制度、制度变迁与经济绩效》，杭行译，上海三联书店 1994 年版，第 64 页。

也会突显出来。农业社会、工业社会和后工业社会所形成的张力,使社会关系越来越复杂。

改革开放三十多年来,恰恰是中国社会结构转型步伐加快的时期。之所以如此,原因在于经济体制转轨已成为社会结构转型的重要推动力量。结构转型同体制转轨相交织形成了一种力的叠加,对原有的制度体系发起了冲击,加快了原有制度解体的步伐。原有的制度体系以惊人的速度崩塌了,产生了制度解体的"多米诺骨牌"效应,迎来了制度变迁的关节点,需要全方位的制度更新。如此大的变动,不仅社会公众始料不及,也是政治精英们没有完全预料到的。在缺少新制度储备的情况下,只能以"摸着石头过河"的渐进模式予以应对,走一步看一步。面对这样巨大的社会变革,缺少最起码的宏观战略设计,结果可想而知。原有制度被冲击后留下的制度真空,需要由新的制度来填补。然而,重建一个制度体系要比摧毁一个制度体系不知难上多少倍。原有的正式制度体系解体了,新的正式制度体系的建立需要一个过程,导致某些领域制度失范。在社会结构的大变动时期,如不能很好地予以应对,必然会导致制度生态的破坏,甚至爆发制度生态危机。

社会不能容忍出现制度的真空地带,原有的正式制度被破除了,如果不能及时以新的正式制度来补充,那么,非正式制度甚至潜规则就必然来填补。其中的主要原因是"制度能够产生出某种结果的可预期性和规则性,从而有利于制度之下的所有参与者"。① 毫无疑问,社会需要一种秩序,秩序要靠制度来建立。在一个没有秩序的社会里,人们在交往中所付出的代价会极大地增加交往成本,因此为了减少交往成本迫切需要制度的帮助。没有规则,没有制度,没有秩序,必然导致结果的不可预期性,使人们陷入迷茫和处于焦虑状态。人们生活在这样一种状态下,不知道将会发生什么,也不知道要做哪些准备,只能等待被未来宰割,试想一下这将是多么可怕的情景。为了摆脱这种可怕的情景,在正式规则匮乏的情况下,就会形成非正式规则甚至潜规则。在缺少正式制度规范的前提下,人们接受潜规则,潜规则就会大行其道。"所谓的'潜规则',便是'隐藏在正式规则之

① 何俊志等编译:《新制度主义政治学译文精选》,天津人民出版社2007版,第77页。

下、却在实际上支配着中国社会运行的规矩'。"[①]在缺少正式制度的情况下，非正式制度就会发挥更大的作用。运用非正式制度来规范人们的行为，甚至接受"潜规则"，也能使交往结果变得可以预期，一定意义上也可以节约交往成本。这就是非正式制度，甚至潜规则迅速填补正式制度留下的真空地带的根本原因。"这种潜规则在政治上是普遍存在的，但在众多政治实践情形中，这种潜规则又是粗糙的。"[②]潜规则大行其道，不断地挑战着社会的各种底线，从而使已经形成的正式制度也在某种程度上被形式化了。某些正式制度的形式化和非正式制度中大量潜规则的显性化，成为中国社会转型期制度生态的一个突出的特点。公共政策在这样一种制度生态中运行，就会偏离合理的轨道，其有效性也必然大打折扣。

2. 制度生态对公共政策的影响

中国社会转型期的制度生态，构成了公共政策特有的制度环境，并对公共政策产生了较为深远的影响。"制度塑造政治行动者追求特定目标的方式和政治行动者之中构造结构性权力关系的方式"[③]。这无疑对制度生态影响公共政策的方式作了比较好的诠释。制度生态对公共政策的影响是全方位、多层次的。从公共政策的价值取向、公共政策体制到公共政策的运行机制，乃至公共政策的效果、效益和效应，无不打上制度生态的烙印。彼得·豪尔曾作了这样的描述："制度因素在这一模式中担负着两项重大功能。一方面，政策制定的组织结构影响着对政策结果发生作用的任何参与者的权力大小……另一方面，在组织结构中的特定位置也影响和制约着参与者如何去界定自己的利益，制度在这里发生作用的方式，确立了特定行动者在特定位置上的责任和与其它行动者的关系。"[④]

---

① 孙立平：《守卫底线：转型社会生活的基础秩序》，社会科学文献出版社2007版，第6页。

② 〔美〕马奇等：《重新发现制度：政治的组织基础》，张伟译，三联书店2011年版，第26页。

③ 〔美〕道格拉斯·C.诺斯：《制度、制度变迁与经济绩效》，杭行译，上海三联书店1994年版，第143页。

④ 何俊志等编译：《新制度主义政治学译文精选》，天津人民出版社2007版，第143—144页。

制度生态塑造了公共政策运作的权力关系。公共政策运作的权力关系,就是公共政策运作过程中权力在不同行为主体之间的分布,它构成了公共政策的基本体制。正因为制度生态影响公共政策行为主体间的权力分配关系,所以,在不同的国家中,由于制度上的差异,公共政策运行中的权力关系也会有所不同,甚至大相径庭。在西方国家的制度下公共政策运行中的权力关系,被普选制、多党制和三权分立所规定,而中国特定的政党制度和人民代表大会制度,又决定了中国公共政策运行中特定的权力关系。当然同一个国家在不同的历史发展阶段,由于制度上的变化,也会对公共政策运行中的权力关系进行重组。由于受社会转型和体制转轨的影响,公共政策运行中的权力关系处于大变动之中。从一定意义上说,这种变动导致根本制度、基本制度和具体制度不能有效衔接,不同程度地存在着制度的纵向断裂问题。宪法规定了国家的根本制度;而政党制度、行政制度和社会团体制度等构成了基本制度的主要内容;不同领域的具体细则和个别契约,成为具体制度的主要表现形式。它们之间的关系对根本制度的实现具有决定性的意义。基本制度要依据根本制度来制定,具体制度要依据基本制度来设计,实现根本制度、基本制度、具体制度的有效衔接,唯有如此根本制度才不至于被形式化。国家的宪法从最高层次上规定了国家的权力关系:中华人民共和国的一切权力属于人民。人民行使国家权力的机关是全国人民代表大会和地方各级人民代表大会。人民依照法律规定,通过各种途径和形式,管理国家事务,管理经济和文化事业,管理社会事务。以上规定也构成了中国公共政策运行中权力关系的核心内容。中国的政党制度规定了执政党同民主党派多党合作和政治协商的关系,规定了政党和国家政权的关系,规定了执政党内部的关系。在公共政策运行的权力关系中,执政党实际上掌握着公共政策的初始话语权和最终决策权。行政制度包括国家行政机关的组成、体制、权限、活动方式等方面的规范和惯例。根据制度设计,政府作为国家行政机关本来是国家权力机关的执行机关,然而,事实上政府部门还握有公共政策方案的创设权和一定的决策权。社会团体是指公民自愿组成,为实现会员共同意愿,按照章程开展活动的非营利性社会组织。社会团体制度规定了社会团体同国家、政党、政府的关系,以及社会团体内部的关系。社会团体在公共政策运行过程中,已经成为公民参与的重要渠道。

具体制度中同根本制度和基本制度相违背的内容，直接影响基本制度的实现，而基本制度中同根本制度不一致的内容，同样会影响根本制度的实现，从而使公共政策运行过程中，形式上的权力分配和实际上的权力分布形成反差。

制度生态规定了公共政策主体的选择行为。公共政策是公共政策主体行为选择的结果。在特定的制度生态中形成了特定的公共政策主体的选择机制。正如美国学者凯瑟琳·西伦所说的，"制度选择后会导出大量的政策路径"。① 也就是说制度生态规定了公共政策主体的选择路径。由于社会转型期带来的社会大变动，使经济制度、政治制度和文化制度也出现了不同程度的断裂，公共政策主体的选择行为一定程度地陷入了"善"与"善"的冲突之中。经济制度从根本上决定了公共政策选择的利益取向；政治制度规定了公共政策选择的程序和空间；文化制度为公共政策选择提供理论指导、价值导航和伦理规范。由于受社会转型期所带来的大变动的影响，经济制度、政治制度和文化制度没有实现无缝隙对接，导致价值观念、伦理规范同利益取向的冲突；理论基础与选择程序、选择空间的冲突。社会转型期经济制度的重构带来了社会经济结构的巨大变化，重新分配了社会的经济资源，导致财富在不同群体之间的差异性分布。经济制度的变化必然要求政治制度与其相适应，而政治制度的改变相对滞后，与已经变化的经济制度必然产生矛盾。政治"制度建立起了某种'政治空间'，正是在这个空间之内，相互依存的政治行动者才得以展开行动。"②而这个政治空间同经济制度所要求的政治空间不相匹配甚至错位，使公共政策主体的选择行为无法摆脱难以抉择的困扰。文化制度要与政治制度相适应，归根结底要与经济制度相适应。由于种种原因，文化制度中的核心价值理念，同经济制度、政治制度中蕴含的价值理念不谐调，使公共政策主体的选择行为陷入价值矛盾之中。"制度形塑主体之行为，其方式主要通过影响行为主体之间的互动程序，特定行为主体的选择范围和信息结构。"③公共政策主体

---

① 何俊志等编译：《新制度主义政治学译文精选》，天津人民出版社 2007 版，第 167 页。

② 同上书，第 76 页。

③ 同上书，第 96 页。

的选择行为依赖于不同主体之间的互动。由于对经济资源、政治资源和文化资源占有的多寡不同,这种互动成为力量不对称情况下的非平衡运动。在强政府、弱市场、弱社会的结构中,政府占有更多的资源,政府、市场、社会的互动力量不对称,公共政策选择多向政府和政府人员倾斜。经济精英占有更多的经济资源、政治精英占有更多的政治资源、文化精英占有更多的文化资源,精英与普通公众的互动力量不对称,公共政策选择一定程度上呈现精英取向。强势群体之所以强势,依赖于它们资源占有上的优势。强势群体、中势群体、弱势群体的互动力量不对称,公共政策的选择更多地体现强势群体的偏好。尽管公共政策的顶层设计更注重自身的合法性,但其正确取向在一系列不平衡的互动中不可避免地偏离原有的轨道,加上潜规则的干扰,再牢固的顶层设计也会产生扭曲。

制度生态决定了公共政策运行的实际效果。社会结构转型和体制转轨改变了原有的制度结构,制度的宏观结构、中观结构和微观结构不能有效衔接,不可避免地影响公共政策运行的实际效果。国家层面的制度构建起来的宏观结构同地方层面的制度构建的中观结构,以及最基层的制度构建的微观结构存在着不同程度的断裂。这种断裂来自于中央政府的宏观结构、地方政府的中观结构和基层组织的微观结构不同的利益追求。这些不同的利益追求有些是正常的,反映了不同结构之间的关系,有些是不正常的,割断了三者之间连接的利益纽带。不正常的利益要求更多地依赖于潜规则来实现。正式制度、非正式制度乃至潜规则在不同层次的结构中,呈现出不同的分布状态。某种潜规则在宏观结构中可能是偶尔的特例,到了微观结构就变成了通行的惯例。在不同的结构中,某些正式制度的形式化,非正式制度同正式制度不同程度的错位,潜规则对正式制度的弱化作用,使公共政策面临的制度生态恶化。公共政策在这样一种制度生态中运行,不可避免地导致效能的非正常衰减。

3. 公共政策制度生态的优化

改革开放对原有的制度体系进行了冲击。以经济制度为例,改革开放前在所有制关系上实行的是单一的公有制,在分配关系上实行的是按劳分配,改革开放后无论是在所有制关系上,还是分配关系上,都突破了原有的制度。在对社会经济活动进行管理上,改革开放前实行的是计划经济体制，改革开放后实行了市场经济体制，原有的制度也被打破了。由于事先没有相应的制度设计或者说没有一定的制度储备，旧制度破除后，新制度还没有建立起来，出现了暂时的制度真空，潜规则在抢先占领制度的真空地带后，在时间序列中先入为主，在回报递增的作用下，形成了规则变迁中的路径依赖。新的制度要想收复失地，难度可想而知。但是，要优化公共政策的制度生态，必须破除潜规则，实现根本制度、基本制度和具体制度的有效衔接；经济制度、政治制度和文化制度的有效衔接；制度的宏观结构、中观结构和微观结构的有效衔接。构建一个不同层次环环相扣，不同领域横向协调、不同层级纵向一致，正式制度和非正式制度相互支撑、相互补充的，动态开放的制度体系。在动态开放中实现制度体系的良性发展和整体优化，以改善公共政策运作的制度生态。这不仅仅依赖于系统完善的制度设计，更依赖于制度的现实化，实现正式制度和非正式制度的有机整合，收复被潜规则抢占的制度领地。

在制度设计的过程中，更应强调战略性的顶层设计，对带有全局性、长远性和根本性的制度优先考虑，同时也要注重制度配套，完善中层设计和底层设计。无论哪一个层次的制度设计，都必须在不同主体权利平等的基础上，通过多元互动和民主协商共同做出抉择。不能把制度设计变成少数人手中的玩偶，更不能用制度设计为少数人牟取暴利。民主协商的前提是权利平等。具体来说，就是要实现国家权力机关、政党组织和行政执行机构的良性互动；政府、市场和社会的良性互动；中央政府、地方政府和基层组织的良性互动；强势群体、中势群体和弱势群体的良性互动。而这一系列的互动行为必须要依据宪法原则来进行。宪法是国家的根本制度设计，政党制度作为基本制度必须以宪法为依据。政党包括执政党在内，都必须以宪法为根本活动准则，维护宪法尊严，保证宪法实施。行政机关是国家权力机关的执行机关。要防止政党权力、行政权力侵犯国家权力，也要防止政党权力代替甚至凌驾于行政权力之上。政党尤其是执政党要善于整合社会公众的利益，有效行使宪法赋予的权力。在政府、市场和社会的互动中，改变现存的政府过于强势的格局，强化市场和社会对政府的制约作用。中央政府、地方政府和基层组织都要依据宪法原则处理好相互关系，实现三者无缝隙对接。大幅度提高中势群体和弱势群体的组织化程度，增加同强势群体进行互动的能量。

尤其是要严防或者消除强势群体同强势的政府部门纠集在一起，侵害中势群体和弱势群体权利的现象。更要防止官商勾结形成权贵资本，对社会公众进行恣意掠夺，使丑恶行为通过制度设计合法化。在多元互动和民主协商基础上做出的制度设计才更具合理性，这样的制度在实现的过程中才能减少阻力。

构建完善的制度体系，仅仅为优化制度生态奠定了基础，更重要的是要推动制度设计转化为制度生态。制度生态化的过程实际上是一个制度学习的过程。“制度化过程经历三个明确的阶段：习惯化、客观化和积淀。”这“蕴涵着从制度仅仅作为组织生活的实施而存在，到其内部个体的生活把制度作为长期接受的价值运动。”①制度生态化的过程通常要经历由抵制到内化的长过程。在这个过程中，制度学习往往是一个由抵制、排斥、服从、顺应、认同到内化依次推进的过程。为了推动这一过程的尽快完成，需要根据不同阶段的不同特点采取不同的激励方式。构建由成本递增、回报递减到成本递减、回报递增的回应模型，以在不同的阶段作出不同的回应。

在抵制和排斥阶段要运用制裁和惩罚等逆向激励手段，不仅力求使采取抵制和排斥行为的行为主体收益为零，而且要使之支付高额成本，加大制裁和惩罚的力度。如果惩罚和制裁力度不够，往往会产生逆强化，使抵制和排斥行为更变本加厉。在现实社会生活中违反制度的现象时有发生，这与对违反制度的现象惩罚不力有直接关系。违反制度付出的代价太低，会形成反向激励，不仅不能遏制反而会强化其行为。因此，逆向激励手段的运用一定要到位。服从和顺应虽然程度有差异，但都属于制度实现过程中低层次的接受反应。由于制度本身带有某种强制性，行为主体为了避免受到惩罚和制裁，尽管缺乏内在的动力，行动上被迫服从。“规则使人们知道：为了不受制裁，行动者‘必须’承担‘义务’，‘绝对不’违反‘禁令’，在‘允许的’范围内采取行动。”“若自己违反规则，就得对违规行为负责”。②如果制度的实现过程仅仅建立在服从和顺应的基础上，短期内可以

---

① 何俊志等编译：《新制度主义政治学译文精选》，天津人民出版社 2007 版，第 255 页。

② 〔美〕埃利诺·奥斯特罗姆等：《规则、博弈与公共池塘资源》，王巧玲等译，山西人民出版社 2011 年版，第 40 页。

维持，但行为主体背后所隐藏的抵触情绪，如果长时间得不到消除往往会形成一股暗流，这股暗流聚合到一定程度，一有机会就会向制度的权威性发起挑战，制度的实现过程就将中断。在服从和顺应阶段可以降低逆向激励的强度，避免产生逆反行为，而且要适时地实现由逆向激励向正向激励的转变。

在认同和内化阶段要运用正向激励手段，并要逐步加大成本递减和回报递增的幅度，缩短由认同到内化的时间距离。所谓认同，指的是对新制度更高层次的接受反应，其特点表现为由于行为主体满意地确定了同新制度的关系，对新制度表示认可，就力求在行动上自觉遵守。尽管已经没有了外在的强制力量的作用，但仍然需要内在的强制力量发挥作用。因而，行为主体的行为也容易偏离制度的运行轨道，导致制度变形。如果这种偏离成为一种主要的行为倾向，制度的实现过程就有可能发生紊乱。以认同反应作为制度实现的基础，其中包含着某种不确定的因素。对制度最高层次的接受反应是内化。它以行为主体对制度内容及其意义准确而深刻的理解，并作出积极肯定的评价为根据。在此基础上，把制度所规定的行为准则纳入自己的价值体系中，成为自己价值体系的有机组成部分，对制度坚信不疑，从而产生积极的、自觉的行为。“制度选择能够塑造人们的观念、态度，甚至偏好。”①只有内化反应才是稳固的，以此作为制度实现的基础，才能真正实现制度的生态化。

埃利诺·奥斯特罗姆指出：“尽管对规则的遵守有可能变成一种‘社会习惯’，但人们仍然有可能意识到自己的行为选择。人们能够有意识地决定采用一种截然不同的规则，并通过改变行为来遵从自己的这一决定，随着时间的推移，与新规则一致的行为很可能就会成为习惯的选择。”②以一种良好的制度生态为支撑，公共政策的有效性就会大幅度提升。当然，制度生态的优化是一个渐进的过程，只是希望这一过程能够提速。

---

① 何俊志等编译：《新制度主义政治学译文精选》，天津人民出版社 2007 版，第 172 页。

② 〔美〕埃利诺·奥斯特罗姆等：《规则、博弈与公共池塘资源》，王巧玲等译，山西人民出版社 2011 年版，第 41 页。

二、公共政策体制的结构

社会结构转型必然引起公共政策体制的变化。社会结构转型尽管遵循着一般的规律，但是不同国家由于所处的历史条件不同，会呈现出不同的特点。中国的社会结构转型具有双重过渡的特点，导致了公共政策体制极其复杂的异质化，那就是既具有前工业社会的某些特征，也具有工业社会和后工业社会的某些特征。这主要表现为组织结构上的集中型、层级型和网状型三型同构；权力分配上的高度集权、层级授权和多元分权三重交叠；运作方式上的单向命令、双向指令和多向协商三式并存；运行机制上的传统规范、法治规范和混合规范一定程度的三规虚化。在社会结构转型期要优化公共政策体制，必须深化政治体制改革，正确处理人民代表大会、执政党和政府的关系；政府、市场和社会的关系；政府整体同政府部门及其所属组织的关系；中央政府同地方政府和最基层的公共政策执行者的关系；公民权利同国家权力、官员职权的关系。以社会结构转型为背景分析中国公共政策体制存在的问题，才能做出合理的解释，也才能找到优化现有公共政策体制的方向和切实可行的对策。

1. 社会结构转型与公共政策体制转轨

社会结构通常是指社会诸要素稳定的关系及构成方式，也可以说是社会各种要素的相互关系和各种要素按照一定秩序所构成的相对稳定的网络。从根本上来讲，社会结构反映的是个人、社会与国家之间的关系状态，主要表现为社会生产结构，以及由生产结构所决定的社会阶层结构和社会资源分布结构。从一定意义上说，社会生产结构、社会阶层结构、社会资源结构构成了社会结构的核心内容。社会生产结构是由生产活动中人与自然的关系和人与人的关系所结成的复杂结构，是社会结构中具有决定意义的因素。社会阶层结构反映的是由社会生产结构决定的社会阶级和阶层关系。社会资源结构是指社会资源在不同群体之间的分布状况。社会生产结构、社会阶层结构、社会资源结构之间存在着极为复杂的关系。社会生产结构决定了社会阶层结构，进而决定社会资源分布的结构。社会结构一经形成就具有长期的稳定性，其演变是一个相当长的历史过程。因为“结构”往往是指长期不变或者变化极慢的，但在历史上起经常、深刻作用的一些因素。① 结构对一个社会的影响是深层次的，决定着社会变革的本质。通过对社会结构及其演变过程的把握，可以从整体上把握社会发展的基本趋势和一般规律。通常社会结构的演变是通过社会结构转型实现的。丹尼尔·贝尔以工业化为核心，把社会形态分为前工业社会、工业社会和后工业社会三种形态。他说：“一旦看到具有不同社会制度的许多国家都可以界定为‘工业社会’的时候，那么就必然把主要从事采撷自然资源而不是从事制造的社会划为‘前工业社会’；而当技术的性质发生重大变化时，人们就会想到‘后工业社会’。”②他又进一步解释道：“‘后工业的’概念与‘前工业的’和‘工业的’概念是对应的。前工业部门主要是资源采撷的，它的经济是以农业、矿业、林业以及天然气和石油等其他资源为基础的。工业部门主要是使用能源和机器技术从事制造商品的。后工业部门从事加工处理，其中电讯和电脑对于信息和知识的交流及其重要。”③不同社会形态的更替往往都伴随着社会结构的转型。尽管对贝尔关于“后工业社会”的某些观点并不一定认同，但是把前工业社会、工业社会和后工业社会划分的理论作为一个分析框架，以此来探讨社会结构转型给公共政策体制带来的影响，能够从一定意义上对中国现存的公共政策体制做出比较合理的解释。

社会结构转型的最一般意义就是由传统社会转向现代社会，既可以用来指称由前工业社会向工业社会的转型，也可以用来指称由工业社会向后工业社会的转型。社会结构的转型涉及经济、政治、文化和社会整体结构的解构与重构问题。转型必然要打破原有的结构，形成新的结构。社会结构转型是一个由社会生产结构转型推动社会阶层结构转型，进而带动社会资源分布转型的过程。它是社会结构从一种状态过渡到另一种状态，是一种全面的结构性过渡，所带来的影响是深刻的、巨大的。

“社会结构的变化，对政治制度提出了‘管理’问题。在一个日

---

① ［法］布罗代尔：《15 至 18 世纪的物质文明、经济和资本主义》（第一卷），顾良等译，三联书店 1992 年版，第 7 页。

② ［美］丹尼尔·贝尔：《后工业社会的来临——对社会预测的一次探索》（1976 年版前言），高铦等译，新华出版社 1997 年版，第 5 页。

③ 同上书，第 8 页。

益意识到自己的命运、并力图掌握自己命运的社会里，政治秩序必然是最重要的。”①公共政策体制是政治系统的重要组成部分，合理的公共政策体制的构建也是构建政治秩序的重要内容。因此，社会结构转型必然对公共政策体制提出相应的要求，并引起公共政策体制上的变化。

所谓公共政策体制，就是指公共政策的组织体系和结构形式，主要包括公共政策运行中的组织结构、权力划分、运作方式和运行规范。组织结构表明公共政策各主体，包括立法机关、司法机关、行政机关、政党组织、社会团体和公民在公共政策运行过程中形成的相互关系；权力划分是指公共政策的表达权、制定权、执行权、监督权、评价权和调整权在各主体之间的分配和设置；运作方式主要指的是公共政策运行中不同主体相互作用的方式，包括组织运行方式、权力作用方式、信息传递方式等；运行规范就是公共政策运行中应该遵循的原则和准则，它贯穿于公共政策运行的全过程，并通过对组织行为、权力划分和运作方式的规范表现出来。

从一定意义上说，公共政策体制是由社会结构塑造的，因此，社会结构转型必然带来公共政策体制的转轨。社会结构对公共政策体制的影响是全方位的，而且是深层次的，意义深远的，能够在一定程度上决定公共政策体制的本质。社会结构对公共政策体制的影响覆盖其全部内容。其一，社会结构决定公共政策体制的组织架构。从政策的组织架构来看，前工业社会是集中型的组织架构；工业社会是层级型的组织架构；后工业社会是网状型的组织架构。其二，社会结构决定公共政策体制的权力格局。从政策的权力划分来看，前工业社会是高度集权，政策主体属于统治阶级的上层，决策权、执行权、监督权、评价权和调整权完全掌握在统治阶级的上层手中，权力主体凝固化。工业社会是层级授权，决策权、执行权、监督权、评价权和调整权按层级适当分开。在体制设计上，决策权属于立法机关，执行权划归行政机关，监督权主要由司法机关行使，立法机关、行政机关和司法机关又可以互相监督。后工业社会是多元分权，权力主体不仅仅限于政府，而是政府、市场和社会分权。决策权、执行权、监督权、评

---

① 〔美〕丹尼尔·贝尔：《后工业社会的来临——对社会预测的一次探索》，高铦等译，新华出版社 1997 年版，第 13 页。

价权和调整权均由多元主体分享。其三，社会结构决定公共政策体制的运作方式。从政策的运作方式来看，前工业社会是单向命令式的运作方式，其主要特点是自上而下的强行指挥机制过强，而自下而上的反馈机制过弱。工业社会是双向指令式的运作方式，在沟通渠道上，既有自上而下的沟通，也有自下而上的沟通，以自上而下的沟通为主。在政策指令传递上，主要表现为自上而下的层级节制。后工业社会是多向协商式的运作方式，沟通渠道是多向度、全方位的。在政策运作过程中，多元主体的平等协商贯穿于整个政策过程。其四，社会结构决定公共政策体制的运行规范。从运行规范来看，前工业社会是以宗法原则为主的传统型规范，工业社会是以法律原则为主的法治型规范，后工业社会是以道德原则为主道德和法律相结合的混合型规范。

前工业社会的社会结构导致了高度集权的专制体制；工业社会的社会结构形成了具有官僚制特征的公共政策体制；后工业社会的社会结构催生出公共政策平等互动的网络体制。前工业社会向工业社会的转型，使高度集权的专制体制逐渐被层级规范的官僚体制所代替。工业社会向后工业社会的转型，又使平等互动的网络体制逐步取代了层级规范的官僚体制。这就是不同社会结构及其转型带来的公共政策体制上的变化。

2. 公共政策体制异质化的主要表现

中国目前总体上已经进入工业化中期。但是由于发展的不平衡，在大多数地区已经进入工业社会的同时，还有个别地区处于前工业社会，即农业社会阶段，当然，也有少数发达地区已经跨入后工业社会或正在向后工业社会迈进。这种不平衡恰恰反映了结构转型期的特点。从目前的社会结构特征来看，前工业社会的社会结构特征仍然存在，工业社会的社会结构特征逐渐明晰，后工业社会的社会结构特征在个别地区开始显现，真可谓各种特征五色杂陈。以上描述也可以看做是中国目前正处于社会结构转型期的一个佐证。社会结构转型在不同国家有共性的一面，然而中国的社会结构转型不仅有着不同于发达国家社会转型的特点，也同其他发展中国家的社会转型有所区别。中国的工业化道路是工业化和信息化两步并做一步走，走的是一条新型的工业化道路。这就决定了既要完成由农业社会向工业社会转型的收尾工作,又要加快步伐由工业社会向后工业社会挺进。这种转型折射在社会结构上就呈现出双重过渡的特征,其复杂程度是空前的,也使中国的公共政策体制呈现出非常复杂的异质化特点。

可以借用里格斯在行政生态理论中对过渡型社会公共行政分析的框架,对中国社会结构转型期公共政策体制的特点进行分析。然而,里格斯的行政生态理论虽然对过渡型的公共行政作了详细的描述,但它描述的只是由农业社会向工业社会转型过程中经历的过渡状态,如果用来分析中国社会结构转型期的公共政策体制,必须引入新的变量,修正已有的分析框架。但无论如何,里格斯的行政生态理论提供了一个分析问题的新视角。

里格斯用异质性、重叠性和形式主义来描述过渡社会公共行政的特点。他指出:"异质性是指极为不同的体制、习俗和观点同时存在,即在同一个社会里同时存在不同的行政制度、行政行为和行政风范。由于一个正好相反的观点和习俗的平行共处,因而过渡社会的社会变革是不协调的、不完善的。重叠性即行政机构的重叠,行政机构并不一定产生其应有的功能,而由一些非行政组织来代替行政行为。过渡社会包括一个与控制系统重叠的高度集权的集中权力机构,在此,存在着权力和控制之间的分离。形式主义即政府所制定的法律和政策徒具形式,难于实施。在正式制定的规定和有效进行的实践、规范和现实之间的差异以及在既定目标和实际行动之间存在不一致和差距,实际与理论不符。"①中国社会结构转型也使公共政策体制一定程度上呈现出异质化、重叠化和形式化等特征,只不过是这些特征带有明显的中国特色,更为复杂罢了。中国社会结构转型的双重过渡的特征,导致公共政策体制三种形态纽结在一起,其复杂程度可想而知。

第一,中国社会结构转型的双重过渡特征,导致公共政策体制组织结构的三型同构。所谓三型同构,即前工业社会公共政策的组织形态、工业社会公共政策的组织形态和后工业社会公共政策的组织形态并存。这一定意义上展现了公共政策组织结构的演进过程,同

---

① 转引自张邦辉、彭洪洋:《行政生态学理论研究述评》,《云南行政学院学报》2008年第6期。

时，也进一步加剧了公共政策体制的不协调。前工业社会的集中性组织架构、工业社会的层级性组织架构、后工业社会的网状性组织架构，三种类型交织在一起，使异质化特征更为突出。

中国的农业社会形成了家国一体、高度集中的政策组织结构，统治阶级的上层稳定的居于政策主体地位，广大民众只能扮演政策客体的角色，成为统治阶级通过政策实现自身利益的工具。随着农业社会向工业社会转型步伐的加快，尤其是中华人民共和国成立以来，传统的、高度集中的组织结构被打破。特别是通过改革开放，中国以惊人的速度向工业化迈进，现在总体上已进入了工业化中期，层级性的政策组织结构正在形成，但是还不够完善。中国的工业化是工业化、信息化两步并作一步走的新型工业化，有些发达地区已经跨入后工业社会的门槛。与后工业社会相联系的网状性的政策组织结构初露端倪。尽管如此，从总体上来说政策组织结构正在逐步走向合理化和现代化，在公共政策运行中发挥着积极的作用。但是，三种形态异质杂陈，带来的消极影响也不可低估。集中性结构已经打破，但并没有消除，还一定程度地存在着组织结构上层的政策垄断问题，使某些政策成为少数人谋取私利的工具。层级性结构正在形成，但还不完善，在组织的纵向分解和横向分解中，导致组织结构的碎片化，政策运行在某些环节上受阻，政策功能无法有效发挥出来。网状性结构雏形虽已显现，但由于基础不牢固，出现了组织结构扭曲。公共政策组织的网状结构是以政策主体多元化，政策资源分布相对均衡化为基础的。目前的状况是政策主体多元化还处于萌芽状态，政策资源在不同群体间的分布差距很大。某些群体占有更多的政策资源，因而拥有更大的政策空间，左右政策的利益取向，加剧了社会的不公平。

第二，中国社会结构转型的双重过渡特征，导致公共政策体制权力分配的三重交叠。所谓三重交叠，就是前工业社会的高度集权、工业社会的层级授权和后工业社会的多元分权三种权力分配方式交叠在一起，使公共政策的表达权、制定权、执行权、监督权和评价权在各主体间的配置呈现出极其复杂的状态。执政党、人民代表大会、各级政府、其他民主党派、社会团体和公民个人，在公共政策权力分配上，伴随着不同的政策问题形成了复杂的分配方式。政策所要解决的问题不同、政策的内容不同，权力的分配方式也不同。

中华人民共和国成立以来，旧政权的党国体制逐渐被打破。特别是改革开放以来，执政党同人民代表大会的关系、执政党同政府的关系、执政党同民主党派和社会团体的关系也有一定程度的改善，政策权力的划分也逐渐向合理性迈进。尽管这一过程如此艰难和缓慢，但毕竟已有所前进。人民代表大会同各级政府的公共政策权力配置在逐步理顺。人民代表大会作为最高权力机关的政策决策权、政策监督权得到了一定程度的强化，政府行政权侵犯人民代表大会权力的现象也一定程度地在减少。国家和社会的公共政策权力有了一定程度的分割，被国家垄断的公共政策权力已呈现向社会回归的迹象。但是，由于在公共政策权力分配上，高度集权体制的残余还存在、层级授权体制还不完善，而且与多元分权体制某种程度的扭曲交织在一起，使公共政策权力配置上仍存在诸多矛盾。在执政党同人民代表大会的关系上，应该是执政党的政策建议通过人民代表大会的法定程序才能上升为国家意志，转化为公共政策，但事实上还存在着执政党的政策直接成为公共政策，用执政党的政策建议权代替人民代表大会公共政策决策权的现象。通过政治体制改革，改变了过去那种"以党代政"的体制，但又产生了"以党管政"的问题。在人民代表大会同政府的关系上，政府的公共政策权力在膨胀，人民代表大会的公共政策权力一定程度被虚化。政府不仅掌握着政策的创设权，政策决策权也在不断扩张。在政府和社会的关系上，由于社会自身发育不成熟，面对政府政策权力的强势，社会处于一种弱势地位。加之公共政策权力在不同阶层和群体之间分布的不均衡，一定程度上存在着强势群体绑架政府政策的现象。

第三，中国社会结构转型的双重过渡特征，导致公共政策体制运作方式的三式并存。所谓三式并存，是指在公共政策运行过程中，不同主体相互作用的方式，既存在着前工业社会单向命令式的运作方式，也存在着工业社会双向指令式的运作方式和后工业社会的多向协商式的运作方式。三种方式并存，而且错综复杂地交织在一起，并通过公共政策组织的运作方式和权力的运作方式表现出来。

在社会结构转型的推动下，那种自上而下的控制机制过强，自下而上的反馈机制过弱，组织结构的上层牢牢掌握政策的控制权，并强行推行自己的政策，组织结构的下层和广大社会公众只能被动地服从，很少发生互动和置换关系的单项命令式的运作方式逐渐被摒弃。

公共政策双向指令式的运作方式已成为重要形式。在公共政策运作过程中,既存在着自上而下的层级控制机制,也存在着自下而上的层级反馈机制。组织结构的上层在居于主导地位的前提下,也在一定程度上尊重组织结构下层的反馈意见,并把其中合理的成分吸纳到公共政策之中。公共政策对象的利益诉求,通过自下而上的反馈机制也会融入公共政策。特别是近年来伴随着公民网络参与的加强,进一步强化了自下而上的反馈机制。多向协商式的运作方式逐渐发展起来。在某些领域开始出现公共政策主体多元化的趋势,公共政策的制定不再是组织结构上层,甚至某一个或某几个组织的专利,所有的利益相关者都有可能成为公共政策的主体。公共政策在某些领域和一定程度上成为多元主体平等协商的结果,这种情况尽管还比较少,但毕竟有了良好的开端。但是,单项命令式的运作方式仍然在某些领域发挥作用,而且在有些情况下,政府还是习惯于单项命令式的运作方式,我制定,你执行。由于政府对多向协商式的运作方式不甚习惯,有时多向协商会成为一种形式。在政策议程建立上,领导人的批示和过问还是一条主要的渠道;在政策方案的设计和选择上,政府部门利益侵害社会公共利益的现象时有发生;在政策合法化的环节上,不是严格按着法定的程序进行,仍然存在着组织结构上层独断专行的现象。

第四,中国社会结构转型双重过渡的特征,导致公共政策体制运行机制的三规虚化。所谓的三规虚化,是指以宗法原则为主的传统式规范已经被破除;以法律原则为主的法治式规范伴随着法律体系的相对完善似乎成为主要的规范体系,但存在着不同程度的形式化倾向;以道德原则为主的规范形同虚设,三种规范都一定程度上被虚置。公共政策缺少法律和道德的支撑必然陷入形式化。

从中国的实际情况来看,冲破了封建宗法规范的樊篱,用现代的法律规范予以取代,标志着公共政策体制运行规范上的重大进步。公共政策体制运行的道德规范,在公共精神的作用下也在发挥一定的作用,公共政策体制的公共性在逐步增强。但是,封建宗法规范虽然被破除,其残余还在发挥一定的作用。“一人得道,鸡犬升天”的现象还存在;“子承父业,变相世袭”的现象也不乏其例。法律条文看似相对完善,甚至可以宣布已经建立了较完善的法律体系,但从形成法律条文到真正做到依法执政、依法行政,树立法律应有的权威还有很长的路要走。法律被形式化的现象依然很严重。道德规范在不完善的市场机制作用下,一定程度上失去其底线。用道德沦丧、底线失守来形容也许有些过分,但违反道德的现象比比皆是。各种规范既在一定范围内发挥作用,也在一定范围内失去作用。致使在某些情况下,立法机关制定的法律和政策被形式化了,失去权威性,缺乏影响力;政府所制定的法令和规章不能付诸实施,形同虚设;某些行政人员特立独行,甚至恣意妄为,我行我素,极大地影响了公共政策的合法性和有效性。

3. 公共政策体制完善的路径

在社会结构转型期,公共政策体制的异质性、重叠性和形式化等特征的存在,虽然与转型期社会结构的特点相关联,但并不是不可改变的。公共政策体制可以通过改革逐步达到自我完善。为了更好地发挥公共政策的作用,协调好社会利益关系,维护社会的稳定,实现国家的长治久安,必须不断优化公共政策体制。在公共政策体制的设计上要正确处理好以下几方面的关系,以实现公共政策体制的整体优化。

第一,正确处理人民代表大会、执政党和政府的关系。人民代表大会制度是中国人民当家作主的重要途径和最高实现形式。真实现人民代表大会的最高政策决策权、执政党的政策建议权和政府的政策执行权的高度统一。在公共政策运行过程中,人民代表大会作为权力机关拥有其他主体不可比拟的至高无上的权力,无论是执政党的政策建议,还是政府的政策方案,只有通过人民代表大会的法定程序,才能上升为国家意志,成为公共政策。除非人民代表大会授权,政府可以在授权范围内制定相应的公共政策,否则就是一种僭越。人民代表大会有权提出质询,有权否决政府不符合法定程序的公共政策。真正落实人民代表大会的公共政策监督权,杜绝政府自说自话,从自身利益出发,利用公共政策谋取私利的现象;杜绝政府消极对待人民代表大会制定的公共政策,对拒不执行、阳奉阴违、推诿搪塞、久不落实者必须追究责任。人民代表大会自身也需要不断完善。在代表的构成上,要覆盖社会的所有阶层,减少党政官员所占的比重,增加基层一线人员的比重,保证代表的广泛性。人民代表同人民群众的关系既是一种授权关系,也是一种委托代理关系。真正落实人民群众的罢免权，对那些不能很好代表人民群众，不能真正行使职责的代表，人民有权罢免和撤换。

第二，正确处理政府、市场和社会的关系。文森特·奥斯特罗姆等学者提出的多中心理论，在政府和市场之外引入了社会这一中心，强调公民作为独立的决策主体的地位和民间自治，强调把社群自治作为基本的策略，强调多元主体经过冲突、对话、协商、妥协达到平衡。① 这对于正确处理政府、市场和社会的关系有一定的借鉴意义。在公共政策运行中，要有效地发挥政府、市场和社会的作用，需要政府、市场和社会的有机结合与良性互动。在公共政策体制中，这种良性互动突出地表现为政府的主导作用、社会的基础作用和市场的辅助作用的统一。政府之所以起主导作用，是因为政府占有更多的公共资源，无论是在公共政策制定还是公共政策执行中，都发挥着组织者的作用。社会的基础作用表现为把公共政策的创设权交还社会，使公民真正享有公共政策的初始话语权。在公共政策运行中发挥市场的辅助作用，就是根据市场运作的机制，有效发挥市场工具的作用，实现公共政策目标。为了保证公共政策的公共性，维护社会的公平正义，必须切断政府部门同社会强势群体的非正常联系，提高弱势群体的组织化程度，实现不同群体间的平等互动。

第三，正确处理政府整体同政府部门及其所属组织的关系。政府的整体利益应该具有至上性，部门利益必须服从整体利益。一定要克服公共权力部门化、部门权力利益化、部门利益法律化的倾向。西方国家的“整体政府”改革，为正确处理政府整体同政府部门及其所属组织的关系提供了新思路。整体政府包括中央行政部门不同政策领域之间日益增加的横向协作、部委与其代理机构之间的内部纵向协作以及地方机构进行的协作。包括决策的整体政府与执行的整体政府，也包括横向合作或纵向合作的整体政府②。政府是由不同的政府部门构成的，政府部门之间是一个有机联系的整体。政府部门的横向分权只具有相对意义，不能影响政府的整体性。整体政府

---

① 〔美〕迈克尔·麦金尼斯：《多中心体制与地方公共经济》，毛寿龙译，上海三联书店 2003 年版，第 113—116 页。

② 曾维和：《西方“整体政府”改革：理论、实践及启示》，《公共管理学报》2008 年第 4 期。

强调政府部门的协作与整合,这样才能有效发挥政府的整体功能。要完善公共政策体制不仅要处理好政府整体和政府部门的关系,而且要处理好政府部门同其所属组织的关系。在政府部门所属的组织中,国家垄断企业同政府部门有着千丝万缕的联系。要避免政府部门同国家垄断企业结成非正常的利益联盟,利用政府部门的公权力为国家垄断企业谋取不正当的利益,从而侵害公共利益。

第四,正确处理中央政府同地方政府和最基层的公共政策执行者的关系。在中央政府和地方政府分权的前提下,强化中央政府对地方政府的控制,消除政府组织结构纵向断裂的状态,以保证中央政府政令畅通。中央政府在制定公共政策的过程中,要加强同地方政府的联系,充分考虑地方政府的意见和建议。中央政府的政策一经出台,地方政府必须贯彻执行。这需要建立完善的责任追究制度,并能够有效地发挥作用。最基层的公共政策执行者被迈克尔·利普斯基称为"街道层官僚"。在他看来"典型的街道层官僚,包括公职教师、警官及其他执法人员、社会工作者、法官、公职律师及其他司法官员、医疗保健工作人员,以及其他有权核准政府计划适用对象和执行相应公共服务的诸多雇员。"①这些最基层的公共政策执行者是"公共利益的供给者和公共秩序的维护者","在公民和国家的宪法关系中的许多方面",他们"处于一种居间调解者的地位",在"公民权利的实现中扮演关键性的角色"。"他们直接与公民打交道,并对公民的生活构成实实在在的影响","在调整社会冲突方面也扮演重要的角色"。人们往往把他们的作用"等同于政府的功能"。② 他们把政府的公共政策直接传递给社会公众,也是社会公众公共服务的直接提供者,正确处理政府同最基层的公共政策执行者的关系至关重要。把他们其中任何一部分排除体制之外的做法都是不明智的。

第五,正确处理公民权利同国家权力和官员职权的关系。根据卢梭的主权在民思想,国家权力实际上是公民权利的法律再现,从这个意义上来说,国家权力和公民权利是统一的。但国家权力一旦要通过官员的职权表现出来,就会导致国家权力和公民权利的相对分

---

① 〔美〕杰伊·沙夫里茨等:《公共政策经典》,彭云望译,北京大学出版社 2008 年版,第 51 页。

② 同上书,第 51—58 页。

离，为某些官员利用职权谋取私利提供条件。政府官员一旦利用职权谋取私利，就是对国家权力的侵害和公民权利的侵犯。正确处理公民权利同国家权力、官员职权的关系，首要的问题是要真正还权于民，实现权力和权利在公民身上的直接同一，并贯穿于公共政策运行的全过程。在公共政策体制上保证公民实实在在地享有选举权、知情权、表达权、抉择权、监督权和罢免权。这些既是公民应享有的权利，也应该是公民拥有的权力。既然是权利，那它就具有神圣不可侵犯性和不可剥夺性；既然是权力，就应该能够决定被选举人、被监督人和被罢免人的命运。

体制上的设计还仅仅是迈出了体制优化的第一步，要使这种体制真正成为现实，并在公共政策运行中发挥作用，还需要寻找体制变迁的动力。社会结构转型为公共政策体制变迁提供了根本动力。伴随着社会结构转型步伐的加快，公共政策体制也必将越来越完善。问题的关键在于不能够消极等待，要采取积极的措施尽量缩短这一过程。深化政治体制改革是缩短这一过程的根本途径。

4. 文化价值与公共政策体制

公共政策体制完善也好，转型也好，总要有一个方向。决定公共政策体制发展方向的因素很多，其中一个非常重要的因素就是文化传统。如果把文化界定为生活方式，那么，文化价值构成了文化的灵魂。从一定意义上说，文化价值决定人们的政治生活方式，也从根本上决定了一个国家公共政策体制的形成、特征、变迁和发展方向。

不言而喻，文化价值同公共政策体制有着极为密切的关系，而要把这种关系揭示出来，首先必须对文化和文化价值有一个深入的了解。文化是一个极其复杂的概念，对其如何界定，众说纷纭，莫衷一是。以下的界定也许更能反映文化的本质。“文化是对一种特殊的生活方式的描述，这种描述不仅表现在艺术和学问中的某些意义和价值，而且也表现制度和日常行为中的某些意义和价值。”①简言之“文化是一种文明形成的生活方式”。② 一个民族的文化传统是长期历史积淀的结果，这种积淀决定了不同民族各具特色的生活方式，或

① 曾小华：《文化制度与社会变革》，中国经济出版社2004年版，第5页。
② 《胡适选集》，天津人民出版社1991年版，第188页。

者说通过不同民族各具特色的生活方式表现出来。文化既不同于与自然界相联系的物理世界,也不同于与具体的人相联系的心理世界,文化是人通过实践活动创造出来的符号形态的东西。文化根源于不同时代的具体的人,但是在积淀的过程中又相对地与具体时代的具体人相脱离,构成了一个相对独立的领域,那就是文化世界。文化作为符号形态的东西要有自己的承载体,被人们实践活动改造过的人化自然界是文化的物质载体;从事实践活动的具体而又活生生的人的心理是文化的精神载体。文化不同于文明,而文明一定承载着某种文化。文化对生活方式的塑造,主要就是通过对物理现象的嵌入创造人化自然,通过对心理现象的形塑建构人们的行为方式等途径实现的。

在人类生活的一切领域都能够反映出不同的生活方式,这展现了文化现象的极其复杂性。在如此复杂的文化现象中,文化价值处于文化的核心地位,构成了文化的灵魂。"文化价值指的就是人对自己生命存在的文化意义的理解和确定。"①它规定了各种文化现象对人的意义和重要性,表明文化客体所具有的能够满足主体文化需要的特质。文化价值实质上反映的是主体文化需要与客体满足主体文化需要的关系。具有文化需要的主体和能够满足主体文化需要的客体,构成了文化价值两个不可或缺的要素。文化价值归根结底是由主体的文化需要和客体的文化属性决定的。文化客体能够满足主体的文化需要对于主体来说就有价值,否则,就没有价值。离开了主体的文化需要来谈论文化价值问题,必然使文化价值失去其赖以存在的基础。

文化需要首先同其他需要一样,是人的生存和发展对外部世界及自身活动依赖性的表现。需要不仅构成人行为的原动力,而且规定了人的本性。马克思说:"在任何情况下,个人总是'从自己出发的',但是,他们不是唯一的,意即他们彼此不是不需要发生任何联系的,他们的需要即他们的本性和满足自身需要的方式,把他们彼此联系起来(两性关系、交换、分工),因而他们必然要发生相互关系。"②人的需要和满足需要的方式,构成了各种社会现象的基础。这同时

① 李鹏程:《当代文化哲学沉思》,人民出版社 2008 年版,第 173 页。

② 马克思、恩格斯:《德意志意识形态》节选本,人民出版社 2003 年版,第 98 页。

也构成了人的生命活动的实质性内容,成为合理理解现实的人和各种社会现象的基础。对社会历史现象的理解从根本上说就是对人的理解,对人的本性的理解,归根结底是对人的需要的理解。理解人的需要和在需要基础上产生的实践活动,是把握人和对象、主体和客体一切关系的钥匙,价值关系更是如此。

不能仅仅从个人的角度来理解人的文化需要,如果仅仅从个人的角度来理解文化需要的话,不可避免地会把文化需要仅仅看做是主观的东西。事实是人的文化需要不是随心所欲的,其产生、内容以及满足的方式都要受社会历史条件的制约,归根结底是由生产方式这一社会存在决定的。而且,人的文化需要是在人的实践活动中产生和发展的,实践活动本身是一种客观的对象性活动。此外,人的文化需要是能够实证地加以确定的东西。这一切都表明人的文化需要具有客观性的属性。"需要产生于主体自身的结构规定性和主体同周围世界的不可分割的联系。每一个主体自身结构和规定性都是历史地形成的,都是社会形成和发展的历史产物。""需要本质上是客观的,它不依主体意志或其他任何意识为转移。需要代表着主体与客体之间的一种客观的联系。"①人的文化需要无论是内容还是满足方式都是通过实践创造的,因而随着实践的发展人的文化需要显示出无限的丰富性。作为主体人的文化需要的丰富性决定了人的利益要求的复杂性,进而决定了价值的多元化。但这只是问题的一个方面,问题还有另一方面,那就是作为主体的人其自身结构的同构性和需要的客观性决定了共同需要的存在。尽管由于人在社会中所处的地位不同,需要的内容和结构会表现出差异,但这并不能作为否定存在共同需要的理由。

文化价值关系就发生在主体发现和创造了能够满足自己文化需要的对象,并实际占有了这种对象的过程中。人不仅是文化价值的需求者,而且是文化价值的承担者和创造者。人的实践活动既创造了人的文化需要,也创造了满足这种需要的文化产品。而人的任何实践活动都是社会性的,不同的社会形态有着不同的文化需要,一个社会的特定的文化需要必须通过特定的文化创造活动来满足。

文化作为人的生活方式,涵盖了人类生活的一切领域,政治领域

---

① 李德顺:《价值论》,中国人民大学出版社 2007 年版,第 63 页。

当然也不例外。公共政策体制实质上就是人们政治生活方式的一种表现形式,体现了人作为政治动物对自身存在的文化意义的理解和确定。因此,公共政策体制同文化价值有着极为密切的关系。具体说来,公共政策体制就是公共政策运行中各行为主体结成的相互关系,在实际的公共政策运行过程中,表现为公共政策的组织结构、权力分配、运作方式和运行规范等。一个社会形成什么样的公共政策的组织结构,公共政策权力如何分配,公共政策以什么样的方式运作,公共政策运行遵循哪些规则,是社会主体政治选择的结果。在社会生活中,人的任何选择都是一种价值选择。一定社会选择什么样的公共政策体制根源于人的政治需要,但这种选择不是随心所欲的,必然要受到文化价值的影响。

文化价值推动了公共政策体制的形成。人们在创造一种文化现象时,当然是因为它能够满足人的文化需要,但是随着历史发展并不是所有历史上的文化现象,对现代的人来说都是有价值的,也不是同时代的人所创造的一切文化现象,对所有的人都是有价值的。一种文化现象是否有价值,取决于人们的文化价值观。当然,文化价值观是由文化需求结构决定的。由于文化需求结构上的差异就形成了不同的文化价值观。不同人的文化需求的内在结构是存在差异的,这种差异非常突出地表现在不同的优势文化需要上,每一个人都有自己的优势文化需求。人们总是根据自己的文化需求结构对各种文化现象的意义进行排序。把不同的文化现象分为最有价值的、有一定价值的和没有价值的。人们总是想方设法来创造、获取和享有自己认为最有价值的文化现象,从而形成了文化价值取向,久而久之就形成了文化价值观。文化价值观一旦形成,就必然对人创造、获取和享有某种文化现象的方式产生重要影响,使人们表现出不同的行为方式。这种行为方式最初以个体的行为习惯表现出来。在社会生活中,不同的人的不同行为习惯在实践活动中彼此发生互动。这种互动通过冲突、博弈、妥协、认同、融合,在共识的基础上成为一个群体的惯例、一个组织的惯例、一个社会的惯例,就转化为制度。当然,这种转化的过程就是制度建构的过程。制度建构是社会主体选择的结果,也是社会主体设计的结果。制度必然要通过一定的体制来表现自己和实现自己。制度的表现形式和实现形式反映在公共政策领域,就形成了公共政策体制。任何公共政策体制的形成都有其深厚的文化底蕴，离开了文化价值的推动公共政策体制也就失去了自身的认同性和有效性。

文化价值规定了公共政策体制的特征。文化价值对公共政策体制特征的影响，是通过文化价值对社会主体心理的形塑表现出来的。文化价值形塑了主体的认知模式、情感结构和意志品质，使主体的心理过程深深地打上了文化价值的印记。文化价值形塑了主体的个性特征，造就了主体的态度体系和习惯化了的行为方式。文化价值的这种形塑作用表现在公共政策主体的身上，其特定的心理过程、态度体系和行为方式就规定了公共政策体制的基本特征。从这个意义来看，文化价值对社会主体心理的形塑过程，实际上是文化价值观念对象化的过程，也是其内化为社会主体心理特征的过程。这种转化过程从个体扩散到群体，再扩散到社会，形成了社会心理特征，某些特征转化为公共政策主体的特征，并通过组织结构特征、权力分配特征、运作方式特征和运行规范特征表现出来，就形成了特定的公共政策体制。因此，社会不同的文化价值观念，或者说占主导地位的文化价值观念，从一定意义上规定了公共政策体制的基本特征。“如果把制度看作是一种社会实存的话，那么制度无疑是对文化观念的一种表达，表征着制度建构者的理想、兴趣、愿望、目的、倾向、价值观等精神世界的构想，反映出制度设计者追求什么、捍卫什么、贬斥什么、接受什么的理性思索和道德基线。”①

文化价值决定了公共政策体制的变迁。“制度也离不开文化的约束，文化因子总会渗透入制度的具体规定和内在精神，成为决定制度变迁走向的重要变量。”②作为政治制度表现形式的公共政策体制离不开文化的约束，其变迁也必然要受到文化价值的影响。美国学者罗杰·皮尔逊曾把文化的传递或传播方式分为两大类：纵向的和横向的。前者即所谓“社会遗传”，后者则称为“文化扩散”。他说：“当文化在同一社会内部从一代传至另一代时，我们称这一过程为‘社会遗传’。但当文化从一个群体传至另一个群体，从一个社会传

① 任洁：《唯物史观视野中的文化与制度变迁关系论纲》，《东岳论丛》2010年第11期。

② 刘圣中：《历史制度主义：制度变迁的比较历史研究》，上海人民出版社2010年版，第128页。

至另一个社会时,我们就习惯用这样的术语'文化扩散'。"①无论是"社会遗传"还是"文化扩散",文化价值的继承和传播都依赖于社会学习机制。通过社会学习机制,文化价值从一个载体过渡到另一个载体,使文化价值得以延续,同时也赋予文化价值以惰性。文化价值通过社会学习得以传承本身就表明了它具有明显的路径依赖特性。这种路径依赖的特性决定了公共政策体制变迁的路径依赖性,从而对公共政策体制变迁产生阻碍作用。当然,伴随着社会的发展,当社会文化需求结构发生变化的时候,文化价值或迟或早也会通过自我调整而发生变化。从而反过来又会推动社会主体改变自己的行为方式,冲破原有体制的束缚。当文化价值的发展超越了原有的公共政体制,就会成为推动公共政策体制变迁的动力。

文化价值引领了公共政策体制的发展方向。公共政策体制一定意义上是作为公共政策主体个体行为聚合的产物,文化价值在其中发挥着引领方向的作用。公共政策体制是公共政策主体行为选择的结果,这种选择离不开文化价值的注入。在一定的社会中,文化价值观往往具有多样性的特点,又如何能够产生具有同质性的公共政策体制呢?尽管社会中的文化价值观具有多样性的特点,但是任何社会都存在着主导性的文化价值观。这种主导性的文化价值观通过自身的同构机制,形成了统一的公共政策体制。主导性文化价值观的同构机制,主要通过强制性同构、模仿性同构和规范性同构等形式发挥作用。文化价值就在这一系列的同构中发挥导向作用。文化价值还影响着公共政策体制变迁后的实际效果。体制变迁无论是自上而下强制性的还是自下而上诱致性的,都要与本地区的传统文化相互兼容。只有相互兼容,两者才能相互促进,体制才能达到预期的效果。否则,如果一种新的公共政策体制与人们的文化价值相抵触,就会导致体制的无效率,运行效果也必将大打折扣。

文化价值的异质性和同构性构成了文化价值的两个显著特征。文化价值的异质性是指不同国家、不同民族由于所处的环境不同,所处的历史条件不同,决定了文化需求的特殊性,从而也就使不同国家、不同民族产生了不同的文化价值追求,这就是文化价值的异质

---

① 冯利、覃光广编:《当代国外文化学研究译文集》,中央民族学院出版社 1986 年版,第 159 页。

性。所谓文化价值的同构性，主要是指在不同国家和民族异质性的文化价值形态中包含着共同的文化价值因素。它指称的是各个国家、各个民族从自己的历史实践中形成的带有共性的，并共同认可的文化价值。这种同构性归根结底是由主体共同的文化需要决定的。尽管由于人们所处的社会环境和自然环境不同，形成了多元化、多样性的文化价值追求。但在这多元化、多样性的文化价值追求中包含着带有共性的东西，这形成了文化价值的同构性特征。文化价值的同构性就是不同主体在长期的生活实践和交往中，在不同文化的交流碰撞中逐渐形成的，并最终以规范化的形式表现出来。文化价值的同构性来源于人类的共性，形成于诸多民族的共同参与之中。文化价值的异质性决定了公共政策体制的多样性，规定了不同国家公共政策体制的特殊性；文化价值的同构性决定了公共政策体制的统一性，规定了不同国家公共政策体制的共同特征。这种多样性和统一性的关系、特殊性和普遍性的关系，既表明了不同国家的公共政策体制独特性的一面，不能照搬其他国家的公共政策体制，同时表明不同国家的公共政策体制也有可以相互借鉴的一面。

从本体论意义上理解文化价值的异质性和同构性，可以从一般和个别的关系中来把握。文化价值的异质性和同构性的本体论意义，表明它们是一种客观存在，不是人们主观杜撰出来的。人类共同的文化价值与不同历史阶段和不同文化背景、不同社会制度的多元文化价值，是一般和个别的关系。抓住了这样一种关系就抓住了理解文化价值同构性的关键。一般和个别是客观事物的一种普遍联系。一般与个别都具有客观性，个别中包含着一般，人们可以通过个别、凭借理性把握一般。文化价值的异质性说明不同国家和民族，同一国家和民族在不同的历史条件下，都有不同的文化需求，所以形成了各自独特的文化价值关系。文化价值的同构性就包含在异质性的文化价值之中。文化价值的异质性和同构性是相互联系、不可分割的统一体，文化价值的同构性不能脱离文化价值的异质性而存在，同时，不包含文化价值同构性的纯粹异质性的文化价值也是不存在的。当然，文化价值的同构性与文化价值的异质性的区别也不容抹煞。但有一点需要注意，任何异质性的文化价值都不能消解文化价值的同构性，反过来，文化价值的同构性也不能取代文化价值的异质性。

从认识论意义上理解文化价值的异质性和同构性，离不开对绝对和相对关系的正确认识。文化价值的异质性和同构性既是客观的,同时还表现为人类对主体和客体文化价值关系的主观把握,这就为从认识论意义上对之进行解读提供了前提。在人类社会发展的历史进程中,每一个国家,每一个国家不同的历史时期,社会主体都划分为不同的阶级、阶层和群体。在人类社会发展的不同阶段,在不同历史阶段生活的人们,尤其是社会的统治阶级和占主导地位的社会阶层往往习惯于把自己对文化价值关系的理解,把自己的文化价值需求,当作是全人类共有的文化价值,夸大了文化价值同构性的一面。这当然主要是出于统治的需要,但也不排除有认识论上的根源。在以往的历史上,当一个阶级、阶层处于上升阶段时,作为一种革命的、进步的势力,掌握着先进的思想和拥有先进的文化价值观念。正是这种先进的具有一定合理性的文化价值观念引领着时代的潮流。在这种情况下,先进的阶级就会夸大它的合理性,把它说成是人类共同的文化价值。当取得了统治地位后,为了维护自身的统治,统治阶级会进一步强化这种观念。实际上任何一定历史阶段的文化价值观念、任何一个阶级的文化价值观念,在人类认识发展的历史长河中都只具有相对的意义,都不能予以绝对化。“我们只能在我们时代的条件下进行认识,而且这些条件达到什么程度,我们便认识到什么程度。”①对文化价值关系的认识也是如此,也要受历史条件的限制,因此,不同历史条件下的认识都具有相对的意义。人的认识总是受历史条件制约的,这种制约人的认识的历史条件,主要是指一定时代实践的物质手段的发展状况和所达到的水平。这种物质手段达到什么程度,人们对文化价值的认识就与之相适应地达到什么程度。由于主客体之间的文化价值关系处在不断的运动变化之中,也由于一定历史时代的认识手段的局限性,因而所得出的认识必然是有条件的、近似的、相对的。但是,就在这种相对性的认识中不可否认地包含着绝对性的内容。人对文化价值关系的认识也是如此。每一种对文化价值关系的具体认识都只具有相对的意义,每一种具有相对意义的认识也都包含着绝对的成分。从历史发展过程来看,无数个相对的文化价值观念构成了绝对的文化价值之长河。文化价值的同构性就存在于无数个相对的、具有异质性的文化价值观念当中。人们就从

① 《马克思恩格斯选集》第4卷,人民出版社1995年版,第337—338页。

对无数个相对的具有异质性文化价值的认识中，把握具有绝对性的文化价值的同构性。

从历史观的意义上理解文化价值的异质性和同构性，可以通过必然和自由的关系对其做出解释。作为历史观范畴的“必然”是指人对社会历史的必然性尚未认识和掌握，因而人的活动不得不受这种盲目的力量所支配的状态；“自由”是指人掌握了社会历史的必然性，使自己成为社会的主人，从而自觉地创造历史的一种状态。人类的文化价值选择也有一个从必然走向自由的过程。当人还没有认识和掌握文化价值关系的必然性的时候，其文化价值选择是盲目的，当掌握了这种必然性，才能真正成为文化价值的主人，从而自觉地创造人类的文化价值。文化价值关系的必然性同历史的必然性是一致的，是一个自然历史过程。但是，它又同自然界的必然性有所不同，是人类价值选择的结果。多元的价值主体的不同的文化价值选择，同这种必然性之间的联系，可以从恩格斯的“无数个力平行四边形所形成的合力”中得到解释。恩格斯指出：“历史是这样创造的：最终结果总是从许多单个的意志的相互冲突中产生的”，“这样就有无数个相互交错的力量，有无数个力的平行四边形，而由此就产生出一个总的结果，即历史事变，这个结果又可以看作一个作为整体的，不自觉地和不自主的起着作用的力量的产物。”“而最后出现的结果就是谁都没有希望过的事物。”“虽然都达不到自己的愿望，而是融合为一个总的平均数，一个总的合力……每个意志都对合力有所贡献，因而是包括在这个合力里面的。”①文化价值的同构性就存在于无数个价值主体的异质性的文化价值选择所形成的合力之中。只有当社会变成自由人的联合体的时候，才使不同人的文化价值选择真正成为人类的共同的文化价值，其内容和形式实现了完全的统一。当不同人的文化价值选择真正成为人类共同的文化价值的时候，人的文化价值选择才获得了完全的自由。

文化是体制之母，公共政策体制深深地植根于文化之中。一个国家之所以选择了这样的公共政策体制而没有选择那样的公共政策体制，归根结底是由文化价值决定的。由于不同国家、不同民族文化价值上的异质性，就形成了丰富多彩的公共政策体制。当然，文化价

① 《马克思恩格斯选集》第4卷，人民出版社1995年版，第697页。

值的同构性又决定了不同国家、不同民族在文化价值上的共同特点。正是在这种文化价值同构性的作用下，也形成了不同国家公共政策体制上的共同特征。正是这种共同特征的不断扩大使人类从个别和一般、相对和绝对的统一中逐步从必然走向自由。

在社会转型期，公共政策体制还处于不断的自我完善和自我发展的时期，目的是使其更能满足人们的公共政策需求。这表明，由于现有公共政策体制存在的种种弊端使其无法满足人们的公共政策需求，改革势所必然。从公共政策体制同文化价值的关系来看，公共政策体制改革能否深入、能否取得成功，依赖于社会主体对政治生活文化意义的重新理解和确定，也就是对政治生活的文化价值进行重构。对传统的文化价值进行解构和重构的过程，也应该是文化价值现代化的过程。伴随着文化价值的现代化转型，公共政策体制改革和完善也必将不断走向深入。

中国现有的公共政策体制的基本特征，不可避免地要受到中国传统文化价值形态的影响。中国传统的文化价值形态的突出特点，为中国现存的公共政策体制打上了传统的烙印。尽管在中国历史上也曾经历过诸子百家相互争鸣的文化发展黄金时期，但是对中国传统文化价值形态影响最大的是儒家文化，其次是道家文化，形成了以儒家文化为核心的文化传统，也使中国传统文化价值具有了重人伦、轻法治，重群体、轻个体，重家族、轻社会，重情感、轻理性等突出特点。在此基础上形成了一种高度集权的专制主义的政治制度，也产生了与其相适应的政策体制。在中国的封建社会皇权至高无上，“在皇权专制制度下，皇帝的权力被宣称是无限的。”①皇帝拥有立法、司法和行政三方面的最高权力。这样一种传统“使我们背上了专制主义、家长制、高度集权、官僚政治、人治原则等历史包袱”。② 然而，在中国历史上也曾形成了较为发达的政治分工和悠久的权力制衡观念及体制，秦汉时期的三公九卿制、隋唐时期的三省六部二十四司制和明清时期的内阁六部制，都清晰地体现了这一点。但上述体制总归是为了防止皇权旁落，保证皇权的有效行使，也是以皇权的至高无上为前提的。

---

① 柏桦：《中国政治制度史》，中国人民大学出版社 2011 年版，第 71 页。

② 白钢：《中国政治制度史》，天津人民出版社 2002 年版，第 43 页。

中国的封建社会不可能形成对皇权进行实质性制约的体制,但不等于完全没有这方面的思想。在中国历史上也出现过对皇权加以限制的主张,企图通过“天制”“德制”和“祖制”来约束皇帝的权力。“天制”主要是用“天道”“天命”“天理”来制约皇权,使其不要恣意妄为;“德制”是通过对皇帝个人的人性改造和自身的道德修养来实现对权力的制约;“祖制”就是奉行“祖宗之法不可变”,以此制约皇帝的权力,防止其滥用。不难看出,这些都是软约束,不可能改变皇权至高无上的本质。“正因为对皇权缺乏有效的制约和限制,在历史上才会出现不少皇帝滥用权力,给社会造成巨大危害的现象。”①最后只能通过极端的“民制”来发挥作用,也就是通过农民起义和农民战争推翻昏庸君主的统治,实现改朝换代。由此形成了“其兴也勃焉,其亡也忽焉”的历史周期率。

近代以来,中国社会开始从传统社会向现代社会转型,也开启了传统文化转型的大门。以孙中山为首的民主革命先行者企图用西方的资本主义制度改造中国,用西方文化改造中国传统文化。然而,民主共和的资本主义制度最终没有建立起来,相反,后来的国民党走向了一党专政和军事独裁。中国共产党人力图用马克思列宁主义改造中国的传统文化,开辟了通过社会主义来实现中国由传统社会向现代社会转型的道路。同时也开启了马克思主义中国化的历史进程,加快了文化转型的步伐。特别是改革开放以来,伴随着国门的打开,尤其是经济体制实行了市场化改革以后,西方现代文化的影响越来越大。中国传统文化、马克思主义文化和西方现代文化杂糅交融,形成了中国文化转型过程中的基本特色。这种独特的文化价值反映在政治生活领域,也就形成了中国独具特色的公共政策体制。由于整个中国社会都处在大转型的过程中,目前所形成的公共政策体制必然带有明显的转型期的特点。中国特色的现代文化正在形成过程中,运用先进的文化对传统的公共政策体制进行改造也处于进行时。这种过渡性的公共政策体制带有明显的“三态异质”的特点,这也是必须推进公共政策体制改革的内在根据。

现有公共政策体制合理性的一面暂且不论,由于受中国传统文化价值的影响,使现有的公共政策体制具有集中型组织结构、等级型

① 柏桦:《中国政治制度史》,中国人民大学出版社 2011 年版,第 77 页。

权力配置、人际型运作模式和道德型运行规范等突出特征。权力实际上集中在组织结构的最上层。中国共产党是执政党,是国家事业的领导核心。中国共产党中央政治局常务委员会是党中央领导集体中的最高层,其成员是全国人大、全国政协、国务院、中央军委等国家机构中的最高负责人,是党和国家双重权力的核心。在公共政策体制运作过程中,尽管已经建立了较为完善的法律体系,但在有些情况下,法律的刚性制度设计在人际关系面前软化了,潜规则大行其道。在没有形成较为完善并且能够有效发挥作用的权力约束机制的情况下,力图通过理想信念、伦理道德对权力主体进行约束,这在某些丧失理想信念、缺少伦理道德的官员面前显得苍白无力,根本无法阻止权力被滥用。

无论是西方现代文化,还是处于转型中的中国特色文化,都有一个共识性的东西,那就是绝对的权力必然导致绝对的腐败,不受制约的权力是一切腐败的总根源。要想解决腐败问题就必须对权力加以限制,而限制权力最主要的方式就是实行民主。这一共识体现了文化价值的同构性。但由于受中西文化价值异质性的影响,所选择的民主形式有重大区别。

西方国家的文化价值肇始于古希腊的文化传统,经历基督教文化的演进,尤其是近代以来资本主义文化的改造,具有重法治、重个体、重社会、重理性的突出特点。这种文化传统一定意义上决定了西方国家的政治体制。这种政治体制主要是通过多党制、普选制和三权分立相互制衡的方式对权力进行制约。毫无疑问,西方的民主形式也存在一定的问题,正因为如此,西方国家也在不断探索民主的新形式。为了弥补代议民主制的缺陷,它们提出了参与民主,而为了解决参与民主带来的政治冷漠,又提出了协商民主等民主形式,但也不能从根本上解决问题。由此决定的西方国家的公共政策体制有它自身存在的问题。

中国主要是通过发展和扩大执政党党内民主,用党内民主推动人民民主,完善和健全人民代表大会制度的方式对权力进行制约。在实际运行过程中,无论是党内民主还是人民民主都有待于进一步完善。根据组织结构和权力配置的实际状况,对权力如何进行有效制约,这是当前解决中国一切问题的关键所在。要把权力关进制度的笼子里,就应该把一切权力都关进制度的笼子里,尤其是执政党的权力更应如此,因为执政党掌握着实际上的最高权力。

总之,“任何一种制度的形成都无法脱离文化,文化对制度的形成具有重大影响。制度的形成具有自然演进和理性建构两种基本的方式。不管是哪一种方式,制度的形成都有其深厚的文化根源。”① 任何一个国家和民族企图通过文化价值的输出,把自己的文化价值形态强加在另一个国家和民族身上,把本国的制度和体制强行推广到其他国家和民族,那就是霸权主义,都是难以奏效的。反过来,任何一个国家和民族企图照搬其他国家和民族的制度和体制,也是不能取得成功的。然而,不同国家和民族的文化是可以交融的,不同国家和民族的制度和体制又是可以相互借鉴的,这也应该是不争的共识。这恰恰反映了文化价值异质性和同构性相统一的特征。

三、公共政策的政府主体

政府是公共政策的重要主体,公共政策是政府实现其职能的工具。社会结构转型必然要求公共政策体制转轨,同时也提出了作为公共政策重要主体的政府转型的任务。公共政策体制改革和完善的主要目的是推动政府更好地履行自己的职能,通过公共政策的制定和实施,为社会公众提供更优质的公共产品和公共服务。作为公共政策重要主体的政府其转型的根本任务,就是建设服务型政府。服务型政府是为公民提供优质高效服务的政府。公民本位和社会本位构成了服务型政府的基本理念,实践这一理念必须以公共利益为核心选择自身的价值取向。以多元体制供给公共产品、以广泛的公众参与运作公共权力、以公平正义为核心弘扬公共精神、以社会本位为基础助推公共领域,构成了服务型政府的主要行为方式。民主秩序、法定程序、公民意志的有机结合,形成了建设服务型政府的内在机制。

1. 公共政策政府主体与公民本位

关于服务型政府,学术界的研究很多,不同的学者从不同的视角

---

① 任洁:《唯物史观视野中的文化与制度变迁关系论纲》,《东岳论丛》2010 年第 11 期。

对服务型政府的概念进行了表述，其中比较有代表性的界定是：服务型政府是指在公民本位、社会本位理念指导下，以为公民服务为宗旨并承担服务责任的政府。服务型政府是在社会民主秩序的框架下，通过法定程序，按照公民意志组建起来的①。这一界定在一定意义上揭示了服务型政府的基本理念、行为方式和构建机制。用公民本位和社会本位取代政府本位的理念，以形成服务型政府的基本理念，这是构建服务型政府的根本前提。过去的政府体制改革只是从政府自身的立场出发做文章，没有冲破政府本位的藩篱。

"服务型政府是指按照公众的意愿和偏好提供公共物品和服务，以回应公民和社会的需要为政府职能定位，强调对公共服务的提供是按照公民的意愿提供的，追求的根本目标是公民满意。"②也就是说，服务型政府应该是具备现代服务理念和服务能力，能够向社会提供优质的公共产品和公共服务以满足社会公共需求的政府。坚持以人为本的理念和为人民服务的宗旨是服务型政府的显著特征。

珍妮特·V. 登哈特和罗伯特·B. 登哈特的新公共服务理论，为服务型政府注入了学理性的内容。他们提出的新公共服务的基本理念，对服务型政府建设具有重要的借鉴意义。这个新公共服务的基本理念就是：服务于公民，而不是服务于顾客；追求公共利益；重视公民权胜过重视企业家精神；思考要具有战略性，行动要具有民主性；承认责任并不简单；服务，而不是掌舵；重视人而不是重视生产率③。他们认为，政府公共管理具有服务的根本性质，政府的首要任务是帮助公民明确表达并实现其公共利益，而不是试图去控制或驾驭社会；认为服务型政府应以公民为服务对象，以尊重公民权、实现公共利益为目标。服务型政府的典型特征是以公众服务为核心，以民主参与为手段，以是否实现公众利益为评价标准。所以，该理论更多地强调政府的服务对象是公民，注重公民参与公共政策制定，注重私人和社会团体参与政府公共服务的供给。

重塑公共政策主体，把建设服务型政府作为政府改革和发展的

---

① 刘熙瑞：《服务型政府——经济全球化背景下中国政府改革的目标选择》，《中国行政管理》2002 年第 7 期。

② 孙亮：《服务型政府的目标意涵及其实现途径》，《中国行政管理》2007 年第 8 期。

③ ［美］珍妮特·V. 登哈特等：《新公共服务》，丁煌译，中国人民大学出版社 2004 年版，第 40 页。

基本方向,这就决定了政府的公共政策要以发展社会事业和解决民生问题为重点,关注人民群众的基本需求,建构良好的公共服务体系。建设服务型政府直接涉及政府的转型问题。可以毫不夸张地说,政府不可避免地要经历一场深刻的变革。之所以说是一场深刻的变革,关键在于政府要革自己的命,没有壮士断腕的决心和勇气是难以奏效的。而且仅仅靠政府自身也是难以推动的,需要广大社会公众发挥助推作用。从一定意义上说,这场变革的真正动力还是来自于广大社会公众。从目前政府行为的基本特点来看,离建成服务型政府还相距甚远。

毫无疑问,改革开放以来,随着计划经济体制向市场经济体制的逐步转轨,政府职能发生了重大转变,并通过公共政策在公共服务中发挥了积极的作用。但是,在政府与企业、政府与市场、政府与社会、政府与公众的关系上,错位、越位、缺位的现象还在一定程度上存在着,某些方面甚至还非常严重。正因为如此,政府转型的任务才极为迫切地提到了政府改革的议事日程。

在政府与企业和政府与市场的关系上,政府不是发挥宏观调控的职能而是直接介入微观的经济运行,不是进行市场监管而是把自己变成了市场中的利益主体,这种现象不仅在地方政府存在,而且中央政府的某些部门也不例外,甚至相当严重。政府直接管理具体的经济活动本身就是越位,更何况成为市场中的利益主体。政府过多地卷入经济活动,并成为经济活动中的利益主体,导致政府职能的严重越位。某些地方政府和政府的某些部门,为追求自身的经济利益不惜动用公共权力,结果造成市场竞争机制扭曲,侵害了企业的合法权益。当政府手中的权力与政府自身的经济利益结合在一起的时候,就会使政府行为偏离应有的轨道。政府在经济领域中越位现象的存在还有一个非常重要的原因,那就是某些政府官员运用手中掌握的公共权力通过向经济领域的渗透,谋取不正当的利益。政府官员为什么那么热衷于招商引资,为什么那么热衷于房地产?当然,有这些年干部考核唯"GDP"是从形成的"GDP"情结的作用。当然,也不否认实行分税制之后产生的对土地财政的依赖。但这只是问题的一个方面,还有一个更重要的方面,那些腐败官员从招商引资和房地产中捞取了多少不义之财。政府在经济领域中的越位是产生腐败现象的重要根源。

在政府与社会和政府与公众的关系上,政府的社会管理和公共服务职能,成为政府职能中的薄弱环节,造成了政府职能的严重缺位。传统的政府与社会高度合一的社会管理模式导致政府企图包揽一切,社会自我管理空间狭小,致使管理能力缺失。这必然走向反面,表面看来是政府社会管理职能的越位,导致的结果是社会管理职能的缺位。政府公共服务的体系和机制不健全,公共服务能力和水平存在着地区失衡、城乡失衡的现象,无法满足社会公众对公共服务的需求。政府把主要精力都放到经济活动中,它的社会管理职能和公共服务的职能必然大打折扣。不仅如此,更为严重的是,目前还出现了这样一种苗头,那就是政府取向强势群体化。这主要是指某些地方政府和政府的某些部门,受到强势群体的支配和影响,致使少数强势群体的单向度独白左右政府的公共政策。相反,弱势群体的公共政策话语权被忽视了,使某些地方政府和政府的某些部门出台的公共政策,不能很好地反映弱势群体的利益要求,导致公共政策价值取向的偏离。结果带来的是社会利益结构的扭曲和社会利益关系的失衡。在表达利益诉求方面,强势群体与弱势群体的机会处于一种不对等的状态。由于强势群体握有更多的社会资源,有政府为他们提供畅通的表达利益诉求的渠道。他们可以充分地利用这些渠道表达自己的利益诉求。强势群体集团化的趋势,更加大了强势群体对公共政策的影响力度。它们甚至可以通过各种非正式的渠道施加影响,使政府的公共政策供给更多地向强势群体进行利益倾斜。加上政府中的某些人被强势群体所俘获,成为强势群体的代言人,使公共政策的利益导向严重偏离公共利益。而弱势群体的利益表达缺少相应的制度安排和体制设计,他们掌握的社会资源又有限,组织化程度又很低,在公共政策制定中能够发出的声音是微弱的,对公共政策能够产生的影响是非常有限的。弱势群体对强势群体的依附性在增强,有可能进一步被边缘化。政府本应给弱势群体以更多的关注,但由于某些地方政府和政府的某些部门更多地忙于微观事务,宏观统筹不力,带来的是政府角色的错位。经济调控和市场监管上的越位同社会管理和公共服务上的缺位交织在一起,再加上政府角色的错位,所带来的消极影响是不言而喻的。要构建服务型政府就必须对政府职能重新定位,以实现公共治理的和谐,完善社会的公平机制,解决或化解社会上所存在的各种利益矛盾。

把作为公共政策主体的政府打造成服务型政府，使公共服务成为政府的主要职能，显现了现代政府的突出特征。在西方国家，政府改革的阻力主要来自国家权力机关，也就是议会。与西方国家不同，在中国，这种政府转型落后于社会转型的状况，根源在于政府自身成为政府改革的最主要的阻力。这也是政府改革推进缓慢的根本原因。政府不情愿把权力放还给市场，放还给社会。不可否认，在中国经济体制转轨的过程中，政府曾发挥了重要的积极作用。随着市场经济体制的建立和逐步完善，政府职能的转变也取得了重大的进展。政府的经济调节、市场监管、社会管理、公共服务的职能得到了一定程度的张扬。但是，也应该看到，同社会转型对政府提出的要求相比，政府自身还存在着很多问题。如果仍然像某些地方政府和政府的某些部门那样，继续扮演管制型政府和单一的经济建设型政府的角色，使政府的社会管理职能和公共服务职能缺位，更为严重的是运用公共权力追求自身的经济利益，那就不可避免地导致政府行为的紊乱，使政府丧失公信力，进而失去合法性。这样的结果是包括政府自身在内，谁也不愿意见到的。建设服务型政府不仅已经成为社会转型的必然要求，而且成为全面建成小康社会的关键环节，也是政府维护自身合法性的重要前提。建设服务型政府当然涉及政府职能问题，但解决政府职能的问题还是一个浅层次的问题，更深层次的问题是处理政府与社会在责、权、利等各个方面的关系问题，这就不能不涉及政府的价值定位问题。

2. 公共政策政府主体的基本理念

政府掌握并行使的是公共权力，其行为必须以公共利益为取向。这也是服务型政府的基本理念。公共政策作为政府的政治输出当然也要以公共利益为核心价值。“新公共服务的核心原则之一就是重新肯定公共利益在政府服务中的中心地位。”①新公共服务理论强调，公民的公共利益应是服务型政府的核心价值取向。“维护社会利益是行政主体的最基本的价值取向。”“行政主体的价值追求反映了行政实践的目的性，行政客体的价值期望就是行政体系的总体目标，

① 〔美〕珍妮特·V.登哈特等：《新公共服务》，丁煌译，中国人民大学出版社2004年版，第62页。

维护社会公共利益是实现行政客体价值期望的基本准则”。[①] 这表明，构建服务型政府过程中应确立的核心价值就是公共利益。政府的行为之所以会出现错位、越位、缺位等现象，根源在于政府的价值定位偏离了公共利益的轨道。因此，以公共利益作为服务型政府的价值定位，抓住了问题的关键环节。

以公共利益作为建设服务型政府的核心价值，这不仅仅是一个理论问题，更重要的是一个实践问题。可能有人会说，政府的核心价值是公共利益，这是公共行政学早已解决了的问题。实际上，“虽然传统公共行政学一直假定公共行政的根本目的是追求和实现公共利益，但是，传统公共行政学从整体上来讲并没有认真探讨过公共利益问题。”[②]提出一个命题是一回事，真正对一个命题进行深入的研究又是另外一回事。传统的公共行政学把公共利益假定为公共行政的根本目的，这仅仅是提出一个命题而已，并没有对其进行进一步的阐释。也许认为这已是不言而喻的了，抑或是由于某种疏忽，但事实并非如此。这可以从传统公共行政学的实证主义传统上找到原因。传统的公共行政学研究的主流方法论是实证主义方法论，企图借用自然科学的逻辑来建立一门行政科学。它把事实和价值割裂开来，并把价值排除在研究之外，而固守着价值无涉的阵地。这种状况根源于马克斯·韦伯的行政学说，后来又受到西蒙行政理论的影响。他们两个人都主张要把行政行为中的事实和价值分离开来，行政学应该建立在非价值的事实的基础上，而公共利益问题是一个地地道道的价值问题。西蒙的行政学理论在公共利益上的缺失，造成的影响导致了工具理性在公共行政领域的扩张和价值理性的被遮蔽，结果使主流的公共行政理论忽视了公共利益问题。认为传统的公共行政学早已解决了公共利益问题，似乎有些牵强。而20世纪七八十年代兴起的西方的新公共管理运动，又用其“三E”标准遮蔽了对公共利益的追求，把政府改革的取向规定为效率、效益和经济，重视的是政府的管理价值。它们秉承的是西方工具理性的传统。正如乔治·弗雷德里克森指出的：“狭义的公共行政往往只重视效率和经济等管理

① 〔美〕珍妮特·V.登哈特等：《新公共服务》，丁煌译，中国人民大学出版社2004年版，第62页。

② 张康之：《公共行政中的哲学与伦理》，中国人民大学出版社2004年版，第23页。

层面的价值。”①尽管管理的价值是重要的，但不是建设服务型政府的核心价值。在建设服务型政府的过程中，对政府的核心价值进行准确的定位，并真正实现自己的价值定位，可以摆脱仅仅抓住政府职能做文章而无法摆脱的各种问题的纠缠。这也是从根本上解决政府社会管理和公共服务职能缺位的先决条件。

3. 公共政策政府主体的主要行为方式

作为公共政策主体的服务型政府其根本宗旨当然是服务，这也是作为公共政策主体的政府行为的出发点和归宿。为社会公众服务，真正体现了以人为本的精神，政府必须践行之。服务型政府要提供优质高效的服务，其行为方式的具体内容主要包括：以多元治理模式供给公共产品、以广泛的公众参与运作公共权力、以公平正义为核心弘扬公共精神、以社会本位为基础助推公共领域。

服务型政府是高质量提供公共产品的政府。提供公共产品是服务型政府的首要任务。服务型政府以多元治理模式供给公共产品，既能够提高供给效率，也能够保证社会公平。以多元治理模式供给公共产品，就是政府、私人部门和民间组织等共同负责公共产品的供给。政府、私人部门和民间组织联合起来共同完成对公共产品的供给，目的是提高公共产品供给的质量和效率。在多元治理模式下，政府、私人部门和民间组织，依据不同的原则在公共产品供给中分别发挥着不同的社会功能。多元治理模式可以覆盖公共产品的各个领域，全方位地满足公众对公共产品的需求。这恰恰体现了服务型政府的服务宗旨。

服务型政府是有限政府。以广泛的公众参与运作公共权力是服务型政府的重要特征。公共权力根源于公共利益，又是维护公共利益的重要力量。公共利益要依靠公共权力来实现，或者说，正是由于公共利益实现的需要导致了公共权力的产生，因此，公共利益构成了公共权力形成的基础。公共权力实际上是在特定的力量对比关系中，公共权力主体为了实现和维护公共利益而拥有的对公共权力客体的制约和支配能力。力量的制约关系体现了公共权力的本质。公

---

① 〔美〕乔治·弗雷德里克森：《公共行政的精神》，张成福等译，中国人民大学出版社2003年版，第4页。

共权力一方面要以公共利益为基础,另一方面它又是权力的特殊表现形态。在与国家相联系的公共权力产生的早期,在权力占有者的极力遏制下,其公共性被神秘的外衣所遮蔽,失去了本来面目。公共权力成为凌驾于公众之上的一种异己的力量,与公共性背道而驰。当近代的启蒙思想家们,以其深邃的洞察力拨开笼罩在公共权力之上的重重迷雾时,公共权力的公共性逐渐显露出来。由于公共权力异化而导致的自身矛盾也就展现在人们面前。为了消除这一矛盾,恢复公共权力应有的公共性,人类付出了巨大的努力。从推翻旧制度的革命到新制度基础上的改良,从权力制衡的制度设计到全方位监督体制的构建等,但这也仅仅是有了某种进步而已。以广泛的公众参与运作公共权力,是保护公共权力公共性的重要条件。服务型政府必须是能够保持公共权力公共性的政府。

服务型政府是维护社会公平正义的政府。以公平正义为核心弘扬公共精神,构成了服务型政府的灵魂。公平正义是公共精神中蕴含的政府行为的终极价值。虽然公平正义在不同的历史条件下会有不同的内涵,但基本方向是一致的。"在一个由公众承认的政治正义观念加以有效调节的秩序良好社会里,每一个人都接受相同的正义原则。"①公平正义从古至今,多少仁人志士在探寻其底蕴,践行其轨迹,把它看做是政府行为的根本追求。正义是人类社会追求的美好理想。作为政府终极价值的正义其核心就是追求社会公平。政府不仅要为人们表达公平正义的渴望提供广阔的渠道,而且要为在社会生活中实现公平正义而努力。在政府面前不公正的现象应该失去其合理性和合法性。在政府价值层面,体现其价值依归的公共精神显然就是对公平的承诺和践诺,这意味着要保证所有公民身份上的平等,要保证在社会公共交往中权利与义务的对等。对正义的信仰就是对社会基本正义原则的坚持与维护。政府具有了公平正义的崇高信念,何愁其服务宗旨不能实现。维护社会的公平正义即是政府的崇高信念,也是政府的公共责任。政府应该具有的公共精神是由它所承担的公共责任规定好的。所谓公共责任,就是因所拥有的公共权力而承担的责任。公共责任通常被分为客观责任和主观责任两种

---

① 〔美〕约翰·罗尔斯:《作为公平的正义——正义新论》,姚大志译,上海三联书店2002年版,第45页。

形态,必须在客观责任与主观责任的统一中来把握。公共责任作为一种客观责任,首先是一种法定的责任,是由宪法、法律和行政法规所规定的各种责任,因而,履行公共责任首先就是对宪法和法律负责。公共责任也是一种政治责任,它要求政府必须对全体公民负责。当然宪法和法律所规定的责任,归根结底也来自于对公民所负的责任。"客观责任与从外部强加的可能事务相关;而主观责任则与那些我们自己认为应该为之负责的事务相关。"①从主观责任的角度来看,公共责任是一种道义责任,是靠人的良心维持的。"外部强加的义务只是责任的一个方面。与此并列的是我们自己的情感和信仰的责任。客观责任源于法律、组织机构、社会对行政人员的角色期待,但主观责任却植根于我们自己对忠诚、良知、认同的信仰。"②政府要弘扬公共精神,既要承担外在的客观责任,更重要的还是要树立内在的主观责任感,用自己的良知来实践政府的公共责任,推进社会的公平正义。

服务型政府是以社会本位为基础的政府。以社会本位为基础助推公共领域的建构,对构建服务型政府具有重要意义。西方著名思想家汉娜·阿伦特认为,人的需求有两个层面,一方面人需要有私人生活空间,以隐藏一些应该隐藏起来的东西;另一方面,人又渴望互相沟通与交流,这就必须进入可以显现自己的公共领域,这是一个人得到他人承认的必要条件。哈贝马斯则进一步指出,正是在公共领域中我们能够通过公共理性互相协商达成共识,因而,它能够实现大家所共同关注的普遍利益。③ 公共领域的社会基础是公民社会,它是指介于国家和家庭或个人之间的一个相互作用的领域。它既包括自愿性组织、社团、私人领域等结构性要素,也包括公开性、开放性、参与性等价值性要素。在中国,公民社会虽然力量还很弱小,公共领域还缺少相对的独立性,但是,随着非政府组织的发展,公民社会正在逐步发育起来,社会自我管理的能力在加强。构建和谐社会任务的提出,实际上已经将公共领域的建构提升到了战略的高度。随着

---

① 〔美〕特里·L. 库伯:《行政伦理学:实现行政责任的途径》,张秀琴译,中国人民大学出版社 2001 年版,第 63 页。

② 同上书,第 74 页。

③ 何增科:《公民社会与第三部门》,社会科学文献出版社 2000 年版,第 120 页。

公共领域的逐步成熟和完善，国家与社会的关系逐步明晰，政府的权力边界逐渐收缩，把社会的治理权归还给社会。形成国家与社会的良性互动，以提升政府的服务能力。

4. 公共政策政府主体与政策网络

作为公共政策主体的服务型政府其构建机制，是以民主为途径、以法制为规范、以公民意志为根据，使民主、法制、公民意志有机地结合起来，共同为构建服务型政府发挥应有作用的机制。这种运行机制的载体就是高度开放的政策网络。完善政策网络的治理模式，对于推动服务型政府的建设具有重要意义。

关于政策网络，西方比较有代表性的界定是："由于资源相互依赖而联系在一起的一群组织或若干群组织的联合体。"①政策网络具有相互依赖、平等互动和规则制约等特点。相互依赖主要是指由于构成政策网络的不同主体各自掌握的资源都是有限的，无法通过自己掌握的资源独立实现目标，必须依赖同其他主体的资源交换已获得实现目标的条件，这就不可避免地导致不同主体之间的相互依赖。平等互动表明构成政策网络的各个主体之间，在一般情况下地位是相对平等的，其中没有任何一个主体可以从总体上，长期驾驭其他主体。它们就是在这种平等互动的过程中实现各自的目标的。规则制约就是说政策网络不同主体之间相互作用是受某种规则约束的。政策网络不同主体之间在相互作用的过程中形成各种规则。规则形成之后，反过来就要对不同主体间的相互作用产生规范和制约作用，使某种互动方式相对固定下来，形成特定的资源分配方式。当然，这种方式还可以随着新规则的形成而发生相应的变化。政策网络的上述特点，使之成为把民主、法制和公民意志有机结合起来的载体。政策网络作为一种治理模式，其实质是在政治资源分散于各种公共与私营主体的背景下，动员政府和社会各种力量的一种机制。高度开放的政策网络通过其运行机制，恰恰把服务型政府建构的民主途径、法制规范和公民意志有机地融合在一起。政策网络是一个开放和透明的治理结构，为公民广泛参与公共权力的运作提供了有效途径。政

① 朱亚鹏：《公共政策研究的政策网络视角》，《中山大学学报》(社会科学版)2006年第1期。

策网络是一个有规则的治理结构,可以使各主体制度化、规范化地参与公共治理。政策网络是一个资源交换和整合的治理结构,通过不同主体经过对资源的相互依赖和经常性的互动,培养出共同的价值观,形成共同的意志。正如科林奇等人总结的那样,在一个日益复杂和动态的环境中,政府单独治理的科层协调已经非常困难;由于市场失灵,解决管制也变得非常有限;治理便只有在政策网络中才显得比较可行。[①] 政策网络治理模式从根本上改变了政府的性质,加速了管制型政府向服务型政府转型的步伐。在政策网络治理模式中,"治理包括了所有有利害关系的利益主体:政党、立法机关及其分支机构、利益集团、中间人、组织、顾客、媒体、卖主等等。"[②]"我们生活在一个权力分享的世界里,在这个世界中,政府组织、准政府组织、非盈利组织、私人组织共同参与政策的制定和政策的执行。"[③]公共政策主体的多元化,已经成为现代公共政策体制结构的重要特征。对非政府组织、公民的志愿性社团、协会、社区组织、利益团体等,政治学强调的是它的公民权利和公民参与的意义,而社会学则强调它介于政府和企业之间的中介意义。政策网络理论更关心它们的公共治理意义,更关心它们对于构建服务型政府的意义。

政策网络治理模式,对政府行为形成了全方位的约束机制和监督机制,一方面,限制政府的权力,使政府把服务作为自己的根本宗旨;另一方面,还要对政府的服务质量进行监督。对政府的制约和监督是来自政治结构的约束和监督、来自社会结构的约束和监督,以及来自市场结构的约束和监督的有机统一。这往往依赖于三个方面的制度安排,即政治制度安排、社会制度安排和市场制度安排。通过政治体制改革,形成人民代表大会、执政党和政府之间的相互制约关系。真正建立起人民代表大会和执政党对政府行为的约束和监督机制。社会结构的约束和监督机制依赖于社会的发育。社会之所以能成为监督、制约政府公共权力的重要力量,就因为它是一个具有自主能力的系统,其生成、发展和运转主要以民间方式进行,而无须国家

---

① 鄞益奋:《网络治理:公共管理的新框架》,《公共管理学报》2007 第 1 期。

② 〔美〕乔治·弗雷德里克森:《公共行政的精神》,张成福等译,中国人民大学出版社 2003 年版,第 77 页。

③ 〔美〕盖伊·彼得斯:《政府未来的治理模式》,吴爱明等译,中国人民大学出版社 2001 年版,第 82 页。

从外部推动它。以社会权利制约和监督政府,实质就是以社会制约和监督政府。这种制约和监督机制是单个的、分散的公民个体经由公民社会中的各种团体、组织积聚成强大的力量,对政府行使公共权力形成压力。政府部分职能的市场化,通过相应的制度设计利用市场结构对政府进行制约和监督,这一点,新公共管理理论已有了足够多的阐述。由此形成了以政策网络为依托的公共政策主体的建构机制。

第二章　公共政策的价值取向及其实现

政策前面加“公共”,表明了公共政策的性质和目的,也明确了公共政策的社会责任,并从根本上规定了公共政策的价值取向。公共政策必须以社会正义为最终的价值依归,这是由其自身的性质决定的。正义不仅仅是一个伦理范畴,也承载着社会共同体的公共利益。公共政策对社会利益关系调整的根本目的,就是要在社会利益关系的平衡中实现公共利益。一个社会中弱势群体的权益能否得到保障,直接关系到社会正义的张扬和公共利益的实现。这就需要正确处理公平和效率的关系,坚持公平和效率的统一。合理确定公共政策的功能取向和工具取向是确保其价值取向实现的根本前提。

一、公共政策的正义取向

所谓价值取向,就是在特定的价值观指导下对某种价值的自觉追求。公共政策的价值取向也就是公共政策通过政策目标对某种社会价值的自觉追求。从公共政策的本质、特征和功能来看,实现社会正义应该是公共政策最根本的价值取向。不管人们对正义如何理解,自古以来社会正义就是社会共同体所追求的根本目标。英国思想家洛克通过契约理论赋予国家以合法性,他同时对国家所拥有的巨大权力非常担忧,因此主张要对国家的权力加以严格的限制①。对国家权力加以限制,这一方面依赖于权力和权力之间的相互制衡,更重要的还依赖于权利对权力的制约。这也就把权利和权力的关系

① 参见〔英〕洛克:《政府论》下篇,瞿菊农等译,商务印书馆 1986 年版,第 84—86 页。

问题摆在了人们面前。要真正坚持公共政策的正义取向,必须正确处理权利和权力的关系。中国面临的诸多社会问题都同权利和权力关系的扭曲直接相关。因此要解决这些社会问题,最关键的就是要理顺公民权利和国家权力的关系。宪法通过对国家根本制度的设计,构建了一个用公民权利制约国家权力、用国家权力保障公民权利的机制。在中国,以公民权利制约国家权力、以国家权力机关的权力制约行政权和司法权、以人民主权制约执政党的权力这三个维度的制度设计,为实现权利对权力的制约奠定了基础。问题的关键在于如何通过制度的实现,使制度设计转化为制度生态。由于政治体制方面存在的问题,使已有的制度设计在一定范围和某种程度上被形式化了,从而扭曲了权利和权力的关系,这是当前中国诸多矛盾的总根源。要真正实现权利对权力的有效制约,必须真正落实公民的选举权和被选举权,在各类选举中全方位、大尺度地引入竞争机制,构建平等竞争的民主体制。这也是市场经济体制的必然要求。

1. 公共政策正义取向的丰富内涵

作为公共政策终极价值取向的“正义”具有丰富的内涵。对正义内涵的理解可以从人类的思想史中寻找答案。在中国可以追溯到春秋战国时期,在西方可以追溯到古希腊时期,先哲们从不同的视角对正义进行了解读。追溯解读正义的历史有助于加深对正义概念的理解,也有助于对公共政策正义取向的把握。

在中国,“正义”一词最早见于《荀子·儒效》,其中有“不学问,无正义”的表述。在现代汉语中“正义”一词意味着公正和恰当,与“公平”、“公道”、“正当”是同义词。在中国春秋战国时期诸子百家的思想中,就有丰富的关于正义的观念。尽管他们对正义的理解有所不同,但更多的是把正义同一定制度和秩序联系起来。

儒家的创始者孔子的正义观集中反映在他关于“仁”“礼”“义”的思想中。在孔子的思想中“仁”代表着“至善”,是正义的最高境界。这表明孔子的正义观更具有伦理色彩。何谓仁?仁者“爱人”(《论语·颜渊》),仁爱是人间正道,只有爱人才能为达到“至善”。尽管孔子的爱人是有层次的,要先爱自己,爱家人,爱朋友,但最终还是要爱一切人,达到“泛爱众,以亲仁”(《论语·学而》)。也就是以仁爱之心对待一切人,这才是真正的仁。孔子不仅告诉人们什么是仁,而且还告诉人们怎样才能实现仁。孔子认为,实行仁爱的方法就是“己欲立而立人,己欲达而达人”(《论语·雍也》),“己所不欲,勿施于人”(《论语·颜渊》)。凡事都能推己及人,要想自己立得住,也要使别人立得住;自己要行得通,也要别人行得通。自己不喜欢的,也不要强加给别人。这就是实行仁爱的基本方法。简言之,“仁”就是自觉成全他人利益和福祉的意愿与行为。仁者“爱人”表现在掌权者身上就是要有爱民之心,与民同忧,与民同乐,施仁政,行德治,为老百姓谋利益,使老百姓能够安居乐业。孔子的正义观还体现在仁和礼的关系上,他说:“克己复礼为仁。一日克己复礼,天下归仁焉。为仁由己,而由人乎哉?”(《论语·颜渊》)这里的“礼”也就是各种制度和规范。努力约束自己,使自己的行为符合礼的要求,如果能真正做到这一点,就可以达到仁的境界了。正义就是要爱人,施仁政;正义就是要遵守制度和规范。此外,孔子的正义观还体现在“义”上。“义”构成了孔子正义观的重要内容。在孔子看来,“义”是“仁”的表现形式,是社会对个体所提出的行为规范,也是君子生存于世的价值原则。“义”简言之,就是做自己应该做的事情,不做自己不应该做的事情。也就是要作正当的事情,不做不正当的事情。君子一生“见利思义”(《论语·宪问》),“义然后取”(《论语·宪问》。“义”则行之,“不义”则止,唯“义”是从。并进一步指出:“君子喻于义,小人喻于利”(《论语·里仁》)。将“义”作为区分“君子”与“小人”的根本标志,小人唯利是图,君子则舍生取义。用“君子”与“小人”的区分明确了什么当为,什么不当为,同时也确立了划分正义和非正义的标准。荀子则进一步从理论上说明了“义”作为伦理规范对文明社会的必要性:无“义”则无序,社会无法正常维持。“礼”与“义”均为社会行为规范,“礼”从政治和法律上解决了应当或正当的问题,“义”则从伦理上回答了应当或正当的问题。两者从不同的角度对正义作出了解释。

孟子关于正义的思想,主要也是在探究“礼”同“仁”和“义”之间,也就是制度规范同正义原则之间的关系。他指出:“由是观之,无恻隐之心非人也,无羞恶之心非人也,无辞让之心非人也,无是非之心非人也。恻隐之心,仁之端也;羞恶之心,义之端也;辞让之心,礼之端也;是非之心,智之端也。……凡有四端于我者,知皆扩而充之矣,若火之始然、泉之始达。苟能充之,足以保四海;苟不充之,不足以事父母”(《孟子·公孙丑上》)。以上道出了孟子正义观念的核心架构。这里对仁、义、礼关系的阐述,实际上揭示了正义同仁爱和制度之间的关系。仁爱是正义的根本原则,也是制度建构的内在根据和判断制度本身是否正当的价值标准。“尧舜之道,不以仁政,不能平治天下”;这种“平治”体现在制度设计上,就是一种“规矩准绳”以求“方圆平直”(《孟子·离娄上》)。公平和正当是制度设计的根本原则,也是正义的集中体现。孟子的正义思想还体现在他的“民为贵,社稷次之,君为轻”(《孟子·尽心下》)的民本思想之中。孟子还有一个非常重要的思想,那就是把正义也就是善看做是与人直接同一的,只有行正义才是真正的人,不行正义无以为人。

《礼记·礼运》篇中对大同世界的描述,可以说是儒家正义观的最具代表性的阐述。孔子曰:“大道之行也,与三代之英,丘未之逮也,而有志焉。大道之行也,天下为公,选贤与能,讲信修睦。故人不独亲其亲,不独子其子;使老有所终,壮有所用,幼有所长,矜、寡、孤、独、废疾者皆有所养;男有分,女有归。货,恶其弃于地也,不必藏于己。力,恶其不出于身也,不必为己。是故谋闭而不兴,盗窃乱贼而不作。故外户而不闭,是谓大同。”“大同”是儒家的理想社会。只有实现大同才能实现正义。儒家所要实现的正义就是:没有私有财产,天下公正无私;人与人之间讲信修睦,人人各尽其力为社会而劳动;弱势人群受到社会的照顾,不同群体各得其所;一切有劳动能力的人都有机会充分发挥自己的才能;没有特权和世袭制,担任公职的人员都由群众推选;社会秩序平安稳定。充满正义的社会该是一个多么美好的社会!

道家代表人物老子的正义观念,隐含在他的道法自然,清静无为的治国之道中。老子说:“人法地,地法天,天法道,道法自然。”(《老子》)道的根本就是自然。只有让人自觉自愿地回到人与生俱来的本然状态才是正道,也是正义的根本。在老子看来,顺其自然,无为而治,符合正义的原则。“当然,无为而治的‘无为’,绝不是一无所为,什么都不做。无为而治的‘无为’是不妄为,不随意而为,不违道而为。相反,对于符合道的事情,则必须以有为为之。但所为为之,都应是出自事物自然,无为之为发自自然,顺乎自然;是自然而为,而不是人为而为。"①顺乎自然而为才符合正义的原则。小国寡民是老子的理想社会,也是正义社会的基本特征。在这样的社会里,才能使人民都能够"甘其食,美其服,安其居,乐其俗"(《老子》)。庄子进一步发扬了道家的思想,主张天道无为,反对以治治天下,推崇以不治治之。庄子的正义观就是自由和平等。正如冯友兰所指出的:"可知庄学中之政治哲学,主张绝对自由,盖惟人皆有绝对的自由,乃可皆顺其自然之性而得幸福也。主张绝对自由者,必主张绝对平等……"②

墨子创立了墨家学派,其正义思想的核心是"兼爱"。"所谓'兼爱',就是要人们都视人如己、爱人如己,相亲相爱,不受等级地位和地方区域的限制。"③所以兼爱也就是博爱,广泛的爱。"兼爱"要求无差别的爱,也反映了墨子人人平等的思想。墨子指出:"天下之人皆相爱,强不执弱,众不劫寡,富不侮贫,贵不傲贱,诈不欺愚。凡天下祸篡怨恨,可使毋起者,以相爱生也,是以仁者誉之"(《墨子·兼爱中》)。只有天下人皆相爱才能达到天下大治,"故天下兼相爱则治"(《墨子·兼爱上》)。"兼相爱"的目的是为了"交相利"。功利是墨家思想的根本。但墨子讲的功利是"国家百姓人民之利",这是判断一切价值的标准。"凡事物必中国家百姓人民之利,方有价值。国家百姓人民之利,即是人民之'富'与'庶'。凡能使人民富庶之事物,皆为有用,否者皆为无益或有害;一切价值,皆依此估定。"④是否对国家百姓人民有利也是衡量正义与否的根本标准。基于此,墨子要求尊重下层民众的权利,认为"民有三患:饥者不得食,寒者不得衣,劳者不得息"(《墨子·非乐上》)。渴望统治者能够善待天下百姓,使万民"饥即食之,寒即衣之,疾病侍养之,死丧葬埋之",并且给弱者以关照,"老而无妻子者,有所侍养以终其寿;幼弱孤童之无父母者,有所放依以长其身"(《墨子·兼爱下》)。重国家百姓人民之利、给弱者以关照,体现了墨子的民本情怀,这也是墨子正义观念的重要组成部分。

法家管子的正义观则以"法"为核心。他认为"法者,天下之至

---

① 郑红峰:《中国哲学史》,北京燕山出版社 2011 年版,第 17 页。

② 冯友兰:《中国哲学史》,华东师范大学出版社 2011 年版,第 135 页。

③ 王焕镳:《墨子校释》,浙江文艺出版社 1984 年版,第 104 页。

④ 冯友兰:《中国哲学史》,华东师范大学出版社 2011 年版,第 57 页。

道也”，“仁义礼乐者，皆出于法”（《管子・任法》），这说明仁义礼乐都是以法为根据的。“尺寸也，绳墨也，规矩也，衡石也，斗斛也，角量也，谓之法”（《管子・七法》）。法可以量长短，定曲直，法就是规矩，没有规矩不成方圆，没有法就不能规范人们的行为。“有生法，有守法，有法于法。夫生法者，君也；守法者，臣也；法于法者，民也。君臣上下贵贱皆从法，此谓为大治”（《管子・任法》）。当然，法是根本。然而，管子还认为，国有四维，四维不张，国乃灭亡。“何谓四维？一曰礼，二曰义，三曰廉，四曰耻”（《管子・牧民》）。“礼”要求严格遵守社会所规定的行为秩序，“义”是以“礼”为内容的行为准则。四维是从维护国家的整体利益出发，来对个体行为进行规范以稳定社会秩序。正因为法是天下的至道，四维最终皆以法为根据。君臣上下，贫富贵贱皆从法，天下才能达到大治。从这个意义上说，法是正义的根本。管子的正义观还体现在以人为本的思想中。他说：“夫霸王之所始也，以人为本。本理则国固，本乱则国危”（《管子・霸言》）。以人为本是国家强大和稳固的根本。以人为本“始于爱民”（《管子・小匡》）。“爱民无私曰德”（《管子・正》），爱民无私才符合正义的原则。爱民必须要察民情，知民意，顺民心，“政之所兴，在顺民心；政之所废，在逆民心”（《管子・牧民》）。为政者只有顺应民心，才能民和政兴。顺民心就要“爱之、利之、益之、安之，四者，道之出”（《管子・枢言》）。给予人民爱、利、益和安定，这样才是顺应天道，符合正义的原则，天下也才能达到大治的状态。以人为本还要富民。“凡治国之道，必先富民，民富则易治也。民贫则难治也。奚以知其然也？民富，则安乡重家；安乡重家，则敬上畏罪；敬上畏罪，则易治也。民贫，则危乡轻家。危乡轻家，则敢陵上犯禁；陵上犯禁，则难治也。……是以善为国者，必民富先，然后治之（《管子・治国》）。人民拥有充足的生活资料，稳定的经济来源，才可能实现国家的“治”。以人为本还要兴公去私。“公道不违，则是私道不违者也”（《管子・君臣上》）。必须兴公道而非私情，举公益而去私利。兴公去私还要扶助弱者。“赐鳏寡，振孤独，贷无种，与无赋，所以劝弱民”（《管子・禁藏》）。这样才符合正义的原则。实际上，扶助弱者是先秦儒家、道家、墨家和法家共同的情怀，也是其正义观的重要组成部分。

在西方，正义观念最早源自古希腊。美国学者麦金泰尔曾作过考证：“自从荷马史诗第一次翻译成英文以来，荷马史诗中的‘dikē’

这个词一直被译为‘正义’(justice)。无论是荷马本人,还是他所描绘的那些人,对‘dikē’的使用都预先假设了一个前提,即宇宙有一种单一的基本秩序,这一秩序既使自然有了一定的结构,也使社会有了一定的结构……要成为正义的(dikalos),就是要按照这一秩序来规导自己的形象和事务。”①所谓正义就是宇宙中永恒的秩序。

古希腊的先哲苏格拉底不仅提出了正义就是善的理念,而且进一步强调了守法就是正义。苏格拉底所谓的法主要是指公民一致制定的协议,它规定着应该做什么,不应该做什么,规范着人们的行为。② 在苏格拉底看来,任何一种行为规范都有其价值取向。行为规范的根本价值取向就是正义。当然,政策也是一种行为规范,也要以正义为其根本的价值取向。这一思想对后来的思想家产生了很大的影响。柏拉图同苏格拉底一样,也把正义看做是社会行为规范追求的终极价值。他认为,一个善的国家应具备智慧、勇敢、自制和正义这四种美德,而正义则是最高层次的美德。一个国家的智慧主要体现在只有少数人才具有治理国家的知识,而勇敢则要通过受教育和培养的能够为国作战的卫士来体现,自制才能实现和谐,也就是多数人愿意接受少数人的正确统治。“无论是智慧、勇敢或自制的行为,都有做得是否合适,做得对不对的问题,这就是正义不正义的问题。”③柏拉图认为,所谓的正义就是行为的合适和正确,也就是正当,一切行为规范都应以此为最终的目标。柏拉图是古希腊最早用正当来诠释正义的思想家,这对人类的正义观产生了极为深远的影响。

亚里士多德比苏格拉底和柏拉图都前进了一大步,把正义同平等和公共利益联系起来。尽管他们都认为政策的根本价值取向就是善,也就是正义,但对正义的理解有所不同。苏格拉底认为守法就是正义,柏拉图认为正义就是合适和正确。亚里士多德虽然也把善,即正义作为政策的根本价值取向,但他强调正义就是平等、公正。他认为,正义要以公共利益为依归,指出“种种政体都应以公民的共同利

---

① 〔美〕A·麦金泰尔:《谁之正义? 何种合理性?》,当代中国出版社 1996 年版,第 19 页。

② 汪子嵩等:《希腊哲学史》第 2 卷,人民出版社 1997 年版,第 479 页。

③ 同上书,第 777 页。

益为着眼点”。①“亚里士多德把正义分为普遍正义和特殊正义，普遍正义要求全体成员的行为必须合乎良法，包括国家颁布的成文法和不成文的道德法典。特殊正义包括分配正义、矫正正义和交换正义三种。”②如果说普遍正义指向的主要是政治行为，那么特殊正义指向的主要就是经济活动。普遍正义从城邦来说就是对“至善”的追求，是一种同邪恶相对立的“完全的德性”。特殊正义作为分配正义、矫正正义和交换正义同公平、平等、均等相联系。分配正义涉及资源分配者和资源接受者之间的关系，因此正义即公平；矫正正义涉及不同交往者的相互关系，所以正义即平等；交换正义涉及平等主体之间交换物的价值，这里的正义即均等。亚里士多德的正义理论把正义同公共利益联系起来，进一步丰富了苏格拉底和柏拉图的正义理论，把正义观念又向前推进了一大步。

伊壁鸠鲁则把正义归结为契约关系。伊壁鸠鲁认为：“一般地说，公正对每个人都是一样的，因为它是相互交往中的一种互相利益。”在伊壁鸠鲁看来，正义是同利益联系在一起的，正义就是在相互交往中的相互利益。伊壁鸠鲁是契约论的最早提出者，因此他强调正义来源于人们的约定，“公正没有独立的存在，而是由相互约定而来，在任何地点，任何时间，只要有一个防范彼此伤害的约定，公正就成立了。”③所以，正义反映了人们之间的契约关系。

古罗马时期的思想家西塞罗以自然法为根据揭示了正义与权利的相关性。在他看来，自然法是源于自然的普遍的、至高无上的法，它体现了人类的理性和上帝的意志，是一切社会规范的依据，人类所制定的一切法律都是从自然法中产生出来的，只有依据自然法制定的法律才符合正义的原则。他指出：“法就是最高的理性，并且它固植于支配应该做的行为和禁止不应该做的行为的自然之中。当这种最高的理性，在人类理智中稳固地和充分地发展了的时候，就是

---

① 〔古希腊〕亚里士多德：《政治学》，颜一等译，中国人民大学出版社2003年版，第84页。

② 李海青：《公民、权力与正义：政治学基础范畴研究》，知识产权出版社2011年版，第125页。

③ 《古希腊罗马哲学》，商务印书馆1982年版，第347页。

法。"①自然法是一种自然的权力,是理智的人们的精神和理性,是衡量正义与非正义的标准,也就是说是否正义只能由自然法来判定。在西塞罗看来正义与功利是统一在一起的,政策只有符合人民的利益才是正义的。法又是同权利联系在一起的,所以,正义与权利密切相关,它使每一个人都得到其应得的东西。

在欧洲的中世纪,由于受基督教的影响,人们把正义理念交给了上帝。基督教认为,正义只存在于天国之中,其核心理念就是上帝面前人人平等。世俗中的正义只能到天国中去寻找。基督教的博爱精神就是正义的根本体现。

西方近代以来的正义理念其根本主旨没有发生变化,反映的是资产阶级的价值观,但在不同时期关注点又有所不同。"资产阶级革命之前和革命之初的正义观侧重于对自由、平等、博爱的呼吁;资产阶级革命中后期的正义观侧重于对秩序和权威的建构;而革命之后特别是工业革命以后的正义观则侧重于对功利和效率的追求。"②西方现代最具代表性的正义理论,莫过于罗尔斯的公平理论、哈耶克的自由理论和诺奇科的权利理论。

罗尔斯正义理论的核心就是公平。罗尔斯首先充分肯定了正义对于制度的重要意义,他说:"正义是社会制度的首要价值,正像真理是思想体系的首要价值一样。""某些法律和制度,不管它们如何有效率和有条理,只要它们不正义,就必须加以改造或废除。"③在此基础上,他提出了非常著名的正义二原则,并作了如下陈述:"第一个原则:每一个人对于其他人所拥有的最广泛的基本自由体系相容的类似自由体系都应有一种平等权利。第二个原则:社会的和经济的不平等应这样来安排,使它们(1)被合理地期望适合于每一个人的利益;并且(2)依系于地位和职务向所有人开放。"④罗尔斯进一步解释道:"大致说来,公民的基本自由有政治上的自由(选举和被选举担任公职的权利)及言论和集会自由;良心的自由和思想的自由;个人的

---

① 〔古罗马〕西塞罗:《法律篇》,《西方法律思想史资料选编》,北京大学出版社 1982 年版,第 64 页。

② 沈晓阳:《西方正义观念的历史演变及其启示》,《杭州师范学院学报》2003 年第 3 期。

③ 〔美〕罗尔斯:《正义论》,何怀宏等译,中国社会科学出版社 1988 年版,第 1 页。

④ 同上书,第 60—61 页。

自由和保障个人财产的权利;依法不受任意逮捕和剥夺财产的自由,按照第一个原则,这些自由都要求一律平等,因为一个正义的社会中公民拥有同样的基本权利。第二个原则大致是用于收入和财富的分配,以及对那些利用权力、责任方面的不相等或权利链条上的差距的组织机构的设计。虽然财富和收入的分配无法做到平等,但它必须合乎每个人的利益,同时,权力地位和领导性职务也必须是所有人都能进入的。人们通过坚持地位开放而运用第二个原则,同时又在这一条件的约束下,来安排社会的和经济的不平等,以便使每个人都获益。"①罗尔斯认为,上述两个原则体现了更一般的正义观念那就是公平或平等,"所有社会价值——自由和机会、收入和财富、自尊的基础——都要平等的分配,除非对其中的一种价值或所有价值的一种不平等分配合乎每一个人的利益。"②在罗尔斯看来,正义就是平等,正义就是公平。

哈耶克的正义理论强调的是绝对自由。哈耶克是在对"社会正义"或"分配正义"猛烈抨击基础上表达自己的正义理念的。他认为,强调社会正义或分配正义,必然摧毁自由,而自由是市场秩序的根本原则。哈耶克指出:"如果它(社会正义)只是使那些信奉它的人感到幸福,那么我们就会对它敬而远之,不去打扰它;但是,如果它变成了强制他人的借口,那么我们就必须与它做斗争。……就像大多数追求某种无法达到的目标的努力一样,追求'社会正义'的努力也同样会产生极不可欲的后果;尤其需要指出的是,这种努力还趋于把传统道德价值赖以演化扩展的不可或缺的环境给摧毁掉;而这个不可或缺的环境便是自由。"③哈耶克认为,"社会正义"在经济上摧毁了自由市场秩序,政治上导致自由主义政治的丧失,也摧毁了法制。因此,他"认为自己有责任竭尽全力把人们从'社会正义'这个梦魇的支配下解救出来,因为这个梦魇正把人们的善良情感变成一种摧毁自由文明一切价值的工具"④。尽管如此,哈耶克并不否认正义的存在,在他看来,"所谓正义,始终意味着某个人或某些人应当或

---

① 〔美〕罗尔斯:《正义论》,何怀宏等译,中国社会科学出版社 1988 年版,第 61 页。

② 同上书,第 62 页。

③ 〔英〕哈耶克:《法律、立法与自由》(第 2 卷),邓正来译,中国大百科全书出版社 2000 年版,第 123—124 页。

④ 同上书,第 2 页。

不应当采取某种行动；而这种所谓的‘应当’，反过来又预设了对某些规则的承认：这些规则界定了一系列情势，而在这些情势中，某种特定的行为是被禁止的，或者是被要求采取的。”①因此实际上，正义同行为规则有关，正义可以等同于遵循正当的行为规则。“哈耶克的正义观念是在自生自发秩序——实质即自由市场秩序的框架中进行论述的，正义之为正义及正义的价值皆在于其对自由市场秩序的维护。而自由市场秩序要比任何一种由命令支配的‘组织’秩序更为可欲，因为只有自由市场秩序才能更好地维护个人自由。这是哈耶克正义观及其对‘分配正义’进行批判的基本前提。”②

诺奇克对罗尔斯的“作为公平的正义”理论提出了尖锐的批评，诺奇克认为，正义的核心是权利，而权利是神圣不可侵犯的。“诺奇克同其他自由主义理论家不同的地方在于，他不仅使权利成为自由主义的核心概念，赋予权利以至高无上的意义，而且把自由主义奠基在权利理论之上。诺奇克建立了一种以权利理论为基础的自由主义，并且使权利话语在当代政治哲学讨论中处于霸权地位。”③诺奇克指出：“个人拥有权利，而且有一些事情是任何人或任何群体都不能对他们做的（否则就会侵犯他们的权利）。这些权利是如此重要和广泛，以致他们提出了国家及其官员能够做什么的问题，如果有这类问题的话。个人权利为国家留下了多大的空间？”“我们关于国家的主要结论是：能够得到证明的是一种最低限度的国家（minimal state）。其功能仅限于保护人们免于暴力、偷窃、欺诈以及强制履行契约等；任何更多功能的国家都会侵犯人们的权利，都会强迫人们去做某些事情。从而也都无法得到证明，这种最低限度的国家既是令人鼓舞的，也是正确的。”④诺奇克认为，权利是在先的东西，是确定不移的东西，是已有明确归属的东西，也是高于一切的东西，无论是他人、群体或国家都不能加以侵犯。任何正义的命题都必须建立在权利的基础之上，都必须纳入权利的话语体系来讨论，否则就偏离了

① 邓正来：《哈耶克读本》，北京大学出版社 2010 年版. 第 308 页。

② 王作印：《关于哈耶克正义观的再审视》，《商丘师范学院学报》，2010 年第 8 期。

③ 〔美〕诺奇克：《无政府、国家和乌托邦》（译者前言），姚大志译，中国社会科学出版社 2008 年版，第 2 页。

④ 〔美〕诺奇克：《无政府、国家和乌托邦》，姚大志译，中国社会科学出版社 2008 年版，第 1 页。

正义的根本。“诺奇克所坚决捍卫的权利是指个人所拥有的各种具体的权利，特别是指洛克所说的生命权、自由权和财产权。”“每一个人都毫无疑问地拥有这些权利。而且这些权利是神圣不可侵犯的。”①诺齐克实际上把正义建立在权利的基础上。

通过对中国古代和西方正义观，特别是西方现代主要正义理论的考察，可以一定程度上揭示正义概念的内涵。中国古代的正义思想有其自身的特点，它主要与爱、秩序、民本、平等、扶弱等观念联系在一起。所谓“爱”有儒家的仁爱，墨家的兼爱，法家的爱民等思想，爱既是一种伦理情感，也是一种政治情怀；“秩序”是通过制度和行为准则建立起来的一种稳定的社会状态。儒家的礼和义，老子的道法自然，管子的法之至道等，均为构建社会秩序提供了根本途径；“民本”有孟子的民重、墨子的民利、管子的爱民和富民等思想，它们都体现了以民为本的正义主张；对“平等”的追求是中国古代思想家共同的价值理念，而且往往都同辅助弱势群体联系在一起。在西方的正义思想中最突出地表现在守法、正当、公共利益、公平、自由、权利等方面。“守法”包括苏格拉底的协议、亚里士多德的良法、伊壁鸠鲁的契约、西塞罗的自然法等；“正当”，柏拉图的正当思想最具代表性。“公共利益”，有亚里士多德的公共利益、伊壁鸠鲁的相互利益和西塞罗的人民的利益等，揭示了正义同公共利益的关系。罗尔斯的“公平”正义、哈耶克的“自由”正义、诺齐克的“权利”正义，是现代西方比较有代表性的正义理论。古今中外思想家们的正义理论，为我们理解公共政策的正义取向提供了思路和依据。

2. 权利对权力的制约

为了实现公共政策的正义取向，最根本的就是要全面落实公民的权利，实现公民权利对国家权力的有效制约。这首先依赖于对公民权利的确认，当然，更依赖于保证公民权利对国家权力进行有效制约的制度设计。《中华人民共和国宪法》对中华人民共和国公民享有的权利作了明确的规定，并对公民权利如何制约国家权力进行了一系列的制度设计。

在这里权利表明一种资格，一种身份，“权利概念的要旨是‘资

---

① 姚大志：《何谓正义：当代西方政治哲学研究》，人民出版社2007年版，第78页。

格'，说你对某事享有权利，就是说你被赋予某种资格。"①权利实质上是同利益联系在一起的，"权利背后支撑的是利益……它是权利的目的和价值所在。"②得到了国家法律认可的利益要求，就上升为法定的权利，也就获得了法律上的不可剥夺性，具有了神圣不可侵犯的意义。公民权利是公民在一个国家生存和发展的根据，也是其从事各种活动的资格所在。在法律面前，这一资格对任何人来说都是平等的。"一切人，作为人来说，都有某些共同点，在这些共同点所及的范围内，他们是平等的，这样的观念自然是非常古老的。但是现代的平等要求是与此完全不同的；这种平等要求更应当是从人的这种共同特性中，从人就他们是人而言的这种平等中引申出这样的要求：一切人，或至少是一个国家的一切公民，或一个社会的一切成员，都应当有平等的政治地位和社会地位。"③权利平等是正义的根本体现，它已经成为人类文明的重要标志和根本价值。

探讨权利对权力的制约问题，还需要对权力作具体的分析。对于权力概念不同的学者给出了不同的定义。马克斯·韦伯把权力定义为"在社会交往中一个行为者把自己的意志强加在其他行为者之上的可能性"④。权力从本质上反映了社会交往中人与人之间的一种关系。丹尼斯·朗认为："权力是某些人对他人产生预期效果的能力"⑤。权力又是一种能力。无论把权力看做是一种力量、能力，还是把权力看做是一种关系，上述学者对权力概念的解释展现了一个基本事实，那就是权力只能产生在人与人之间，尽管这种人与人之间不能做简单的理解。它可能发生在个人与个人之间，也可能发生在个人与群体、群体与群体之间，但无论如何单独一个人无所谓权力。根据以上的分析是否可以得出这样的结论：权力是一定的社会结构中权力主体对权力客体的一种强制性支配与控制。它既是一种能力，也是一种力量。这种力量是人类社会所独有的一种特殊力量。权力一旦以国家为依托，就以公共权力的面貌展现在人们面前。"所

① 〔英〕米尔恩：《人权哲学》，王先恒等译，东方出版社 1991 年版，第 165 页。

② 郭道辉：《社会权利与公民社会》，译林出版社 2009 年版，第 18 页。

③ 《马克思恩格斯选集》第 3 卷，人民出版社 1995 年版，第 444 页。

④ 《布莱克维尔政治学百科全书》，邓正来等译，中国政法大学出版社 1992 年版，第 595 页。

⑤ 〔美〕丹尼斯·朗：《权力论》，郑明哲译，中国社会科学出版社 2001 年版，第 3 页。

谓公共权力就是基于特定的政治共同体成员的同意或授权，为管理、支配、影响、控制政治共同体内部的公共事务，而集中起来掌握在法定公共组织手中的一种公共权威力量。”①公共权力的中心是国家权力，其主体归根结底是社会公众。这为社会公众广泛参与公共权力的运作，提供了法理上的根据。之所以要通过广泛的公众参与来运作公共权力，主要是因为公共权力从它产生那一天起就内在地含有否定自身的因素。它本来是应实现公共利益的需要而产生的，但是，公共权力一经产生就有可能被异化，成为凌驾于公共利益之上的一种异己的力量。随着公共权力的异化，公共意志被某一个集团的意志所侵蚀，从而使权力成为维护特定集团利益的工具。恩格斯指出："国家的本质特征，是和人民大众分离的公共权力。”②以国家为表现形式的公共权力是社会权力集中化的代表。国家本是以公共权力代表的面目出现的，但由于公共权力的异化，国家也就具有了双重属性。一方面它成为维护统治集团利益的一种权力，另一方面它又是公共权力的最高表现形式。但是，在以往的社会中，它的前一种属性被放大了，以至于遮蔽了后一种属性。不言而喻，国家是不同社会利益集团及其相互间利益矛盾冲突的产物。社会面对不同利益集团的矛盾冲突，需要形成一种权力，以此来调节由不同利益集团构成的社会关系，化解各种矛盾和冲突，为社会的稳定与发展建立良好的秩序。当这种权力不是以血缘为基础，而是以地缘为基础而形成时，就产生了国家。国家从它产生之日起，就在形式上作为超脱于各利益集团冲突和对立之外存在着的一种力量，获得了公共性的属性。可以说公共性是公共权力的本质属性。“权力是一种社会关系。任何主体只要能够运用它拥有的资源，对他人发生强制性的影响力、控制力，促使或命令、强迫对方按权力者的意志和价值标准作为或不作为，此即权力。”③权力实质上反映了一个主体对另一个主体所具有的支配能力。这种支配能力来自于被支配主体权利的让渡和支配主体对这种权利让渡作出的承诺。当然，如果支配主体不能兑现自己的承诺，被支配主体就会收回让渡的权利，形式可以是和平的，也可

---

① 宁骚：《公共政策学》，高等教育出版社 2003 年版，第 246 页。

② 《马克思恩格斯选集》（第 4 卷），人民出版社 1995 版，第 116 页。

③ 郭道辉：《社会权利与公民社会》，译林出版社 2009 年版，第 4 页。

能是暴力的，这取决于支配主体是否愿意以和平的方式放弃这种支配。

国家权力的支配作用归根到底来自于公民权利的让渡。因此，公民权利是本体，而国家权力只不过是公民权利的派生物。国家权力的最高形式或最终支配力量就是国家主权，国家的一切其他权力都根源于此。在公民权利本体属性的基础上形成了主权在民的理念，这就从根本上规定了国家权力必须受制于公民权利。“国家权力来自、从属并服务于人民，其存在的全部意义就是实现和保障公民权利。”①“权力通常（不一定必然）也要求得到权力所及的共同体范围内的成员的认可或默认，从而具有合法的权威基础。”②国家权力只有真正保障公民权利才能得到公民的认可，也才具有合法性。

自我实现是权利的本质特征，也是权利所具有的内在冲动。权利是同利益联系在一起的，根源于人的需要。需要是人的行为的原动力，正是人的需要和满足需要的活动构成了权利来源和权利自我实现的内在动力。国家权力尽管根源于公民权利，但是国家权力一旦形成就具有了相对的独立性。这种相对独立性决定了，公民权利和国家权力两者从产生之日起就存在着矛盾。这种矛盾既表现为权利与权力的相互依存、相互渗透，也表现为权利与权力的相互否定、相互制约。为了解决两者之间的矛盾，公民和国家之间就要达成某种契约，以保证公民权利的实现。在国家权力处于强势的状态下，两者之间的矛盾更多地表现为国家权力对公民权利的侵蚀。为了保障公民权利，用公民权利来制约国家权力，现代政治中的不同国家都要制定宪法。“宪法是对社会制度进行合理安排的基本形式，是处理国家权力和个人权利关系问题的基本形式。其目的在于限制国家权力，确认和保障人权。”③“宪法是人民之间的契约”④，所要调整的基本关系就是国家权力和公民权利之间的关系。实际上宪法是国家的根本制度设计，其作用就在于维护公民权利和限制国家权力。宪法的核心就是以根本法的形式确定公民权利对国家权力制约的根据和

① 陈家刚：《协商民主与当代中国政治》，中国人民大学出版社2009年版，第304页。

② 郭道晖：《社会权利与公民社会》，译林出版社2009年版，第4页。

③ 陈家刚：《协商民主与当代中国政治》，中国人民大学出版社2009年版，第275页。

④ 马岭：《宪法权利解读》，中国人民公安大学出版社2010版，第45页。

方式,以维护和保障公民权利。宪法在公民权利和国家权力之间做出的根本的制度设计,就是用公民权利制约国家权力,用国家权力保障公民权利的制度。

3. 权利制约权力的根本制度设计

国家权力以公民权利为本源,是构建公民权利制约国家权力制度的内在根据。“人民是国家的主人,人民是一切国家权力的本源,国家权力行使的目的是为了人民的权利、利益和幸福。维护人的尊严、保障人的权利是国家的一项最基本的义务和责任。为实现这一宗旨,必须将国家权力的主权部分归属于人民,使人民掌握最高的、最终的政治权力”①。我国宪法规定中华人民共和国的一切权力属于人民;人民行使国家权力的机关是全国人民代表大会和地方各级人民代表大会;全国人民代表大会和地方各级人民代表大会都由民主选举产生,对人民负责,受人民监督。这是主权在民思想的充分体现,也是公民权利制约国家权力的最根本的制度设计。人民当家作主是社会主义民主政治的本质和核心。在中国,公民权利对国家权力的制约需要三个维度的制度设计,即以公民权利制约国家权力、以国家权力机关的权力制约行政权和司法权、以人民主权制约执政党的权力。

根据宪法的制度设计,不仅在国家机关的产生上体现了公民权利对国家权力的制约,而且在国家权力运行过程中也体现了公民权利对国家权力的制约。对于以公民权利制约国家权力,宪法中的相关制度设计主要包括两个方面,一是通过公民享有的选举权和被选举权制约国家权力;二是通过对国家机关和工作人员的监督制约国家权力。通过双重制约来保障公民应有的权利。为了保证公民权利对国家权力的制约,宪法还作出了用国家权力机关的权力制约行政权和司法权的制度设计。通过公民选举产生国家权力机关,这就意味着公民把自己管理国家的部分权力委托给国家权力机关,由它代为行使。国家权力机关在行使公民委托的权力时,主要从四个方面制约行政权和司法权:一是通过立法权制约行政权和司法权;二是通

① 邹平学:《国家权力分配原理论纲》,法律教育网(http//www.chinalawedu.com),2007年5月17日。

过产生和监督行政机关和司法机关制约行政权和司法权；三是通过选举和罢免相关机构的负责人制约行政权和司法权；四是通过明确国家权力机关同行政机关和司法机关的关系制约行政权和司法权。如果国家权力机关的权力能够真正落实，就能有效制约行政权和司法权。问题在于国家权力机关的权力落实遭到了行政权力扩张的影响，导致行政权凌驾于国家权力机关之上的现象时有发生。

以人民主权制约执政党的权力，这是中国特有的实现公民权利对国家权力制约不可缺少的制度设计。人民选择了中国共产党，这是人民行使权利的结果。中国共产党作为执政党历来主张人民的利益高于一切，并以代表最广大人民的根本利益为己任。人民主权是人民根本利益最高层次的体现。在人民主权面前任何权力都是有限的。执政党把自己置于人民的监督之下，是保证执政地位的前提。在中国，执政党一定意义上在行使国家的某种权力，既然如此，就应纳入国家的权力平衡机制之中，否则，就可能变成行使权力又不承担责任。行使国家权力又不受国家权力制约机制的约束，其结果可想而知。以人民主权制约执政党的权力，既符合宪法的根本原则，也符合执政党自身的根本原则。问题的关键在于，通过一种什么样的制度设计来实现这种制约。宪法规定中国共产党领导的多党合作和政治协商制度将长期存在和发展，确定了中国基本的政党制度。同时规定各政党都必须遵守宪法和法律，都必须以宪法为根本的行动准则，并且负有维护宪法尊严、保证宪法实施的职责。一切违反宪法和法律的行为，必须予以追究。任何组织或者个人都不得有超越宪法和法律的特权。上述规定，对执政党当然也不例外。宪法设定的对公民权利的保障制度，公民权利对国家权力的制约制度，只要是在行使国家权力就要受这些制度的约束。唯有如此，才能使政党制度成为国家民主制度的基本构成要素。

宪法设计了国家的根本制度，为公民权利制约国家权力提供了法律保障。所谓制度，实质上是“在一定历史条件下形成的规范化、系统化、定型化的社会关系体系。”①它反映的是不同主体之间的权力关系。政治制度就是在一定的社会历史条件下形成的规范化、系

---

① 赵理文：《制度、体制、机制的划分及其对改革开放的方法论意义》，《中共中央党校学报》2009 年第 5 期。

统化、定型化的政治关系。在中国,根本政治制度所涉及的政治关系主要有,人民同人民代表大会的关系、人民代表大会同执政党的关系、人民代表大会同一府两院的关系、执政党同民主党派的关系、执政党同政府的关系,等等。这一切政治关系,从归根结底的意义上都可以归结为公民权利与国家权力的关系。宪法对国家根本政治制度的设计,实际上是对上述政治关系的反映。体制则是指“社会活动的组织体系和结构形式,包括特定社会活动的组织结构、权责划分、运行方式和管理规定等”①。政治体制作为政治活动的组织结构和管理形式,对政治制度的实现发挥着非常重要的作用。

自我实现是权利的本质特征,也是由权利关系所决定的制度的根本特性,但是制度的实现必须借助于体制来完成。制度和体制的关系,从一定意义上说,制度是内容,体制是形式。制度决定体制,并通过体制把自己变为现实,从而发挥自身的实质性作用。体制对制度又具有反作用,反过来对制度也会产生重大影响。一般说来,制度决定体制,有什么样的制度就要求有什么样的与之相适应的体制。但是,体制反过来也会影响制度,当体制与制度相适合的时候,对制度的实现和发展就会起积极的促进作用,当体制与制度不相适合时,就会对制度的实现和发展起消极的阻碍作用。政治制度和政治体制的关系也是如此。政治制度必然要通过一定的政治体制表现出来,也要通过一定的政治体制来实现自己。脱离了与之相适应的政治体制,政治制度的作用就不可能有效发挥出来。宪法对公民权利与国家权力关系的制度设计,要在现实的政治生活中有效发挥作用,必然要诉诸相应的政治体制,通过一定的政治体制为自己开辟道路。目前,从实际情况来看,现有的政治体制同宪法设计的根本政治制度,在某些方面存在不相适合的问题,因此阻碍了公民权利对国家权力制约机制的实现,或者说一定程度上使宪法的政治制度设计形式化了,无法有效地发挥其应有的作用。不仅如此,现有的政治体制同宪法的政治制度设计存在某些不相适合的方面,使宪法对公民权利应有的保护作用打了折扣,这是国家权力某种程度上侵犯公民权利现象发生的根本原因。

---

① 赵理文:《制度、体制、机制的划分及其对改革开放的方法论意义》,《中共中央党校学报》2009 年第 5 期。

尽管改革开放30多年来,中国在政治体制改革方面也取得了一定的进展。实现了国家政权机关和领导人员有序更替;扩大了人民有序政治参与;完善了政治协商、民主监督、参政议政制度;初步建立了深入了解民情、充分反映民意、广泛集中民智、切实珍惜民力的决策机制;形成了相对完善的法律体系;建立健全了权力运行制约和监督体系,保证党和国家机关按照法定权限和程序行使权力,等等。但是,中国现有的政治体制形成的带有转型期特点的组织结构、权力配置、运行方式和运作规范,相对于宪法所设计的政治制度对政治体制的要求来说,还存在着比较明显的不相适合的问题,相对于经济体制改革来说还明显滞后,迫切需要在改革现有的政治体制上取得实质性的突破。当然,政治体制改革并不是要改变宪法的根本制度设计,而是要改善制度的实现形式。

从组织结构来看,作为人民当家作主根本标志的人民代表大会是国家权力机关,应该居于整个国家组织结构的最高层次。执政党位居于组织结构的核心。这就有一个人大作为国家权力机关和执政党作为领导核心,在组织结构上如何体现的问题。通过合理的组织结构,理顺执政党和人民代表大会的关系,就成为实现人民主权的关键所在。实现党的领导、人民当家作主和依法治国的有机统一,只是规定了理顺这一关系的原则,通过一种什么样的组织结构予以保障,还有待于进一步的探讨。在人民代表大会同政府的关系上,也存在着政府在某些问题上凌驾于人大之上的情况。人民代表大会权力的行使缺少强有力的组织结构上的保障。

从权力配置来看,权力在各主体之间的分布同各主体扮演的角色不匹配,不同主体内部的权力配置也存在着诸多的不合理。执政党自身的权力配置过于集中,党内民主还需进一步加强。各级党的领导机构和领导人员的产生实际上还是一个自上而下的过程,党员的民主权利并没有完全真正落实。人民代表大会的权力在执政党权力和政府行政权力的双重作用下相对虚化,有待于进一步提升和落实。政府的行政权力碎片化,这种现象在横向结构和纵向结构上均有表现。政府权力横向碎片化主要表现为政府各部门的权力在强化,整体权力在弱化。每一个部门都在膨胀自己的权力,而每一个部门又都不愿意承担应该承担的责任。部门权力的膨胀和责任的收缩,不仅损害了政府的形象,而且弱化了政府的整体权力。政府权力纵向碎片化问题更为严重。中央政府和地方政府以及基层组织,在权力配置上出现了某种程度的断裂,使权力不能实现纵向上的有效衔接。中央政府的政策在实施过程中遇到了各种各样的阻力。在权力配置上所存在的问题,最终导致了公民政治权利某种程度的形式化。

从运行方式来看,公民政治权利的相对形式化,首先表现在公民选举权和被选举权还没有真正落实,人大代表的选举存在着形式主义的问题。人大代表候选人不同选民见面,选民不知道候选人的政策主张,也不知道选出来的代表能否代表选民的利益,是否有能力参政议政,这导致了公民在人大代表选举上的政治冷漠。人大代表中各种官员尤其是党政官员所占比重过高。人大要选举和任命政府官员,要对政府工作进行监督,一个人既是人大代表,又是政府官员,这个选举和任命如何进行,对政府如何进行监督?人大代表中文体明星所占比重过高,有些文体明星缺少参政议政的能力,根本不能很好地履行代表职责。这样的代表又有什么意义?人大代表中“有钱人”所占比重过高,由于有些人素质低下,不要说代表人民参政议政,某些人的所作所为实际在败坏人大代表的形象。人大代表中一线的工人、农民和知识分子所占比重过少,在利益主体多元化的今天,他们的利益不能只寄希望于“被代表”。值得庆幸的是人大已经做出决定,要按人口比例分配代表名额和降低官员在人大代表中所占的比例,但是力度远远不够。各级人民代表大会对国家和地方政府官员的选举和任命也存在着形式化的问题。公民的知情权、决策权、监督权、罢免权,在实际落实过程中存在着很多问题。

从运作规范来看,由于组织结构和权力配置上存在的问题,很多制度性规范形同虚设,非制度性规范甚至“潜规则”大行其道。从一定意义上说,潜规则就是没有明文规定而是约定成俗的,或者说是人们私下认可的实际起作用的规则。某些人凭借这种私下里起作用的潜规则,谋取正式制度所无法提供的不正当利益。这种在实际上得到遵从的规范,背离了正式的制度规范,损害了制度性规范所维护的正当权益。由于潜规则的作用,宪法所设计的正式制度在转化为现实的过程中遇到了各种阻力。潜规则不断地挑战着社会的各种底线,从而使已经形成的制度形式化。正是由于公民选举权和被选权的某种虚化,人大对政府官员的选举和任命的形式化,催生了官场的潜规则，权钱交易，买官卖官，这是一切腐败现象的总根源。也正是吏治的腐败导致诸多领域的规则失范，底线失守。当人们利用潜规则进行私下交易的时候，实际上就结成了一个对抗正式制度的地下联盟。正是借助于各种地下联盟，使得潜规则获取了长期的，甚至稳定的对抗正式制度的能力。某些正式制度的形式化和非正式规则中大量潜规则的显性化，已经成为我国政治体制上一个突出的特点。

4．权利对权力的制约与政治体制改革

政治体制上的种种弊端，无论是组织结构、权力配置方面存在的问题，还是运行方式和运作规范方面存在的问题，已经严重地影响了公民权利对国家权力的制约，阻碍了宪法规定的根本制度的有效运行，改革已成当务之急。政治体制的直接决定因素是政治制度，归根结底又必须同经济体制相适应。现有的政治体制不仅与我国的政治制度存在着不相适合的问题，而且与市场经济体制也存在不相适应的问题。这种制度和体制以及体制和体制的矛盾，成为推动政治体制改革的直接力量。当然，政治体制改革不是要改变社会的性质，也不是要改变宪法的根本制度设计，而是要通过优化政治体制来完善社会主义的政治制度，实现宪法设计的根本制度。制度决定体制并不是僵死的线性关系，实际上制度和体制的关系是非常丰富的。同一制度可以通过多种体制表现出来，也可以通过多种体制来实现自己；同一体制也可以表现不同的制度，为实现不同的制度服务。制度是活跃的，而体制是相对稳定的。当作为体制的形式与作为制度的内容基本不适合时，就需要打破原有的体制，代之以适合制度发展要求的新体制。制度和体制就是从基本适合到基本不适合，再到新的基本适合的发展过程。民主作为制度，无法摆脱意识形态的纠缠，可以冠以社会主义民主制度和资本主义民主制度，然而，现代民主的很多形式作为体制，可以为不同的制度服务。

要通过政治体制改革真正实现公民权利对国家权力的有效制约，无论是通过公民享有的选举权和被选举权制约国家权力，通过公民对国家机关和工作人员的监督制约国家权力，还是以国家权力机关的权力制约行政权和司法权，以人民主权制约执政党的权力，其根本问题就是真正实现人民主权，把国家的一切权力真正归属于人民。公民实际享有的选举权和被选举权构成了人民主权的核心内容。政治体制改革的首要任务就是要通过构建一种政治体制，真正落实公民的选举权和被选举权，这是克服政治体制种种弊端的关键所在，也是实现公民权利对国家权力有效制约的根本保证。

“选举权是与人民主权联系最密切的权利，选举权直接来自于人民主权。”①选举权和被选举权是宪法赋予公民的最基本的权利。公民真正享有的选举权和被选举权是国家一切权力属于人民的根本体现。原因就在于选举权与“国家权力也息息相关，选举权直接产生出国家权力的载体——国家机关。”②选举权和被选举权能否真正落实，而不是形式上的“被落实”，就成为公民权利自我实现的关键。当然，选举权又同监督权和罢免权联系在一起，没有监督权和罢免权的有效行使，选举权是不完整的。在中国，公民的选举权和被选举权主要通过选举和参选、监督和罢免人大代表等活动表现出来。如果这一与人民主权联系最密切的权利不能有效发挥作用，必然导致公民权利和国家权力之间失去平衡，也就不可避免地发生权力侵害权利的现象。

要真正落实公民的选举权和被选举权，就必须在各类选举中全方位、大力度地引入竞争机制。在人民代表的选举中引入竞争机制，人大代表候选人的提名和确定必须依据选举法的规定操作，选举中实行高比例的差额选举，候选人同选民直接面对面阐述自己的政策主张，阐述如何代表选民行使权利。使人民真正独立自主地，不受任何干扰地选出自己信任的、能够真正代表自己的人大代表。要真正落实公民的被选举权，使每一个公民都能在平等的基础上展开竞争。在人民代表大会的各类选举中，包括国家首脑和最高行政负责人等选举在内；执政党的各类选举中，从最基层的选举直到最高层的选举；政协委员和各级各类政府官员的产生中，都要引入竞争机制。当然，竞争机制的引入应该是真正的而不是形式的。引入竞争机制最主要的形式，就是全部实行真正意义上的高比例差额选举。

要真正落实公民的权利，必须真正实行有限政治、票决政治、阳光政治和法治政治，把权力关进制度的笼子里。有限政治表明在任何情况下都不能出现不受制约的权力，一切政治实体的权力都应该

---

① 马岭：《宪法权利解读》，中国人民公安大学出版社 2010 版，第 208 页。

② 同上书，第 220 页。

是有限的，当然包括执政党的权力在内。这就需要进一步完善党内民主和人民民主对执政党上层及各级领导机关的权力进行有效制约。真正实行票决政治是完善党内民主和人民民主的重要途径。在中国执政党的领导最关键的是组织领导和政治领导。组织领导的主要表现，一是在政府的各级机关、各个部门都设有党的委员会，党的负责人是实际上的“一把手”；二是掌握着政府各级机关、各个部门负责人选的推荐权，事实上掌握着他们升迁任免的决定权。政治领导主要表现为党的各级领导机关掌握着重大决策的建议权，事实上掌握着实际的决策权。既然如此，问题的关键就是在各级党的负责人的升迁任免和重大决策上真正实行票决制，全面落实党员的民主权利。在各级党的领导机关的选举中全面实行结构性票决制，即全体党员投票、同级党委投票和上级党委投票相结合，并按不同权重得出投票结果。根据投票结果差额确定候选人，再提交党的会议上投票表决，通过差额选举选出各级党的机关负责人。党的领导机关在行使对各级政府机关负责人选推荐权时，也必须通过相应的投票程序实行差额推荐，而且要不断扩大差额的比例。没有差额就没有竞争，没有竞争的选举不是真正意义的选举，必然沦为形式。实行阳光政治是有效制约权力的前提。这就需要在涉及权力的一切领域和权力的实际运行中全部实行公开化，不断增强透明度。实行阳光政治是有效实行票决政治的前提。只有实行阳光政治，人民在行使权力过程中才能知道孰优孰劣；只有实行阳光政治，才便于人民监督。例如，目前在人选的推荐上虽然也通过投票的形式进行民意测验，但投票的结果是不公开的，这种方式存在重大缺陷。法治政治就是执政党领导人民制定宪法和法律，执政党必须在宪法和法律的范围内活动，任何组织和个人不能凌驾于宪法和法律之上，一旦出现违反宪法和法律的行为，人民有权对其追究法律责任，直至追究最高领导人的责任，维护宪法和法律的绝对权威，真正实现人民主权对执政党权力的有效制约。这就需要有一个机构对各种违宪行为和违法行为进行司法审查，否则，追究法律责任就成为一句空话。

构建真正意义上的平等竞争的政治体制，实行有限政治、票决政治、阳光政治和法治政治，不仅与宪法设计的根本政治制度相适合，而且同我国的市场经济体制也相适应。尽管政治体制要同政治制度相适合，然而，政治体制归根结底又是由经济体制决定的。有什么样的经济体制就要求有什么样的与之相适应的政治体制。市场经济应该是平等经济、竞争经济、契约经济、权利经济、多元经济、均衡经济。它所要求的也必然是以平等、竞争、契约、权利、多元、均衡为特征的政治体制。市场经济解构了传统的以政治为中心的社会，打破了国家通过高度集中的权力垄断资源分配，以对全社会实行严格控制的桎梏。平等竞争构成了市场经济体制的本质特征。市场经济等价交换的原则决定了从事经济活动的各主体之间的平等关系，离开了这种平等关系，市场经济就不可能正常运行。市场经济在资源配上的调节机制，是一种通过内在竞争的自我调节机制。竞争是市场经济的必然产物，也是市场经济有效运行的根本前提。市场经济决定了市场主体的多元化，不同市场主体之间通过契约建立彼此的经济关系。而这一切又都以市场主体拥有的不可剥夺的权利为基础。社会也正是在市场的这种平等竞争中实现了经济发展的均衡。

"市场经济的非政治性特征要求在政治权力领域和非政治权力领域之间划定一个制度性的界限，以保障个人权利不受侵犯和市场经济的良性运行。而宪政是最根本的制度保障和最为有效的途径"。① 正是由于市场经济的上述属性，要求必须真正实行宪法所作出的制度设计，构建与市场经济体制相适应的政治体制。平等竞争可以说是这一政治体制的核心特征。只有建立起真正意义上的平等竞争的政治体制，才能够实现公民权利对国家权力的有效制约，把宪法的根本制度设计变为现实。

当然，政治体制改革的最终动力还是来自于权利自我实现的冲动。权利的自我实现是制度发展的直接动力，也是推动体制变迁的原动力。从具体的运行机制来看，权利的自我实现是从追求经济利益开始的，不同权利主体的经济关系构成了社会的经济制度。改革开放以来，市场经济体制的建立和逐步完善，在为经济制度的实现开辟道路的同时，也带来了利益主体的多元化，使社会领域中不同主体的关系也复杂化了。随着政府、市场和社会分野的逐渐明晰，公民权利和国家权力的关系也越来越复杂。尽管政府的力量很强大，但市场的力量和社会的力量也不可低估。在市场经济体制的推动下，在社会不同权利主体追求权利实现所形成的张力的作用下，精英群体

---

① 杨仁忠：《公共领域》，人民出版社 2009 年版，第 113 页。

也开始结构化,各种因素交织在一起,形成一种合力,对现存的体制发起冲击。由于体制本身的惰性,如果对这种冲击不能积极回应,就会导致体制的合法性危机,体制变迁的关节点也就到来了。政治体制的变迁往往是从原有的运作规范逐渐失灵开始的。潜规则的大行其道为规范失灵作了最好的注解。运作规范的失灵必然引起运行方式的改变,从而提出重新配置权力的要求。权力配置的调整,最终必然导致组织结构的转型,由此带来整个政治体制的变迁。顺应这种变迁,推动政治体制改革,是为明智之举,固守原有的政治体制,阻碍变迁,改变的仅仅是体制变迁的形式和进程,而无法改变体制变迁的趋势和结果。

构建一个同市场经济体制相适应的,能够保证实现公民权利对国家权力,包括执政党的权力有效制约的政治体制,才能保证在公共政策制定中坚持社会正义的价值取向,在公共政策的执行中实现社会正义的价值取向。

二、公共利益实现的困境与出路

公共政策要坚持正义的价值取向,一个核心的问题就是要通过自身功能的有效发挥实现公共利益。在现实社会生活中,公共利益的实现面临着政府失灵、市场失灵和社会失灵的诸多困境。近年来兴起的政策网络理论,把政策网络看做是公共利益实现的新途径。但政策网络开放的有限性使公共利益的实现陷入新的困境。为此必须扩大政策网络的开放程度,改变公共治理方式,构建政府主导的多元立体治理模式。

1. 公共利益及其实现的困境

问题并不像人们想象的那样简单,只要把公共政策的核心价值定位为公共利益就万事大吉了,重要的是对公共利益应如何把握,此外还有一个更关键的问题,那就是公共利益如何实现的问题。很多学者都一直在研究公共利益问题,但是,到目前为止还没有形成具有普遍意义理论。

从政治学的角度来看,理性主义、理想主义和现实主义各自从自己的立场出发,以自己特有的方式来解读公共利益。理性主义者坚信存在一种普遍意志，公共利益是与这种普遍意志以及同它相联系的反映公众意愿的普遍福利相一致的。公共利益就是普遍意志或者说是普遍福利，在发现这种普遍意志的过程中，政党起着催化剂的作用。由于理性主义者大多奉行实证主义原则，一直以价值中立来标榜自己，并没有对公共利益问题作出深入的研究。理想主义者认为，公共利益存在于自然法中，体现在每一个公共官员的良心之中，因此这些精英们所认为的对群众有利的东西就构成了公共利益。主张在贯彻公共利益方面，给予行政组织更多的自由裁量权。现实主义者把公共利益看做是利益集团相互作用的结果。在实践中，公共利益“只有和某些集团的利益相似才有了实质性的内容，并且只有通过提高某些特定集团的福利才能实现公共利益。”①以上三种理论实际上都没有很好地解决公共利益问题。在理性主义那里，公共利益在价值中立的前提下被取消了。而理想主义则把公共利益交给了行政人员，使之取决于行政人员的价值偏好。他们应该知道，行政人员的价值偏好是复杂的，弄不好就会导致权力对公共利益的侵蚀。把公共利益视为利益集团相互作用的现实主义的观点，似乎有一定的道理。然而，“利益集团并没有真正充分地对许多公民的偏好、态度和需求做出反应。特别是那些在经济上和政治上处于弱势的群体，他们的偏好几乎得不到有效的表达。相反有身份地位的和经济富裕的群体则有能力出头露面，代表公众的利益。”②

还可以对不同学者关于公共利益的界定作进一步的梳理，也许可以从中得到某种启示。亨廷顿认为，公共利益就是公共机构的利益。③ 如此界定公共利益不知他想过没有，公共机构是由人组成的，也会追求自身的利益，把公共利益等同于公共机构的利益，等于在一定程度上取消了公共利益。克鲁斯克认为，公共利益“是指社会或国家占绝对地位的集体利益而不是某个狭隘或专门行业的利益。公共

① 马骏、叶娟丽：《西方公共行政学理论前沿》，中国社会科学出版社 2004 年版，第 124 页。

② 〔美〕乔治·弗雷德里克森：《公共行政的精神》，张成福等译，中国人民大学出版社 2003 年版，第 30 页。

③ 〔美〕亨廷顿：《变化社会中的政治秩序》，王冠华等译，三联书店 1989 年版，第 23 页。

利益表示构成一个政体的大多数人的共同利益”。[①] 这似乎有一定的道理，但“一个政体”在这里有些令人费解。林德布洛姆认为，“公共利益”并不表示一致同意的利益，而仅表示某些人看来对公众有利的事物。[②] 把公共利益界定为某些人看来对公众有利的事务，那么，公共利益的客观性该如何保证？

再来分析一下国内学者给出的定义。有的学者认为，公共利益是指公共社会成员所共同拥有的那些利益。这个共同利益因此包括：国家利益；地方利益；团体利益；个人利益。有的学者认为，公共利益可称为公众利益或者公共福利，是与私人利益或者个人利益相对的概念。准确地说，公共利益是一个特定社会群体存在和发展所必需的、该社会群体中不确定的个人都可以享有的社会价值。也有的学者认为，公共利益是一定范围内的群体所享有的赖以生存的基本条件和要求。还有的学者认为，公共利益分为广义的公共利益和狭义的公共利益。广义的公共利益包括国家利益、一切正当的私人利益和公共利益。而狭义的公共利益就是通常所说的社会公共利益，主要是指国家共同体中除国家利益、私人利益以外的不特定人的正当利益[③]。上述定义的共同特点是都把界定的着重点放在公共利益的主体方面，可有的过于宽泛，有的过于狭窄，有的又比较模糊，而且对它的内容和性质关注不够。有的学者则认为，“所谓公共利益就是公众利益，表现为公民个人或团体向公共权力机关提出并被认可的利益要求。这就是说，不仅公共权力机关是公共利益的代表，而且个人或团体的利益被公共权力机关认可时也会转化为公共利益。”[④] 公共利益的实现离不开公共权力机关的认可，但把公共权力机关的认可作为区分公共利益和非公共利益的标准，同林德布洛姆一样，把公共利益主观化了。

马克思也曾对公共利益作过描述，为我们理解公共利益提供了重要的思路。马克思指出：“随着分工的发展也产生了个人利益或单

---

① 〔美〕E. R. 克鲁斯克、B. M. 杰克逊：《公共政策词典》，上海远东出版社 1992 版，第 930 页。

② 〔美〕林德布洛姆：《决策过程》，竺乾威等译，上海译文出版社 1988 版，第 27 页。

③ 陶攀：《2004 年行政法年会“公共利益的界定”之议题研讨综述》，《行政法学研究》2004 年第 4 期。

④ 周树志：《公共政策学》，西北大学出版社 2000 年版，第 526 页。

个家庭的利益与所有互相交往的个人的共同利益之间的矛盾；而且，这种共同的利益不是仅仅作为一种‘普遍的东西’存在于观念之中，而首先是作为彼此分工的个人之间的相互依存关系存在于现实之中。……正是由于特殊利益和共同利益之间的这种矛盾，共同利益才采取国家这种与实际的单个利益和全体利益相脱离的独立形式，同时采取虚幻的共同体的形式……”①

无论如何，学者们的研究给了我们重要的启发，使我们能够从公共利益的主体、客体、核心和本质等方面给出一个界定：公共利益是指公民以宪法规定的基本权利为核心内容，为生存和发展所必需的，通过公共产品和公共服务才能够满足的共同需要的现实化。在政府转型过程中，真正坚持以公共利益为价值取向，这为公共利益的实现提供了根本性的前提。当然，可能有人会由于公共利益不好把握而否认它，好在盖伊·彼得斯为我们把握公共利益提供了重要的方法：“在加强公民向政府表达需求的权利过程中就会体现出公共利益。”②当然，还有一个重要的前提不能忽视，那就是公民向政府表达需求的权利，必须按着公平正义的原则在不同公民、不同公民团体中合理地分布。这样才能保证所体现出来的公共利益真正反映绝大多数人的共同需要，而不使公共利益成为某些强势群体谋取不正当利益的托词。这样才能建立起社会的公平机制，使弱势群体的利益诉求得到应有的关注。对公共利益内涵的把握固然重要，因为，它是解决公共政策价值定位的基础，但是，更为根本的问题还在于提供一种什么样的制度安排，以保证公共政策在任何情况下都不能偏离公共利益的价值定位，这是一项非常艰巨的任务。

在公共利益问题上人类存在着太多的困惑。对公共利益如何界定已给人们带来了难以解决的问题，对公共利益实现途径的探索更使人类陷入种种困境。公共利益如何实现已成为人类面临的一个难题。“公共利益困境”自从有了社会共同体，特别是有了国家这一共同体，就像幽灵一样与人类相伴随，并不断地给人类增添烦恼。

人类最初对政府这种形式的选择就是出于公共利益实现的考

---

① 马克思恩格斯：《德意志意识形态》节选本，人民出版社 2003 年版，第 28 页。

② 〔美〕盖伊·彼得斯：《政府未来的治理模式》，吴爱明等译，中国人民大学出版社 2001 年版，第 82 页。

虑。人们把公共权力赋予政府，让它代行人们管理社会公共事务，目的就在于通过政府来实现公共利益。古希腊的思想家对政府在实现公共利益上的作用给予了充分的肯定。亚里士多德就认为，只要是“正宗政体”，政府行为的价值取向自然是公共利益。从应然的角度来分析，政府的目的就是为广大公众谋利益，并保证公共利益的实现。政府在公共利益实现中的作用，主要是通过在公共政策制定过程中，协调社会利益关系，整合社会各利益群体的利益要求，使之转化为公共利益，并通过公共政策的具体实施以保证公共利益的实现。但从实然的角度来分析，政府的价值取向具有两重性，一方面，政府作为公共权力的代表，作为主要的管理者管理着社会公共事务，维护和实现公共利益是政府的本质和功能决定的，这也是政府合法性之所在；另一方面，政府本身也有自身的利益，那就是政府组织的角色利益，以及政府组织构成成员个人生存和发展的自身利益。不管人们是否愿意承认，政府也是一个利益群体，尤其是在市场经济条件下，政府的利益群体特征更为明显和突出，这也是政府行为偏离公共利益的内在推动因素。政府价值取向上的这种矛盾，既可以推动它为实现公共利益服务，也可能导致其选择损害公共利益的行为。诺斯的“政府悖论”，为我们分析政府价值取向的两重性提供了重要的启示。在现实的社会生活中，政府滥用公共权力，从而侵蚀公共利益的现象时有发生。因此，公共利益并没有在政府的作用下真正实现。相反在“政府失灵”面前陷入困境。

于是人类又选择了市场，企盼通过市场的自由竞争在实现私人利益的同时，正如亚当·斯密所说的那样，通过一只“看不见的手”的推动来实现公共利益。在亚当·斯密看来，“自利人”在寻找最有利的价值时，考虑的当然不是公共利益，而是自身的利益，但是，在自由市场的作用下，对个人利益的追求必然会引导他以有利于公共利益的形式来实现自身。但是，人们在实际的市场运作过程中看到的是，市场的自由竞争更多地满足的是少数优胜者的利益。公共利益不可能在市场的自由竞争中实现。市场并不能够创造一个自足的公共利益实现的秩序，“自利人”对自身利益最大化的追求，往往导致财富在少数人手上的过度积累，贫富的两极分化，并可能引发不正当的竞争，最终损害公共利益。究其原因在于公共利益的非排他性，限制了自由放任的市场秩序在实现公共利益方面的有效性。“囚徒困境”和

“公地悲剧”非常形象地揭示了市场秩序在实现公共利益上的无能为力。

在政府失灵和市场失灵面前，人类又开始寄希望于社会，企图通过社会组织的发育以及有效地发挥社会组织在的作用，使公共利益得以实现。我们在考察社会运行机制的时候，往往会发现全体社会成员作为公共利益的主体，为了实现公共利益他们可以作为委托者，把保证实现公共利益的权力委托给政府，也可以作为政府行使公共权力的对象，同时，还充当积极的贡献者，在理想的公共利益实现的机制中扮演重要的角色。因此，为了实现公共利益，具有相同利益诉求的人们在共同价值取向下结成相应的利益群体，以实现社会利益的初步整合，并利用社会组织的有组织力的机构与人员维护大家的共同利益。社会组织可以在公共利益的实现上发挥一定的作用，然而，社会组织在实现公共利益方面也会陷入困境。可以套用政府失灵和市场失灵的概念，用社会失灵来概括此种现象。也就是说，在实现公共利益的过程中社会也会失灵。社会组织在实现公共利益方面之所以会失灵而陷入困境，这里存在一个公共利益实现悖论：在通常的情况下，社会组织规模越大其主导性的利益诉求就越接近公共利益，而社会组织规模越小其主导性的利益诉求就越可能偏离公共利益。根据曼瑟尔·奥尔森的集体行动的逻辑，社会组织越大越难以实现集体利益。“大集团或潜在集团不会组织起来采取合作行动，尽管作为一个集团它们有理由这么做，然而小集团会采取这样的行为。”①也就是说，大集团面临合作的困难。社会失灵的另一个表现是社会组织的发育不可能那么完善，从组织化程度来看，总存在着组织化程度不高的群体和组织化程度较高的群体，两种群体在自身利益的实现上不可能是平等的，组织化程度较高的群体更有利于自身利益的实现，而组织化程度较低的群体自身利益实现的概率往往低于前者。一个社会不可能使所有的群体都具有相同的组织化程度，因而，对公共利益的实现也无法提供保障。在中国的社会群体中，由于占有的社会资源不同，由于自我意识觉醒的程度不同，更因为受政治因素的干扰，某些群体组织化程度比较高，多为强势群体，某些群

① 〔美〕曼瑟尔·奥尔森：《集体行动的逻辑》，陈郁等译，上海三联书店 1995 年版，第 74 页。

体组织化程度比较低，多为弱势群体，由于所处的不同地位和释放出的不同能量，利益实现的结果大相径庭。

2. 政策网络与公共利益的实现

政府机制、市场机制和社会机制都不可能单独成为公共利益实现的有效机制，或者说它们都有可能使公共利益的实现陷入困境。政策网络的出现使人们在公共利益的实现问题上看到了新的曙光。政策网络从一定意义上可以看做是相互依赖的行动者之间，某种程度上的稳定的社会关系。它们因资源的相互依赖而结盟，又因资源依赖的结构中断而解体。当某一社会问题引起公共政策主体的关注，并通过相应的程序转化为公共政策问题时，与此问题相关联而又拥有可以用来进行交换的资源的利益相关者，就会结成一个政策网络，为公共政策的运行搭建起相应的网络平台。政策网络也可以看做是政府允许更多的利益集团参与政策过程的一种协商机制。政策网络是政府、市场和社会多元互动的结果。似乎通过政策网络可以把政府机制、市场机制和社会机制统一起来，在三者的互动中实现公共利益。然而，问题并不那么简单，三者的互动尽管可以在一定程度上克服它们各自的缺陷，但是，能否从根本上保证公共利益的实现，还不能得出简单的结论。在实际的政策网络运作过程中，也存在很多制约公共利益实现的因素。政策网络的开放程度就是制约公共利益实现的重要因素之一。现实的社会生活中形成的政策网络，尽管形态各异，但其开放的程度总是有限的。在政策网络的有限开放面前，很多的利益相关者将被排除在政策网络之外。使政策网络成为部分利益相关者进行利益博弈的场所，而无法进入政策网络的利益相关者的利益难以得到保障。公共利益的实现在政策网络的有限开放面前也会大打折扣，使之陷入新的困境。

政策网络的开放程度同资源的依赖关系相联系。政策网络所依赖的资源在罗德斯看来，主要包括：权威、资金、合法性、信息和组织。上述资源的分布和功能决定政策网络的开放程度。在政策利益相关者中，政策网络所依赖的资源分布得越均衡政策网络的开放程度就越高。资金和信息作为政策网络所依赖的资源无需解释。在通常的情况下，资金的分布越集中政策网络的开放程度越低。信息的公开程度和共享程度也直接决定政策网络的开放程度，一般说来，信息的公开程度和共享程度越高,政策网络的开放程度也越高。

权威与合法性作为政策网络所依赖的资源,更多的指向政府,二者同样是与对政府的正当性进行判断相关联的概念。国家将政治权力授予政府,这种政治权力的影响力就是政府权威。政府权威必须以政治权力为基础,没有政治权力就没有政府权威。但是,政治权力又不等同于政府权威,只有社会成员自觉地认同和服从政治权力的影响时,政治权力才能转化为政府权威。也就是说,权威是以服从为基础的。合法性表明人们对享有权威者地位的确认和对其命令的服从。美国学者路易斯·亨金从人民主权论的角度阐述了政府合法性与人民之间的关系,他指出最终权力在民,"政府的正当权力,则获致于被统治者的同意……合法的政府的产生并且依赖于人民的同意。"①合法性同权威有着很强的关联度。从一定意义上说,政府权威是政府合法性的外在表现。无论是政府权威和政府合法性,其本质都在于政府满足公众价值预其方面的能力。也就是看政府尽多大的努力来实现公共利益,实现到什么程度。如果一个政府不能解决这一问题,其合法性将面临危机。政府权威与合法性所依赖的公众的广泛性和直接性,决定政策网络的开放程度。也就是说,政府权威与合法性所依赖的公众越广泛、越直接,政策网络的开放程度就越高。

组织既是一项重要的政策网络资源,也是进行政策网络资源配置的重要机制。美国著名政治学家塞缪尔·亨廷顿曾把组织看做是通向政治权力之路。没有组织就没有权力,权力存在于组织之中。作为政策网络资源的组织当然也包括政府组织,但更主要的是指民间组织。在一个组织化程度比较高的社会中,广大公众以组织的形式结合在一起,以集体行动的方式在政策网络中表达他们的利益诉求,与政策网络中的其他组织产生互动,以保障政策网络的产出能够更充分的承载自身的利益。在组织化程度比较低的社会中,广大公众以单个个人的形式表达利益诉求,往往被排除在政策网络之外,无法形成同其他组织的有效互动,以实现自身的利益。公众的组织化程度越高政策网络的开放程度也越高。

---

① 〔美〕路易斯·亨金:《宪政·民主·对外事务》,邓正来译,三联书店 1996 年版,第 61 页。

政策网络的开放程度同公共利益的实现密切相关。一个高度开放的政策网络有着很强的包容性，能够最大限度地容纳政策的利益相关者，使政府同所有的利益相关者都能够在政策网络的平台上平等互动，从而，在政策网络输出的政策中，所有的利益相关者的利益诉求都能够得到最大限度的体现。如果所有的政策网络都是一个高度开放的网络，这无疑会大大提升公共利益的实现程度。

在中国，随着公民社会的逐步发育推动了国家与社会的逐渐分离，虽然，那种基本上以不完善的科层制为背景的政策运行模式还大量存在，但政策网络的运作模式已初露端倪，而且在某些领域已明显地显现出来了。从其发展趋势来看，政策网络运作模式将会随着国家和社会的分离，随着社会利益群体的发育成熟，越来越成为公共政策运作的主要模式。

中国目前形成的政策网络有其不同于欧美国家的特点。政策网络的成熟程度还不高，结构和机制还处于初级层次，以至于某些学者认为政策网络理论还不适合用于解释中国的政策运行。但是，政策网络作为一种分析框架，毕竟为我们开辟了一个新的分析视角，也可以在一定程度上对我国的公共政策运行做出某种解释。在中国，政策网络的构成成分主要是：执政党的机构、政府部门、人大专门委员会、国有企业集团、民营企业团体、社会组织、专家学者、传媒工作者等。中国的政策网络多为国家主导的政策网络，具体可分为执政党机构主导的政策网络、政府部门主导的政策网络、企业同政府部门结成利益共同体主导的政策网络。社会组织主导的政策网络还不多见。组织化程度低的社会群体往往被排除在政策网络之外，因此，中国的政策网络还是一种低程度开放的网络。政策网络不向所有的利益相关者开放，那些被排出在政策网络之外的社会群体，其利益就不能得到很好的保障，必然影响公共利益的实现。

从中国的实际政策运行的过程来看，有一个突出的倾向，有的学者把它概括为：公共权力部门化，部门权力利益化，部门利益法制化。中国现阶段的公共政策制定大多数是由政府主管部门先拿出方案，然后再经过相应的部门讨论做出决策。在政策方案形成过程中，政府中与这项政策相关的部门、社会上掌握一定资源的相关利益群体和有话语权的专家学者、传媒工作者往往结成政策网络，在政策网络这一平台上展开互动和博弈，瓜分政策资源，以使自己和自己所代表的群体的利益诉求在政策输出中得到相应体现。当然,体现的程度以所掌握的、可以用来交换的资源的多寡而有所不同。其他的利益相关者往往被排除在政策网络之外,其利益无法得到保障。

例如,中国的房地产政策在运行过程中,政策网络化的特征就非常明显,其有限的开放性也是有目共睹的。政府某些部门和地方政府掌握着可以用来交换的政治资源,房地产商、银行和投资者掌握着可以用来交换的经济资源,某些站在房地产商立场上的所谓专家学者和传媒工作人员掌握着可以用来交换的文化资源。他们带着各自的可以用来交换的资源展开互动,形成一个有限开放的政策网络。之所以说它是一个有限开放的政策网络,原因就在于还有重要的利益相关者被排除在政策网络之外。广大的有住房需求的公众是同住房政策有重要关联的利益相关者,但他们却没能进入到相应的政策网络之中,在房地产政策的运作过程中缺少话语权。他们的利益在这样一个有限开放的政策网络输出中得不到应有的体现,近十年来房价一路走高就是一个很好的佐证。高房价使某些家庭倾其所有,付出了几代人的积蓄,甚至还透支了几代人的未来。实际上,社会公众手中掌握着非常重要的资源,那就是政府的合法性问题,只不过是这一资源的作用通常在短期内不能直接显现出来,但并不代表它不在发挥作用。高房价不仅掠夺了社会公众的财富,而且透支了政府的公信力,使政府的合法性受到影响。对此,有良知的执政者要保持清醒的头脑。

每一项公共政策都涉及诸多的利益相关者,所有的利益相关者或其真正的代表都能够进入到相关的政策网络之中,并有效发挥其作用,这才能使所有的利益相关者的利益在政策网络的输出中得到相应的体现。从政策网络的实际运作过程来看,能否在相应的政策网络中有自己的一席之地,主要取决于是否具有可以用来交换的政策资源。广大公众只是掌握着最终可以用来判定政府是否具有合法性的资源。这种资源发挥作用的过程可能是漫长的。这种资源有可能被一系列中间环节所消解,或者在一系列中间环节的影响下其作用在短时间内被弱化了。不同地区所发生的群体事件其原因是非常复杂的,但是,我们是否有理由相信,其中一部分群体事件是在以极端的方式表达利益诉求,从而拷问某些地方政府和政府某些部门的合法性呢?回答应该是肯定的。政策网络的开放程度不足以容纳所有的利益相关者，公共政策是在相当一部利益相关者缺位的情况下形成的，这部分利益相关者的利益诉求得不到应有的回应，甚至其利益经常遭到侵害，长此以往，积怨甚多，就有可能酿成群体事件，以此作为可以用来交换的资源。在中国现有的政策网络运行中，被排除在具体的政策网络之外的社会公众的利益，通过一种什么样的机制而有所体现呢？在那些能够进入到最高决策层的公共政策中，往往依赖于执政党高层领导、政府高层领导的价值偏好，人大代表和政协委员的良心，以及有良心的知识分子的奔走呼号。而一些具体部门有权制定的具体公共政策，往往是更多的部门利益或者同部门的相关利益掺杂其中。如果仅仅依赖于能够进入最高决策层的公共政策来体现公共利益，而对具体政策的价值取向缺少制约的话，公共利益的实现难以保证。如果把公共利益的实现仅仅建立在执政党高层领导、政府高层领导的价值偏好，人大代表、政协委员和有话语权的知识分子的良心上，其可靠程度究竟如何，事实上存在的侵害公共利益的现象已对此作了很好的注释。

从总体上来说，公共利益的实现程度依赖于政策网络的开放程度。在通常的情况下，政策网络的开放程度越高公共利益实现的程度也越高。如果一个政策网络能够包容所有的利益相关者，使所有的利益相关者在政策网络中展开互动，尽管所有的利益相关者在政策网络中完全平等地展开互动也许有一定的难度，但是，总要比把一部分利益相关者排除在政策网络之外更有利于公共利益的实现。

实际上，政策网络本身既是一种利益调整的平台，也是一种公共治理的工具。政策网络作为治理的工具其本身也需要治理。对政策网络的治理一个最重要的问题就是要不断扩大其开放程度，实现政策网络的良性运行。要扩大政策网络的开放程度，实现良性运行，需要两个方面的推动力量，一是需要来自政府的助推作用；二是需要来自社会的助推作用。

政府的助推作用来自于政治资源配置的均等化。所谓政治资源，就是“政治行为主体可用于影响他人行为的手段”①。政治资源尽管广泛地存在于人类政治生活的各个方面，但它是一种稀缺资源。凡是稀缺资源都存在一个合理配置的问题。政治资源配置的均等化

---

① 《中国大百科全书》(政治学卷)，中国大百科全书出版社 1992 版，第 516 页。

是对其进行合理配置的根本要求。政治资源配置的均等化对政治行为主体来说,主要是权力资源和权利资源配置的均等问题。也就是使广大公众在权力和权利的占有上同那些所谓的各种精英均等。根据卢梭的人民主权理论,权力应该属于人民,人民应享有最高的权力。但是在代议民主制的制度安排下,人民把一部分权力通过一定的程序委托给了政府,政府作为代理者代行某种权力。在现实的社会生活中,这种关系被一系列的中间环节弄模糊了,以至于政府俨然以权力的真正所有者自居,而把广大公众作为其权力作用的对象,导致权力的异化,使政治资源的配置发生错位。"政治精英"们占有了更多的政治资源。"经济精英"们由于对经济资源的过度占有,以此作为交换条件也可以占有更多的政治资源。他们运用手中掌握的经济资源获取政治资源,以左右公共政策,又通过政治资源获取更多的经济资源。形成了资源占有上的马太效应。对用经济资源换取政治资源的现象要保持高度的警惕,因为它是导致权力腐败的重要根源。

中国政治资源配置中存在的主要问题是少数强势群体占有更多的政治资源,而广大公众特别是弱势群体所占有的政治资源有限,没有相应的短期内就能够有效发挥作用的政治资源用来交换,恰恰是他们被排出在政策网络之外的根本原因。因此,在政治资源的配置上也有一个辅助弱势群体、抑制强势群体的问题。在目前的情况下,政治资源的配置还离不开执政党的首脑机关和国家的权力部门。它们掌握着政治资源配置的实际权力,也肩负着政治资源配置的责任。它们有义务为实现政治资源配置的均等化做出努力。当然,政治资源的均等配置也离不开广大公众对其政治权利的充分有效地运用。使广大公众要有获取政治资源的权利和对手中掌握的政治资源有效使用的能力,这依赖于真正的还权于民。也就是说,要实现政治资源配置的均等化,依赖于政治体制改革的不断深入,使权力真正实现向广大公众的实质性回归。

社会的助推作用来自于社会资源配置的均等化。这里的社会资源是指与经济资源、政治资源、文化资源相并列的第四类资源。此种意义上的社会资源主要包括与政府的社会职能、社会政策、社会保障、社会服务相关的资源,更重要的还包括与非政府组织相关的资源。社会资源本质上体现的是国家与社会,也就是政府与民间组织之间现实关系的架构,直接反映于民众的组织化程度。社会资源配置的均等化是实现社会公平,防止社会过渡分化,进而实现社会稳定,乃至社会文明的重要保障。

近年来,中国的民间组织获得了更多的社会资源,促进了自身的发展。以市场为取向的经济体制改革培育了新的社会群体,以政府职能的转变为核心的行政体制改革,推动了国家与社会的逐步分离,为民间组织的发展提供了广阔的空间。多种经济成分的共同发展和跨国公司与国际非政府组织的涌入为民间组织的发展提供了大量资源,加快了民间组织发展的速度。但是,由于民间组织的发展还存在着诸多的制约因素,其中制度上的制约因素和文化上的制约因素最为突出。一部分群体组织化的意识不强,不善于通过民间组织来保障自己的权益。国家对民间组织管得过死,使民间组织在其独立性方面带有明显的过渡性质。公众的组织化程度比较低,已成为影响社会资源均等化配置的主要因素。

从目前的实际情况看,政治资源配置的均等化一定程度上依赖于社会资源配置的均等化。政治资源配置均等化最理想的状态,是使每一个人都直接拥有充分平等的主张个人权益的能力和机会,这在实际的政治活动中是无法实现的。比较现实可行的路径选择是发挥社会组织的作用,使广大公众在自己的社会组织内拥有直接充分主张个人权益的机会,而社会组织通过整合作用,形成群体的利益诉求,并统一予以表达,以争取相应的资源。如果社会是一个高度组织化的社会,社会上的每一个群体都有自己的组织。每一个社会组织不仅能够很好地整合本群体的利益诉求,而且在政策网络的运行中都享有充分的话语权,就可以很好地促进政治资源配置的均等化,以提高政策网络的开放程度。

真正实现政治资源和社会资源配置的均等化需要一个相当长的过程。政治资源和社会资源的均等配置,最终还要依赖于经济资源的合理配置。要消除经济资源配置的不合理因素,不是短期内能够奏效的,特别是在既得利益集团已经形成的情况下更是如此。这就决定了要实现政策网络的全面开放更不是短时间内可以完成的。公共利益只能在这一过程中逐步地得到实现。

3. 公共治理模式与公共利益的实现

以公共利益为依归是公共政策的核心价值追求,也是作为公共政策主体的政府获得合法性的前提。问题的关键是必须构建一种能够保证公共利益实现的治理机制。实现政治资源和社会资源特别是经济资源的均等化配置,从目前的中国现状来看,还是一个比较遥远的事情。因此政策网络在实现公共利益的过程中作用有限,需要构建新的公共治理模式。

公共政策自身是否存在着偏离公共利益价值定位的动因,也就是是否存在着作为公共政策主体的政府其权力侵蚀公共利益的可能性,如果回答是否定的,那就没有必要对政府的行为进行监督,从而使各种监督机制变得毫无意义了。必须有一种治理模式,能够对公共政策主体偏离公共利益的行为进行约束,从而保证在任何情况下公共利益都能够得到实现。这是探讨公共政策价值定位最关键的问题。“公共利益理论的核心是在政治与公共行政中公共利益是如何实现的。”①公共利益是如何实现的是现代公共治理理论最为关心的问题。不同的公共治理理论提出了不同的治理模式,对此问题做出了不同的回答。

市场治理模式认为,政府提供的服务应该符合公众的需求,公共利益是在降低政府施政成本和提高办事效率过程中、在政府对市场的回应中、在公民通过市场更自由地选择所需要的公共服务中实现的。市场治理模式把公共利益的实现交给了市场。实际上,治理完全市场化是不可能的,更何况市场治理模式也不是在任何情况下都是有效的。

参与治理模式认为,公共利益可以通过公民对公共政策决策进行最大限度的参与来实现。参与治理模式设想了如下的实现方式:公共政策应该让有政策影响力的公众通过对话过程制定出来,在加强公民向政府表达需求的权利过程中就会体现出公共利益;公共利益的实现,还依赖于公民本身能够参与公共政策选择和公共服务供给的全过程。公民通过各种渠道进行利益表达,公共政策主体又能够认真地做出回应,这确实是公共利益实现的重要途径。问题是用什么来保证参与渠道的通畅,用什么来保证绝大多数公民都具备通过有效的参与来影响公共政策的能力,用什么来保证公共政策主体

① 马骏、叶娟丽:《西方公共行政学理论前沿》,中国社会科学出版社 2004 年版,第 121 页。

及时地对公众的利益要求做出回应，这些是参与治理模式没有完全解决的问题。

弹性治理模式认为，公共政策的成本越低对公共利益的实现越有利；公共政策创新程度越高，公众也会因公共政策的不断创新而获得更多的利益。公共利益不仅要有更具弹性化的单个组织来保障，而且需要有超级结构来监督这些组织。弹性治理模式虽然也对这种超级结构及其监督机制进行了探索，但对监督的有效性问题还没有拿出切实可行的对策。

解制治理模式认为，公共利益可以通过一个更积极的、束缚较少的公共政策主体来实现。减少规制，给公共政策主体发挥自己的创新能力开辟更广阔的空间，这确实可以提高公共政策的效率。但是，它无法保证作为公共政策主体的行政人员，依据自由裁量权的每一次选择都能够增进公共利益。

多元治理模式认为，公共利益是利益集团相互作用的直接结果。“利益集团与立法机关和上级部门不同，因为他们是完全独立于政府之外的组织。这些组织代表着特定领域的公共利益。”①不同利益群体的相互作用是公共利益现实化的重要途径。可以想象，强势群体和弱是群体的相互作用会导致什么样的结果。当然，多元治理模式对公共利益的实现可以发挥更大的作用。

虽然不同的治理模式在解决公共利益实现的问题上，都有一定的局限性，但是，可以肯定，每一种治理模式都为公共利益的实现开辟了一条途径。对不同治理模式所开辟的途径进行整合，也许能够帮助我们寻找保证公共利益实现的更好的治理模式。为了使公共利益的实现从根本上走出困境，必须构建一种新的治理模式，可以把这种新的治理模式具体表述为：政府主导的多元立体治理模式。这一模式是政府的主导作用、多元治理主体、三维约束机制的有机结合。

公共治理离不开政府以外各种因素，但是，政府作为最具权威的公共机构，在公共治理中发挥着不可替代的作用。在中国更是如此，因为政府手中掌握着大量的，其他机构无法掌握的公共资源。它可以制定公共政策对公共治理加以规范，影响公共治理的结果。它最

---

① 〔美〕史蒂文·科恩等：《新有效公共管理者》，王巧玲等译，中国人民大学出版社2001年版，第191页。

有能力协调社会利益关系、解决社会矛盾,社会上其他机构都不具备政府这样的职能,政府在公共治理中发挥着不可替代的主导作用。在新构建的公共治理模式中,政府仍然发挥主导作用。

“多元”是指公共治理主体的多元化。“在多元主义的体制中,治理包括了所有有利害关系的利益主体:政党、立法机关及其分支机构、利益集团、中间人、组织、顾客、媒体、卖主等等。”①“我们生活在一个权力分享的世界里,在这个世界中,政府组织、准政府组织、非盈利组织、私人组织共同参与政策的制定和政策的执行。”②公共治理主体的多元化,已经成为现代公共治理结构的重要特征。在多元治理结构中,非政府组织、公民的志愿性社团、协会、社区组织、利益团体等民间组织都是公共治理的主体。公共治理不再是政府的专利。对于各种民间组织,政治学强调的是它的公民权利和公民参与的意义,社会学则强调它是介于政府和企业之间的中介,行政学更关心它们的公共治理意义。随着这些民间组织的发展壮大,它们在社会管理中的作用也日益重要,它们或者独自承担起社会的某些管理职能,或者与政府机构合作,共同行使某些社会管理职能。这就使治理变成了多元主体的治理,同时,也使公共利益的实现有了一定的保证。

“立体”是指政治结构、社会结构和市场结构相互支撑而又相互制约所形成的三维的约束机制。也就是说,对政府的制约是来自政治结构的约束、来自社会结构的约束和来自市场结构的约束的有机统一。这依赖于三个维度的制度安排,即政治制度安排、社会制度安排和市场制度安排。通过政治体制改革,形成人民代表大会、执政党和政府之间的相互制约关系。真正建立起人民代表大会和执政党对政府行为的约束机制。至于对执政党行为的约束问题,依赖于另一种制度安排。社会结构的约束机制依赖于社会自身的发育。社会之所以能成为监督、制约政府公共权力的重要力量,就因为它是一个具有自主能力的系统,其生成、发展和运转主要以民间方式进行,而无须国家从外部推动它运转。托克维尔就曾指出过社会权利对公共权力的制约。以社会权力制约政府权力的实质就是以公民社会制约政

---

① 〔美〕乔治·弗雷德里克森:《公共行政的精神》,张成福等译,中国人民大学出版社 2003 年版,第 77 页。

② 同上书,第 4 页。

府权力。这种制约的机制是单个的、分散的公民个体经由社会中的各种团体、组织积聚成强大的力量,对公共权力的行使形成的压力,使政府对公民通过团体和组织向政府表达的意见和诉求给予足够的重视。政府部分职能的市场化,通过相应的制度设计利用市场结构对政府权力进行制约,新公共管理理论已有了足够多的阐述。这里的一个关键性的问题有待于进一步去探讨,那就是政治体制、社会和市场机制的有机结合问题。

虽然,在这种治理模式下政府仍然发挥主导作用,但是,多元治理主体分散了政府的权力,再加上三维结构的约束机制对政府的制约,就可以使政府尽可能少地偏离公共利益的价值取向。这样,政府主导的多元立体治理模式就可以在保证公共利益的实现的过程中发挥其应有的作用。

三、公共利益的实现与关照弱势群体

坚持公共政策的正义取向,实现公共利益,最切实的问题就是要加大力度改善民生,这也是公共政策的核心任务。通常民生问题更集中地反映在弱势群体身上,因为弱势群体是在资源分配上处于不利地位的群体。弱势群体形成的原因是复杂的。公共政策是通过对公共资源的权威性分配来调整社会利益关系的工具,在维护社会正义方面发挥着极为重要的作用。树立公共政策社会正义的核心价值理念,构建关照弱势群体的公共政策运行机制是改善民生,实现公共利益的重要前提。扶助弱势群体历来是实现社会正义的一条重要原则。

1. 民生问题与弱势群体

民生问题始终是社会发展的基本动力,改善民生也是社会发展的根本目的。民生问题凸显,更多地集中在社会上的弱势群体身上。何谓弱势群体?“国际社会和社会政策界从是否丧失具有市场竞争的人力资本,是否难于融入人所处地域的社会生活,是否难于与其他群体共享公平权利,是否远离社会权力中心和社会对不同群体的既

定评价角度来定义弱势群体。”①实际上所谓弱势群体，主要是指社会地位低，生活状况差的群体。由于社会财富的不均衡分布，使一部分占有社会财富较少的人沦为弱势群体，民生问题也在这部分人身上更为突出的表现出来了，从而拷问社会正义。公共政策是对公共资源进行权威性分配的工具，对实现社会正义肩负着不可替代的责任。在改善民生的过程中，弱势群体应该成为公共政策格外关照的对象。如果公共政策能够做好弱势群体这篇大文章，解决民生问题上的突出矛盾就指日可待了。

民生问题，简言之，就是民众的生活问题，它直接关系到民众的生存和发展。民众的衣食住行问题是最基本的民生问题，此外，文化、教育、医疗、就业、社会保障等问题，也都是重要的民生问题。民生问题历来是政府关注的重点，而且越来越引起了政府的重视。随着改革的深入，一些深层次的矛盾逐渐显露出来，反映在民生问题上，更容易引起人们的关注。当前，民生问题主要集中在：城市居民住房价格上涨过快、教育费用居高不下、医疗卫生问题多多，明显地加重了民众的负担；就业形势严峻，直接关系到劳动者能否有一个稳定的生活来源；社会保障体系不完善，使人们对不确定性风险还不能有效化解；农民收入增长缓慢，农村居民生活状态不容乐观，“三农”问题仍很突出。民生问题向来就是一个国家和社会发展的根本问题。民生状况能否得到改善，也是衡量国家和社会发展的关键因素。民生问题解决得好不好直接拷问政府的价值取向和治理能力。如果民生问题越积越多，一个政权的合法性就要受到威胁。因此，一个有作为的政府总是把民生问题摆在极其重要的位置上。然而民生问题是发展中出现的问题，当然也要靠发展来解决。但仅仅做大“蛋糕”还是不够的，还必须要分好“蛋糕”。而且在收入差距越拉越大，甚至出现两极分化的情况下，分好“蛋糕”的任务更为迫切，也更有意义。

民生问题的凸显与社会分化直接相关。伴随着社会分化的加剧把一部分人提升为强势群体，同时也使一部分人沦为弱势群体。强势群体和弱势群体的划分，主要是用来分析现代社会经济利益和社会权利分配不公平，社会结构不协调、不合理的问题。

强势群体通常是指占有社会资源多，并具有能够赢得更多经济、

---

① 薛晓明：《转型期的弱势群体问题》，中国经济出版社2005年版，第6页。

政治和社会机会的能力，对社会影响大的群体。有人认为，强势群体主要是由经济精英、政治精英和文化精英构成的，这一定意义上反映了强势群体的构成成分。市场竞争，优胜劣汰，资源重组，加快了社会分化的速度，使一部分人以胜利者的姿态进入强势群体的行列。他们或是拥有较多的经济财富，或是拥有更大的政治权力，或是拥有丰富的文化资源。具有了相当大的社会能量，对整个社会生活开始产生重要影响。由于他们占有的社会资源比较多，使他们在社会政治生活中有了更多的话语权，在一定程度上可以左右政府的某些政策。由于他们更多地受到社会的青睐，民生问题的凸显对于强势群体来说较少波及。他们不会为子女的教育经费问题而烦恼，不会因为医疗问题而伤脑筋，更不会由于房价高而望房兴叹，就业和社会保障对他们来讲早已不是问题。他们面对的更多的是如何锦上添花。当然，改善民生并不是要把强势群体排除在外，只不过他们不是需要特别关照的对象。

民生问题最突出的反映在弱势群体身上，弱势群体的生活状况是民生问题凸显的主要原因。弱势群体往往是由于处在自然、经济、政治、社会和文化等方面的不利状态，因此，难以正常化解社会问题造成的压力而陷入困境，处于不利的社会地位。创造和积聚财富能力弱，就业竞争能力、基本生活能力差，实际社会权利相对缺失，生存能力和抗风险能力不足，成为公认的弱势群体的重要特征。他们的弱势表现在方方面面，在社会竞争中处于弱势，由于种种原因导致自身的竞争能力不足，在社会竞争中处于劣势，无法与强势群体相抗衡；在社会资源的分配方面处于弱势，占有的社会资源少，实际收入低，个人及家庭生活达不到社会认可的基本标准；他们在公平公正方面处于弱势，在自己正当权利与利益的追求过程中处于不利地位，正当权利可能被侵犯，利益追求得不到应有的满足；他们在政治生活中处于弱势，缺少社会政治生活中的话语权，因此不得不退出主流社会，在通常情况下对社会的影响有限。民生问题对他们来讲才切切实实地感受到了。在日益攀升的房价面前只能望房兴叹，想拥有一套自己的相对来说比较理想的住房似乎成为天方夜谭。昂贵的医疗费用，或者把他们拒之医院的大门外，或者使他们从温饱甚至小康重新陷入贫困。就业问题没有保障，使他们失去了职业安全感。社会保障的缺位，使问题更加突出。在教育方面，由于教育资源的差异分布，因无法享受公平的教育而影响了素质的提高，在竞争一开始就输在了起跑线上，要改变自己的命运也变得那样的不容易。改善他们的民生状况，需要国家和社会力量给予帮助或支持，也就是说，他们已成为需要他人帮助、支持、甚至是救助的群体。改善民生对于他们来讲，要求最为迫切。政府要改善民生就必须更多地关注弱势群体。

2. 弱势群体成因的解读

关于弱势群体形成的原因可以从多方面来讨论。一部分人之所以沦为弱势群体，可能是自然的、历史的、经济的、政治的、文化的、社会的和个人的等各种因素造成的，可能是在其中某一种因素作用下导致的，也可能是几个因素共同起作用的结果。要搞清楚弱势群体之所以成为弱势群体的真正原因，必须彻底摒弃那种把弱势群体产生的原因归结为“素质低下”或者“懒惰”的荒唐逻辑。马克思早已对这种观点进行过非常深刻的批判。如果说是素质问题，是什么原因导致他们不能接受良好的教育，以提高自身的素质。如果说是懒惰，有些农民工一天努力工作十几个小时，可这种辛劳还是无法改变其弱势群体的地位。用个人的天赋不好、努力不够和运气不佳来解释弱势群体的成因是一件可笑的事情。我们不去全面分析弱势群体的成因，只是从公共政策视角对弱势群体形成的原因进行初步解读。

社会转型，从农业文明向工业文明，乃至像一部分学者所说的向后工业文明的演进，迅速提升了人们生活的质量，为社会的经济生活、政治生活和文化生活带来了前所未有的大发展。现代文明的演进总是与制度性的变迁相伴随。中国正在由农业社会向工业社会乃至后工业社会转型，而且转型的速度前所未有。制度的更迭导致社会结构的重组。弱势群体总体上来说是现代文明演进过程中制度性因素的牺牲品。

当然，中国社会弱势群体的形成与长期以来城乡二元结构的格局不无关系，甚至可以说关系重大。在城乡二元结构的制约下，农民遭到某种剥夺而又无力摆脱窘境。农民在经济权利、政治权利、教育权利、劳动就业以及社会保障权利等方面与城市居民相比的不平等待遇，使之生存状态的改善不仅相对缓慢，而且其中一部分群体生存状态甚至在恶化。城乡二元结构为不同阶层的流动挖了一个鸿沟，形成代际自我复制陷阱，导致社会阶层固化。机会的不公平造就了农民中的庞大的弱势群体。尽管改革开放以来,农民的生存状况有了相当大的改观,特别是近年来,一系列的惠农政策所带来的变化更不可同日而语。但是,这并没有从根本上消除城乡二元结构的影响。

一部分人沦为弱势群体当然原因非常复杂,但一个重要的原因就是来自体制上的不公平。这种不公平导致机会不均等。一部分弱势群体是中国在从计划经济体制向市场经济体制转轨过程中,社会层级结构迅速嬗变而产生的特殊社会群体。弱势群体的民生问题总是与强势群体财富的积累相伴随,而这一过程又是与一系列市场化的过程相勾连。改革开放之初,生活资料的市场化造就了万元户。如果说这些先富起来的群体主要还是靠抢占市场先机,通过辛勤劳动致富的话,那么后来的情况可能就大不相同了。在生产资料市场化的过程中,由于开始实行的生产资料价格的双轨制,使一部分人利用某种特权,游走于计划和市场之间,计划价格购买,市场价格卖出,甚至坑蒙拐骗无所不用其极,以"倒爷"的身份变成了拥有百万甚至千万资产的富翁。股票市场的开放又迅速累加了一部分人的资产。房地产的市场化更是向人们显现了一夜暴富的神话。迅速高企的房价疯狂地掠夺社会公众的财富,一部分开发商靠四处行贿,一路绿灯聚敛不义之财;一部分官员靠受贿迅速跻身富豪行列。在社会财富迅速向少数人集中的同时,另一方面也积累着弱势群体的民生问题。然而,市场不存在对错的问题,市场本身就是一把"双刃剑"。市场呼唤公平,市场又无情地抛弃了公平。更是由于政治权力对经济的过分干预,又加剧了这种不公平。市场缺陷和政府缺陷的叠加把一部分人投入弱势群体的行列。

文明的演进、制度的变迁、体制的转轨,既隐含着历史的必然,也展示着人类的种种选择行为。而人类的任何选择行为都必然是一种代价性选择,即使是依据必然性做出的选择也概莫能外。文明演进、制度变迁、体制转轨,应该是人类社会发展的重要标志,必然以其特有的方式推动着人类社会向更高的形态迈进。与此相伴随,由于种种因素的影响,总是会带来某种负效应。弱势群体的弱势地位就是这种负效应的典型表现。文明演进,尤其是制度变迁和体制转轨都是要支付成本的,在正常的情况下,在某些方面付出代价的群体会通过制度的自我调节,从其他方面获得相应的补偿。然而由于制度的扭曲,使一部分群体成为代价性群体,而又得不到相应的补偿,进而沦为弱势群体。公共政策作为社会利益关系的调节器，本应发挥弱化这一过程中负效应的功能，可是，民生问题的凸显昭示了公共政策在这方面的作用发挥得不理想。有时因为公共政策取向、公共政策内容和公共政策过程等方面存在的问题，对上述因素造成的负效应没有有效地加以抑制。因此，公共政策必须承担由此产生的种种后果，并以其特有的方式改变现存的这种状况。

改革开放是决定当代中国命运的关键抉择。改革开放以来，为了加快经济的发展，中国的公共政策选择了效率优先、兼顾公平的价值取向。鼓励一部分人先富起来的公共政策，调动了人们的积极性，使经济发展取得了一定的成就。按照社会主义本质的要求，鼓励一部分人先富的目的是以先富带后富，实现共同富裕，从而体现社会主义制度的优越性。然而，问题在于一部分人在充分享受了公共政策的优惠而富起来之后，并没有很好地带动大家共同富裕。相反，人们之间的差距越来越大。某些倾斜的公共政策导致了不同地区、不同行业和不同群体之间的不公平。弱势群体成为改革成本的主要承担者，因而最先也最强烈地感受到所付出的代价。由全体社会成员共同承担改革的代价，共同分享改革的成果，应该是理所当然的事情，但事实上，弱势群体比强势群体付出得更多。当前所遇到的问题，实质是改革处在攻坚阶段面临的深层次矛盾的一种反应。正视存在的问题是为了解决这些问题，也是为了更好地把改革推向深入。如果就此止步，只能使问题越来越严重。本来弱势群体承受能力就很低，然而，他们受风险的冲击却最大，事实就是这样的不公平。因此，对弱势群体的权利给予更多的关照，解决他们的民生问题是公共政策不可推卸的职责。有效地运用公共政策尽快地改变弱势群体的生活状况，从而加快改善民生的步伐。这也正是在公共政策的价值取向上，把提高效率同促进社会公平结合起来，初次分配和再分配都要处理好效率与公平的关系，再分配更加注重公平的意义所在。

任何公共政策，即使是正确的公共政策也是正效应和负效应的统一，也就是说，一项公共政策依据一定的价值判断，在发挥积极作用的同时都有其消极作用，对这一点必须保持清醒的头脑。然而，在我们实行某些公共政策的时候，对其本身的负效应认识不够充分，甚至知之甚少，没有事先准备好防范措施，以把负效应减少到最低限度，或者通过强化公共政策体系的整体效应弱化单项政策的负效应。

在公共政策负效应的影响下,使弱势群体面临的民生问题没有得到很好的解决。

当然,公共政策上存在的问题归根结底来源于公共政策体制的不完善。公共政策体制上的不完善,可以从多方面进行分析。体现在弱势群体身上的公共政策利益表达机制的缺陷、公共政策回应机制的缺陷和公共政策纠错机制的缺陷,也许能够揭示弱势群体之所以成为弱势群体,而且被进一步弱化的原因。公共政策利益表达机制上的缺陷,导致弱势群体缺少正常的表达渠道,即使是已有的表达渠道也不能有效地发挥作用。民生问题与公共政策制定过程中各种社会群体的利益表达机制直接相关。在公共政策制定过程中,如果弱势群体缺乏正常的利益表达机制,其声音就会越来越微弱,甚至丧失话语权。他们的利益受损以后又找不到正常的表达方式,使公共政策无法通过损益补偿机制对受损的利益给以合理的补偿。公共政策回应机制上的缺陷,导致对弱势群体本来就被弱化了的利益诉求缺少及时的回应。由于弱势群体对政策的影响力弱,公共政策对弱势群体的关注不到位,直至弱势群体的民生问题越积越多,到了不解决就会影响社会的稳定,甚至威胁到了政府的合法性的时候,才做出已经迟到了的回应,势必增加解决问题的难度。更有甚者,如果一种公共政策体制的运行已经到了这样一种状态,依靠最高领导人的指示或者批示来启动回应机制的话,这还能够称得上是一种合理的公共政策体制吗？公共政策纠错机制的缺失,使公共政策已经出现失误的情况下不能够有效地加以纠正。中国目前民生问题之所以成为各方关注的焦点,与公共政策运行系统中缺乏系统的纠错功能不无关系。弱势群体的利益诉求无从上达,即使上达了也不能作出回应,利益受损得不到相应补偿,公共政策主体似乎对弱势群体不承担利益责任。公共政策与弱势群体的利益诉求相分离,与此相对应的强势群体的利益诉求却更多地得到公共政策的眷顾。公共政策对各阶层的价值分配失衡,其结果只能是强势群体更强,弱势群体更弱。当然,这不能仅仅归结为公共政策的价值偏好上,更多地应该从体制和机制上寻找原因。

由于强势群体手中掌握的资源使他们具有了较强的社会能量,他们可以一定程度上左右政府的公共政策。他们或是通过“俘获”政府的某些部门和政府的某些官员,同他们形成利益共同体,或是通过某种手段使某些传媒成为自己手中的工具，为其制造舆论，或是通过收买某些有一定话语权的所谓专家，为其做学理上的论证。以上各种因素扭结在一起，形成了以强势群体为核心的政策网络，肆无忌惮地瓜分社会资源。由上述因素所形成的政策网络是一种有限开放的网络，弱势群体被排斥在这一政策网络之外，一定程度上被剥夺了公共政策运行过程中的话语权，堵塞了弱势群体改变自身命运的通道。因此，弱势群体要改变自己的命运，就必须在公共政策运行过程中有效地发挥自身的作用，使公共政策更多地关注弱势群体的利益诉求。这依赖于弱势群体和政府的双重推动，构建以关照弱势群体为特征的公共政策运行机制。

3．弱势群体与公共政策运行机制

要构建有利于弱势群体的公共政策运行机制，必须树立公平正义的基本理念。公平正义是公共政策学的核心价值追求。对公平正义的解读虽然仁者见仁，智者见智，然而，罗尔斯的理论可能更能够体现出对弱势群体特别关照。罗尔斯指出："我们只是在必要的约束下最大限度地增加处于最不利状况的人的期望。"①又说："首先要最大限度地增加最差的代表人的福利。"②并把有利于社会之最不利成员的最大利益作为正义的一条重要原则。由此可见，对"处于最不利状况的人"的热切关注，展现了罗尔斯的正义理论对弱势群体的价值关怀。公平正义的真正实现本来就应该是弱势群体的福音。关照弱势群体的公共政策运行机制就要以弱势群体的利益为依归。关照弱势群体的公共政策运行机制体现的是一种价值观。树立关照弱势群体的基本理念，就应该在公共政策上更多地反映弱势群体的利益要求，这是改善民生的关键所在。

公共政策是政府用来干预社会生活的工具，社会利益关系主要靠公共政策进行调控。作为社会利益关系的调节器，"市场失灵"为其提供了广阔的用武之地。市场经济强调的是自由竞争，奉行的是优胜劣汰，市场是不会关照弱势群体的。弱势群体恰恰是市场竞争

---

① 〔美〕约翰·罗尔斯：《正义论》，何怀宏等译，中国社会科学出版社 2001 年版，第 80 页。

② 同上书，第 83 页。

的失败者，其利益诉求只能通过公共政策的资源分配来满足。弱势群体的生活是不是得到了改善，弱势群体的利益是否得到了有力的保护，应该成为公共政策学始终关注的对象。看社会是否实现了公平正义，首先要看弱势群体是否得到了公正待遇，社会地位是否有了与强势群体一样的变化，是否与其他社会阶层一样享受经济社会发展的成果。恩格斯指出，应"结束牺牲一些人的利益来满足另一些人的需要的情况"，使"所有人共同享受大家创造出来的福利"①。发展为了人民，发展依靠人民，发展成果由人民共享，这里的人民毫无疑义当然包括弱势群体在内。发展成果由人民共享，一定意义上隐含着对弱势群体的关照。

公共政策要更多地关照弱势群体，必须构建有利于弱势群体利益表达、利益整合和利益实现的公共政策运行机制，使公共政策在运行过程中，无论是建立公共政策议程、进行公共政策规划、实现公共政策合法化，还是公共政策执行诸环节，都能为弱势群体提供参与的通道，以扩大弱势群体有序的政治参与，并完善其有效发挥作用的保障机制。具体来说，就是要完善弱势群体利益诉求的表达机制、弱势群体利益诉求的回应机制、弱势群体利益的整合机制以及弱势群体利益的实现机制。

建立公共政策议程是公共政策运行过程的起点。建立公共政策议程的过程也就是利益诉求表达和回应的过程。公共政策议程可以分为公众议程和政府议程，公众议程向政府议程的转化，标志着解决某个社会问题的公共政策程序已经启动。这同时也就意味着利益诉求得到了回应。问题的关键是弱势群体的利益诉求如何从公众议程转化为政府议程，这就需要完善弱势群体利益诉求的表达机制和公共政策对弱势群体利益诉求的回应机制。这也是构建关照弱势群体公共政策运行机制首先需要解决的问题。从目前的实际状况来看，弱势群体的利益诉求进入政府议程的渠道看似很多，代表委员的提案、执政党的动员、自治组织的推动、政治领袖的眷顾、专家学者的呼吁、大众传媒的介入，等等。但是，制度化通道的作用不理想，非制度化通道的作用没保障。群体性事件破坏社会和谐，影响社会稳定，是极端情况下的利益表达方式，当然，这种表达方式是不应提倡的，但

① 《马克思恩格斯选集》第1卷，人民出版社1995年版，第243页。

这是否也在一定意义上反映出制度化表达渠道存在的缺陷呢？

从建立公共政策议程的模式来看，可以划分为外部推动模式和内部推动模式。外部推动模式表明问题由非政府主体提出，然后充分扩展成为公众议程，最终进入政府议程。这里起关键作用的是社会组织。要把议案推进政府议程需要拥有一定的政治资源和政治技巧。由于弱势群体组织化的程度比较低，手中又缺少相应的政治资源，在通常的情况下是无法通过外部推动的方式把自己的利益诉求推进政府议程的。内部推动模式就是有影响力的群体拥有影响公共政策的专门通道，公共政策最初是由他们提出的，并且不需要寻求公众的支持以及同其他的议案竞争，议程的设立完全取决于有决策愿望的组织其地位的优越程度。弱势群体显然更没有通过内部推动模式建立公共政策议程的优越地位。因此，与其相关的问题进入公共政策议程多半是由政府推动的。政府推动一项有关弱势群体利益的公共政策议程的建立，说明所反映出来的问题已经非常突出。完善弱势群体利益诉求的表达机制，从根本上来说，还是要完善制度化的通道，充分发挥人大、政协、执政党和社会组织的作用，构建制度化通道的良性运行机制。

进行公共政策规划的过程，从一定意义上可以看做是利益整合的过程。在进行公共政策规划的过程中，对弱势群体的利益进行有效的整合，并在公共政策方案中给以应有的体现，这是完善关照弱势群体的公共政策运行机制的重要内容。然而，现有的公共政策规划机制的一个突出特点，就是政府部门主导着公共政策规划的过程，成为主要的公共政策方案的设计者。对中观和微观的具体操作性公共政策进行规划时，方案往往都由政府部门进行设计。在政府权力缺少有效制约的情况下，部门主导更大的可能是部门利益主导，因此，部门利益和部门间的利益平衡在公共政策规划中就起着很重要的作用。涉及某一方面的公共政策方案由政府对应的部门进行设计，那么，与本部门利益相关联的公共政策，本部门的利益就可能获得优先权。如果涉及其他政府部门，政府各部门之间就展开互动。作为互动的结果而形成的方案，只有各部门的利益都得到了一定的维护方可通过。这种运作机制的弊端不言而喻。部门利益侵害公共利益的状况难以避免。弱势群体无法介入公共政策规划的过程中，在弱势群体的力量没有达到可以对政府施加压力的状态下，利益受到损害的往往还是弱势群体。在这种情况下,弱势群体付出了更多的代价就不难理解。为此,必须改变现有的部门主导公共政策规划的局面。公共政策规划过程应全面开放,由公共政策研究部门,其中官方的、半官方的和民间的相结合,会同社会相关群体,特别要有弱势群体的代表参与,共同设计公共政策方案。只有这样,弱势群体的利益才能得到应有的体现。

公共政策执行的过程也是公共政策承载的利益实现的过程。有了能够反映弱势群体利益的公共政策,在解决弱势群体民生问题的道路上迈出了重要的一步,但这仅仅是开始。公共政策在执行过程中,由于种种原因影响公共政策有效性的现象时有发生。这既涉及公共政策制定主体的权威性,也涉及公共政策执行者的价值取向和执行力,更重要的还涉及利益相关者的博弈。政策执行的结果实际上是多元行动者互动的结果。公共政策制定主体的权威性直接关系到公共政策指挥链条的有效运作,政令畅通是公共政策有效执行的重要保证。当然,政策执行过程不仅仅是技术性的过程,而且也是政治性的过程,执行者不可能是价值中立的。公共政策目标的价值取向同执行者的价值取向相偏离,公共政策能否得到有效执行就是一个未知数。特别是以弱势群体利益为取向的公共政策,由于弱势群体所处的地位,更有可能落空。公共政策执行的过程也是利益相关者进行博弈的过程,弱势群体在这一过程中往往充当失败者的角色。强势群体可以利用手中掌握的资源有可能抵制公共政策的落实,或者瓜分公共政策所承载的可能满足弱势群体利益要求的社会价值。弱势群体要在公共政策执行过程中实现自己的利益,当然要依靠执行体制的完善。弱势群体自身增强同其他利益相关者政治互动的能量,彻底改变由于被排除在政策网络之外而被边缘化的状态,可以自下而上地推动执行体制的完善。这就需要弱势群体提升自己的组织化程度,以在政策网络中争得一席之地,赢得公共政策运行过程中的话语权。

四、公共政策公平与效率的价值悖论

公共政策坚持以公平正义为根本的价值取向,要实现公共利益还有一个重要的问题,那就是要处理好公平和效率的关系。公平和

效率一定意义上均为公共政策所追求的目标。在公平和效率的关系上存在诸多悖论。何谓公平？何谓效率？它们各自本身就存在着悖论，当公平和效率结成关系时又产生了公平效率悖论。在中国社会发展的现阶段，公平和效率的矛盾还很突出。公共政策的有效干预和公共政策体系的协调运作，能够形成公平和效率动态平衡的内在机制。实现公平和效率的动态平衡，有利于社会在发展中保持稳定，在稳定中寻求高速发展。由于公平和效率的关系问题带来了诸多的困惑，因此成为人们普遍关注的热点、理论界争论的焦点和公共政策价值选择的难点。有关公平和效率的关系问题，众说纷纭。而研究问题的角度不同，得出的结论自然各异。从公共政策的角度分析公平和效率的问题，探讨处理二者关系应该坚持的基本原则，对中国社会转型期的公共政策实践具有非常重要意义。

1. 公共政策的公平取向

公平作为社会正义的一个重要特征，只有在人与人之间的关系中才能表现出来。人们之间的关系归根结底是利益关系。在社会生活中，不同人、不同群体的利益诉求是有区别的，社会对不同人和不同群体的利益要求满足的程度也不尽相同，因此，利益矛盾不可避免。要推动社会健康发展，就必须解决好不同群体之间的利益矛盾，形成和谐的利益关系。实现社会公平是解决社会利益矛盾，协调好社会利益关系的前提，也是实现社会和谐的根本保证。

实现社会公平所遇到的第一个难题，就是对公平如何界定的问题。社会公平曾被理解为体现在社会活动的起点、过程和结果之中。起点公平，也称为机会均等；过程公平，意味着规则一致；结果公平，就是回报适度。所有人的劳动都是平等的，等量劳动换取等量产品，等量资本获取等量收益，表面看来是再公平不过了。不去评论这种公平在现实的社会生活中能否真正存在，即便如此，其背后也隐藏着事实上的不平等。起点平等即使作为一种理想，也不真正意味着一个人在介入每次竞争的时候，他的出身、运气、努力和选择与其他人都平等。布坎南认为："在私有财产和契约的法律架构里由市场制度作用所限制的经济比赛的不公正往往归咎于天赋的分配，在作出选择之前，在运气光临经济赌博以前，在开始努力以前，人们首先是带着天赋进入比赛的。"[①]况且人在素质上是有差异的，只是这一点就带来了事实上的不平等，从而使"公平"大打折扣。脱离具体的历史条件，凌驾于一切社会制度之上的具有最一般、最普遍意义的公平，仅仅是一种抽象的公平，在社会生活中实际上是不可能存在的。经济学力图描述这种"公平"，结果只能是一种单向度的独白。

既然在现实生活中，具有广泛的普适性的公平概念是无法界定的，人们就去追求公平的形而上的意义。从本体论意义上来理解公平，它反映的是人和人之间关系的一种状态。约翰·罗尔斯曾把最广泛的基本自由权作为平等的第一前提，把利益作为衡量不平等的依据，而把人的权利是否平等作为衡量公平的根本尺度。[②] 本体论意义上的公平只有在人和人之间的关系中才能展现出来。尽管人和人之间的关系随着社会的发展会呈现出极为丰富的内涵，以显示公平作为一个历史范畴的实际意义，但它毕竟客观地存在于不同历史阶段人与人之间的关系之中，因此，能够用外在的尺度来衡量。只不过是在不同的历史条件下，这一外在尺度有所不同罢了。

公平还表现为对人与人之间关系的一种主观把握，是存在于人们观念中的内在尺度，因此，也可以从认识论意义上来理解。在不同的历史阶段，人们对公平的理解是有差异的，有时还会相距甚远。正如马克思所指出的那样："希腊人和罗马人的公平认为奴隶制度是公平的；1789 年资产者的公平则要求废除封建制度，因为据说它不公平。"[③]当然，这并不是说对公平的认识就没有客观标准了。既然存在着公平的本体论含义，就证明客观标准是存在的，但是必须在历史的进程中才能理解其真实的内涵。

对公平还可以作价值论意义的解读。公平作为对人与人之间关系的一种评价，同评价者的价值观密切相关，这就使它表现出浓厚的价值论色彩。虽然罗尔斯曾非常肯定地说，正义即公平，但必须回到

---

① 〔美〕詹姆斯·M. 布坎南：《自由、市场和国家》，吴良健等译，北京经济学院出版社 1988 年版，第 131 页。

② 〔美〕约翰·罗尔斯：《正义论》，何怀宏等译，中国社会科学出版社 1988 年版，第 60—61 页。

③ 《马克思恩格斯选集》第 3 卷，人民出版社 1995 年版，第 212 页。

“原初状态”，“这种状态保证在其中达到的基本契约是公平的。”①但无论从什么意义上来理解，只能对公平作历史的解读。公平归根结底反映的是特定历史条件下人与人之间的利益关系，最终只能从特定社会的生产关系中才能得到解释。

分析那种根本不存在的抽象的公平是没有意义的，探讨公平的终极意义也许有一定的价值，但更为重要的是要对公平规定一个现实的可以衡量的尺度，从而为进一步探讨公平的意义设定个前提。更具有实际意义的是为政府运用公共政策调整社会利益关系提供一个依据，使公平成为能够把握的东西。

尽管具有普世意义的公平实际上是不存在的，尽管对公平可以有不同的理解，但是实现社会公平仍然是政府责无旁贷的职责。如前所述，公平归根结底反映的是人和人之间的利益关系，而公共政策的本质恰恰是以权威性的公共资源分配的形式对社会利益关系的集中反映，是社会利益关系的调节器。这一本质特征，使公共政策成为政府用以实现社会公平的不可替代的工具。在社会生活中，处于不同社会地位中的个体和群体，有着不同的利益要求。政府以公共政策为手段，对“全社会的价值做权威性的分配”②。以调整社会利益关系。在这个意义上，可以为公平确定一个能够把握的尺度，那就是公平意味着价值或公共资源分配的合理性。当然，合理性在不同的历史条件下，其含义以及衡量的标准也有所不同。但无论其含义和标准有多大的差异，特定的社会共同体中绝大多数人认同可以作为合理性的一个标志。当然不可否认，认同也是一种价值判断，但大多数人的认同可以作为一个判断的标准。

用资源分配的合理性来界定公平，也不可能脱离它作为历史范畴的基本特征，其观念和衡量的标准，必然反映不同历史阶段人们的价值取向。公平同人们的利益是联系在一起的，不同历史阶段的资源分配要与不同历史阶段绝大多数人的利益要求相一致才是公平的。按照美国学者亚当斯的公平理论，公平是一个社会比较的概念。把绝大多数人的认同作为公共资源分配合理性的标志，进而作为公

① 〔美〕约翰·罗尔斯：《正义论》，何怀宏等译，中国社会科学出版社 1988 年版，第 17 页。

② 〔美〕戴维·伊斯顿：《政治生活的系统分析》，华夏出版社 1999 年版，第 26 页。

平的尺度，可以摆脱人们在追求适合一切历史条件的、绝对的公平过程中，所产生的无法摆脱的困惑和烦恼，也可以使其褪去令人目眩的形而上的光环，恢复其现实的、可操作的意义。绝大多数人是否认同是可以把握和测量的。当社会失去了公平，绝大多数人就不认同，如果政府不能有效地运用公共政策的调控功能恢复社会公平的话，政府的合法性就会大打折扣。为了使绝大多数人认同政府的公共政策，建立社会的公平机制，一个非常重要的问题就是必须避免强势群体单向度话语左右政府公共政策的现象。在现存的任何社会，强势群体都只是少数，但却掌握着大量的社会资源，在政府的公共政策制定中，与弱势群体相比享有更多的政策话语权。在这种情况下，有可能出现政府的公共政策向少数强势群体倾斜，而忽视弱势群体的偏颇。认真分析社会各个群体的利益诉求，尤其是要高度重视弱势群体的政策话语权。有效发挥公共政策的调控作用，才能形成保证公平的社会机制。

2. 公共政策的效率取向

社会既应该是一个公平的社会，也应该是一个有效率的社会，效率也是公共政策重要的目标取向。一个有效率的社会必然是使人们的创造力得以充分发挥，充满生机和活力的社会。效率也是一个内涵非常丰富的概念，对其也可以进行不同的解读。

投入产出效率界定了效率的初始内涵，揭示了资源投入与生产产出之间的比率关系。美国学者阿瑟·奥肯指出："对经济学家来说，就像对工程师一样，效率意味着从一个给定的量中获得最大的产出，生产中的投入包括人力，机器、厂房等实物资本的服务，以及像土地、矿产资源等自然资源的贡献。产出则是成千上万不同种类的商品和劳务。一旦社会发现一种以同样的投入可以得到更多产品（当然其他产品并不减少）的途径，那它便提高了效率。"①

帕累托效率展现了社会资源配置达到的一种理想境界。对此意大利学者尼古拉·阿克塞拉这样表述："尽管帕累托原则有价值判断这种情况，当然它在经济学中具有重要作用，主要表现在它代表着一

---

① 〔美〕阿瑟·奥肯：《平等与效率——重大抉择》，王奔洲译，华夏出版社2010年版，第3页。

种效率概念：一个人或更多人获得某种东西（在我们的分析中是效用）而不会使其他人的这种东西减少的可能性。尽管帕累托原则给出的效率概念具有特殊性，但它仍是一个被广泛使用的标准，特别是在新古典理论中。”“从帕累托原则概念我们可以推出帕累托最优概念。为了简化，我们将只讨论强帕累托原则。如果从社会状态 a 移动到其他状态，提高社会中某一成员的福利不可能不使至少一个其他成员的条件恶化，那么社会状态 a 就是帕累托‘最优的’。”①这也可以称为帕累托效率。

对社会整体效率的把握更能体现社会效率的深刻内涵。美国经济学家格利戈里·曼昆指出：效率的实质是通过资源配置使所有的社会成员得到总的剩余最大化②。社会整体效率是指社会产出对提高社会全体成员生活质量，促进社会全面发展的能力。社会整体效率意义上的产出是指包括经济、政治、文化、社会和生态在内的全方位的产出。也就是说，整体效率既包括经济效率，也包括政治效率、文化效率、社会效率和生态效率。当然，经济效率是基础，它决定政治效率、文化效率等。然而，不管是什么效率，对社会资源的有效配置是理解效率范畴的核心，或者说是衡量效率的根本标志。

人类在把握效率的历史过程中，曾经历了仅仅从经济意义上来理解效率的时期。自由主义效率观和功利主义效率观各自从一个侧面揭示了经济效率的根源。自由主义认为，自由竞争是经济得以产生高效率的原动力。正是市场的高度开放给人们提供了自由竞争、自由创造和自由发展的机会。每一个主体要想赢得市场利润，都必须创造性地生产，以提高生产率，同时也必须尽可能地降低成本以增加竞争力。竞争的结果通常是资源配置的优化和效率的提高，当然必须排除市场失灵的因素。功利主义则把“功利原则”或“最大幸福原则”作为理解效率的基本前提，并把“功利”界定为当事者趋利避害的特性。功利是一种实质性的价值，其价值的大小取决于给当事人带来的苦和乐的感受。依据这样一些基本理念，功利主义认为，由于苦乐感受实际是制约人类行为的两种最基本的情感，因而决定了

---

① 〔意〕尼古拉·阿克塞拉：《经济政策原理：价值与技术》，郭庆旺等译，中国人民大学出版社 2001 年版，第 24 页。

② 〔美〕格利戈里·曼昆：《经济学原理》，梁小民译，三联书店 1999 年版，第 153 页。

人类行为趋利避害的天然本性,也构成了人类行为的根本法则。获取尽可能多的利益就成为人类永恒的追求。效率的最大化是功利主义唯一的价值目标。在功利主义的论证中,其基本的推理逻辑规则仍然是市场经济的逻辑规则。人类就是在这种趋利避害的行为中,获得了越来越高的效率。功利主义对效率的理解同自由主义一样,两者都只注重从价值的生产方面来理解效率。帕累托效率原则同自由主义和功利主义的效率观的一个显著区别,是把效率问题拓展到分配领域。一个社会是有效率的,不仅表现为该社会比其他社会具有更高的生产性效率,而且同时具有更广泛的分配性效率。分配性效率衡量的一个最重要的标准就是随着生产性效率的提高,不仅使大多数社会成员的生活状态得到改善,而且能够保证人们之间生活改善的差异程度,保持在绝大多数社会成员认同的范围内。

不能把效率仅仅局限于经济领域,必须对效率有一个整体的把握。从更高意义上理解效率概念,可把效率规定为人作为主体通过实践活动作用于客观对象,把自身的力量物化在客观对象之中,使客观对象向适应人的需要方向改变的程度的标志,是主体改造客体实践能力的现实表现。在这个意义上,效率范畴也可以看作是一种关系范畴,反映了人与客观对象之间的改造和被改造的关系,体现了人们在改造客观世界过程中所具备的水平和能力。效率反映的是与社会生产力相联系的社会系统活动功能的状况。一切社会活动无一不在追求效率的最大化,经济活动、政治活动、文化活动、社会活动和生态活动皆如此。在资源稀缺的情况下,如何实现经济资源、政治资源、文化资源、社会资源和生态资源的有效配置,就成为关键性的问题。有了有竞争力的效率不仅可以有效地利用存量资源,还可以吸引更多的增量资源。当然,效率的高低不仅依赖于资源的多寡,也依赖于资源配置的结构是否合理。

从社会整体上把握效率问题,才能够避免仅仅从经济意义上理解效率的偏颇。只把经济效率看作是一个社会内在的东西,而把政治效率、文化效率、社会效率和生态效率等看做是某种外在的东西,这是导致保守主义和自由主义无休止争论的重要原因。实际上,政治效率、文化效率、社会效率和生态效率同经济效率一样,也内在于一定的社会之中。经济上的高效率可以创造更多的经济价值,政治上的高效率可以创造出更多的政治价值,文化上的高效率可以创造出更多的文化价值,社会领域的高效率可以创造出更多的社会价值,同样生态领域的高效率可以创造出更多的生态价值。它们都是全社会总价值的重要组成部分。政府通过公共政策在对社会价值进行权威性分配的过程中,分配的不仅仅是经济价值。经济上的自由、政治上的民主和文化上的百花齐放与百家争鸣、社会上的和谐、生态上的不断优化,在社会生活的各个领域都引入竞争机制,这才是最有效率的发展模式。政府的公共政策在构筑这种发展模式中发挥着重要的作用。对效率作整体的理解,可以为提高全社会的整体效率创造更合理的前提条件。

无论对效率做何种解释,效率往往产生于资源的有效配置,这是不容否认的。"在社会层面,效率被看作一个理想,可以指导社会金钱投放的选择或资源分配,以便达到最大的使用价值。"①效率之所以能够指导资源配置,根本原因在于资源的有效配置是效率的重要来源。资源的有效配置涉及资源的结构问题,也就是不同的资源以何种方式结合在一起,其中当然包括人力资源和物力资源结合的方式问题。人力资源和物力资源以何种方式结合,才能最大限度地挖掘人力资源的潜力,也是提高效率的重要途径。当然,资源的有效配置是社会选择的结果。正如美国公共政策学者德博拉·斯通所说:"所谓资源的有效配置就是,资源总是朝着能造福于人类的方向流动。这是因为,交换就是选择。"②在有些情况下,资源配置是否有效还要看它能否激发人的积极性,以挖掘人力资源的潜力。美国学者阿瑟·奥肯指出:"这就是资本主义民主的双重标准,一方面宣扬和追求一种平等主义的社会政治制度,另一方面又刺激经济发展过程中的两极分化。这种平等与不平等的混合,时常给人以矛盾甚至虚伪的感觉。但我相信,在更多的情况下,这一社会制度反映的是各种艰难的妥协,而不是根本矛盾。美国家庭在生活水平与物质财富占有上的差距体现着一种奖惩制度,这一制度力图激发努力奋斗的精神,并把这种活动引入到社会生产活动中去。从某种程度上说,这一

① 〔美〕德博拉·斯通:《政策悖论》,顾建光译,中国人民大学出版社 2006 年版,第 65 页。

② 同上书,第 68 页。

制度成功了，它创造了一个高效率的经济。”①人们努力奋斗的精神之所以能够被激发出来，很大程度上是对这种制度设计认同的结果。

3. 公平和效率悖论

公平本身存在着悖论，效率本身也是如此，当两者遭遇的时候又不可避免地产生它们之间的关系悖论，导致公共政策在公平和效率上的难以抉择。当然，在追求公平时不影响效率，在追求效率时又能维护公平，把两者统一起来这是最佳的选择，但在公共政策实践中这又是多么的难以把握。因为两者的统一也是一个动态的过程。“对效率的追求不可避免地产生各种不平等，因此在平等和效率之间，社会面临着一种抉择。”②

任何公共政策都同某种东西的分配联系在一起，而同分配联系在一起的公平本身就存在着悖论。按照美国学者德博拉·斯通的观点，这种悖论主要表现在如下四个方面：一是对分配公平的标准是通过过程来判断，还是通过结果来判断，诺奇克强调的是过程，而在诺奇克看来，罗尔斯更强调结果。注重过程还是注重结果，对某种分配是否公平的评价可能大相径庭。二是为了实现分配公平，公共政策干预到什么程度是可以接受的，这涉及自由问题。持过程观的人通常把自由看做按照自己的愿望来利用和处置自己的资源，不受他人干扰，从而不支持政府通过公共政策进行再分配；而持结果观的人通常更愿意将自由看做是拥有足够的基础资源，并进行出自自愿而非被迫的选择，那么就会坚持政府应该通过公共政策进行再分配，确保人们具有基本的资源。三是财产是个体创造的还是集体创造的，持过程观的人认为是个人创造的，必须尊重个人获得和使用物品的自由，不需要再分配；而持结果观的人确认为，至少有些重要价值是通过合作创造的，那他就赞成通过公共政策进行再分配，因为它能确保每个人都有获得社会创造物品的途径。四是有关人的动机，一种观点认为，人进行工作、生产和创造是出于为了获得满足需要的东西，因此，他们讨厌参与分配的公共政策，因为它会导致降低社会生产

① 〔美〕阿瑟·奥肯：《平等与效率——重大抉择》，王奔洲译，华夏出版社2010年版，第1—2页。

② 同上书，第2页。

力;另一种观点认为,人们在安全的情况下会变得更有生产力、更有创造力和更有活力,因此,赞成对食品和服务进行更广泛的再分配,以提升人们的安全感①。这一系列的悖论使正确处理公平和效率的关系更为困难。如何抉择?罗尔斯关于所有的社会价值都应平等分配的观点,对处于社会转型期的中国,尤其是在收入差距极为悬殊的情况下也许更有现实意义。

德博拉·斯通指出:“对于效率的测度就好比是要提着自己的头发将自己提起来一样。这里没有固定的依据。”②但对于大多数经济学家来说,通过市场进行资源交换是实现效率的最佳途径,然而,这里不仅涉及政府和市场的关系问题,而且市场本身就存在着悖论。在政府和市场的关系上,如果脱离了政府,市场的资源交换就无法进行。政府不仅要为市场交换中契约的履行提供保障,而且,政府通过法律对所有权做出界定是一切交换得以进行的前提。于是,通过资源交换实现效率就面临着来自市场和政府两个方面的挑战。来自市场的挑战主要有,垄断、信息不对称、外部性和公共物品上的市场失灵问题。在社会共同体中,通过市场进行资源交换仅仅是其中的一种活动。人们从事活动的动机也不仅仅是通过交换取得价值,“比方说,幸福有时来自工作本身的愉悦,而不是来自作为交换成果的支票本的愉悦。福利和满足来自人们与其他人共同创造和发展出来的关系,这种关系并非交换的产物。”③对通过市场进行资源交换能否产生效率问题的回答,并不是在任何情况下都是肯定的。

在公平和效率的关系上也存在着悖论。一个社会在追求效率的时候往往会牺牲公平,而在追求公平的时候又会牺牲效率。公共政策通常力图在公平和效率之间寻求平衡,但实际上总是无法摆脱“钟摆效应”的影响。在中国,改革开放之前的政策可以说是以公平为取向的,经过30多年的努力,极大地缩小了人和人之间的差距,但一定程度上影响了效率。而改革开放以后又选择了以效率为取向,尽管后来提出了要效率优先,兼顾公平,但无济于事,导致了公平问题越

---

① 〔美〕德博拉·斯通:《政策悖论》,顾建光译,中国人民大学出版社2006年版,第53—58页。

② 同上书,第65页。

③ 同上书,第72页。

来越突出,越来越严重。公平和效率之间是否存在一个最佳结合点,逻辑上是存在的,但在实际的公共政策运行中,即使很好地处理了公平和效率的关系,也只能不断地接近这个最佳结合点,但不可能与之完全重合,相反如果处理不好只能离这个结合点越来越远。中国今天的现状已经证明了这一点。

4. 公平和效率的动态平衡机制

在公平和效率及其关系上尽管存在诸多悖论,公平和效率能否统一起来可以从不同的角度进行探索。有一种对公平的解释,认为公平尽管在不同的历史条件下应该有其客观标准,但公平作为价值判断更多地依赖于人们的认同,或者说依赖于社会共同体中大多数人的认同。一种公共政策设计对某种过程进行规范,从而产生了人们认同的结果,这一公共政策就具有一定的合理性。在大多数人认同和大多数人不认同中进行选择,通常情况下,大多数人认同更接近于公平,这也可以作为一个判断的标准。效率尽管也可以有多种解释,有一种提升效率的途径也是不可否认的,那就是激发人们的努力奋斗精神可以带来效率。一种政策设计如果得到了大多数人的认同,通常就会激发大多数人的努力奋斗精神,从而提升效率。于是公平和效率的统一就有了基础。当公平来自于大多数人的认同,效率也来自于大多数人的认同的时候两者就统一起来了。以此为基础的公平和效率的统一可以从两个方面来理解,一是效率是公平的基础,效率的积累为公平在内容和程度上向更高层次发展提供依据;二是公平是效率的前提,公平的协调整合功能有利于效率的提高,并服务于社会的发展。

对公平和效率的统一要作为过程来把握。公平与效率只有保持动态的平衡,才能逐步实现两者的统一。公平和效率的统一需要建立一种机制,这就是动态平衡机制。政府在建立这种动态平衡机制中发挥着关键性的作用。政府通过公共政策的调控作用既可以促进社会公平,也可以提高社会效率。公平和效率的动态平衡机制的形成,依赖于公共政策体系整体功能的发挥,依赖于公共政策各种功能的协同动作。公共政策体系在纵向上是由总政策、基本政策和具体政策构成的;横向上是由经济政策、政治政策、文化政策、社会政策和生态政策构成的,纵向一致,横向协调,才能使动态平衡机制有效运作起来。

公共政策通过对公共资源的分配来协调社会利益关系,以实现社会公平。社会是由不同的群体构成的,不同的群体有着不同的利益要求,可以把具有不同利益要求的群体称为利益群体。政府在通过公共政策对公共资源进行分配的过程中,必须统筹考虑社会不同利益群体的利益诉求,提升分配的合理性。重要的问题是要建立不同利益群体公平反映自己利益诉求的机制,更重要的是还要形成对各种利益诉求进行合理整合的机制。在利益失衡时,必须有灵敏的平衡恢复机制。通过上述机制的完善,才能既实现公平,又能促进效率。

按照传统经济学的观点,经济效率主要通过市场机制来实现。"市场失灵"现象的存在,否定了传统经济学的观点,为政府通过公共政策干预市场,获得经济的高效率提供了舞台。政府可以通过产业政策、税收政策、利率政策、价格政策和行政管制政策等,克服市场的机能性障碍,减少外部效应和不确定性,实现公共物品的最佳供给。建立在经济效率的基础上,并作为经济效率集中表现的政治效率,是社会整体效率的重要组成部分。"政治效率的实质表现为社会的政治安定,人们之间的政治权力关系、法律关系虽有矛盾但不发生剧烈冲突,而是处在一种和谐状态,从而保证了社会的政治秩序。"①政治效率虽然从根本上说是由经济效率决定的,但政府政治政策功能的有效发挥,是推动政治效率的强大动力。政府可以通过民主和法制建设方面的政策,通过行政体制改革方面的政策,为提高政治效率服务。文化效率作为社会整体效率的一部分,对文化政策的依赖性更是不言而喻的。社会文化事业繁荣的程度是衡量文化效率的尺度。没有"百花齐放,百家争鸣"的方针,就不会有文化事业的繁荣。社会和谐稳定的程度是衡量社会效率的重要变量,通过社会政策协调好社会利益关系,社会才能够和谐稳定。生态效率更离不开政府生态政策的管制功能,生态政策的合理制定和有效实施是维护良好生态环境的根本保证。

从公平和效率动态平衡的角度,可以把具有激励功能的公共政策称为效率性政策;可以把具有约束功能的公共政策称为公平性政

① 苏敏:《关于公平和效率的哲学思考》,《中国人民大学学报》1997 年第 5 期。

策;可以把具有协调功能的公共政策称为公平和效率的平衡性政策。为了创造更多的财富满足人们日益增长的物质文化需要,政府必须充分发挥公共政策的激励功能,推动社会全面协调可持续发展。发挥公共政策的激励功能,尊重知识、尊重人才、尊重劳动、尊重创造,形成良性机制,调动一切积极因素,使人们的激情最大限度地迸发出来,使人们的潜能最大限度地发挥出来,就可以创造前所未有的高效率。

有效地发挥公共政策的约束功能,强化其对差距过分悬殊的干预作用,才能推进社会公平。在推进社会公平的过程中,政府通过公共政策进行干预,既要对起点进行干预,也要对过程和结果进行干预。三种不同的干预形成三种不同的机制。对起点进行干预,主要是通过教育等方面的公共政策,为人们提供平等的受教育的机会,提高人们的素质;对过程进行干预,主要是制定一视同仁的“游戏规则”,通过公共政策营造一个平等竞争的外部环境;对结果进行干预,必须出台相应的分配政策和再分配政策,调节过分悬殊的收入差距,恢复社会公平。科尔曼指出:“机会平等和结果平等之间的关系多少有些不同,因为它意味着两种不同的国家干预。机会平等意味着国家干预是为了向每一个人提供资源让他们享有同等的机会,去获得生产活动中产生的物质和精神报酬,而结果平等意味着国家在这些报酬的分配中进行干预,以便向每个人提供等量的报酬。”①发挥公共政策的协调作用,使中等收入群体逐渐扩大。主要是要通过合理的社会保障政策,适当地加大社会救济的力度,适当地提高最低工资额度,提高社会低收入群体的收入水平,使之逐步跨入中等收入群体的行列。同时,要通过合理的税收政策,对部分收入过高的群体加大调节的力度,以使再分配后的差距逐步缩小。随着中等收入群体的不断扩大,可以较好地解决社会收入过分悬殊的问题,保持社会稳定。只有这样,社会才能在发展中保持稳定,在稳定中加速发展。

---

① 〔英〕约翰·伊特韦尔等:《新帕尔格雷夫经济学词典》,经济科学出版社 1992 年版,第 183 页。

五、公共政策的功能取向和工具取向

公共政策的价值取向同公共政策的功能取向和工具取向,有着极为密切的关系。公共政策价值取向的选择必须有相应的功能取向和工具取向与之相配合。功能取向和工具取向与价值取向不匹配,无法保证公共政策价值取向的实现。

1. 公共政策取向的关系

公共政策的价值取向从总体上来说,是以社会正义为核心,以公共利益为根本,以公平和效率的动态平衡为基础的价值体系。公共政策的具体价值取向通常表现为公共政策目标所指向的某种价值,它是公共政策总体价值取向的具体化,也是一项公共政策的灵魂。公共政策的功能取向和工具取向必须围绕着价值取向进行选择,这是公共政策功能取向和工具取向选择应遵循的基本原则,也是实现公共政策价值的根本保证。

对公共政策的功能取向,可以从不同的角度来分析,从公共政策功能作用方式的角度分析,可以分为约束功能取向和激励功能取向,也可以分为管制功能取向、导向功能取向和协调功能取向;从公共政策功能指向的对象角度分析,可以分为经济功能取向、政治功能取向、文化功能取向、社会功能取向和生态功能取向。公共政策是作为系统发挥作用的,任何公共政策系统都有它的整体功能取向。这里对公共政策功能取向的分析,是从一个国家在特定时期整个公共政策系统功能取向的意义上展开的。对具体政策来说,当然经济政策的功能取向是经济活动、政治政策的功能取向是政治活动,文化政策、社会政策和生态政策也都有自己特定的功能取向。公共政策系统是由经济政策、政治政策、文化政策、社会政策和生态政策构成的系统,它在整体上的功能取向展示了不同时期、不同情况下,整个政策系统的中心和着力点。公共政策系统选择什么样的功能取向,从根本上说是由它的价值取向决定的。当然还有一个重要的因素不容忽视,那就是公共政策系统作用的对象系统的基本特征,这是公共政策功能取向选择的客观出发点。公共政策系统的功能取向主要是指它以什么样的功能为主,而不是仅仅运用某一种功能。任何公共政策系统在运作过程中往往是多种功能并用，功能取向仅仅是从以什么功能为主的意义上来讨论的，然而不能因为这一点而弱化功能取向的意义。

公共政策工具是指为实现公共政策目标而选择的手段和方法。从多元治理的角度，公共政策工具可以分为政府工具、市场工具和社会工具。加拿大学者迈克尔·豪利特曾对基尔申等人提出的政策工具进行了划分，主要划分为三类，即强制性政策工具、混合型政策工具和自愿性政策工具。这种划分具有一定的普遍意义，在对公共政策工具问题进行探讨的过程中可以借鉴。

“强制性政策工具也称为直接工具，强制或直接作用于目标个人或公司，后者在响应措施时只有很小的或没有自由裁量的余地。政府在履行统治权威时，可以命令某个公民从事特定的活动，可以组建政府控制的公司来完成政府确定的任何职能，或者直接通过政府提供物品和劳务。”①强制性政策工具也是一种直接作用于目标群体的政策工具，主要包括直接提供、公共事业和管制等。直接提供就是政府动用公共财政资金直接向社会提供公共产品和公共服务。这是一种社会需求较高，但信息成本和交易成本相对较低的政策工具。但由于政府机构不是竞争主体，可能导致产品和服务的高成本，而且还有可能由于政府内部职能的交叉使项目执行困难。由政府直接提供，更重要的是由于公共财政资金作为稀缺资源无法满足社会的高需求。公共事业也是政府经常运用的政策工具。政府通过发展公共事业为社会提供服务，兴办公共企业是其中重要的方式。所谓管制，就是政府通过一定的规制要求一部分人或者机构履行特定的行为程序或行动方案，具体形式包括规则、标准、特许、禁令、法令和执行令等。规制在制定过程中成本比较低，而在管理过程中效率又比较高。从一定意义上说，上述工具均可列为政策工具的范畴。

自愿性政策工具是一种很少受政府影响的政策工具。因此，自愿性政策工具也是一种非政府性工具，主要是指市场工具和社会工具。“不受或很少受政府影响是自愿性工具的主要特征，期望中的任务是在自愿中完成的，政府经常有意识地对一些公共问题不予理睬，

---

① 〔加〕迈克尔·豪利特等：《公共政策研究》，庞诗等译，三联书店2006年版，第151页。

因为他们相信市场、家庭或志愿组织是解决问题的最佳渠道。”①自愿性工具主要包括家庭和社区、自愿性组织和私人市场等。家庭和社区是政府首先可以用来作为一种补充性的政策工具,它不需要政府支出,除非政府要对某种行为提供补贴。自愿性组织也称为非营利组织,它可以填补政府和市场留下的空白。而市场则是最重要的自愿性工具。“它是有效提供绝大多数私人物品并能有效配置资源的最有效率的途径,它能保证资源按照私人支付意愿所反映出来的社会价值分配到相应的物品与劳务上。”同时,“市场还是一个十分不公平的工具,因为它只能满足那些有能力购买的人的需要。”②因此政府在运用市场工具时常常辅之以其他工具。

混合型政策工具具有强制性工具和自愿性工具的双重特征。正如迈克尔·豪利特所说:“混合型工具兼有自愿性工具和强制性工具的特征。混合型工具允许政府将最终决定权留给私人部门的同时,可以不同程度地介入非政府部门的决策过程。介入程度从最低程度的发布导向信息到最大程度的对不福利的行为进行惩罚性课税。介于二者之间的是对鼓励行为采取的补贴措施和在一些领域建立价格机制等。”③政府运用混合型政策工具,既给予私人部门充分的自主权,又不同程度地介入其决策的形成过程,以寻找和运用最佳的具体工具。混合型政策工具主要包括:征税和用户收费、产权拍卖、补贴、信息与劝诫。征税和用户收费是政府干预程度比较高的政策工具。征税的直接作用是增加政府收入,而且征税可以用来限制某种行为。它主要是通过对某种不受欢迎的行为进行惩罚而发挥作用。用户收费对于控制外部性来说是一种有效的政策工具,它可以把要限制的行为控制在一定的范围内。征税和用户收费作为政策工具,它具有易于构建以及功能的持续性、灵活性和有利于促进创新的特点。但是管理成本比较高,此外,还有可能导致资源配置的扭曲。产权拍卖是在没有市场的领域建立市场,其前提是认可市场是最有效的资源配置工具。补贴实际是一种财政转移,目的是对鼓励的行为进行奖

---

① 〔加〕迈克尔·豪利特等:《公共政策研究》,庞诗等译,三联书店 2006 年版,第 146 页。

② 同上书,第 150—151 页。

③ 同上书,第 158 页。

励，主要形式有赠款、税收减免等。只要是政府同民众取向一致，补贴也是一种易于建构和容易被接受的政策工具。对政策工具的选择需要关注如下因素，政策工具本身的性质；政策环境同政策工具的关系；政策问题同政策工具的关系；政策工具设计和实现的途径以及通过政策工具评估赋予它们的意义等。这些对于政策工具的合理选择具有重要意义。

从公共政策价值取向与公共政策功能和公共政策工具的关系来看，公共政策价值取向的实现依赖于公共政策功能的有效发挥，而公共政策功能能否有效发挥出来，又依赖于对公共政策工具的选择是否合理。公共政策的价值取向一定要通过公共政策的目标反映出来。每一项公共政策都有其具体的政策目标，公共政策的价值取向就隐含在它的目标之中。公共政策在目标确定之后，能否保证目标的实现，并通过目标的实现来实现公共政策的价值取向，首先要选择主要运用公共政策的何种功能，当然在有些情况下可能各种功能综合运用，但必然有一种功能是主导功能。在公共政策功能取向选择以后，就要选择实现目标的具体手段和方法，是主要运用政府工具，还是市场工具和社会工具。或者像迈克尔·豪利特所划分的那样，是主要运用强制性工具还是自愿性工具或混合型工具。强制性工具通常是政府工具的因素多一些，而自愿性工具通常是市场工具和社会工具的因素多一些。如何选择当然要看公共政策目标的性质和公共政策取向的指向。公共政策如果选择以效率为取向，这里主要指经济效率，通常就要选择以经济功能为主的功能取向，选择以自愿性和混合型为主的工具取向；如果公共政策要选择以社会公平为取向，通常应该选择以社会功能为主的功能取向和以强制性工具为主的工具取向。当然，这只是从一般意义上说的，具体的政策工具选择受多种因素的影响，切不可简单从事。

改革开放之初，为了实现公共政策的效率取向，更多地选择了公共政策的经济功能取向，以经济建设为中心；而在公共政策作用方式上更多地运用了公共政策激励功能或导向功能，如鼓励一部人先富起来的政策；在公共政策工具的选择上不断加大市场工具投放的力度，有效发挥市场的作用，从而推动了经济的发展。但后来由于没有根据变化了的实际情况，或者说没有根据经济社会发展所提出的新问题，及时调整公共政策的功能取向和工具取向，引发了一系列问题。由于没有很好地发挥公共政策政治功能的作用,使政治体制和行政体制改革相对滞后,反过来影响了经济社会的发展。在政策工具的选择上,政府工具错位,强制型工具运用不当。在某些领域应该由政府管的事情,由于公共政策的管制功能不到位,甚至严重缺位,致使假冒伪劣泛滥,坑蒙拐骗横行。而在某些领域公共政策的管制功能被滥用,成为某些人设租寻租的手段,引发权力腐败。什么时候党委和政府去做他们应该做的事情,不再介入具体的经济活动,中国经济社会健康发展才会重现希望。说得极端一点,什么时候各级党委和政府不再亲自抓招商引资了,发展和改革委员会不再审批具体项目了,而是全身心地投入公共服务领域,搞好教育、医疗卫生、文化体育、劳动就业和社会保障,搞好环境治理、食品药品安全和公共安全等服务,不仅会有效推动经济社会健康发展,而且可以使腐败现象大大减少。关键看能否打破既得利益的魔咒,当然这需要良好而完善的制度做保证。

2. 公共政策取向的选择

可以以 2008 年美国爆发金融危机后,为了应对金融危机造成的不利影响,中国政府对公共政策价值取向、功能取向和工具取向的选择为例,来探讨它们之间的关系,以及如何使公共政策的功能取向和工具取向与公共政策的价值取向相匹配。分析其中的利弊得失,以利于后来的公共政策实践。为了应对金融危机,中国政府在政策取向上选择了以效率为主的价值取向,这对于弱化金融危机的影响,使经济尽快复苏发挥了重要的作用。但同时也使社会公平问题更加突出,政府的社会职能在一定程度上被弱化,政府和市场的关系发生了程度不同的扭曲。

关于公平和效率价值取向的选择问题,有必要对改革开放以来的价值选择作一个简要的历史回顾。改革开放之初,为了加快经济社会的发展,中国的公共政策选择了“效率优先、兼顾公平”的以效率为主的价值取向。在中国,执政党的政策历来是政府公共政策的指南和核心。由于确立了以经济建设为中心的指导思想,中国共产党第十二次全国代表大会就提出了要把“全部经济工作转到以提高经济效益为中心的轨道上来”,由此确立了公共政策以效率为中心的价值取向。此后,党的十三大提出:“在促进效率提高的前提下体现社会公平。”这就在坚持以效率为主要价值取向的前提下提出了社会公平问题。党的十四大要求“兼顾效率与公平”，提升了公平的地位，把公平和效率放到了同等重要的位置。党的十五大则非常明确地提出了“坚持效率优先、兼顾公平”的政策取向。党的十六大在坚持“效率优先、兼顾公平”取向不变的前提下，具体划分了公平和效率各自突出的领域，即“初次分配注重效率，再分配注重公平”。党的十七大则提出：“初次分配和再分配都要处理好效率和公平的关系，再分配更加注重公平。”把公平放到了更加突出的位置，开启了政府政策以效率为主的价值取向向以公平为主的价值取向的转换之门。

但是，在金融危机爆发以后，政府公共政策一改原来把公平放到更加突出的位置的价值取向，毫不犹豫地重新选择了以效率为主的价值取向。当金融危机的影响在中国刚刚显现，政府迅速作出反应，明确提出了扩大内需的应对方案，并将宏观调控的主基调由 2008 年初的“防止经济过热和防止通货膨胀”、年中的“保增长和控物价”调整为全力“保增长”，并且着手实施积极的财政政策和适度宽松的货币政策。

投资、出口、消费是拉动经济增长的“三驾马车”，在出口萎缩的情况下，投资和消费成为经济增长的主要拉动力量。2008 年 11 月 5 日的国务院常务会议确定了进一步扩大内需、促进经济增长的十项措施，并推出了总额达 4 万亿的两年计划。2008 年 12 月 3 日的国务院常务会议确定了金融促进经济发展的九大政策措施。2009 年 1 月 14 日，汽车和钢铁两大产业调整振兴规划公布，至 2 月 25 日，国务院圈定的十大产业调整和振兴规划全部出台。与此同时，各地掀起了将地区发展上升到国家层面的区域发展规划编制热潮。国务院相继批准十多个区域振兴规划。中国区域发展及其格局的雏形基本形成，并成为拉动经济发展的重要增长极。

2009 年的《政府工作报告》综合考虑了发展的需要和可能，把国民生产总值增长的目标确定为 8% 左右，由此“扩内需、保增长”成为做好 2009 年政府工作的首要原则。并指出：坚持把扭转经济增速下滑趋势作为宏观调控最重要的目标，把扩大国内需求作为促进经济增长的长期战略方针和根本着力点，增加有效需求，加强薄弱环节，充分发挥内需特别是消费需求拉动经济增长的主导作用。这一切把以效率为主的公共政策取向又大大地向前推进了一步。扩内需、保增长、调结构、惠民生，成为2009年政府公共政策的主题词。当然，扩内需的目的是为了保增长，保增长构成了政府公共政策的核心取向。此后，“扩内需、保增长”成为领导人讲话和新闻媒体使用频率最高的词语。

为了扩内需、保增长，从2008年下半年开始，国务院几乎每周都有新的政策措施出台。在一揽子政策措施的作用下，根据国家统计局公布的数据，2009年前三季度平均GDP增长7.17%，第四季度GDP增长达到10.17%。2009年的《政府工作报告》确定的GDP增长8%的目标超额完成。尽管经济结构战略性调整的任务远没有完成，结构调整可谓任重而道远。但保8%目标的实现，充分表明了政府公共政策的有效性。可以说，推动经济的增长历来是中国政府的强项。当然，这种增长是以牺牲结构为代价的，把本来就已经非常不合理的经济结构变得更加不合理，为经济结构调整增加了难度，使之举步维艰。

当摆脱金融危机的影响之后，政府政策的价值取向应如何选择，已经成为值得思考的问题。为了扩内需、保增长，保证GDP8%的增长速度，政府把“采取积极有效的政策措施，稳定市场信心和预期，稳定房地产投资，促进房地产市场稳定健康发展”作为一项重要举措。连同其他因素的综合作用下，住房价格一路飙升，使已经居于高位的房价没有最高，只有更高，创造了金融危机背景下的奇迹。如果政府不托市的话，由于受金融危机的影响，房价有可能理性回归。但是政府为了GDP，不惜再次拉高房价。自从2009年6月，全国房屋销售价格同比恢复正增长以来，房价连续数月保持同比正增长，且涨幅连续扩大：6月份同比涨幅为0.12%，7月份同比涨幅达11.0%，8月份同比涨幅21.0%，9月份同比涨幅21.8%，10月份同比涨幅更是达到年内最高的31.9%，特别是新建住房销售价格更是同比上涨了41.0%。房价的连续增长，加剧了财富的集聚效应。

同时，2009年各省市在职工工资增长的指导意见中纷纷下调增长幅度。其中广东、浙江、陕西、青海和海南等省出现了负增长或零增长。房地产带来的财富集聚效应和职工工资增长幅度的下降，再加上其他因素的影响，使本来就已经过分悬殊的收入差距进一步扩大，加剧了社会的不公平。“从一个角度看，把分配不公当做市场失灵的一个例子在理论上是正确的。”①但并不意味着政府进行政策干预就一定能够实现社会公平，关键看政府公共政策的价值取向是什么。一方面是少数人财富的集聚和政府的政绩，另一方面是广大社会公众的被劫掠。“就将特殊收益和特权赋予有政治影响力的团体，而让更少政治影响力的团体承受更高的成本这一点而言也是不公平的”②。

为了应对金融危机，中国政府把经济增长作为最主要的关注对象。为了推动经济发展，政府选择了以公共政策经济功能为主的功能取向，放大了政府的经济职能。更多地运用公共政策的经济功能，加大对经济活动干预的力度，这是政府应对金融危机作出的必然选择。从国务院推出应对国际金融危机的一揽子计划来看，绝大部分运用的是公共政策的经济功能。在出台的进一步扩大内需、促进经济增长的十项措施中，只有三项同公共政策的社会功能相关，即：(1)加快建设保障性安居工程；(2)加快医疗卫生、文化教育事业发展；(3)加强生态环境建设。而同公共政策经济功能相关的有七项，即：(1)加快农村基础设施建设；(2)加快铁路、公路和机场等重大基础设施建设；(3)加快自主创新和结构调整；(4)加快地震灾区灾后重建各项工作支持力度；(5)提高城乡居民收入；(6)全面实施增值税转型改革；(7)加大金融对经济增长的支持力度。而金融促进经济发展的九项政策措施更加突出了政策的经济功能，即：(1)落实适度宽松的货币政策，促进货币信贷稳定增长；(2)加强和改进信贷服务，满足资金合理需求；(3)加快建设多层次资本市场体系，发挥市场的资源配置功能；(4)发挥保险的保障和融资功能，促进经济社会稳定运行；(5)创新融资方式，通过并购贷款、房地产信托投资基金、股权投资基金和规范发展民间融资等多种形式，拓宽企业融资渠道；(6)改进外汇管理，大力推动贸易投资便利化；(7)加快金融服务现代化，全面提高金融服务水平；(8)加大财税政策支持力度，发挥财政资金的杠杆作用，增强金融业化解不良资产和促进经济增长的能力；(9)深化金融改革，完善金融监管体系，强化风险监测和管理，切实维护金

---

① 〔美〕查尔斯·沃尔夫：《市场，还是政府：市场、政府失灵真相》，陆俊等译，重庆出版社 2009 年版，第 31 页。

② 同上书，第 44 页。

融安全稳定。十大产业调整振兴计划、区域振兴计划也是如此。2009年《政府工作报告》确定的七个方面的任务，仍然以应对国际金融危机、促进经济平稳较快发展为主线，其中一项任务同政府的社会职能直接相关，一项任务涉及政府自身建设问题，而其余的五项任务均以政府公共政策的经济功能为主，即：(1)加强和改善宏观调控，保持经济平稳较快发展；(2)积极扩大国内需求特别是消费需求，增强内需对经济增长的拉动作用；(3)巩固和加强农业基础地位，促进农业稳定发展和农民持续增收；(4)加快转变发展方式，大力推进经济结构战略性调整；(5)继续深化改革开放，进一步完善有利于科学发展的体制机制。

在政策工具的取向上，为了应对金融危机，政府更多地选择了强制性政策工具和混合型政策工具，强化了政府干预的力度，这对于扩内需、保增长，防止经济下滑，尽快推动经济复苏发挥了有效的作用。政府运用的强制性政策工具包括：(1)政府4万亿的投资计划；(2)财政赤字计划；(3)重点产业振兴计划；(4)区域振兴计划；(5)央企地王；(6)国企扩张；(7)完善金融监管体系。政府运用的混合型政策工具包括：(1)大规模的减税计划(三次提高出口退税率，暂免储蓄存款利息个人所得税，下调证券交易印花税，降低住房交易税费)；(2)大频度降息和增加银行体系流动性(五次下调金融机构存贷款基准利率)；(3)连续下调存款准备金率(四次下调存款准备金率)；(4)取消了贷款规模限制；(5)增加对农业和农民的补贴(提高粮食最低收购价格，提高农资综合直补、良种补贴、农机具补贴等标准。中央财政拿出补贴资金推动“家电下乡”“农机下乡”“汽车、摩托车下乡”等)。

在强制性政策工具的运用中，政府更多地选择了直接提供和公共企事业，特别是推动公共企业的发展。在混合型政策工具中，政府更多地选择了补贴的方式，这都建立在政府掌握的公共资源比较多的前提下。上述政策工具的运用必然要增加政府公共政策的成本。“无论政策采取管制的形式，或实行财政转移支付的形式，还是直接生产公共产品的形式，就非市场活动而言，存在着一个提供过剩成本(X低效率)……的最终趋势，就成本而言存在着一个随时增长的最终趋势。”[①]强制性和混合型政策工具的运用尽管在推动经济增长中功不可没，但由于市场功能的弱化，往往会导致资源配置的扭曲。

3. 公共政策取向的转换

进入后金融危机时代，涉及到诸多的行为转换，政府公共政策取向的转换尤为重要。政府公共政策必须实现以效率为主的价值取向向以公平为主的价值取向转换，实现以经济功能取向为主向以社会功能取向为主的转换，实现以强制性和混合型政策工具取向为主向以自愿性政策工具取向为主转换，要从根本上实现政府政策取向的转换，必须加快服务型政府的建设步伐。

公共政策就是政府在一定的时间和空间范围内，为实现一定的目标而选择的政治行为。正如安德森所说：“政策是指政府官员活动的方式和过程，而不是他们所作的单独的、没有联系的决定。”[②]政策取向代表的是政府的行为取向。因此，政府公共政策的取向要从它的行为方式中考察，要从政府行为产生的结果中考察。为了应对金融危机，中国政府公共政策在价值取向上、功能取向上和工具取向上作出的选择，一定程度上弱化了金融危机可能造成的影响。但是，任何政策选择都是一种代价性选择，负面效应不可避免，政府在应对金融危机时作出的政策选择也不例外。政府公共政策在发挥弱化金融危机影响的积极作用的同时，也使社会公平问题更加突出。政府的社会职能在一定程度上被弱化，政府和市场的关系发生不同程度的扭曲。当然，金融危机的影响还没有结束，中国经济的发展还面临诸多困难。但随着时间的推移，政府不可避免地面临着政策取向的转换问题。适时地完成这种转换至关重要。

第一，公共政策价值取向的转换。在后金融危机时代，政府公共政策价值取向的转换，就是要实现以效率为主的价值取向向以公平为主的价值取向的转换。所谓政府公共政策的效率取向，就是要通过政策的激励功能实现政策投入和政策产出的最佳结合，以推动经

---

① 〔美〕查尔斯·沃尔夫：《市场，还是政府：市场、政府失灵真相》，陆俊等译，重庆出版社 2009 年版，第 63 页。

② 〔美〕詹姆斯·E. 安德森：《公共政策制定》，谢明等译，中国人民大学出版社 2009 年版，第 4 页。

济社会又好又快的发展。而政府公共政策的公平取向,则表明要通过政策的分配功能实现公共资源在不同群体间的合理分布。公共利益是政府公共政策追求的核心价值,坚持以公平为主的价值取向还是坚持以效率为主的价值取向,要以是否有利于实现公共利益为前提。公平归根结底表明的是人和人之间利益关系的一种状态,而政府公共政策的本质恰恰是以公共资源分配的形式对社会利益关系的集中反映,是社会利益关系的调节器。这一本质特征,使政府的政策成为政府用以实现社会公平的不可替代的工具。如果政府不能有效地运用公共政策的调控功能恢复社会公平的话,政府的合法性就会大打折扣。在后金融危机时代,政府适时地完成效率为主的政策价值取向向公平为主的政策价值取向转换至关重要。公平与效率作为政府公共政策价值追求的两个相互联系的取向,其理想境界是在公平和效率的统一中实现公共政策自身的价值。从现实关怀的意义上理解公共政策的价值,只能在公平和效率的统一中来把握。公平和效率的统一是动态的,而且是曲折前进的。在不同的历史条件下,在不同的结构、形势和事件的影响下,政府公共政策的公平取向和效率取向的配比总是不均等的。公平与效率只有保持动态的平衡,才能逐步实现两者的统一。

第二,公共政策功能取向的转换。在后金融危机时代,政府的政策必须实现以经济功能取向为主向以社会功能取向为主转换。政府公共政策的经济功能和社会功能是它的两个主要的功能,当然这是由政府的职能决定的。在市场经济条件下,中国政府的职能是经济调控、市场监管、社会管理和公共服务,前两项职能可以统称为政府的经济职能,后两项职能可以统称为政府的社会职能。公共政策是政府履行职能的手段和工具。政府在运用公共政策实施经济职能时,发挥的是公共政策的经济功能,而政府在运用公共政策实施社会职能时,无疑发挥的是公共政策的社会功能。政府公共政策的经济功能和社会功能只有合理匹配,才能有效地发挥其统筹经济和社会发展的作用。为了应对金融危机,政府公共政策的经济功能被放到了更加突出的位置,相对而言,政府公共政策的社会功能被弱化了。伴随着政府公共政策社会功能的相对弱化,积累了诸多的社会问题,使原已存在的收入差距、居民住房、教育均等、医疗服务和社会保障等问题更加突出,加剧了社会张力的积累。如果上述问题不能得到很好的解决,社会矛盾会进一步激化。当然,社会问题的解决要以经济发展为基础,但并不意味着经济发展了问题就迎刃而解了,必须强化政府公共政策的社会功能。在后金融危机时代,无论如何,政府公共政策必须实现经济功能取向为主向以社会功能取向为主的转换。把维护社会的公平与公正作为首要目标,注重社会结构整合的最佳状态和社会的协调发展。必须在经济发展的基础上,更加注重社会建设,着力保障和改善民生,推进社会体制改革,扩大公共服务,完善社会管理,促进社会公平正义,努力使全体人民学有所教、劳有所得、病有所医、老有所养、住有所居的任务真正落到实处。

第三,公共政策工具取向的转换。在后金融危机时代,政府公共政策必须实现以强制性政策工具取向为主向以自愿性政策工具取向为主转换。政策工具是政府推行政策,实现目标的手段。政府在行使职能时可以运用的政策工具很多。在后金融危机时代,政府在政策工具的取向上,必须完成以强制性政策工具取向为主向以自愿性政策工具取向为主转换,更多地发挥市场和社会的作用。当然,政府要发挥经济调控和市场监管的职能,以推动市场有效和健康发展。

综上所述,在后金融危机时代,政府公共政策取向的转换不可避免,只有适时地完成这种转换才能有效地发挥政府公共政策的功能,使政府公共政策在恢复社会公平方面,在改善民生、在推动市场健康发展方面发挥更大的作用。要完成后金融危机时代提出的政策取向转换的任务,从根本上来说,必须加快政府转型,建设服务型政府。在政府和市场的关系上,科学地界定政府和市场的边界;在政府和社会的关系上,更有效地发挥社会的作用,以解决由于政府干预过多而导致的市场扭曲和社会发育不良的问题,以寻找政府、市场和社会之间具有合理性的结合点。当然,政府公共政策是以公平取向为主还是以效率取向为主,是选择以经济功能为主还是以社会功能为主,选择什么样的政策工具,要根据面临的主要任务来确定,但根本上还是要看是否有利于实现公共利益,是否有利于维护社会的公平正义。

第三章　公共政策的运行过程与有效性

如果把公共政策运行作为一个过程来描述的话，公共政策运行过程通常由公共政策制定、公共政策执行、公共政策评价和公共政策终止等环节构成。尽管政策网络理论企图把自己发展成为一种新的范式，以取代传统的过程范式。但是政策网络理论要想成为一种新的范式，还有诸多问题需要解决。从目前来看还没有办法撼动过程范式的统治地位。在对公共政策运行过程进行分析时，可以运用“网络-过程”分析框架，把政策过程理论和政策网络理论结合起来进行分析，以更好地把握提升公共政策有效性的内在机制。公共政策运行中的诸环节在实践中并不是那么界限分明的，但可以根据过程中不同时期的主要任务进行抽象，作出大致的阶段划分，这不仅有利于展开研究而且可以推动研究的进一步深化。通过政策网络搭建一个公共政策运行的平台，更有利于把握公共政策有效性提升的机制。在中国社会转型期，公共政策运行存在的最大问题就是公共政策的有效性问题。社会转型期公共政策在制度、体制和机制上的特点，使其有效性大打折扣。要提升公共政策的有效性必须优化公共政策的制度、体制和机制，在公共政策制定中要实现决策的民主化和科学化，在公共政策执行中要提高政府的政策执行力，在公共政策评价中要通过科学评价找出提升政策效能的途径，使公共政策更有效地发挥其应有的作用。

一、公共政策决策的民主化与科学化

建立完善的社会利益表达机制，是健全科学民主决策机制的重要前提。改革开放以来，随着民主化进程的不断推进，社会利益表达机制正在逐步完善，但是，现存的利益表达机制的缺陷也非常明显，直接影响了公共政策的合理性和有效性。尤其是强势群体、弱势群体和中势群体在利益表达上的地位和对政治系统影响上的差异，已成为影响科学民主决策的关键性因素。完善社会利益表达机制，对于进一步推动决策的科学化和民主化，具有非常重要的意义。

1. 公共政策决策民主化与科学化的统一

决策科学化是指运用科学的理论、程序、方法和手段进行决策，以求合理确定政策目标、科学规划和优选政策方案，从而以最小的代价取得最好的政策效果。决策民主化是指在决策的过程中要有广泛的政治参与，要经过论证、协商、审议和集体讨论等民主程序，以保证决策的科学性和合理性。实现决策科学化和民主化的统一，是公共政策决策所追求的重要目标。

民主化直接涉及公民的政治参与问题。公民政治参与的扩大不仅是政治现代化的标志，也是实现公共政策决策民主化的根本途径。这里所说的政治参与，主要是指普通公民影响政府决策活动的行为。在现代社会，从公共政策制定主体的角度来看，随着政治文明的发展，不仅代议机构和其他的政府机构拥有政策决策权，非官方的组织、群众团体和公民个人也都参与公共政策制定，而成为公共政策制定的间接主体。公共政策制定主体的多元化是民主政治的产物，而且由于扩大了公民政策参与的渠道，因此也成为公共政策合法性的基础。但是，在领土和人口规模巨大的国家中，公民的政治参与存在着种种困境，主要是公民参与的动力问题、能力问题和影响力问题导致的参与困难。当然，其中最主要的是影响力问题。由于公民参与对公共政策的影响有限，有时甚至不发生什么作用，掌握公共权力的政策制定者我行我素，直接影响公民参与的积极性，甚至造成政治冷漠。针对这一问题，学者们从不同的角度探讨了如何提高公民政治参与的有效性，以增强公共政策的合法性问题。例如，有学者提出了团体参与模式，把团体作为公民政策参与的中间环节，提升公民参与的影响力，以摆脱公民政策参与的困境。根据这一模式，公共政策制定被看作是各种利益集团之间相互斗争实现的一种力量的均衡。团体理论认为，公民只有加入一定的团体，才能更好地维护自身的利益，也才能提高政策参与的能力和影响力。

为了克服公民政治参与中的政治冷漠问题,学者们提出了协商民主理论,力图使协商民主的民主形式成为新的保证决策民主化和科学化的重要途径。所谓“协商民主是指政治共同体中的自由、平等公民通过参与立法和决策等政治过程,赋予立法和决策以合法性的治理形式。其核心概念是协商或公共协商,强调对话、讨论、辩论、审议与共识。”①协商民主的核心问题是公共协商。公共协商是政治共同体成员参与公共讨论和批判性地审视具有集体约束力的公共政策的过程。形成公共政策的协商过程不是政治讨价还价或契约性的市场交易,而是一个受公共责任支配的程序。公共协商的主要目标不是狭隘地追求个人利益,而是利用公共理性寻求能够最大限度地满足所有公民愿望的政策。② 公共理性构成了协商民主的本质特征,因此,形成公共理性是实施协商民主的根本前提。“协商民主是一种以公共利益为导向,以平等公民之间的理性协商为基础,能够形成具有民主合法性和集体约束力的决策机制,它有助于实现民主范式的转型,即从国家形态的民主转向公民形态的民主,在公民实践理性基础上,协商民主激发了理性立法、参与政治和公民自治的理想。”③参与主体的平等地位、自由开放的讨论、批判性审议、理性的思考、通过协商达成共识是协商民主的精髓。

事实上,决策的科学化和民主化本身是不可分割的。决策民主化是实现决策科学化的前提,决策科学化是决策民主化的目的。通常情况下科学化的程度与民主化的程度直接相关。决策中科学化的过程,在很大程度上是民主化的结果。决策科学化不单是指决策结果,更重要的在于决策过程的科学化。如果在科学化进程中仅仅依赖少数人的意志和智慧,其局限是不可避免的。离开民主化,不可能在更高的层次上实现决策的科学化。尽管在公共政策决策中分别形成了科学化的分析路径和民主化的分析路径,但实际上存在着两条路径的交汇点。只有在这个交汇点上民主化与科学化才能统一起来。要寻找两条路径的交汇点,实现决策科学化和民主化的统一,应

① 〔南非〕毛里西奥·帕瑟林·登特利维斯主编:《作为公共协商的民主:新的视角》,中央编译出版社 2006 年版,第 139 页。

② 〔美〕乔治·M. 瓦拉德兹:《协商民主》,何莉编译,《马克思主义与现实》2004 年第 3 期。

③ 万平等:《协商民主理论渊源探析》,《前沿》2011 年第 5 期。

当遵循如下的方法论原则,那就是首先要把客观规律性和主体选择性统一起来。政策过程本身从一定意义上说,就是政策主体选择行为的演进过程。但是,这种选择要具有合理性就不是任意的,客观规律为保证公共政策选择的合理性提供了客观依据。只有符合客观规律的选择才是科学的,它离不开科学理论和科学方法指导。特定社会的公共政策选择,又是一个从个体选择经群体选择再到社会选择的推进过程。由个体的行为选择向社会的政策选择演化的过程中,群体选择起到了中介的作用。有多少作为政治实体的群体就有多少种不同的政策选择,这就形成了各种力的平行四边形。特定社会的政策选择就是各种力的平行四边形所形成的合力。只有充分发挥各种群体的参与作用,决策过程才是真正的民主化的过程。客观规律性和主体选择性的统一,是决策科学化和民主化统一的内在根据。

2. 科学民主决策与社会利益表达机制

社会利益表达机制构成了科学民主决策的重要内容。利益表达是指由社会各阶层的代表或个人,通过一定的渠道和方式向国家公共权力主体表达自身的利益要求,以影响政治系统政策输出的过程。国家公共权力主体能否为不同社会利益主体提供平等的利益表达机会,并能够合理地做出回应,依赖于较为完善的社会利益表达机制,而且完善的社会利益表达机制也是实现科学民主决策的重要前提。在中国社会利益关系上存在的问题,从一定意义上折射出利益表达机制上的缺陷。离开完善的社会利益表达机制,科学民主决策就是一句空话。

利益表达主体是构建社会利益表达机制的基础性因素,它是由承载社会不同利益的阶层、群体和个人构成的。从社会资源占有的程度,赢得经济、政治、文化和社会机会的能力,以及社会的影响力等方面,往往把社会上的各种利益主体分为强势群体和弱势群体。弱势群体的重要特征主要是创造和积聚财富能力、就业竞争能力、基本生活能力、生存能力和抗风险能力弱以及社会权利的某种缺失。从数量上看,弱势群体在中国相对来说是少数。与弱势群体相对的是强势群体。强势群体在中国更是少数,但是,却拥有更多的话语权。在一个国家强势群体和弱势群体都是少数,因此,强势群体和弱势群体的划分无法涵盖社会所有的群体。有必要提出一个新的概念,即

“中势群体”,以便界定处于强势群体和弱势群体之间的人群。中势群体掌握一定的社会资源,是对社会有一定影响的群体。当然,中国的中势群体还没有发展成为较为成熟的中产阶层,但是,中势群体有数量优势,其作用不容忽视。科学民主决策的社会利益表达机制,离不开上述三个群体的相互关系。

群体自我意识的发育程度,是影响群体利益表达的重要因素。目前,在中国强势群体集团化的趋势非常明显,其自我意识的发育相对于其他两个群体来说也较为成熟。他们对本群体的利益要求有明确的认识,能够通过群体的力量维护自身的利益,同时,也能够利用群体的力量影响政府的公共政策,以谋求更多的社会财富。他们一旦发现自己的利益受到某种威胁就会联合起来予以维护,甚至可以同政府进行博弈。弱势群体由于组织化程度低,自我意识还处于朦胧状态。他们虽然对个人的利益要求有所认识,但对群体的共同利益比较模糊。弱势群体的自我意识缺失,是影响他们进行利益表达的重要因素。中势群体的构成成分比较复杂,难以形成统一的自我意识。如果考察一下中势群体的亚群体,就会看到亚群体的自我意识发育相对成熟。他们对本亚群体的利益要求有清晰的认识,也可以自觉地来维护,但是,中势群体整体的自我意识还难于形成。由于弱势群体自我意识的状况,使得他们利益表达的动力机制缺少应有的张力,利益表达能力不足。中势群体亚群体的自我意识相对成熟,而整体自我意识的发育程度还处于较低层次,由此带来的是利益表达的动力难以形成合力,进而响了利益表达能力的提升。约翰·斯图尔特·密尔写道:“每个人,或任一个人,当它有能力并且习惯于维护自己的权利和利益时,他的这些权利和利益才不会被人忽视。”①

在利益表达过程中,由于不同群体所占有的社会资源上的差异,导致了利益表达机会的不均等,往往会使政府的决策发生扭曲。除了制度化的渠道之外,由于强势群体的组织化程度比较高,通过各类民间组织来反映自己的利益诉求。他们中的某些人甚至可以利用手中掌握的社会资源,采取不正当的手段为自己谋取更多利益表达的机会。有的控制媒体,左右舆论,制造对自己利益表达有利的舆论氛围;有的在有话语权的知识阶层中培植自己的代言人;有的同政府官

① 〔美〕罗伯特·达尔:《论民主》,李柏光等译,商务印书馆 1999 年版,第 60 页。

员强强联合，打造相互利用的利益联盟，扭曲了利益表达的正常渠道。

弱势群体利益表达主体缺失，与表达渠道不通畅有直接关系。弱势群体的利益表达往往依赖于人大代表、政协委员和有良知的知识分子，但是，这都有一定的局限性。他们对弱势群体利益要求的把握是否准确和全面，表达是否真正反映了弱势群体利益要求的根本，具有一定的不确定性。弱势群体自身在对社会舆论和话语权的影响方面，与强势群体相比大为逊色。这是非制度化的利益表达方式屡屡发生的重要原因。

中势群体的构成成分比较复杂，彼此之间缺少联系的纽带。由于中势群体职业的覆盖范围比较广，不同职业之间，尤其是有些职业在社会结构中相距甚远，彼此之间在观点上可能相左，影响他们之间的沟通和交往。结果是组织化程度比较低，利益表达渠道比较散乱，使中势群体应有的作用无法有效发挥。这也是中国的中产阶层的利益屡屡受到剥夺而发展不起来的重要原因。

因此，在现实的社会生活中，强势群体利益表达的影响力明显高于其他两个群体，使政府决策不能对不同群体的利益表达做出平等的回应，结果必然导致社会利益结构失衡。

3. 完善科学民主决策的社会利益表达机制

要健全科学民主决策机制，必须建立公平的、开放的、多向度的社会利益表达渠道，为不同群体提供公平进行利益表达的制度性平台，引导不同群体以理性合法的形式表达自己的利益要求。同时，也要健全政府对不同群体利益表达的平等回应机制，使政府的决策公正地反映不同群体的利益，兼顾不同群体的利益，尤其是弱势群体和中势群体的利益。

增强主体化的利益表达意识，是完善社会利益表达机制的前提。增强不同群体在社会政治生活中的主体意识，这对于弱势群体和中势群体尤为重要。有了主体化的利益表达意识，对自己的利益要求才会有清醒的认识，也才会更加自觉地、主动地把它表达出来，并想方设法地对政府的公共政策施加影响。当自己的合理的利益要求受到侵害时，能够联合起来采取正当的手段予以维护。增强主体意识首要的是树立正确的权利观念。这就需要塑造全新的政治文化，使民众的主体意识能够得到健康的发展，真正树立起通过利益表达维护自己合法权益的勇气和信心。增强主体意识还要提高不同群体对自身利益自觉把握的能力。群体的主体意识成熟与否的重要的标志，是群体成员是否都能够准确地认识自身的利益，并能够对根本利益和非根本利益、长远利益和近期利益、群体利益和公共利益及其相互关系有清晰的把握。在利益表达过程中，能够准确地把自己的利益要求表达出来，正确地处理各方面利益关系。增强主体意识必须善于把群体的利益要求上升为群体意志。一个群体形成了群体意志，标志着它的主体意识开始走向成熟。当然，主体意识成熟还有一个突出的表现，那就是在利益表达过程中，在维护正当的利益要求的过程中，懂得运用合法的和合理的手段有序进行。

实现利益表达权利的平等化，是完善社会利益表达机制的核心。要实现利益表达权利的真正平等，有一个把法定的权利和事实的权利统一起来的问题。在利益表达的过程中，事实权利同法定权利是有区别的。法定权利是指由宪法和法律规定的公民应享有的权利，而事实权利则是利益表达主体具体实施了的法定权利，或者说是法定权利在社会生活中的现实化，两者并不是完全重合的。中华人民共和国宪法对公民的权利作了明确的规定，确认了公民在利益表达过程中的法定地位。利益表达是公民的法定权利，但法定权利在具体实施中才能转化为真正的事实权利。法定权利如果不能转化为事实权利，并发挥其应有的作用，那只能是仅仅停留在文字上的一纸空文，即使规定再具体、再全面，也是没有意义的。由于种种原因，并不是所有的法定权利都能转化为事实权利。弱势群体法定权利无法实现的情况还在一定范围内存在。公平正义原则的核心思想是强调国家通过自己的强制性力量，保证弱势群体实现政治权利的平等和利益表达机会的平等。要使不同的群体都享有平等的利益表达权利，必须消除强势群体、弱势群体和中势群体在话语权上实际存在的不平等。

开辟合理化的利益表达渠道，是完善社会利益表达机制的基础。中国现存的公民利益表达渠道是多种多样的，主要有人民代表大会的渠道、民主党派及社会团体的渠道、大众传播媒介的渠道、群众自治组织的渠道、信访与对话的渠道，等等。这些渠道的有机结合和实际运作，构成了中国公民利益表达的现存机制。这种机制向人们昭示，中国制度化的利益表达所涉及的渠道范围比较广阔，而且正在为不同的利益群体表达利益要求发挥着重要的作用。但从其作用的实际效果来看，并不十分理想。主要是利益表达的渠道设置不尽合理，一些环节存在着障碍，从而影响了利益表达渠道的畅通和利益表达信息的传递及处理。因此，必须不断完善利益表达机制，拓展利益表达的渠道，清除利益表达的障碍，理顺不同渠道和不同环节的关系。让不同的利益表达主体都享有足够的利益表达空间。当然，利益表达渠道完善与否，最主要的不在于利益表达渠道数量上的不同，而在于质量上的差异。它是不是在任何情况下都是畅通的，是不是对任何群体其畅通的程度都是等同的。减少利益表达信息传递过程中的损失，也是利益表达机制合理化的重要内容。这就需要缩短利益表达信息传输到政府决策中枢系统的距离，这样才能真正减少公民利益表达信息在传递中的损失。尤其是要采取切实可行的措施，保证弱势群体和中势群体利益表达渠道的畅通。

诉诸理性化的利益表达方式，是完善社会利益表达机制的关键。理性化的利益表达方式依赖于不同群体理性的成熟程度。中国正处在社会转型的过程中，从一定意义上可以把它看做是不断地迈向理性化社会的过程。理性化的思考和选择的重要意义正在被越来越多的人所认识，这从不同群体的利益表达方式上可以得到印证。人们理性化的选择正在逐步取代非理性化的选择。人们开始学会用理性化的思维方式来思考自身和所在群体的利益要求，以理性的公平正义为价值标准来判断社会的利益关系，以理性的审慎态度来对待自己的利益表达权利，以及理性化地选择利益表达的方式和途径。理性化的利益表达是形成合理的社会利益关系的前提，也是社会稳定的重要心理支撑。当然，也应该看到，利益表达的理性化程度还有待于进一步提高。由于某些人不能正确理解由于社会财富的有限性对利益要求满足的限制，有相当数量的利益表达不是基于合理的利益要求，不是出于对利益表达权利的正确认识，使利益表达脱离了规范化、程序化的轨道，变成受情绪所左右的行为。由于人们的利益表达不是基于一种理性的成熟，因而当社会利益关系矛盾突出时，就容易引起突发性的、群体性的事件，给社会带来危害。在强势群体和弱势群体的利益表达中，都不同程度地存在非理性的行为。某些强势群体贪得无厌，利用自己掌握的社会资源，无限制地膨胀自己的利益要求。为了达到目的他们制造虚假信息，甚至采取要挟的手段，力图阻止对自己谋求不合理利益要求不利的政策出台，或者要挟政府终止已经出台的对自己不利的政策。弱势群体在自己的利益要求不能通过正常渠道进行表达，或已经表达的利益要求得不到相应的满足时，有些人就会采取非理性的方式以求引起政府的关注。制造群体性事件是最典型的非理性行为。必须引导社会公众以理性化的方式表达自己的利益要求。

形成法治化的利益表达制度，是完善社会利益表达机制的保证。为了保证利益表达能够有序地进行，必须建立完善的利益表达制度。"所谓制度，是指稳定的、受尊重的和不断重现的行为模式。制度化是组织与程序获得价值和稳定性的过程。"①无论在什么样的情况下，公民合理的利益表达都要靠一整套完备的制度来保证。中国的基本社会制度为公民的利益表达提供了保证，但关于规范利益表达行为、通畅利益表达渠道的具体制度还有待于进一步完善。由于一些具体制度上的缺陷以及在利益表达过程中实际存在的问题，阻碍了某些群体利益要求有效进入政府政策议程的过程。这就要求政府要根据不同群体，尤其是弱势群体利益表达的需要，不断完善社会利益表达制度的规范体系，以满足不同群体利益表达的要求。利益表达制度的规范体系包括公民利益表达的组织形式、公民在利益表达过程中的权利和义务、利益表达的准则和程序等多方面的内容。在社会转型时期，完善利益表达的各种制度，并以法律的形式加以强化尤为重要。用法制来保证公民利益表达权利的神圣不可侵犯。利益表达制度纳入法治化的轨道，需以完备的法律体系为前提。要实现利益表达制度的法治化，不仅要把公民利益表达纳入制度化的轨道，而且在尊重宪法和有关法律对公民利益表达权利规定的前提下，用法律的形式对公民利益表达的内容、范围、方式予以规定并确定。用法律来调整、规范公民的利益表达，使公民的利益表达经常化和秩序化，最终实现公民依法进行利益表达，政府对公民的利益表达依法做出回应。因此，一方面要在积极引导公民认识自己的政治权利和自由的基础上，也要认识到自己应承担的义务，把权利和义务统一起来；另一方面，也要引导公民正确认识中国的国情，使公民的利益表

---

① 俞可平：《西方政治学名著提要》，江西人民出版社 2001 版，第 381 页。

达行为符合民主政治建设和维护政治稳定的需要，尽可能避免影响和破坏民主政治进程和社会稳定的、脱离法治轨道的利益表达行为。

4. 科学民主决策利益表达机制的政治架构

社会利益表达机制作为实现科学民主决策的重要机制，也是公民政治参与的重要机制。真正实现不同利益群体利益表达权利的平等，利益表达渠道的畅通，利益表达作用的有效，使社会利益表达机制尽快完善起来，需要以社会的全面发展为动力，依赖于较为完善的制度设计。一个社会的政治架构不可避免地，从更深层次上影响着社会利益表达机制，从而成为制度设计中最为关键的因素。合理的政治架构的形成是政治生活现代化的结果，它依赖于政治结构的合理分化和政治系统的有效整合。

"政治结构的分化是政治现代化的实质内容和衡量标准，政治现代化必然要发生政治结构的分化。""与政治结构分化联系紧密的另一重要政治现象是政治系统整合。政治现代化是政治结构分化与政治系统整合的统一。"①政治结构分化是传统政治向现代政治转型的催化剂。没有政治结构分化就没有现代民主政治；没有政治结构的分化公众不可能顺利地进行利益表达；没有政治结构的分化也就没有利益表达渠道的高效率。当然，政治结构分化总是与政治系统整合相伴随。脱离了政治系统的整合，使政治系统的运行处于无序状态，利益表达的平等权利也会遭到破坏，甚至引发非理性的利益表达行为。必须在政治结构分化和政治系统整合的统一中，把利益表达机制的完善提升到更高的层次。

社会群体的分化导致利益要求的复杂化，必然要求开辟新的利益表达渠道。新的利益主体的出现，并不意味着就可以顺利地表达自己的利益要求。原有的政治架构不可能为其事先准备好了利益表达渠道，因而会造成利益表达渠道的缺失。越来越多的利益表达主体的出现，必然对现有的利益表达渠道提出挑战，从而冲击现有的政治架构。由于没有利益表达渠道或者是利益表达渠道不畅通，某些利益主体利益表达无法实现。新的利益主体的出现还会打破利益表达的格局，使原有的利益表达机制受到冲击。某些新的利益主体有

① 李元书:《政治发展导论》，商务印书馆 2001 年版，第 127 页。

可能利用某种优势抢占利益表达空间，从而挤占其他利益主体的利益表达空间，造成社会利益表达机制的扭曲。政治结构的进一步分化，不仅可以为新的利益主体开辟新的利益表达渠道，而且可以使不同利益主体的利益表达空间的分布进一步合理化。政治结构的分化催生了新的政治主体，也使某些政治主体从原有的对其他政治主体的依附关系中解放出来，成为开拓新的利益表达渠道的重要力量。更重要的是政治结构的分化，疏通了原有的利益表达渠道，使其能够更有效地发挥作用。政治结构分化导致政治功能的专门化，从而摆脱政治实体功能边缘不清，界限模糊造成的低效率，提高了政治系统对不同群体利益表达的回应能力。

当然，社会利益表达机制的完善，同样也离不开在政治结构分化基础上的政治系统的整合。“政治系统整合指政治系统通过一定的政治因素将政治实体，尤其是新分化出来的政治实体统合在政治系统整体框架之中，使各部分相互协调、配合，从而使系统运转有序，达到政治系统功能的最佳发挥。”①在肯定政治结构分化的积极作用的同时，也不能无视其消极作用，否则，政治系统的整合就失去了应有的意义。政治结构分化带来的不仅是政治实体增多，而且为政治实体提供了更多的自由空间，使之活动的自主性和自由度得到增强，这会导致政治系统的离散趋势。政治系统的无序，甚至冲突也有可能相伴而生。正常的利益表达渠道往往被冲击。在政治结构分化的过程中政治实体有一种扩张的趋势，这就容易造成占有社会财富多的强势群体的利益要求，在扩张中侵害其他群体的利益要求。政治系统的整合不仅可以弱化政治结构分化所带来的负面影响，而且可以有效地发挥政治系统的整体功能，加速政治民主化的进程，使社会利益表达机制有效地发挥应有的作用，推动政府决策民主化的进程。政治结构分化和政治系统的整合达到了比较理想的程度，社会利益表达机制才能相对完善。从而可以有效地防范强势群体利益表达权利的扩张，对弱势群体利益表达权利的剥夺和对中势群体利益表达功能的限制。

在政治结构分化与政治系统整合的统一中，把握中国政治生活现代化的进程，为我们提供了完善社会利益表达机制的制度框架。

---

① 李元书：《政治发展导论》，商务印书馆2001年版，第40—141页。

在分析它对完善社会利益表达机制的作用时,有一个非常重要的问题不容忽视,那就是政治系统的整合必须建立在政治结构充分分化的基础之上。如果没有政治结构功能的充分分化,而一味地去强调政治系统的整合,就难以建立起有效的社会利益表达机制。中国正处于传统政治向现代政治转型的过程中,政治结构的分化还远没有达到政治现代化的要求,这是一个不争的事实。而这种现象的存在对于完善社会利益表达机制的消极影响不能低估。政治体制本身要求政治结构的充分分化,在此基础上,才强调政治系统的协调和统一,但在实践中,政治体制所体现出的上述要求,往往被过分的政治系统的整合所取代。也就是说,常常是片面强调政治系统的整合,当然这是非常重要的,但是,并不能因此而忽视政治结构本身的分化。而政治结构不能充分分化,会直接影响各政治实体权力的有效行使和相互制约。在中国的法律条文中,对公民平等权利的规定不可谓不充分,但在具体的利益表达过程中,并不是所有的群体都能够真正享有这种平等的权利。这种现象固然有多方面原因,但从政治生活现代化的角度来考察,实质上是政治结构功能分化不充分带来的必然后果。然而,也不能对某些群体权利的滥用掉以轻心,这也是政治系统整合功能不可忽视的意义所在。这告诉我们,如果不能从政治结构分化和政治系统整合这样一个带有根本性的问题做文章的话,完善科学民主决策的社会利益表达机制就成为一句空话。

二、公共政策回应机制及其优化

在公共政策运行过程中,仅仅有完善的利益表达机制是不够的,还必须对社会不同群体和个人的利益诉求进行及时而有效的回应。这依赖于构建较为完善的公共政策回应机制。开放机制、传导机制和应答机制构成了公共政策回应机制的主要内容。公共政策回应机制的不完善,直接影响公共政策对社会利益诉求的有效回应。优化公共政策的回应机制是提升公共政策有效性的重要前提。政策网络作为一种新型的治理方式,作为公共政策不同主体互动的平台,为优化公共政策回应机制提供了新的途径。

1. 公共政策回应机制的结构与功能

历经30多年,中国改革开放在取得成就的同时也进入了极为关键的历史时期。由于改革已经触及到了更深层次的问题,使中国进入了社会矛盾的多发期,一段时间内所发生的群体性事件为此提供了佐证,同时也在拷问公共政策的回应机制。

所谓公共政策回应机制,主要是指公共政策对社会利益要求作出迅速反应和积极应答的机制。社会利益要求是通过社会不同个体和群体的利益要求表现出来的,这就产生了个体利益要求、群体利益要求和社会利益要求的矛盾。这种矛盾推动了个体利益要求和群体利益要求的互动和整合。社会利益要求是个人利益要求和群体利益要求相互作用而形成的一种"合利",谓之于公共利益或社会共同体的共同利益。不同的个体和不同的群体由于所处的社会地位和社会环境不同,在利益要求上也会表现出不同的特点和差异。公共政策在回应社会利益要求时要充分的关注这些特点和差异,以准确地回应不同群体合理的利益要求。美国学者格罗弗·斯塔林认为,回应是指一个组织对公众提出的政策变化这一要求作出迅速反应,也可以说是政府对公众所提要求作出超一般反应的行为①。回应既包括对现存的社会利益要求的回应,也包括对潜在的社会利益要求的回应。而对潜在的社会利益要求的回应,更能体现公共政策超前性的特点和规划未来的功能。所谓潜在的社会利益要求,是指当前还没有显现但已初露端倪的,在不久的将来有可能显现的新的社会利益要求。对潜在的社会利益要求作出回应,为公共政策的回应机制提出了更高的要求。

对公共政策回应机制的内在结构进行分析,公共政策的回应机制是由一系列密切关联的具体机制构成的。开放机制、传导机制和应答机制构成了公共政策回应机制的重要内容。开放机制反映了政策系统与社会环境之间的关系,离了开放机制公共政策就无法对社会利益要求做出回应。开放机制表明公共政策是一个开放的系统,不断地与社会环境进行各方面的交换,及时、敏锐地捕捉社会利益要

① 〔美〕格罗弗·斯塔林:《公共部门管理》,陈宪等译,上海译文出版社2003年版,第123页。

求,并通过公共政策的输出满足和引导社会利益要求。当然,开放必须是全方位的,面向所有的利益群体。高容量、敏感性构成了开放机制的显著特征。传导机制就是把社会利益要求及时地传导到公共政策的中枢系统,把中枢系统的决策迅速传导到社会。在当今社会这种传导呈现出网络化、多向性的特点。应答机制以最快的速度对通过传导机制传递的社会利益要求做出反应,形成方案,并付诸实施。快速度、高质量是对应答机制的基本要求。公共政策回应机制在公共政策的制定过程中发挥着非常重要的作用。

良好的公共政策回应机制能够及时、准确、全面地获取不同社会群体利益要求的信息,并在对不同的利益要求进行整合的基础上形成相应的公共政策。对社会利益要求高效率作出回应有利于形成良好的公共秩序。所谓公共秩序是社会公共生活的一种状态,它表明了社会公共生活的有序性和稳定性,构成了社会公共生活赖以存在的基础。人类社会的公共生活要靠公共秩序来维持,离开了公共秩序人类社会的公共生活一天也无法存在下去,因此,公共生活需要公共秩序就像人呼吸需要空气一样,须臾不可离开。历史发展和现实实践都证明,公共生活领域越扩大对公共秩序的要求就越高。马克思曾经指出:"人的本质并不是单个人所固有的抽象物,在其现实性上,它是一切社会关系的总和。"①社会性是人的本质特征,决定了任何人都不能脱离社会而生活。一方面,"有生命的个人的存在"②是社会存在和发展的基本前提;另一方面,"人是相互作用的产物"③,只有生活在一定的人与人的关系中,个人的需要才能满足、个人的价值才能实现。这种由人际交往过程所形成的生活就构成了人类群体的共同生活,即公共生活。人在社会生活中彼此之间必然要发生这样和那样的关系,为了摆脱丛林法则,就必须建立一定的秩序。即使是两个人的最简单的关系也要靠一定的秩序来维持。在现代社会生活中,人与人之间的关系越来越丰富,同时也越来越复杂,建立和维护社会生活赖以存在的公共秩序就显得尤为重要。一个社会良好的公共秩序的建立依赖于良好的社会关系,归根结底依赖于协调的社

① 《马克思恩格斯选集》第 1 卷,人民出版社 1995 年版,第 56 页。
② 《马克思恩格斯全集》第 3 卷,人民出版社 1965 年版,第 7 页。
③ 《马克思恩格斯选集》第 4 卷,人民出版社 1995 年版,第 532 页。

会利益关系。安定有序是和谐社会的重要特征,也是社会健康发展的必要条件。公共秩序是实现社会和谐的根本前提,也是社会价值追求得以实现的重要条件。

在社会生活中,公共秩序总是与一定的规范体系相联系的。公共政策作为公共政策主体选择的政治行为,主要表现形式就是行为规范。在现代社会中,公共政策已经成为社会规范体系的核心,在构建公共秩序中发挥着极为重要的作用。公共政策在构建公共秩序中的作用,归根结底是由它的本质决定的。以公共资源分配的形式反映社会利益关系是公共政策的本质特征,它使任何公共政策都承载着某种利益,社会上不存在不承载某种利益的公共政策。公共政策就是通过它具体承载的不同利益以及协调它们之间的关系来实现社会利益平衡的。这同时也决定了公共政策所具有的社会利益关系调节器的功能。良好公共秩序的构建离不开和谐的社会利益关系。有效地运用公共政策调整社会利益关系,是维护社会利益关系和谐的重要条件,也是建立良好的公共秩序的根本前提。要有效地发挥公共政策在构建公共秩序中的作用,必须完善公共政策的回应机制。

2. 公共政策回应机制弱化的表现

公共政策的回应机制对于构建良好的公共秩序如此重要,如果回应机制弱化必然导致公共秩序失衡。公共秩序表明由一定规则维系的公共生活的一种有序状态。公共秩序失衡则会导致公共生活从有序走向无序。目前,中国部分地方政府和政府的某些部门回应机制的弱化,已经导致公共秩序的局部失衡。群体性事件频发,不断地在拷问公共政策的回应机制。当然,对群体性事件要作具体分析,但不可否认诸多的群体性事件同公共政策回应机制弱化的关联性。公共政策回应机制弱化主要表现为回应性缺乏、回应速度缓慢,回应力度不够,结果是不能及时和有效地回应社会各种利益要求。

公共政策回应机制弱化,与对不同刺激因素的选择性回应相有关。根据刺激-反应原理,公共政策回应机制需要一定的刺激因素激活方可运转起来。对公共政策回应机制激活的方式由于刺激因素的不同来源,可以分为内在的激活方式和外在的激活方式。内在的激活方式主要是指刺激因素来自于执政党和政府内部的某个部门、团体或个人,通过特定的方式形成足够的压力和影响,促使公共政策做出回应。回应领导批示和执政党或政府部门的提议是其中最典型的表现。外在的激活方式主要是指刺激因素来自于执政党和政府以外的个人或团体,他们表达或提出某种要求,并把它扩散到其他团体之中,给公共政策以足够的影响,迫使其做出回应。专家建言、来信来访、社会舆论、公众呼声、媒体曝光、突发事件、网络聚焦是外在激活方式的主要刺激因素。

以某些政府部门或某些地方政府为公共政策主体的公共政策回应机制,对来自内部和外部的刺激因素在做出回应时在速度、力度和效度上有明显的差异。对高层领导人的批示回应速度快、回应力度强、回应效度高。而对来自于外部的刺激因素,如公众呼声、来信来访等回应的速度慢、回应的力度弱、回应的效度低。当年"重庆出租车集体停运""广州出租车司机集体喝茶""厦门群众集体散步"等事件,主要原因就是社会利益要求遭遇了公共政策回应的体制性迟钝,致使合理利益要求表达、反馈渠道不畅,长期得不到有效回应,矛盾持续累积,最终酿成群体性事件,导致公共秩序失衡。如果公共政策的回应机制只对来自内部的刺激因素做出有效的回应,而对来自外部的刺激,尤其是对公众的呼声反应迟钝的话,这只能说明回应机制就处在一种病态。很多问题只有高层领导人批示和过问才能够做出回应,公共秩序失衡在所难免。随着社会分层越来越细,社会利益要求纷繁复杂,高层领导人不可能及时、准确地掌握所有群体的利益要求。靠高层领导人的批示和过问来解决问题,一方面,可以说是高层领导人体察民情,了解民意,但同时也暴露出公共政策回应机制上存在的弊端。

公共政策回应机制弱化,是其内在运作机理上的病态导致的。在现有的体制下,某些地方政府和政府的某些部门所构建的回应机制,在运作机理上确实处于一种病态。这种运作机理上的病态可以形象地表述为:"末梢神经麻痹""传导神经阻断""中枢神经迟滞"。公共政策回应机制的末梢神经麻痹,主要表现为对社会利益要求反应失灵。由于社会利益要求无法实现而导致的社会问题已经暴露出来了,甚至已经存在相当长的时间了,公共政策的回应机制没有反应。当社会问题的日积月累,矛盾集中爆发,酿成群体性事件,破坏了公共秩序,在这种情况下被迫仓促回应。末梢神经麻痹多为选择性麻痹。某些地方政府和政府的某些部门对强势群体的利益要求反应灵敏,回应及时,而对弱势群体的利益要求麻木不仁,回应迟缓。公共政策回应机制过多地关照强势群体,必然加剧社会的不公平。这种选择性麻痹往往是由于公共政策回应机制的开放程度不够,不能够及时接纳所有的利益相关群体的利益要求所致。某些利益群体的利益要求被排除在公共政策的视野之外,致使其合理的利益要求长时间处于被抑制的状态,一旦爆发其消极作用不可低估。公共政策回应机制的传导神经阻断,往往表现为政府的中间环节不作为或有选择的作为,致使下情无法上达,上情也无法下达。社会利益要求不能及时传导到公共政策的中枢系统,使中枢系统形成盲点。即使中枢系统形成了相应的公共政策也无法传导到社会,付诸实施。在有些情况下政府的中间环节不是不作为,而是有选择地作为。对我不利的不作为,对我有利的乱作为,表现为传到神经的部分阻断。导致传导机制出现变异,使社会利益要求上传时被扭曲,公共政策下传时变形,无法发挥应有的作用。公共政策回应机制的中枢神经迟滞,是指公共政策的应答机制反应迟缓,无法迅速形成政策决策,并付诸实施。很多问题就是由于应答机制反应迟缓而久拖不决。公共政策时滞过长延缓社会利益要求达成的时限,社会必然要作出反弹,延缓的时间越长反弹往往就越强烈。

公共政策回应机制弱化,根本原因在于体制和制度上的缺陷。在公共政策反映社情民意的制度设计上,目前的情况是公共政策反映社情民意的基本途径是代议机关和公众参与。由于人民代表大会的代表构成上存在一定的问题,党政官员代表所占比例过高,先富起来的企业所有者所占比重相对来说也比较高,普通公民代表比例过少,尤其是工人、农民的代表所占比例更低,在全面反映社会利益要求方面存在缺陷。部分群体的利益要求呼声比较弱,导致公共政策回应机制上的障碍。公众参与作为反映社情民意的另一条渠道,在制度设计上也很不完善,虽然已经建立了听证、公示、专家咨询等公众参与制度,但有时流于形式,已有的制度设计没有很好地发挥作用。公众参与对公共政策的影响力不够,直接影响公众参与的积极性。

在公共政策运行过程的设计上,建立政策议程、形成政策方案、政策执行、政策评价、政策终止的动态过程构成了公共政策运行的基本流程。根据现有的设计,基本流程的每一个环节都存在有待完善的地方。从公共政策议程的建立来看,存在的主要问题是公共政策议程更多地依赖于内在创始模式和政治动员模式,外在创始模式作用的发挥受到限制。公共政策议程对于来自于党政机构内部的诉求回应及时,而对于来自党政机构以外的社会公众的诉求,或者回应不及时,或者根本就不作出回应。一定程度上存在着公共政策议程同社会需求脱节的现象。在公共政策制定过程中,还没有形成科学化、民主化的完整的制度设计。政策方案的形成缺少科学的规划机制、政策方案的选择缺少科学的筛选机制。公共政策制定的民主程序过于形式化,有时只是用来装点门面。决策问责制度没有很好发挥作用。公共政策执行缺少切实有效的、真正能够发挥作用的监督机制,致使许多公共政策由于执行环节的问题而失去有效性。公共政策评价主要依赖于体制内的评价机构,体制外评价机构的作用没有得到应有的发挥。体制内的评价又往往多是唱赞歌,使公共政策评价失真。在公共政策终止环节存在的主要问题是某些公共政策已经过时,但不能及时终止,致使已过时的公共政策大量释放负能量。

在公共政策资源整合的制度设计上,政府部门之间的资源整合存在一定的制度性障碍,政府部门同政府以外的资源拥有者的资源整合的制度性障碍更加明显。由于社会分层越来越细,社会利益关系也越来越复杂,社会问题的关联度也越来越强。公共政策面对如此复杂的问题,要对社会需求做出有效的回应,有时需要动员全社会的资源方能奏效。由于政府部门组织结构设计不合理,职能交叉,遇到利益互相争,遇到问题互相推,部门和部门之间的资源难以整合。在有些情况下,部门和部门之间又形成壁垒,资源整合更为困难。政府资源同社会资源的整合缺少相应的制度设计。公共政策要对社会需求做出回应要有足够的资源作为支撑,在政府资源有限的情况下,需要借助于社会资源,由于制度上的缺失,难以形成有效的整合机制,回应机制弱化往往不可避免。

3. 公共政策回应机制优化的途径

要使公共政策对社会需求作出及时、准确和高效的回应,以发挥其调整社会利益关系,化解社会矛盾,解决社会问题的作用,构建良好的公共秩序,就必须优化公共政策的回应机制。当然,要优化公共政策的回应机制最根本的是要在体制和制度的完善上做文章。从中国的实际情况来看,体制和制度上的完善还要依赖于治理方式上的变革。政策网络作为一种新型的治理方式,为完善现有的体制和制度,进而优化公共政策的回应机制提供了新的途径。

米切尔·黑尧曾把政策网络看做是“政府与其他利益相关者之间建立的制度化的互动模式,他们针对和围绕共同关心的议题进行对话和协商,使得参与者的政策偏好或政策诉求得到重视,以便增加彼此的政策利益。”①罗兹认为:“政府不同分支机构和不同部门之间的相互关系,以及政府与其他社会组织之间的互动关系构成了政策网络,这个网络有助于政策的形成与发展。”②政策网络理论主张,政策过程发生于众多主体所形成的网络之中。构成政策网络的不同主体都拥有一定的资源,他们为实现自身利益,在政策网络中相互影响、相互作用,构成了政策网络的运行机制。政策网络运行的实质是政府同其他利益相关者之间的互动。从治理方式的视角解读政策网络,它本质上是政府部门、私人部门和社会组织,在非等级协调基础上相互作用而形成的公共政策运作的新机制。政策网络治理自身的特点决定了,它可以在一定程度上弥补现存的公共政策回应机制上存在的弊端。

政策网络作为一种治理模式,一个突出的特点就是治理主体的多元化。在传统的模式中,政府是公共政策的主体,在有些情况下往往成为唯一的主体。对社会需求的回应仅仅依靠政府,在现有的体制下无法摆脱回应的选择性问题。政策网络治理模式强调的是政治国家与公民社会的平等互动、政府与非政府组织的合作和平等互动、公共机构与私人机构的平等互动。在政策网络状态下,政府不再是政策制定与执行的唯一主体,非政府组织、私营部门、公民个人等同样也是主体,他们共同承担着制定和执行公共政策的任务。公共政策的主体拓展到政府以外的群体,政策网络如果开放到能够容纳所有的利益相关者,使所有的利益相关者都成为政策的主体,就可以克服公共政策回应机制的选择性回应问题。

---

① 〔英〕米切尔·黑尧:《现代国家的政策过程》,赵成根译,中国青年出版社 2004 年版,第 56 页。

② 〔加〕迈克尔·豪利特等:《公共政策研究》,庞诗等译,三联书店 2006 年版,第 220 页。

公共政策利益相关者的主体化,是政策网络治理模式的又一个突出特点。在传统的模式中,政府以外的利益相关者往往只是作为政策的客体存在,成为公共政策直接规范或间接规范的对象,他们对公共政策的影响力微弱。因此,某些利益相关者的利益要求,在公共政策中得不到体现。在政策网络治理模式中,政策的利益相关者由政策的客体变成了政策的主体。他们带着自身的利益要求,在政策网络这一平台上同其他政策主体展开互动,使不同的利益相关者的利益诉求,在公共政策中都能够得到体现,以克服公共政策回应机制对社会利益要求反应失灵的问题。

公共政策传导机制的网络化,构成了政策网络治理模式的第三个突出特点。在传统模式下,公共政策的传导机制往往是科层制主导下的线性传导机制。在政策网络状态下,公共政策传导机制不再是一种线性的传导机制,而是一种网状的传导机制,以克服层级制条件下线性传导可能产生的传导阻断的现象,使公共政策的传导机制快速、便捷地发挥其应有的作用。在政策网络状态下,公共政策可以全方位地反映社会利益需求,并在网络中迅速达成公共政策目标。

在公共政策运行中公民参与的制度化,是政策网络治理模式的第四个突出特点。政策网络是一个开放而透明的治理结构,为公民参与提供了有效途径。公民通过参与能够帮助自己结成利益联盟,形成利益相关者团体,从而制度化地参与公共政策运行过程,满足不同利益相关者的利益要求。政策网络中的公众参与不再是一种装饰品,而变成了一种实实在在的行为,并发挥自己应该发挥的作用。

资源的有效整合是政策网络治理模式的第五个突出特点。政策网络作为一种治理模式,是在政策资源分散于各种公共与私营主体的背景下动员政策资源的一种机制。政策网络主体在资源上的相互依赖是政策网络形成的基础。在政策网络中各类主体在资源上通过互相交换而达到资源的整合。它可以克服传统体制下设定的资源壁垒,打破不同部门的界限,打破公共部门同私人部门的界限,把各种资源整合起来,对社会利益要求作出有效的回应。所有的利益相关者都有相应的资源用来交换,其利益要求就可以在公共政策中得以体现。

当然,政策网络作为一种治理模式,其本身也需要治理。政策网络本身也有一个不断完善的过程。其作用的有效发挥,需要形成国家和社会的良性互动。政策网络治理虽然以政策网络主体的平等互动为基础,但是,并不排斥政府在政策网络中的主导作用,成功治理的关键在于政府对其他主体的有效整合和对政策网络的有效运用。

三、公共政策议程的协同互动模式

任何公共政策的运行过程都是从政策议程开始的。公共政策议程建立的程序是否公正决定其结果的公正与否,进而决定了公共政策自身的公正性。公共政策议程是如何形成的,在形成过程中遵循什么样的模式,这是探讨公共政策议程必须首先回答的问题。由于公共政策体制和运行机制上的差异,公共政策议程建立过程中形成了不同的模式。协同互动模式已经成为当今中国公共政策议程构建的重要模式。协同互动模式是多元互动、整体协同和有效回应的统一。它在一定程度上实现了政策需求和政策供给的统一、社会议程和政府议程的统一、政策工具和政策价值的统一。然而协同互动模式也带来诸多的负效应。为了弱化其负效应,必须把滞后的回应性议程、超前的规划性议程和长远的制度性议程有机结合起来,才能进一步提升公共政策的有效性。

1. 公共政策议程在公共政策运行中的地位

公共政策议程是公共政策运行的首要环节。"所谓'议程'就是对政府官员以及与其密切相关的政府外人员在任何给定时间认真关注的问题进行的编目。"①据此意义,可以把公共政策议程理解为公共政策主体对所面临的社会问题进行排序的清单。公共政策议程表明有哪些社会问题被公共政策主体所关注,并通过制定相应的公共政策予以解决。社会生活中存在的问题很多,并不是所有的社会问题都能进入公共政策主体的视野,纳入相应的议程。公共政策议程规定了公共政策主体所关注问题的次序,即首先关注什么问题,优先解决哪些问题。这一定意义上反映了公共政策主体的价值取向。

依据公共政策学创始者拉斯韦尔所提出的公共政策过程范式,

---

① 〔美〕约翰·W.金登:《议程、备选方案与公共政策》,丁煌等译,中国人民大学出版社2004年版,第4页。

“确定或者界定社会问题，即设定议事日程，是自上而下政策制定过程的第一阶段，也是重要的阶段。”①如果把公共政策运行作为一个过程来描述，建立公共政策议程是它的第一个环节，在公共政策运行过程中具有非常重要的功能。其中最主要的功能有筛选功能、启动功能和导向功能。筛选功能就是公共政策议程建立的过程中，首先要在纷繁复杂的各种社会问题中筛选出公共政策主体职责范围内的、与公共政策主体价值取向相一致的、迫切需要解决而又能够解决的问题，建立相应的公共政策议程；启动功能是指公共政策议程一旦建立，就形成了一种内在的推动力量，启动了相应的公共政策过程，使具体的公共政策实践活动得以进行；导向功能是指相应的公共政策议程的建立，引导着公共政策的方向，使其沿着特定的轨迹运行。没有公共政策议程的建立，任何公共政策过程都无法运行。正如美国公共政策学者戴伊所说：“那些不被界定为问题的社会状况永远不会成为政策问题，永远不会成为新闻，永远不会引起政府官员的关注。”②

正是由于公共政策议程在公共政策运行过程中的特殊地位和重要功能，促使越来越多的学者和研究人员对此展开研究。由于公共政策议程建立过程本身就是一个复杂的过程，更由于不同的学者和研究人员的研究视角不同，形成了不同的公共政策议程模式，其中最具代表性和影响比较大的是约翰·W. 金登的“三源流模式”，把公共政策议程的建立看做是问题流、建议流和政治流三流汇合打开政策窗口的过程。此外还有罗格·W. 科布和查尔斯·D. 艾尔德的“阶段发展模式”、托马斯·R. 戴伊的“自上而下模式”、拉雷·N. 格斯顿的“触发机制模式”、戴维·伊斯顿的“检查站模式”、戴维·B. 杜鲁门的“团体平衡模式”，等等。西方学者关于公共政策议程模式的理论，是以西方国家的政治制度和公共政策体制为背景所作的概括，对分析和研究中国公共政策议程建立过程有一定的借鉴意义，但拿来主义显然是不可取的。

近年来，国内学者也开始力图从中国的实际出发，对公共政策议

---

① 〔美〕托马斯·R. 戴伊：《自上而下的政策制定》，鞠方安译，中国人民大学出版社 2002 年版，第 6 页。

② 同上书，第 6 页。

程建立过程展开研究，归纳和概括出具有中国特色的公共政策议程建立模式。香港学者王绍光依据政策议程提出者的身份与民众参与的程度，区分出六种议程设置的模式，即关门模式、动员模式、内参模式、借力模式、上书模式和外压模式。并分别讨论这六种模式在中国的实现形式和发展趋势，目的是通过观察议程设置模式的转换来揭示中国政治制度的深刻变迁。在他看来，今日中国六种公共政策议程设置模式依然并存。但在议程设置过程中，随着专家、传媒、利益相关群体和人民大众发挥的影响力越来越大，“关门模式”和“动员模式”逐渐式微，“内参模式”成为常态，“上书模式”和“借力模式”时有所闻，“外压模式”频繁出现①。内地有的学者构建了公共政策议程创建的“体制-过程模型”，并以此为工具进行分析，把改革开放以来中国公共政策议程模式概括为：政治权威主导模式、经济理性引导模式、多元主体互动模式②。上述研究具有重要的启示意义。

2. 公共政策议程协同互动模式的主要特征

改革开放以来，中国公共政策议程建立的模式可以做不同的概括和描述，然而，通过对“温州金融综合改革试验区”议程建立过程的分析，可以看出，这项公共政策议程的建立是一个不同主体多结构、全方位互动的过程，也是不同主体通过互动最终实现整体协同的过程。其结果建立起来的公共政策议程，实际上是对“温州老板跑路”等客观情境做出的回应。根据上述情况，可以把这一公共政策议程建立的模式概括为“协同互动模式”。在当今中国，这种模式具有一定的普遍意义。

协同互动模式有以下突出特点：一是主体的多元化。在这项公共政策议程建立过程中，涉及多元主体的良性互动。这里讲的多元主体包括情境群体、传播媒介、民间组织、专业人员、地方政府、中央政府、人大和政协等。由于这里的情境群体是一个新的概念，有必要对其加以阐释。所谓情境群体，就是在社会生活中出现的某种客观情境背后所涉及的群体。社会生活中的客观情境背后无不隐藏着人

① 王绍光：《中国公共政策议程设置的模式》，《中国社会科学》2006 年第 5 期。

② 刘伟等：《当代中国政策议程创建模式嬗变分析》，《公共管理学报》2008 年第 3 期。

与人之间、群体与群体之间的关系。因此,在社会生活中公共政策面对的客观情境,都是不同群体相互作用的产物。正是在这个意义上,可以把某种客观情境所涉及到的群体称为情境群体。情境群体往往就是所要制定的公共政策的主要目标群体,因此,也可以把情境群体称为潜在的目标群体。一切公共政策议程都根源于情境群体的相互关系。上面提到的其他主体均为人们所熟悉,不必赘言。二是结构的网络化。多元主体的互动结构不是简单的线性关系,而是网络化的关系。不同主体之间相互联系、相互依存、相互作用呈现出错综复杂的、多维度的网状结构。其中任何主体同其他任何主体都可以建立直接的互动渠道,或独立,或结成一定的结构展开互动。三是趋向的有序化。不同主体之间的互动是一个从无序到有序的过程,也是一个有序层次不断提升的过程。四是功能的聚合化。通过整体结构的不断优化,达到认知上的共识和价值上的同构,在多元互动和整体协同中建立相应的公共政策议程。五是结果的回应化。作为这一过程结果的公共政策议程,实际上是对情境群体行为的有效回应,有针对性地开启相应的公共政策运行过程。总之,协同互动模式是多元互动、整体协同和有效回应的统一。

3. 公共政策议程协同互动模式的内在机制

中央政府关于温州金融体制综合改革试验区议程的建立过程,非常具有典型性,可以用来解读协同互动模式。对这一过程进行深入分析,揭示其内在机制,从中概括出带有规律性的东西,可以更好地对中国公共政策议程建立过程进行解释和说明,为提升公共政策的有效性提供思路。从"温州老板跑路"到温州金融综合改革试验区议程的建立,比较典型地彰显了公共政策议程协同互动模式的内在机制。

(1) 客观情境的触发机制

2011 年 4 月开始,由于资金链断裂,背负巨额债务,温州老板纷纷跑路。据有关报道,截至 2011 年 10 月初总计 228 名老板跑路,9 人自杀。"温州老板跑路"作为一种客观情境,其背后涉及民营企业和政府的关系、民营企业同国有企业的关系、企业所有者和雇工的关系、民营企业同金融机构的关系,等等。跑路老板是最直接的情景群体。

从“温州老板跑路”引发的温州金融综合改革试验区议程的建立过程，可以看出，公共政策议程的建立通常开启于某种触发机制。“一种行动引起公众的明显关注和公众对变革的普遍要求，那么它就被认为是一种触发机制。”①触发机制是公共政策议程建立过程的启动器和催化剂。触发机制的启动功能和催化作用与其影响范围密切相关。“所谓范围是指受到触发机制影响的人的数量。如果一个事件对社会的相当大的部分有普遍意义，那么采取行动的要求就会有广泛的基础。”②“温州老板跑路”短时间内比较集中，涉及的人数比较多，社会影响大，催化作用非常明显。

(2) 传播媒介的焦点制造

“温州老板跑路”要真正发挥触发机制的作用，必须对此事件进行问题界定。客观情境本身不是问题，它必须同主观因素结合起来才能被界定为问题。一种客观情境能否被界定为问题，被界定为什么样的问题，直接受界定者价值观的影响。正是由于价值取向的不同，人们对这一客观情境作了不同的界定，如国际金融危机的影响、国内经济大环境的作用、温州民营经济自身结构的不合理、温州民间资本的不良炒作、金融体制的弊端，等等。要建立起相应的公共政策议程，必须对客观情境做出明确的，并能为大多数人所认可的问题界定。这就需要对事件进行聚焦。焦点的制造通常是由传播媒介完成的。

媒体主宰着信息资源，“在政策制定过程中，媒体的权力体现在‘制造’问题，并将这些问题进行装扮，使之变成‘危机’问题，使人们开始关注并谈论这些问题，最终迫使政府官员不得不采取措施解决这些问题。”③媒体之所以在问题界定过程中发挥如此重要的作用，因为媒体可以制造新闻、阐释新闻、选择新闻背景和新闻来源，进行直接的说服和规劝，引导和教化公共政策主体和社会公众，以影响他

① 〔美〕拉雷·N.格斯顿：《公共政策制定——程序和原理》，朱子文译，重庆出版社2001年版，第24页。

② 同上书，第26页。

③ 〔美〕托马斯·R.戴伊：《自上而下的政策制定》，鞠方安译，中国人民大学出版社2002年版，第136页。

们的行为。“不管新闻媒体的动机如何，作为舆论的重要制造者，它们都有助于政策议程的建立。”①媒体在问题界定过程中，对公共政策主体和社会公众所发挥的作用，包括诱导、引导和指导等作用。诱导人们对某个问题展开讨论、引导着人们讨论的方向、指导人们对问题的建构。“温州老板跑路”事件的发生恰逢邓小平南方谈话发表即将二十周年，全国上下深化改革的呼声很高，认为改革已进入关键时期，需要系统推进。“温州老板跑路”不管其内在的根本原因是什么，表面看大多数是由于银行催贷，背负巨额高利贷，资金链断裂，企业巨亏所导致。而这同中国现有的金融体制密切相关。各种媒体不仅对此进行大量聚焦，纷纷报道，可谓铺天盖地，而且大多把问题聚焦在金融体制上，制造舆论。

(3) 民间组织的诉求表达

在中国，虽然社会的组织化程度还不高，但某些利益群体集团化的倾向已初露端倪，某些利益群体的集团化正在发育之中。民营企业通过各种民间商会和行业协会，展现出比较高的组织化程度，在政策问题界定和议程建立过程中发挥着重要的作用。“公共议程建构中，组织化的利益起了必要的、甚至是关键的作用。”②它们代表民营企业表达利益诉求，推动公共政策议程的形成。据有关报道，某服装商会会长认为，乐清的服装企业虽没有被融资难打垮，但受到的影响却很大。部分合作企业都不愿意被欠款，只能现金提货。而由于当前的融资借贷风波，许多原材料供应商、产品供应商都会要求现金提货，让企业的资金压力加大。③ 某中小企业协会副会长、小企业发展促进会会长在接受记者采访时指出，中小企业是国民经济的主力军，是国家税收和解决就业的主体。如此大面积的中小企业和微小企业老板跑路、企业倒闭，势必导致经济增长疲弱，税收减少，工厂停产，工人下岗。而民间借贷以高利贷方式非法吸储，一旦资金链断裂，将

① 〔美〕詹姆斯 · E. 安德森：《公共政策制定》，谢明等译，中国人民大学出版社 2009 年版，第 110 页。

② 〔美〕拉雷 · N · 格斯顿：《公共政策制定——程序和原理》，朱子文译，重庆出版社 2001 年版，第 61 页。

③ 《温州服企没有“跑路”老板》，《中国服装网》，2011—11—08。

导致担保公司歇业，债主闹事，继而酿成大的社会问题[①]。此外，诸多的民间商会和行业协会也都发表了类似的看法。“利益集团的压力对政府的议程的确有积极影响，而且这种积极影响发生的频率很高。”[②]

（4）专业人员的问题界定

专业人员包括“学者、研究人员和咨询人员是其重要性仅次于利益集团的一组非政府角色。”[③]“专业人员有他们自己的想法……并且有更为专门的政策建议。他们试图通过参加午餐会、在报纸上发表文章、举行听证会、提供证词以及起草和竭力要求通过立法建议来向别人兜售自己的思想。”[④]专业人员不仅可以使问题界定更系统化、专业化，而且可以为解决问题提供对策性思考，对于推动政策议程的建立发挥着重要作用。

“温州老板跑路”现象出现后，有的学者认为，温州今年因为宏观紧缩、资金紧张，导致了高利贷、地下金融特别活跃，有一些企业资金链断裂，结果就出现了老板逃跑，甚至跳楼的现象。原因在于金融改革滞后导致金融资源配置效率低下。[⑤] 有的学者认为，浙江的银行体系和实体经济存在所有制和规模的不对称，金融滞后于经济的发展。解决此矛盾须深化金融市场，如实行利率市场化，放开市场准入扶持中小金融机构，将“体外循环”的民间资金纳入正规军。有的学者直截了当地指出，温州危机的爆发，本质上是改革不彻底导致金融扭曲和实业萎靡的结果。[⑥] 温州现象充分折射出中国的金融压抑，金融改革不到位，目前金融机构的设置方面卡口太多。[⑦] 当然，也有很多学者对问题做出了不同界定，但在媒体聚焦和地方政府的回应中，被金融体制问题的“光环效应”遮蔽了。

---

① 《“温州老板跑路”折射民间借贷乱象》，《中国中小企业信息网》，2011—11—09。

② 〔美〕约翰·W. 金登：《议程、备选方案与公共政策》，丁煌等译，中国人民大学出版社 2004 年版，第 62 页。

③ 同上书，第 67 页。

④ 同上书，第 148 页。

⑤ 中国金融如何突围：《温州老板跑路的警示》，《南方都市报》，2011—12—04。

⑥ 《老板跑路温州告急信贷危机一触即发》，《经济观察报》，2011—10—09。

⑦ 《温州老板“跑路潮”背后》，《新京报》，2011—10—19。

（5）地方政府的积极回应

“一个公共问题要被提上议程，它必须首先转化为有争议的问题，或者是需要政府关注的问题。”①面对“温州老板跑路”现象，2011年9月25日，温州市委书记主持召开当前经济金融形势和民间借贷风险座谈会，表示“政府该出手时就要出手”。26日下午，温州银监分局召集20多家金融机构一把手召开会议。针对部分企业主出走的情况，认为很多企业本身没有太大问题，只是某笔资金周转不灵导致连锁反应。如果银行这时出手相救，绝大多数企业能缓过劲来。同在26日下午，温州市经信委组织召开全市担保行业会议。针对目前担保公司忌惮风险、不敢放开手脚开展业务，希望担保公司发挥信息灵通的优势，加强被保企业的风险排查、处置，向各地经贸部门通报消息。27日，温州市政府网站发布了市公安局、市检察院、市中院《关于严厉打击暴力讨债等违法犯罪行为，依法维护企业正常生产和金融秩序稳定的通告》，表示将坚决打击恶意欠薪等违法犯罪行为，对以转移财产、逃匿等方法逃避支付员工劳动报酬，或有能力支付而不支付的劳动报酬，经劳动保障部门等相关部门责令支付仍不支付的，一律按法律规定，以拒不支付劳动报酬罪依法从重追究刑事责任。9月28日出台《中共温州市委、温州市人民政府关于稳定规范金融秩序促进经济转型发展的意见》，并组建专项工作领导小组，希望通过疏堵并举，引导民间借贷规范发展。

10月17日，浙江省政府召开四级（省、市、县、乡）政府电视电话会议，要求政府部门主动上门为企业排忧解难。会议强调，近年来劳动力成本上升，特别是资金供给紧张、融资成本快速上涨，令温州一些企业遭遇生存困境。为缓解部分中小企业资金紧张问题，浙江省财政厅、省地方税务局、省金融办等将在财政、税收、金融支持等方面出台一系列新办法。浙江省政府高层责成发改委等24个部门组成的“经济监测预警部门联席会议制度”，及时预警经济运行可能遇到的风险和问题，并向省政府提出经济趋势判断和应对政策措施的建议。

① 〔美〕詹姆斯·E.安德森：《公共政策制定》，谢明等译，中国人民大学出版社2009年版，第102页。

2011年10月4日，时任国务院总理温家宝到浙江温州调研，期间浙江省委省政府和温州市委市政府提出在温州设立金融改革试验区的想法，希望将民间金融纳入监管轨道、降低风险，引导隐藏在“地下”的数千亿民资早日实现“阳光化”。

(6) 人大政协的意见聚合

2012年3月全国“两会”期间，针对“温州老板跑路”事件，金融体制改革也成为重要议题。全国人大代表、某集团董事局主席在参加小组讨论会时发言提出，“导致老板跑路有多方面因素，但最直接原因还是企业投资过度、战线拉得太长所致，把大部分资金投放到别的项目，造成主业资金断档。而且跑路也只是个别现象，好的企业运营都很正常。”鉴于一些民营企业在融资方面的实际困难，建议改善民间融资环境，激活民间资本。

全国人大代表、温州市人大常委会党组书记、主任在小组讨论会上也发表了自己观点。她对温州目前的经济状况作了客观分析，认为温州存在两多两难：即资金多，投资难；中小企业多，融资难。这两多两难之间隔着一层玻璃墙，如何通过一个渠道，让它流通起来。

全国人大代表、某控股集团有限公司董事局主席在2012年两会上，带来多件支持中、小、微企业发展，推进转型升级等方面的议案，如：《关于规范和引导民间借贷的建议》《关于进一步放开民营金融市场的建议》《关于制定〈中小企业金融服务法〉的建议》等。人大代表、某集团董事长则建议“设立政策性国家中小企业银行”。人大代表、某集团董事长建议对民间借贷采取疏堵结合的办法来进行规范化管理。人大代表、某控股股份有限公司董事长建议融资行为完全市场化。这些民营企业家的议案不仅推动了政策议程的建立，也为规划政策方案提供了诸多思路和方法。

在3月5日的政协经济界小组讨论会上，各位委员纷纷将中小企业融资难的原因归结为银行嫌贫爱富，并最终导致了多数企业只能选择地下钱庄和民间借贷。更有委员直言，地下钱庄这种灰色地带现在处于“无人管理”的状态，这不仅给中小企业的发展埋下了隐患，更给社会造成了众多不稳定因素。全国政协委员、财政部财政科学研究所所长表示，“温州老板跑路”事件说明金融多样化改革势在必行，草根金融和政策性融资应打通并形成体系。

（7）中央政府的议程确立

经过一系列的互动过程，推动了中央政府政策议程的确立。2012年3月28日，国务院常务会议决定设立温州市金融综合改革试验区，批准实施《浙江省温州市金融综合改革试验区总体方案》，引导民间融资规范发展，提升金融服务实体经济能力，为全国金融改革提供经验。并确定了十二项主要任务，包括要求依法发起设立或参股村镇银行、贷款公司、农村资金互助社，符合条件的小额贷款公司可改制村镇银行。支持金融租赁公司等非银行金融机构开展业务，推进农村合作金融机构股份制改造。温州市金融综合改革试验区议程正式确立。

从整个过程来看，温州金融综合改革试验区议程的建立，就是一个由多元主体互动最终达到整体协同的过程。这一过程可以概括性描述如下：情景群体的行为、传播媒介的舆论、民间组织的运作、专业人员的界定、地方政府的回应、中央政府的关注、人大代表的议案、政协委员的提案、地方政府上报、中央政府批准。不同主体之间不同形态的互动既是当今中国公共政策议程建立的重要机制，也是当今中国政治的核心内容。在这一过程中，情景群体、大众传媒、民间组织、专业人员等非官方主体，在公共政策议程建立过程中尽管发挥着非常重要的作用，但是决定性作用还是来自于官方主体。在温州金融综合改革试验区议程建立过程中，地方政府的作用不可低估，最终还是中央政府起决定性的作用。

4. 公共政策议程协同互动模式的价值分析

这种协同互动模式，已经成为近年来中国公共政策议程建立的重要模式。它同改革开放以来政治体制改革和决策民主化、科学化的不断推进密切相关。协同互动模式释放的正效应非常明显，对于促进中国公共政策的发展，进而推动经济社会全面发展都具有积极意义。具体说来，一是从议程的发生看，它是以社会需求为导向的公共政策议程模式，实现了政策需求和政策供给的统一。“温州老板跑路”尽管背后的原因非常复杂，但它也较为明确地昭示了对公共政策的强烈需求。金融体制的改革是其中重要的政策需求。温州金融综合改革试验区议程的建立，恰恰反映了中央政府和地方政府力图通过相应的政策供给,来满足这一政策需求。把政策需求和政策供给统一起来,提升了政策供给的针对性。二是从议程的程序看,它是以民主决策为特征的公共政策议程模式,实现了社会议程和政府议程的统一。“温州老板跑路”事件通过媒体聚焦、民间组织的诉求表达和专业人员的问题界定,引起了社会的普遍关注。社会公众向政府部门提出政策诉求,要求政府制定相应的政策予以解决。这表明社会议程已经建立,在社会议程的推动下,政府做出积极回应,建立起相应的政府议程,把社会议程和政府议程统一起来,提升了政策供给的合理性。三是从议程的结果看,它是以解决问题为目的的公共政策议程模式,实现了政策工具和政策价值的统一。“温州老板跑路”暴露出诸多问题,只有解决这些问题才能进一步推动民营经济的发展。协同互动模式就是以解决问题为目的的公共政策议程模式,把工具的效用和目的的价值统一起来,提升了政策供给的有效性。

当然,协同互动模式的负效应也不容忽视。协同互动模式是以对问题的回应为主要特征的一种公共政策议程模式,其负效应最突出的表现:一是滞后效应。公共政策的回应性议程往往都带有滞后性。民营经济发展中存在的问题,在 2008 年西方金融危机的影响下开始突显出来。问题的原因比较复杂,既有西方金融危机的影响,也有国内市场经济体制不完善的消极作用,同时也有民营企业自身的问题。由于缺少前瞻性的政策设计,不仅没有把问题消除在萌芽状态,实际上,在问题早已存在的情况下,也没有及时制定相应的公共政策予以解决,最终酿成了危机事件,政府才被迫回应。这种政府议程的滞后性,导致时间越长积累的问题越多,增加了解决问题的难度。二是碎片效应。这种模式是针对具体问题作出的回应,往往缺少系统性的政策设计,“头痛医头,脚痛医脚”,导致公共政策的碎片化。事实上要解决民营企业发展中存在的问题,需要系统的政策设计,并有效发挥政策体系的整体效应。三是遮蔽效应。协同互动模式通过焦点制造、诉求表达、问题界定,到政府议程的形成,有一个由多元主体互动到整体协同的过程。这个过程也是不同主体认知同构和价值聚合的过程。在焦点制造过程中,在媒体的诱导下,人们很快就把注意力聚焦在某一点上,焦点之外的复杂因素往往被遮蔽了。民间组织尤其是情境群体组建的民间组织,往往要站在自身的立场上进行诉求表达,把其他群体的诉求也屏蔽掉了。如前所述,“温州老板跑路”背后的原因非常复杂，不是单靠金融体制改革就能够完全解决问题的。这种遮蔽效应会导致认知上的片面性和价值上偏颇性。

公共政策议程的协同互动模式，从工具理性的角度来看，仍然带有“摸着石头过河”方法论原则的痕迹。如果说改革开放之初面对一个全新的事物，这一方法论原则还具有一定的合理性的话，那么，改革开放30多年过去了，仍然奉行这一原则，不仅无法适应新形势的需要，而且也失去了存在的合理性。从价值理性的角度进行分析，“维稳”的取向进一步加剧了这一模式的被动性和滞后性。试想一下，如果没有“温州老板跑路”所产生的倒逼效应，金融体制改革是否还会拖延时日。当然也有在“摸着石头过河”过程中捞到好处的既得利益集团的阻挠，这也是回应性议程越来越多的重要原因。缺少前瞻性设计、系统性设计和长远性设计，是当前中国公共政策实践中非常突出问题。为了弱化回应性议程带来的负效应，在公共政策实践中，必须把滞后的回应性议程、超前的规划性议程和长远的制度性议程有机结合起来，加快推进由回应性议程到规划性议程，再到制度性议程的演进过程。增强公共政策的主动性、自觉性和超前性，使公共政策能够更好地发挥规划未来的作用。

尽管协同互动模式释放出种种负效应，但相对于“关门模式”和“动员模式”，相对于“政治权威主导模式”来说，它既是改革开放以来政治民主化的结果，同时也进一步推进了政治民主化进程。从这个意义上来看，协同互动模式成为公共政策议程的重要模式也是一种历史性的进步。

四、公共政策制定中的利益协调机制

公共政策是政府用来协调社会利益关系的工具。公共政策制定过程中必须注重社会利益关系的结构和特点，协调好社会利益关系。社会利益主体多元化、社会利益结构失衡、强弱群体分化明显，已成为当今中国社会利益关系的主要特征。使公共政策面临的协调社会利益关系的任务非常艰巨。要有效地发挥公共政策协调社会利益关系的作用，必须完善公共政策的利益协调机制。坚持公共利益优先、多数人满意和动态平衡原则，完善利益表达机制、利益导向机制、利

益整合机制和利益约束机制。

1. 公共政策制定与社会利益关系

公共政策制定过程从实质上来说,就是对社会利益进行确认和整合的过程,也是一个形成协调社会利益关系方案的过程。所谓社会利益关系,就是社会不同利益主体的利益要求和利益要求满足的状况所形成的关系。它是其他一切社会关系的基础,也是其他一切社会关系的本质。因此,其他一切社会关系都可以归结为社会利益关系。社会利益关系能否得到妥善协调以及协调的程度如何,反映了社会公平正义得到切实维护和实现的程度。只有社会利益关系得到妥善协调的社会,才是一个安定有序的社会,也才能是一个充满生机和活力的社会,公平正义也才能真正体现出来。人和人的关系归根结底就是利益关系,只有在这种利益关系中才能把握公平正义的真正内涵。

马克思曾明确指出:"人们奋斗所争取的一切,都同他们的利益有关。"①利益是人的需要的现实化,而需要构成了人的行为的原动力。人作为一种社会性的动物,为了生存和发展产生了各种各样的需要。从需要对象的视角,可以把人的需要划分为物质性的和精神性的两大类。为了满足这些需要,就必须获得一定的物质财富和精神财富,以及拥有为获得这些财富所必需的手段。这种与一定的客观对象及具体的目标联系在一起的需要就是利益。马克思说:"在任何情况下,个人总是从自己出发的,但由于从他们彼此不需要发生任何联系这个意义上来说他们不是唯一的,由于他们的需要即他们的本性,以及他们求得满足的方式,把他们联系起来(两性关系、交换、分工),所以他们必然要发生相互关系。"②这个关系说到底是一种利益关系。由于每个人所处的社会地位,以及思想观念、风俗习惯和知识水平的差异,造就了人们需要结构的不同,因而,不可避免的导致利益要求上的差异。人们的利益要求又总是处于不断发展的过程中,只要是条件允许,人们都想最大限度地满足自己的利益要求。但是,特定的社会能够用来满足人们利益要求的财富总是有限的,所以

① 《马克思恩格斯全集》第1卷,人民出版社1960年版,第82页。
② 《马克思恩格斯全集》第3卷,人民出版社1960年版,第514页。

各种利益要求不可能同时都得到满足。在社会所拥有的财富一定的情况下,某一个阶层或群体多占有一部分,那么,其他社会阶层或群体占有的就会减少,这就造成了各种利益之间的矛盾和冲突。如果这些冲突激化就会造成社会的不稳定,影响社会的正常发展。建立在利益协调基础上的和谐社会,并不是说人们之间不存在利益矛盾,但没有根本的利益冲突。这要以如下两个方面为基础,一是人们各尽所能的劳动,各得其所的生活,所作的贡献与所得的报酬相匹配,即使存在差异,也在合理的范围内;二是对社会的利益矛盾能够及时地加以协调,即使出现了利益冲突也能够及时化解。

随着中国社会转型步伐的加快,特别是改革开放以来,在社会利益关系上也出现了新的变化。一个重要表现就是社会利益主体多元化了。社会转型加快了社会分层,导致原有的社会阶层结构被打破了,在过去比较简单的社会阶层结构中,出现了新的社会阶层和社会群体。不同社会阶层和社会群体的经济关系、政治关系,甚至包括思想文化关系,最终都要通过利益关系表现出来。不同的社会阶层和社会群体由于所处的社会地位上的区别,因而形成了不同的利益主体。社会利益主体的多元化,带来了社会利益关系的复杂化。在改革开放之前,社会的阶层结构被表述为"两个阶级一个阶层",即工人阶级、农民阶级和知识分子阶层,而知识分子又是工人阶级的一部分,因此,当时的社会阶层结构实际上就是工人和农民两大阶层之间结成的关系。社会利益结构比较简单,协调社会利益关系,只要协调好工农之间的利益关系就可以了。改革开放以后,出现了新的社会阶层。有人把目前中国的社会阶层结构概括为十个阶层,也有人概括为"两个阶级四个阶层"。两个阶级仍然是工人和农民,但其内部的结构已经复杂化了。知识分子阶层也结构化了。同时还出现了个体业者和私营企业者两个新社会阶层。国家和社会管理者也成为独立的社会群体。公共政策的根本任务就是要协调好不同利益主体的关系。社会阶层结构越复杂,社会矛盾就越突出,也就越加重了协调社会利益关系的难度。

在社会利益关系上的另一个重大变化,就是社会利益结构失衡。社会阶层的分化不仅带来了社会利益主体的多元化,而且,随着生产要素的重新组合以及向不同市场主体的集中,各社会阶层和社会群体在收入上的差距不断扩大,导致社会利益结构失去了原有的平衡。

东部地区和西部地区由于历史的和现实的原因,差距拉大了。虽然政府制定了西部大开发战略和重振东北老工业基地的战略,力图加快中西部地区的发展,以缩小不同地区间的差距,但这需要一个过程。城乡之间的差距也在拉大。由于政府出台了一系列向农民进行利益倾斜的政策,受到了农民的欢迎,进而使城乡之间差距拉大的势头得到了一定程度的缓解,但城乡之间的差距仍然在扩大。不同行业之间收入差距也非常明显。某些垄断行业利用自己的垄断地位来牟取垄断利润,并通过扩大分配的形式使利润向本行业职工转移,使本行业职工的收入大大超过其他行业,造成了不同行业之间的利益矛盾。有的行业利用自己手中掌握的社会资源控制媒体、左右舆论,并通过各种手段向政府的某些部门争取更多的政策支持,牟取高额利润,造成社会利益结构的严重扭曲。更有甚者,社会的贫富差距在不断扩大。财富向少数人集中的速度在加快。社会中产阶层由于种种原因发育缓慢。打破社会利益结构的原有平衡,在社会转型过程中往往不可避免。问题在于原有平衡打破以后,必须建立起新的平衡,否则矛盾就会越来越激化。要实现社会利益关系新的平衡,利益协调的任务更为艰巨。

社会利益关系的变化还显示出一个重要特点,这就是强势群体和弱势群体的分化明显,而且出现了一定程度的阶层固化。在市场竞争中,通过优胜劣汰,资源重组,使一部分人进入富裕群体的行列;还有一部分人通过坑蒙拐骗、巧取豪夺、贪污受贿也挤进了富人群体,由于他们占有的社会资源比较多而成为强势群体。另一部分人在竞争中失败,沦落为贫困群体。他们在社会上处于不利地位,其个人及家庭生活达不到社会认可的最基本标准,依赖自己的力量又无法改变目前的地位。要改变他们的生存状况,需要国家和社会力量给予帮助或支持,也就是说,他们成为需要他人帮助、支持甚至是救助的弱势群体。避免以牺牲弱势群体的利益为代价来满足强势群体的利益,避免社会财富向极少数人集聚,完善社会的公平机制,恢复社会利益关系的平衡,已成为利益协调的首要任务。

2. 公共政策是协调利益关系的工具

在一个利益主体多元化的社会,社会的稳定依赖于保证社会利益协调的制度安排,政府的公共政策在其中发挥着重要的作用。公共政策的本质就是通过公共资源分配的形式对社会利益关系的集中反映,这同时也就决定了它作为社会利益关系调节器的功能。政府以公共政策为手段,对全社会的财富做权威性的分配,以此来协调社会利益关系。这里所说的社会财富,是包括物质价值和精神价值在内的一切社会财富。

公共政策的形成,实际上就是社会各个阶层和各个群体把利益要求输入社会政治系统,公共政策主体从特定的价值取向出发,对各种利益要求进行整合的结果。整合的过程就是确定哪些利益要求是合理的,应该满足,采取什么形式满足;哪些利益要求是不合理的,应该抑制,以什么方式抑制的过程。由此形成了社会政治系统协调社会利益关系所要达到的目的。这种目的在实现之前是以公共政策目标的形式存在着,其实质就是通过协调利益关系,对自认为应该满足的利益要求满足程度的设想。社会政治系统为了实现公共政策目标,必须把社会成员的行为统一到目标上来。这就需要对人们的行为加以规范,规定人们行为的方向和性质,由此形成了实现公共政策目标的手段。社会政治系统把确立的公共政策目标和实现目标的手段,以公共政策的形式输出,对社会的政治、经济、文化等活动进行调控。调控的最终结果必然落实到社会利益关系上。公共政策就是以协调社会利益关系和满足特定的利益要求为己任的。任何公共政策作用的发挥及其结果,都同社会利益关系的调整直接相关。当社会利益关系失衡、利益结构扭曲的时候,公共政策就担负起协调的任务,以保证形成合理的社会利益结构。

政府通过公共政策在对社会财富的分配中,要协调好社会利益关系,必须坚持公平正义的原则。可以为公平正义确定一个能够把握的尺度。对能够满足人们利益要求的社会财富分配的合理性,可以作为衡量公平正义的现实标准。当然,合理性在不同的历史条件下,其含义和衡量的标准也会有所不同。但无论其含义和标准有多大的差异,特定社会中绝大多数人的认同可以作为合理性的一个标志。用社会财富分配的合理性来界定公平正义,也不可能脱离它作为历史范畴的基本特征,其观念和衡量的标准,必然反映不同历史阶段人们的价值观念。不同历史阶段的社会财富分配要与不同历史阶段绝大多数人的利益要求相一致,才真正体现了公平正义的原则。把绝大多数人的认同作为社会财富分配合理性的标志,进而作为衡量公平正义的尺度,可以把握和测量。当社会所形成的利益关系绝大多数人不认同时,需要政府有效地运用公共政策的协调功能恢复这种认同,当然,这有赖于建立起相对说来比较完善的公共政策利益协调机制。

3. 公共政策协调利益关系的原则

在一个利益主体多元化的社会中,利益矛盾是客观存在的。对这些矛盾必须及时地协调和化解,否则,如果激化起来就可能导致社会动荡。完善公共政策的利益协调机制,是协调和化解社会利益矛盾的重要前提。在运用公共政策协调社会利益关系的过程中,要坚持如下原则。

第一,公共利益优先原则。社会不同群体都有自己的利益要求,在通常的情况下,往往都想优先满足自己的利益要求。在社会生活中,同时也存在着整个共同体的共同利益,即公共利益。公共政策在协调社会利益关系的过程中,必须把公共利益放在第一位,这是由公共政策的根本属性决定的。公共政策的根本属性就是他的公共性,这就决定了它必须把公共利益放在第一位。但有一个问题需要引起关注,那就是不能打着公共利益的旗号侵害个体的正当利益。脱离了每一个个体的正当利益也就没有公共利益可言。公共利益就存在于每一个个体的正当利益之中。同时,也不能用某一个群体的利益替代公共利益,避免打着公共利益的旗号为小集团谋取私利的现象。

第二,多数满意原则。它直接涉及公共政策主体的合法性问题。虽然每项公共政策都有其利益取向,但是,其实际结果应当是使多数人普遍获益,至少不应该由于某项公共政策的实施使大多数人的利益受到损害。大多数人的利益是不能受到损害的,否则,这项公共政策就会遇到强大的社会阻力无法顺利实施。18 世纪的法国启蒙思想家霍尔巴赫说:“利益就是人的行动的唯一动力”①。从归根结底意义上来理解,我们不能否认其中的道理。公共政策的实现程度,取决于它是否符合大多数人的利益。在公共政策实践中,其实际效果与预期效果有时并不一致,有时甚至背道而驰。这是由于公共政策在实施的过程中,被各种利益形成的张力修正的结果。一项公共政

---

① 〔法〕霍尔巴赫:《自然的体系》上卷,商务印书馆 1999 年版,第 260 页。

策付诸实施以后,利益受到损害或受到部分损害的利益群体,必然予以抵制,或者修正不利于自身利益的部分,从而使实际效果与预期效果发生偏离。如果公共政策长期损害大多数人的利益,不仅会影响政策的效果,而且还会造成尖锐的利益冲突和社会矛盾,甚至引发政府权力合法性的危机。

第三,动态平衡原则。在运用公共政策协调社会利益关系过程中,往往难以找到最理想的方案,常常选择的是一些可行的方案,这就决定了任何公共政策都有它的负效应。在特定的时间和空间范围内,一项公共政策总是在满足一部分利益要求的同时,抑制另一部分利益要求。所谓双赢那是有条件的。当一项公共政策损害了某些群体的利益,而这种损害又不利于社会协调有序地发展,必须由其他公共政策做出补偿,以保持社会利益关系的动态平衡。从长远看,从整个政策体系的角度看,必须对社会各种利益进行综合平衡。若长期只满足某些群体的利益要求,而使其他群体的利益要求总是处于抑制状态,会导致不正常的利益转化,使社会发展出现紊乱。

4. 公共政策利益协调机制的完善

在坚持上述原则的基础上,要完善公共政策的利益协调机制,使之在社会利益关系协调中发挥应有的作用,必须要健全各种利益机制。

第一,要健全利益表达机制。随着利益主体的多元化,人们的利益要求也逐渐多元化了。因此,需要建立多元化的渠道来表达各利益主体的利益要求,尤其重要的是要保持表达渠道的畅通,使不同的利益主体都能随时表达自己的利益要求。只有建立起公平畅达的利益表达渠道,人们才能以理性的、合法的形式表达利益诉求。为了使绝大多数人认同政府的公共政策,一个重要的问题就是必须给予弱势群体和强势群体同样的利益表达机会,避免强势群体的单向度利益表达左右政府的公共政策。

第二,要健全利益导向机制。通过公共政策对人们的利益要求加以引导,使公共政策具有了利益导向的功能。这项功能表明公共政策不仅要告诉人们什么样的利益要求是合理的,什么样的利益要求是不合理的,而且还要使人们认识到怎样才能使自己合理的利益要求变为现实。公共政策在协调社会利益关系时,必然要抑制一些不合理的利益要求，满足合理的利益要求。公共政策正是通过这种抑制和满足的方式来实现利益导向作用的。这种导向作用的有效发挥，使社会不同群体利益之间互相补偿、互相促进，合理流动、协调发展。由于受社会财富总量的限制，每一项公共政策都有明确的利益指向，也就是说，每项公共政策都有特定的获益者或利益被抑制者。一项政策不可能同时满足社会上所有阶层的所有利益，而只能满足某一阶层的某些方面的利益。公共政策就是通过这种利益调控来改变社会的利益结构，抑制、转化那些不合理的利益要求，鼓励、支持、保护那些合理的利益要求，以促进社会利益结构的合理化。当然，要健全公共政策的利益导向机制，重要的是要明确利益要求合理性的评价标准，使利益导向有所遵循。

第三，要健全利益整合机制。在社会生活中每一个人都有自己的需要结构，因而每一个人都有不同于其他人的具体的利益要求。这就使社会上的利益要求，呈现出纷繁复杂的状态。公共政策不可能反映所有人的不同于其他人的特殊的利益要求，它只能反映不同阶层、不同群体带有共性的利益要求。这就必然要求公共政策在协调社会利益关系时，要对不同的利益要求进行整合，从而形成了公共政策的利益整合机制。公共政策对利益要求进行整合的过程，实际上就是对社会上各种各样的利益要求进行筛选、分类、合并的过程。通过整合，从中归纳出社会上绝大多数人的共同的、根本的利益要求，以确定公共政策的利益取向。同时，对不同群体、不同阶层的特殊利益要求予以关照。公共政策的利益整合机制，可以在一般和个别的结合中把握社会利益要求。

第四，要健全利益约束机制。公共政策是社会利益关系的调节器，也是社会利益关系的控制器。人们获取利益的行为应当受到各种社会行为规范的约束。公共政策本身就是一种行为规范，可以规范社会上的各种利益群体获取利益的行为。它规定了人们获取利益的正确方式，对某些群体或个体以不正当的手段和方式获取利益的行为予以约束。从而创造一个公平正义的社会环境，使人们能以合理的行为方式获取应该获取的利益。

五、公共政策有效性与政府执行力

公共政策制定出来以后,要有效地发挥作用必须付诸实施。公共政策能否得到有效的执行,依赖于公共政策执行主体的执行力。提升政府执行力是保证政令畅通,使公共政策能够得到有效贯彻执行的前提条件,也是提高公共政策有效性的根本保证。从政策网络视角解析政府执行力问题,寻找提升政府执行力的有效途径,可以从一个新的角度来探讨公共政策的有效性问题。实际上政策网络的运行机制同政府执行力密切相关。完善政策网络的协同机制、学习机制和妥协机制,进而提高政策网络的协同层次是提升政府执行力的重要途径。

1. 政府执行力研究的不同视角

公共政策的有效执行必须以政府的执行力为基础,因为政府是公共政策执行的重要机构。2006 年,“执行力”概念第一次写进了中国政府的工作报告,标志着政府执行力建设被正式纳入国家治理的范畴。2007 年,政府工作报告再次强调要提高政府的执行力问题。中国共产党“十七大”报告在谈到行政管理体制改革时,提出通过行政管理体制改革要形成“权责一致、分工合理、决策科学、执行顺畅、监督有力的行政管理体制”。“执行顺畅”当然离不开政府的执行力。这也表明,执行力已成为各级政府迫切需要加强和提高的重要问题。从政策网络视角研究政府执行力问题,可以为提升政府执行力提供新的思路。

对执行问题的研究,在西方,自艾伦·维达夫斯基和杰弗里·普瑞斯曼发起执行研究运动以来,其发展经历了三个阶段,同时也形成了不同的研究视角。一是自上而下的研究视角,从宏观制度视角展开研究,关注的焦点是政策的制定者,认为执行中起关键作用的是权威性的指挥链条。并先后提出了执行的过程模型、系统模型和综合模型。二是自下而上的研究视角,从微观的行为视角展开研究,以组织中的个人为中心,关注的焦点是基层执行者,认为执行者的承诺和技巧是影响公共政策执行的关键因素。以对街头官僚的研究、追溯性筹划研究和执行结构研究为主要代表。三是综合研究视角,试图综合前两个阶段,具有研究方法和理论工具的多样性的特征。主张建立动态的执行图景,运用混合的方法建立一个整合模式,来研究复杂的多层次和多变量的执行问题。执行研究进入了一个综合、多元的时代,涌现了众多有代表性的理论、模型和途径,主要有组织间模型、府际关系模型、变迁和学习模型、不明冲突模型和综合途径等。

国内学者对政府执行力的研究主要是从制度、行为和文化三个不同的视角展开的。已有的研究主要集中在以下几个方面。

第一,对政府执行力构成要素及其结构的研究。有的学者认为,政府执行力有复杂的内在结构,其构成要素主要有执行主体,即政府执行组织和人员;执行资源,政府在执行过程中所需的经费、物质、信息和权威等;执行制度,包括组织架构、运行制度和机制;政府的生态环境等①。

第二,对政府执行力缺失的表现和原因的分析。对政府执行力缺失的表现,绝大多数还只停留在对现象的一般描述上。不外是有令不行,有禁不止;变形走样;简单重复上级文件;习惯于开会发文。有法不依;上有政策,下有对策;执行不配套,缺乏创新。该作为不作为,该作为乱作为,不该作为乱作为。对存在问题原因的分析,不同的研究视角给出了不同的分析结论。制度研究视角多从制度、体制、机制上寻找原因。认为政府执行力缺失的主要原因在于:纵向的政府间权力划分缺乏规范;横向的机构间职能配置交叉重叠;执行行为的监督制度不健全②。执行体制不完善;责任追究制度缺损;中央和地方权力划分缺乏规范;党政机构配置重叠;监督机制上的体制不顺、党政不分和法制不健全,是造成政府执行力缺损的根本原因③。行为研究视角主要围绕认知模式、行为方式、利益结构等展开分析。有的学者认为主要原因在于:执行主体由于认识能力导致的认知障碍;由政府权威的合法性、政府官员的公信力而形成的认同障碍;执行人员的方法不妥、角色错位和沟通协调不当。④ 此外,地方政府的理性经济人特征,寻求自身利益的最大化;目标团体的影响;利益驱

---

① 莫勇波:《政府执行力刍议》,《上海大学学报》2005 年第 5 期,第 81 页。

② 丁煌:《政策执行阻滞机制及其防治对策》,人民出版社 2002 年版,第 181—208 页。

③ 金太军等:《公共政策执行梗阻与消解》,广东人民出版社 2005 年版,第 192—201 页。

④ 丁煌:《政策执行阻滞机制及其防治对策》,人民出版社 2002 年版,第 111—140 页。

动下的地方保护主义；公务员的隐性不作为，权力部门化，都被看做是影响政府执行力的重要原因。文化研究视角主要从执行文化上寻找原因。有的学者认为，行政理念错位或步入误区，造成精神动力不足，已经成为影响政府执行力的“瓶颈”。行政理念步入误区主要表现在行政信念与信仰失落，以民为本的公仆意识淡化，实事求是的作风淡化。①

第三，提升政府执行力的思路与对策。基于上述研究，学者们认为提升政府执行力应从以下几个方面入手：其一，完善各种相关制度。要通过深化行政体制改革来提高政府执行力，重要的是要构建中国特色的执行体制，优化执行的各个环节；完善政府组织间的职权分配与政府与执政党之间的职权配置制度；完善国家权力机关和社会的监督制度；完善行政公开和听证制度；在干部制度方面，要健全行政责任制和落实民主任用制②。有的学者提出要提升政府执行力必须大力推进政府组织制度创新。推进以建立人力资源开发机制为核心的政府人事管理制度创新，重塑政府的组织架构，建立统筹兼顾的政府利益整合机制，建立权威、独立和制衡有效的政府监控机制③。其二，优化执行主体的行为。有的学者提出要通过培训和学习优化执行主体的知识结构，提高认知能力；提高决策质量，改善政府形象，增强认同感；调适角色，加强沟通；实事求是，因地制宜，改善执行方式④。有的学者认为，提升政府执行力，必须加强执行者的能力、责任、道德的培养⑤。其三，加强执行力文化建设。有的学者认为，从行政文化角度出发，创建执行力文化是提高政府执行力的良好途径。加强执行力文化建设，必须把“以人为本”的思想作为执行力文化的基石，把效率、效益、公正、民主、平衡作为执行的目标取向，增

---

① 高其勋等：《试论执行力文化构建与政府行政效率的提高》，《中国环境干部管理学院学报》2005 年第 2 期。

② 金太军等：《公共政策执行梗阻与消解》，广东人民出版社 2005 年版，第 298—356 页。

③ 莫勇波：《提升地方政府执行力的路径选择》，《云南行政学院学报》2005 年第 5 期。

④ 丁煌：《政策执行阻滞机制及其防治对策》，人民出版社 2002 年版，第 258—289 页。

⑤ 皮正茂：《关于我国公共政策执行力的思考》，《湖北师范学院学报》2005 年第 2 期。

强责任意识;形成诚实守信和良性竞争的文化氛围;要培养团结合作精神,创新开拓意识①。也有的学者认为,形成执行力文化的关键在于通过文化塑造和影响政府所有人员的行为,进而提升政府的执行力。要强化执行意识,坚定执行勇气,加强政风建设,继承先进文化②。

20世纪90年代以来,政策网络已经构成第三种治理机制,成为研究执行问题的新的理论框架。执行的网络模型把执行过程理解为行动者在网络结构中的互动过程。这为研究政府执行力问题提供了新的分析视角。从政策网络视角研究执行问题是外国学者作出的,但目前还没有建立起系统的分析框架,而且多以英、美等西方国家的体制为背景。在中国的政治与行政体制下,从政策网络视角研究政府执行力问题,还是一个新的课题。

2. 政府执行力研究的政策网络视角

政策网络从新的视角展现了政策运行的过程和状态。政策网络理论主张,政策过程发生于众多主体所形成的网络之中。构成政策网络的不同主体都拥有一定的资源,他们为实现自身利益,在政策网络中相互影响、相互作用,构成了政策网络的运行机制。政策网络运行的实质是政府同其他利益相关者的平等互动。以上对政策网络的描述,揭示了政策网络的实质、运作机制、目的和作用,为在政策网络状态下探索政府执行力提供了思路,也提供了新的分析框架。

政策网络作为一种新的分析框架,主要是用以分析政策运行过程中,通过拥有可以交换资源的利益相关者之间的互动关系,形成政策和实现政策的内在机制。无论在什么样的制度和体制下,由权力机关构成的权力结构、由各级政府和政府的各个部门构成的政府结构、由市场主体构成的私人结构和由民间组织构成的社会结构,是构成政策网络的基本要素。这使得政策网络呈现出多元主体的错综复杂的关系。多元主体在政策运行过程中的互动从一定意义上来说是

---

① 郜燕:《政府执行力与行政文化的隐性链接》,《山西青年干部管理学院学报》2006年第1期。

② 高其勋等:《试论执行力文化构建与政府行政效率的提高》,《中国环境干部管理学院学报》2005年2期。

一种复合博弈。分析政策网络的运行机制及其对政府执行力的影响，可以从解读政策网络各构成要素之间的权力关系、利益关系、资源关系入手。政策网络的功能是通过平衡权力、协调利益、交换资源等形式表现出来的。政策网络作为政策运行的载体，它规定了政策过程的运作方式。英国学者米切尔·黑尧认为，“政策网络和政策共同体在从议程确立、决策直到政策执行的整个过程中，都是以一种相对整合的方式运行的”①。这就不能把政策制定和政策执行割裂开来，只从政策执行的环节出发来分析政府的执行力问题。必须从政策网络运行的机制和过程来把握政府的执行力问题。

政策网络形成的基础是社会问题。当一个社会问题进入政策制定系统议事日程的时候，社会问题就转化为政策问题。当某一政策问题成为政策制定系统关注的对象时，其利益相关者就会聚集起来，在相互作用中形成政策网络。政策网络无非是用来分配资源，以满足各构成要素利益要求的载体。政府执行力从一定意义上来看，就是在政策网络中形成的，也是在政策网络中提升和实现的。

从政策网络视角进行分析，其主要之点是探讨在政策网络状态下，政府执行力形成的内在机制。在现有的政策网络理论中，形成了两个比较有代表性的分析模型，即利益模型和治理模型。利益模型把利益作为政策网络形成的基础，表明了各种利益群体同国家的关系，利益的整合与协调构成了政策网络运行的内在机制。运用利益模型来分析政府执行力问题，它主要表现为政府通过政策网络中的各种回路，对利益关系进行整合与协调的能力。治理模型认为政策网络是一种特定形态的治理，是对广泛分布的政策资源进行动员的机制。以此为背景探讨政府执行力问题，可以把政府执行力看做是政府在政策网络中动员政策资源的能力。无论是利益模型还是治理模型，有一点是共同的，那就是都把政策网络中各要素之间的协同互动，看做是政策网络运行的主要方式，也是政府执行力提升和实现的主要方式。

当然，在中国由于受社会性质、政治架构等方面的影响，从政策网络视角分析政策过程，无论是政策网络的结构、类型和运作机制，

---

① 〔英〕米切尔·黑尧：《现代国家的政策过程》，赵成根译，中国青年出版社 2004 版，第 69 页。

都有不同于其他国家的特点。把握这些特点,合理地运用政策网络理论就成为需要认真思考的问题。

中国现正处在由传统社会向现代社会转型的过程中,所形成的政策网络既具有内部特征的两重性,也具有外部形态的两重性。但从总体上来说,现代社会政策网络的特征正在逐渐地取代传统的特征,这反映了政策网络发展的大趋势。在中国现阶段,执政党、人民代表大会、各级政府部门、私人部门和利益群体、公民个人,是政策网络的主要构成要素,他们之间呈现出错综复杂的关系。政策网络的权力结构,也就是人民代表大会和执政党及其关系所形成的结构,它们以什么样的方式作用于政府直接影响政府的执行力。政府结构指的是政府内部的组织形态,其中主要涉及中央政府和地方政府的关系,政府不同部门之间的关系。在中央政府和地方政府的关系中集权和分权交织,在政府各部门的关系中协调与冲突并存,这是影响政府执行力的重要因素。私人结构是由市场主体形成的结构,一定程度上是对私人领域的描述。不同的私人结构所形成的同政府的关系必然对政府执行力产生影响。社会结构主要是指由民间组织构成的公民社会的结构,它反映了国家和社会分离的程度,反映了不同利益群体的关系。虽然中国的社会领域还处在发育的初期,但其作用已经显现出来了,这也不可避免地影响政府执行力。这仅仅是从静态上,分析了不同结构对政府执行力的影响。不同结构之间所形成的复杂的网络结构,使其同政府执行力的关系更加复杂化了。

具体说来,中国政策网络内的行动者主要有执政党的工作人员、人大代表、行政人员、学者专家、利益群体,传播媒介以及其他与该政策有利益关系的个人或团体。随着相关的社会问题转化为政策问题,执政党机关的某些部门、人民代表大会的相关委员会、政府的相关机构、利益群体、传播媒介和其他利益相关者个体展开互动形成政策网络,为政策运行提供平台。以政策网络为框架对政府执行力进行分析,政府执行力不仅仅来自于政府本身,也不仅仅是由权力结构同政府结构之间的关系决定的,而是在各种构成要素的互动中形成的,也是随着他们互动的逐步升级而提升的。问题的关键是要揭示出政府执行力同政策网络运行机制的关系,以找到提升政府执行力的途径。政府执行力的提升总体上与政策网络的协同机制、学习机制和妥协机制密切相关。

3. 政府执行力与政策网络的协同机制

从一定意义上说,政府执行力是在政策网络中的权力结构、政府结构、私人结构和社会结构之间的协同运动中形成的,也是在这种协同运动中提升的。政策网络的各种结构的关联和协同方式不同,政府执行力的性质、程度和变化也必然有所不同。结构之间的关联弱化到不能束缚各结构之间独立运动的程度,政策网络就处于无序的状态,政府的执行力无法展现出来。随着控制参量的变化,各结构之间的关联度不断增强,其无规则的独立运动相对变弱,当控制参量达到阈值时,政策网络中开始出现由关联所决定的各结构间的协同运动,这时政府执行力在协同运动中不断升值和逐渐展现出来。这就是在政策网络状态下政府执行力形成的内在机制。

可以从协同学的角度对上述机制展开分析。序参量是协同学中的重要概念,它决定着系统的有序性和功能的有效性。政策网络作为一个系统,也可以用序参量来描述它从一种状态或结构向另一种状态或结构转变过程中的有序程度。从这个意义上说,序参量是政策网络从无序向有序跨越的最突出的标志,集中体现了政策网络不同结构协同运动的程度。适当地选择序参量有助于描述政策网络变化的复杂过程,揭示政策网络状态下政府执行力提升的内在机制。政策网络的发展或演化有两种趋向:一种是从有序自发向无序状态变化;另一种是在一定条件下,可以从无序突变到有序状态。在政策网络的无序状态下政府执行力就会受到某种抑制,只有在有序状态下政府执行力才能显现出来,而且有序程度越高,政府的执行力就越强,两者成正比关系。

政策网络的有序性来自于政策网络中权力结构、政府结构、私人结构和社会结构的协同运作。当一个政策网络建立起来之后,其内部的各种结构就开始了相互影响、相互制约的运作过程。哪一个结构成为主宰政策网络的关键要素,它就成为寻找序参量的主要对象。权力结构、政府结构、私人结构和社会结构,每一个结构都有可能成为序参量的承载者。找到了序参量就找到了影响政策网络协同合作的关键环节,当然也就找到了影响政府执行力的关键因素。有时在政策网络由无序到有序的临界状态可能有几个序参量同时存在,每个序参量都想独立主宰政策网络,按照自己的方式影响网络的宏观结构。在某些政策网络中或者在政策网络的某种状态下,权力结构、政府结构、私人结构和社会结构的某些行为可能同时成为序参量,每一个结构都想在政策网络中发挥主宰作用。但是,当几个序参量处于均势状态时,它们可能自动形成妥协,彼此合作起来协同一致地控制政策网络,在这种情况下,政策网络的协同就进入更高层次,政府执行力也随之提升。要提升政策网络不同结构的协同层次,从而提高政府执行力有两条途径,一是通过外部环境输入控制参量,二是网络内部自身组织起来。政策网络带有自组织结构的特征,可以通过内部各种形式的信息反馈自行提高协同的层次。从政策网络视角研究政府执行力问题,应更多地关注后一条途径。权力结构、政府结构、私人结构和社会结构各自自身的优化,以及它们之间良好的协同合作关系所导致的整个政策网络的优化,是提高政府执行力的关键。

政策网络中的序参量,可能来自于相互作用的各结构中的某一个结构的行为参量,也可能来源于导致各结构间协同合作的某些参量。这说明权力结构、政府结构、私人结构和社会结构各自的行为参量,都有可能成为影响政策网络运行状态的序参量。各结构之间的权力、资源和利益的交换,也有可能成为决定政策网络运行状态的序参量。这决定于在政策网络各种结构的相互作用中,哪一种结构的行为参量在运行中被放大,从其他结构和参量中脱颖而出,它就成为序参量。它一旦形成就开始主宰政策网络演化的过程,各结构按序参量的指令产生相应的行为,对政府执行力起支配作用。哪一个结构的行为参量能够成为序参量,决定于如下因素:政策网络的类型、政策问题的性质、政策形成的过程,以及政策合法性的程度。序参量形成的另一个来源就是导致各结构间协同合作的因素,这主要有:行为认同、价值认同和规范认同等。哪一种关系因素可以成为序参量,这决定于不同结构之间在政策形成过程的互动程度。通过揭示四种结构、两个系列不同参量各自的相互关系和两个系列各参量之间的关系,可以对不同类型的政策网络结构中政府执行力作出描述,从而为提高政府执行力提供思路。

4. 政府执行力与政策网络的学习机制

如果从政策网络各结构的相互关系中寻找提升政府执行力的途径,就不能不对政策网络的学习机制进行考察。政策网络中各构成结构之间的协同合作主要是通过学习机制完成的,也就是说,政策网络中各结构之间的学习过程,构成了提升政策网络的协同程度进而提升政府执行力的内在机制。当然,对政策网络的学习机制必须从广泛的意义上来理解。政策网络各结构之间的行为认同来自于政策网络中的行为学习,而价值认同则来自于政策网络中的价值学习,不言而喻,规范认同当然来自于政策网络中的规范学习。在政策网络中,任何学习都不是单向的,而是由各种通路和回路构成的全方位、多向度学习的网状结构。这就"预示着政府在推行公共政策过程中既要避免单向的控制机制,又要充分注重政策效果反馈的回路;既要承担起领导、协调的关键角色,又要重视与社会网络组织建构合作和交流机制。"①行为学习、价值学习和规范学习,既表明了政策网络学习形态的类型,也反映了政策网络学习的不同层次。通过学习的不断深入,政策网络的协同合作程度不断提升,政府执行力也在不同层次上展现出来。

行为学习的目的是发现构成政策网络的权力结构、政府结构、私人结构和社会结构行为背后的利益要求。在政策网络中,每一个结构都有自己的利益要求,有时不同结构之间的利益要求存在着很大的差异。行为学习的过程就是对其他结构的利益要求逐步认可,对自己的利益要求进行逐步调整的过程。各结构根据其他结构的利益要求,对自己的利益要求进行修正,以缩小各结构之间利益要求的差距。对利益要求学习的目的是达成利益上的共识。然后,以不同结构体都能接受的利益取向为依据制定公共政策,这样可以减少公共政策实现的阻力。

价值学习主要表现为对政策目标的学习。政策形成过程的首要任务,就是按照政策网络达成共识的利益取向选择政策目标。在选择政策目标的过程中之所以需要学习,因为利益取向只规定了政策目标的方向。在政策目标形成的过程中,按照利益取向规定的方向,各结构在相互作用的过程中,通过学习对凝聚起来的价值进行提炼和升华。政策目标确立之后还有一个再学习的过程,把政策目标凝聚起来的价值向政策网络各结构扩散,使政策目标真正成为各结构的共同目标。

---

① 蔡京京等:《政策网络中的政府治理》,《理论探讨》2005 年第 4 期。

规范学习是对政策工具的学习。规范学习的过程,也就是在政策工具库中寻找有效的政策工具的过程。政策工具明确以后,还必须通过进一步的规范学习,使之变成政策网络中各结构的行为准则和依据。通过上述学习,政策网络政策实现的功能才能有效地发挥出来,使政府执行力得以充分展现。

可以根据政策网络要素的依赖性、互动的持续性和社会的自主性,把政策网络分为不同的类型。不同类型政策网络的学习有不同的特点。根据上述特征对中国的政策网络结构进行考察,可以得出如下类型:权力主导型、政府自主型、私人支配型、团体制约型和平等互动型。当然,在不同类型的政策网络中,不同结构的学习和不同内容的学习,同政府执行力的关系会显现出不同的特点。在权力主导型的政策网络中,决定政府执行力的关键因素主要来自两个方面:一是来自于权力结构的学习能力,学习的内容主要集中在其他结构的利益要求上;二是来自于政府的学习能力,主要内容是对政策目标和政策规范的学习。通过学习形成权力结构和政府结构的协同运动,并使之成为决定政策网络状态的序参量。当然,其他结构的学习作用也不可忽视。政府自主型的网络结构,主要是通过学习提高政府自身的素质,优化政府自身的结构。私人支配型也可以称为市场主导型,在这种类型的政策网络结构中,政府执行力决定于政府同私人组织之间的关系。在团体制约型的政策网络结构中,政府执行力主要决定于权力结构和政府结构,对利益群体或利益集团利益要求的回应能力。这是建立在对不同群体利益要求的正确认识和合理回应基础上的。平等互动型政策网络结构,影响政府执行力的主要因素是各结构在互动中协同的层次,也就是协同形成的基础。协同是以行为认同为基础,还是以价值认同为基础,或者以规范认同为基础,直接决定政策网络的协同程度。不同类型的政策网络虽然学习的内容是相同的,但学习的重点不同。

如果说行为学习、价值学习和规范学习反映了政策网络学习的不同层面的话,而顺应、认同和内化则成为反映政策网络学习的不同程度的概念。政策网络的学习有一个从顺应到认同再到内化的深化过程。政府执行力是随着政策网络学习的逐步深化而提升的。顺应只是一种浅层次的学习,认同是学习的进一步深化,价值观的内化才是学习的最高境界。顺应的基础是被动地接受。在政策网络的学习过程中,某些结构体迫于某种压力对其他结构体的利益要求并不认同,或者是政策网络确定的政策目标和政策工具并不认同,只是被动地接受。在这种情况下,某些结构体就有可能选择不作为,以影响政策网络政策实现的功能,从而对提升政府执行力产生不利的影响。认同是学习的中间层次,由于政策网络中各结构对其他结构的利益要求在理解的基础上认可,进而对政策目标和政策工具也认可,就会为实现政策目标贡献自己的行为。当然,认同也有一个程度的问题,是对行为的认同还是对价值的认同和规范的认同,不同层次的认同会反映出不同的行为特点。但由于认同也没有达到学习的最高境界,发生行为偏离的现象不可避免,这也会影响政府执行力。内化是学习的最高层次,它是把政策目标中所承载的价值取向内化为自己的价值取向,把政策规范内化为自己的行为准则的过程。如果政策网络中各个结构都能达到内化这一学习的最高层次,政策实现才有高效率,政府执行力才会在更高的层次上展现出来。

5. 政府执行力与政策网络的妥协机制

在通过学习机制提升政策网络协同程度的过程中,妥协的作用不可忽视。没有妥协就没有协同。政策网络的妥协机制在提升政策网络协同性方面发挥着重要的作用。“具体的政策后果取决于特定的政策网络主体之间的结构性关系以及相关政策网络参与主体之间的谈判、妥协与博弈。”①这表明政府执行力的提升还依赖于政策网络的妥协机制。“所谓政治妥协,是指在特定的社会共同体中,政治利益冲突的双方或各方,以社会共同体为念,以相互宽容为怀,依据共同认可的规则,通过彼此间利益的过渡来解决或暂时解决政治冲突的一种社会调节机制。”②妥协的核心内容是强调利益的互换。构成政策网络的各结构之间为了达成一致相互之间要做出一种退让,而这种退让实质上就是一种利益的整合,由此形成了政策网络的妥协机制。这是提高政策网络协同程度,进而提升政府执行力的重要机制。

---

① 唐皇凤:《政策网络与政策后果:中国的运用》,《中共浙江省委党校学报》2004 年第 1 期。

② 万斌等:《论政治妥协》,《浙江学刊》2005 年第 1 期。

政策网络的学习机制，归根结底反映的是权力结构、政府结构、私人结构和社会结构利益取向的整合过程。通过这种整合而使各结构达成一致。妥协是一种普遍遵循和经常使用的达成一致的重要机制。在政策网络中，各结构都有自身的利益要求，每一个构成主体都想在政策实现中获得更多的利益，或者把自己的利益取向变为现实，由此就结成了一定的利益关系。在政策网络的利益关系中，每一个结构利益取向的实现都要受到其他结构的影响，脱离了对不同结构利益取向的整合，任何结构利益取向的实现都不能摆脱其他结构的纠缠。对政策网络中各结构利益取向进行整合，要求不同结构都要做出或多或少的妥协让步。

政策网络的运行是通过权力、资源和利益的交换实现的。政策网络的构成主体自身都掌握着一定的可以用来交换的权力、资源和利益，这也是进入政策网络的先决条件。当然，每一个网络主体都想在政策的运行过程中获得更大的利益。如果政策网络的构成主体都从自身利益的最大化出发，由于政策网络资源的稀缺性，不可能满足所有的构成主体的所有的利益要求，势必导致利益上的冲突，使政策网络的运行中断，政策网络的各构成主体利益的实现就此搁浅。在政策网络中，实现自身利益的最有效的办法就是尽快地同其他构成主体达成一致，而这种达成一致的途径就是各构成主体通过谈判协商、互谅互让以形成“多赢”的局面。在这个过程中各方必须做出一定的妥协。虽然各构成主体都无法实现原初的利益要求，但同各自的利益都无法实现相比，不失为一个明智的选择。从博弈的视角分析，政策网络的妥协机制可以看做是一种正和博弈，它使博弈双方的利益所得之和大于所失之和，从而增进政策网络各构成主体的整体利益。

权力结构和政府结构在政策网络的妥协机制中，发挥主导作用，承担着协调各构成主体利益关系的任务。政府的执行力一定程度上体现在协调能力上。政府要在同政策网络的其他构成主体的互动中，明确昭示如果各方都不做出妥协将会导致的相害后果，敦促达成某种默契。使政策网络各构成主体在各自的排他性利益之上，能够达成对超越于各自利益的共同利益的共识性认知，并在此基础上主动做出必要的妥协。妥协作为政策网络的一种运行机制，是人类的在解决不同利益主体相互关系上经长期探索作出的理性选择。妥协意味着相互承认对方利益表达与利益追求的权利。从这个意义上来讲,决定政府执行力的核心要素来自于政府自身对妥协机制的运用。通过妥协形成权力结构、政府结构、私人结构和社会结构的协同互动,从中提升政府的执行力。

总之,从政策网络视角解读政府执行力问题,政府执行力的提升依赖于政策网络的协同机制,这就要求政府善于抓住影响政策网络协同效应的关键因素,协调好不同结构之间的关系。政策网络的协同机制又是通过政策网络的学习机制实现的,政府要学会如何把政策网络的学习引向更高层次,以提升政策网络的协同程度。政策网络的学习过程也是不同结构之间做出妥协的过程,政府要善于引导不同结构通过妥协达成正和博弈。政府要在政策网络的协同机制、学习机制和妥协机制的综合运作中提升政府执行力。

六、公共精神与政府的政策执行

政府执行力是保证公共政策有效实施的首要条件,它直接影响公共政策的有效性,进而影响政府的公信力,甚至影响政府的合法性。对政府执行力可以从工具理性的意义上来把握,把制度、体制、机制、方法、技术等作为提高政府执行力的着力点,这固然重要,但是,提高政府执行力仅仅从执行工具上做文章是不能奏效的。从价值理性的视角来考察,站在政府价值取向这一更高层次上来审视政府执行力问题,探讨公共精神与政府执行力的关系更为重要。执行者的价值取向是影响执行力的关键性因素。公共精神缺失从根本上弱化了政府的执行力,要提高政府的执行力必须大力弘扬公共精神。使政府的行为真正以公平正义为宗旨,以公共利益为取向,以公共责任为依托,以公民参与为支撑。公共领域的发展和完善,可以一定程度地解决政府公共精神缺失问题,提高政府执行力。

1. 公共精神缺失影响政府执行力

公共政策的有效实施需要两个最基本的条件,一是政策内容的科学性和合理性;二是政策执行的坚定性和有效性。这里不来探讨如何确保政策内容的科学性和合理性,而把它作为已经确定的前提。在此前提下,政府执行力就成为确保公共政策有效实施的唯一条件。

政府执行力通常来自于两方面，即执行立场的坚定性和执行工具的有效性。执行的制度、体制、机制、方法、技术等属于执行工具的范畴。制度不健全、体制不完善、机制不优化、方法不得当、技术不先进，毫无疑问，政府执行力必然大打折扣，影响政令畅通。但是，即使具备了上述所有的条件也不一定能够保证政令畅通，因为，执行立场的坚定性是执行工具有效发挥作用的先决条件。影响执行立场坚定性的因素很多，从根本上来说，执行立场的坚定性根源于执行者的价值取向。只有当公共政策本身的价值取向同执行者的价值取向基本一致时，才能坚定执行者的立场。执行立场的坚定性可以确保执行工具有效发挥作用，在两者相互促进中提升政府执行力。如果执行者的价值取向同公共政策本身的价值取向相佐，尽管执行工具的选择是合理的，也无法更有效地发挥作用，进而降低政府执行力。政府的权力是一种公共权力，其公共政策的公共性是题中应有之义。哈贝马斯指出："国家是'公共权力机关'。它之所以具有公共性，是因为它肩负着为全体公民谋幸福这样一种使命。"①有效地执行公共政策，保证政令畅通，离不开执行者的公共精神。树立了公共精神，执行者的价值取向同公共政策的价值取向才能一致起来，公共政策的有效执行也才具备了必不可少的先决条件。公共精神作为"以人为本"理念的具体昭示，构成了政府执行力的灵魂。从这个意义上说，要提高政府的执行力，就必须在政府中大力弘扬公共精神。

公共精神最早可以追溯到古希腊的先哲们对公民美德的推崇，从柏拉图的"公共的善"到亚里士多德的"至善"无不闪烁着公共精神的光辉。亚里士多德把人定义为在本性上"趋向于城邦生活的动物"。人必须过城邦生活，为城邦的公共善服务，才能真正完善人的本性。这是亚里士多德对公共精神最原始的阐述。西方中世纪的思想家托马斯·阿奎那认为："人天生是社会的和政治的动物，注定比其他一切动物要过更多的合群生活。"②因此，公共性是人的重要特点。马克思把人看作是社会性的动物，认为人的本质就是社会关系的总和。公共性体现了人的社会性本质，对公共精神持否定的态度

---

① 〔德〕哈贝马斯：《公共领域的结构转型》，曹卫东等译，学林出版社 1999 年版，第 2 页。

② 〔意〕托马斯·阿奎那：《阿奎那政治著作选》，商务印书馆 1982 年版，第 44 页。

是站不住脚的。当然,承认公共精神的现实存在,与对公共精神做出合理的规定还有一定的距离。可以从历史上不同观点的解释中寻求合理的说明。对公共精神要做出合理的规定,关键是要合理地解释“公共”这一概念。不论是在历史上还是在现实中,不同的学派对“公共”概念都有着不同的理解。多元主义认为,“公共”体现在利益集团的相互作用之中。公共选择理论从功利主义观点出发,把“公共”看做是社会个体成员私利的总和。代议民主论认为民选官员是直接代表公众的,他们对公共问题的看法持有最合法的发言权,言外之意,民选官员就代表“公共”。新公共管理理论把政府的服务对象视为顾客,在他们看来,“公共”就等同于顾客。新公共行政理论认为“公共”是同公民联系在一起的,公民就是“公共”。上述观点都没有真正把握公共的本质,也都无法用来揭示公共精神的真谛。

乔治·弗雷德里克森对公共的阐述有重要的启发意义。他指出:“公共……强调的是,一个人从只关心自我或自我的利益发展到超越自我,能够理解他人的利益。它意味着一个人具有这样一种能力,它能够理解其行为对他人所产生的结果。”①根据弗雷德里克森对公共概念的分析,可以把公共精神视为对“公共”的一种信念、一种关爱、一种责任,是一种以他人和社会为依归的价值取向。

在现实的政治生活中,公共精神的缺失是影响政府执行力的重要因素。由于公共精神的缺失使政府的某些部门和某些地方政府的行为偏离了公共利益的轨道,甚至用自身的利益取代公共利益,弱化了对最终意义的价值追求。在种种情况下,面对反映公共利益的政策,他们就会从自身利益出发,搞上有政策,下有对策,合意的就执行,不合意的就不执行,只顾局部利益,不顾全局利益,搞地方和部门保护主义。中央政府制定的政策到了某些部门和某些地方就变形扭曲,大打折扣,导致政策措施不能落实,政策目标无法实现。政府一旦失去了公共精神,公共权力就会被滥用,就会成为政府为自身谋取私利的工具,使政府行为偏离正确的轨道。失去了公共精神的政府,更严重的还可能被某些社会强势群体所俘获,成为某些强势群体谋求不正当利益的工具。更有甚者,政府的某些部门和某些地方政府

① 〔美〕乔治·弗雷德里克森:《公共行政的精神》,张成福等译,中国人民大学出版社2003年版,第18页。

还有可能同某些强势群体结成利益共同体，同中央政府进行博弈。在这种情况下，政策执行工具无论多么有效也无法发挥作用，严重地影响政府的执行力。多少政令不畅，执行不力的情况，都可以在公共精神的缺失上找到其原因。

2. 公共精神缺失的原因分析

由于政府偏离了公共精神以至于影响政府执行力的现象屡见不鲜。政府的某些部门和某些地方政府之所以会缺少公共精神，原因是多方面的。弗雷德里克森指出："公共之所以丧失，是因为缺乏一种公共哲学。""在缺乏公共哲学的情况下，由于没有人对公共行为负责，所以大多数人的行为的后果都是相当自私的。"①公共哲学可以从根本上支撑公共精神。缺少公共哲学导致了公共精神的缺失，这还仅仅是从意识领域本身寻找原因，实际上，任何精神现象都可以从历史和现实中找到根据。公共精神缺失其原因是多方面的。

市场原则的负面效应是导致公共精神缺失的重要原因。中国的经济体制改革是一种以市场为取向的改革，它提高了社会的经济效率。但市场原则也有负面作用，特别是把市场原则加以泛化，其消极影响就会显露出来。市场原则向政治领域的渗透，必然侵蚀政府的公共精神。市场经济重视个人权利，这一方面唤起了人们对个人权利的重视，这可以看做是人的自我意识的一次觉醒。但对个人权利的过分夸大，有可能起到一种遮蔽作用，使公共意识逐渐暗淡。这就导致了"公共"在政府某些官员的头脑中开始淡漠，在他们那里公共精神似乎成为理想化的期盼，失去了实际的价值。个人权利的过度张扬使他们丧失了公共责任感。社会公共生活和公共秩序赖以维持的公共精神被遗忘了，政府的执行力从何而来，怎么能够保证政令畅通。市场奉行等价交换原则，这是市场经济条件下经济活动的基本原则。这一原则一旦超出经济领域，其负面效应就会显露出来。尤其是等价交换原则侵入政治领域，产生的腐蚀作用极大，严重的会把政府公共精神侵蚀殆尽。政府丢掉了公共精神，其后果是非常可怕的，会导致寻租和腐败现象到处泛滥。这样的政府还有什么执行力

① 〔美〕乔治·弗雷德里克森：《公共行政的精神》，张成福等译，中国人民大学出版社2003年版，第21页。

可言。市场以效率为根本取向，但是，效率并不是政府唯一的价值追求，甚至不是主要的价值追求。自由、民主、人权，以及公平正义这才是政府最根本的价值取向。可能有人会讲，政府追求效率是提高政府执行力的重要条件，试想脱离了公共精神的效率会导致什么样的结果，这是不言而喻的。市场原则向政治领域的入侵，腐蚀了政府的公共精神。

传统政治文化的消极影响是公共精神缺失的又一个重要原因。在中国的传统政治文化中，有很多精华的东西，它支撑了中华民族的优秀传统。但是，传统政治文化中的糟粕所产生的消极影响也不可低估。在中国的历史上，虽然有悠久的民本思想渊源，但却缺少真正意义上的公共精神。原因在于中国古代社会传统的组织结构中，缺少形成公共精神的内在根据。社会公共交往领域是公共精神赖以存在的基础。几千年的封建统治造就了中国家国一体的社会结构，以家为单位的小农经济使家庭、家族成为个人和社会生活的基础。公共领域在传统社会结构中发育不良，导致中国传统政治文化中缺少真正意义上的公共精神。儒家的修身、齐家、治国、平天下的传统观念，在中国的封建社会成为社会意识建构的基本元素。修身、齐家、治国、平天下，家国之间缺少社会这一中间环节，社会公共交往领域在家和国的挤压下难以发展。之所以修身、齐家就可以治国、平天下，原因就在于家国本来就是统一的。统治者通过儒家的意识形态对民间社会进行整合，必然使家族精神成为社会占统治地位的精神，与社会责任感和社会公德心相联系的公共精神的缺乏也就不足为怪了。历史发展到今天，社会组织结构已经发生了深刻的变化，社会公共交往领域正在形成。但是，缺少公共精神的传统文化的影响并没有彻底消除，一直影响到今天。由于受这种传统政治文化的影响，某些政府官员公共精神淡漠，把个人或部门的利益放在第一位，必然影响政府的执行力。

管理主义的片面追求也是导致公共精神缺失不可忽视的原因。西方的新公共管理运动曾是最具影响力的政府改革运动，由于被一些国内学者和政府官员所推崇，对中国的政府体制改革也产生了很大的影响。在借鉴它的某些做法进行政府体制改革的同时，切不可忽视可能产生的消极影响。新公共管理继承了管理主义的衣钵，奉行的仍然是古典泰勒主义的管理原则，强调私人部门管理的理论、方法、技术及模式在公共管理中的应用。中国政府的某些部门和某些地方政府公共精神的缺失,与新公共管理运动奉行的管理主义的片面追求不无关系。“由于强调效率、经济、官僚体制与技术,功利主义在公共行政的改善方面起到了很大的作用。但是,在使公共这一崇高的理念丧失方面,功利主义也发挥了很大的作用。”①管理主义的经济人假设是新公共管理运动的出发点,也是新公共管理理论的逻辑起点。这种人性假设把人都看作是以谋求自身利益最大化为目的的自利人。政府官员在这种人性假设面前也无法摆脱自利人的纠缠。对公共利益的否定当然也就否定了公共精神。经济人假设的导向作用与公共精神是背道而驰的。新公共管理理论极力推崇市场机制,否定了效率以外的其他价值,也就否定了公共利益。全面引入市场机制,政府放弃了部分社会职能,这固然可以减轻政府的负担,但不可避免地要削弱政府的公共责任感。新公共管理否定了私人部门同公共部门的根本差别,忽视了政府的特殊性。公共性恰恰是政府不同于私人部门的本质特征,政府必须代表公共利益,坚持公共目标,承担公共义务,肩负公共责任,一句话,要弘扬公共精神。私人部门也要承担社会责任,但是,它当然不需要向政府那样以公共利益为依归。照搬私人部门的管理经验、原则和方法,忘记了政府的特殊性会导致政府公共性的丧失,因而公共精神也就无从谈起了。

上述种种原因造成了政府的某些部门和某些地方政府公共精神的缺失。要使政府牢固地树立以公共利益为价值取向的公共精神,必须消除市场原则的负面效应,摆脱传统政治文化的消极影响和管理主义的片面追求,坚持政府改革的正确方向。

3. 弘扬公共精神与提高政府执行力

要提高政府的执行力不能仅仅把着眼点放在执行工具上,单纯围绕方法和手段做文章有时是难以奏效的。政府是否真正具有公共精神直接影响政府执行力,因此,弘扬公共精神是提高政府执行力的关键因素。而要弘扬公共精神,政府必须按照公共精神的要求调整自己的行为。

---

① 〔美〕乔治·弗雷德里克森:《公共行政的精神》,张成福等译,中国人民大学出版社 2003 年版,第 20 页。

第一,政府必须坚持以公平正义为宗旨。公平正义是公共精神中蕴含的政府行为的终极价值。虽然公平正义在不同的历史条件下会有不同的内涵,但基本方向是一致的。“在一个由公众承认的政治正义观念加以有效调节的秩序良好社会里,每一个人都接受相同的正义原则。”①按着罗尔斯的观点,正义即公平。政府不仅要为人们表达公平正义的渴望提供广阔的渠道,而且要为在社会生活中实现公平正义而努力。在政府面前不公正的现象应该失去其合理性和合法性。在政府价值层面,体现其价值依归的公共精神显然就是对公平的承诺和践诺,这意味着要保证所有公民身份上的平等,要保证在社会公共交往中权利与义务的对等;对正义的信仰就是对社会基本正义原则的坚持与维护。政府具有了公平正义的崇高的信念,何愁政令不通。

第二,政府要毫不动摇地坚持以公共利益为取向。政府必须代表公共利益才能体现公共精神。公共利益如果能够得到保证,人们就会自觉地接受和维护这种公共秩序,所以政府代表公共利益进而维护公共秩序的功能是其公共精神的重要体现。准确地说,公共利益是一个特定社会群体存在和发展所必需的、该社会群体中不确定的个人都可以享有的社会价值。公共利益分为广义的公共利益和狭义的公共利益。广义的公共利益包括国家利益、一切正当的私人利益和公共利益。而狭义的公共利益就是通常所说的社会公共利益,主要是指国家共同体中除国家利益、私人利益以外的不特定人的正当利益②。实际上公共利益是通过公共服务才能够满足的共同需要。政府以公共利益为取向必须牢牢把握这一主要之点,否则,就会偏离真正的公共利益。

第三,政府要以公共责任为依托。政府应该具有的公共精神是由它所承担的公共责任决定的。公共责任是由公共权力赋予的责任。作为公共精神的重要组成部分的公共责任,也是公共精神的依托。公共责任是一种法定的责任,也是一种政治责任,其实质就是政

---

① 〔美〕约翰·罗尔斯:《作为公平的正义——正义新论》,姚大志译,上海三联书店2002年版,第页。

② 陶攀:《2004年行政法年会“公共利益的界定”之议题研讨综述》,《行政法学研究》2004年第4期。

府必须对公民负责。政府要弘扬公共精神,必须把承担公共责任放在第一位。

第四,政府的行为必须以公民参与为支撑。公共精神是以公民参与为支撑的。公民参与是民主政治建设的重要内容。民主是人类社会的一种价值追求,也是当代政府行为的基本价值之一。民主行政的信念就是相信民众。根据主权在民的理念,政府的权力来自于公民,必须为公民所占有。公民参与政府的活动是主权在民理念的具体体现,也是主权在民理念的必然要求。公民参与包含丰富的内容,它不仅仅反映在政策制定过程,也应贯穿于政策执行的全过程。公民的广泛参与直接制约政府的行为取向,以保证政府的行为以公共精神为依归。公民积极参与不仅可以维护公民的自身利益,而且可以维护公共利益。更为重要的是当政府公共精神淡漠,进而弱化满足公民需要,实现公共利益的能力时,公民广泛的政治参与可以发挥其监督作用,以纠正政府的错误行为。

总之,政府公共精神的缺失是影响政府执行力的首要因素。要提高政府执行力必须弘扬公共精神。要使政府牢固地树立公共精神,从根本上来说,依赖于公共领域的发展,公民社会的成熟。为了提高政府执行力,保证政令畅通,必须推动民间组织的尽快发育,发展公共领域,使公民社会不断走向成熟。

七、公共政策效能提升的路径选择

公共政策效能是公共政策有效性的外在表现。要提升公共政策的有效性,首先必须对公共政策效能衰减机制进行分析和探讨。公共政策效能衰减分为有效衰减和无效衰减两种形式。公共政策效能有效衰减是公共政策效能运行规律的反映,而无效衰减是在公共政策效能没有正常释放的情况下发生的,是影响公共政策目标实现的主要因素。公共政策共同体中,不同行为主体之间行为取向的多元化和行为方式的分散化,是公共政策效能无效衰减主要原因。公共政策共同体中各行为主体以理解为目的的交往活动,是减少公共政策效能无效衰减的重要途径。现有制度设计上的不完善,导致公共权力一定程度上的垄断化、碎片化和异质化,这是造成公共政策效能无效衰减的根本的原因。打造有利于公共政策共同体中各行为主体在平等互动基础上的，有效的和全方位、深层次交往的制度性平台，实现公共权力在组织上、资源上和功能上的整合，是克服公共政策效能无效衰减，提升公共政策效能的根本途径。

1. 公共政策效能的分析和评价

公共政策效能就是公共政策对政策目标群体及其相关因素产生的影响，它是公共政策发挥作用的根据，是实现公共政策目标的前提。公共政策对目标群体和相关因素产生的影响可以分为积极影响和消极影响。积极影响就是同政策目标和价值取向方向相一致的影响。它能够推动政策问题的解决和政策目标的实现，从而推动经济社会的发展。对公共政策效能的内在结构进行分析，它是由公共政策效果、公共政策效益和公共政策效应构成的。公共政策效果指的是政策目标实现的程度，反映的是政策结果和政策目标的关系。公共政策效益是指政策成本和政策收益之间的关系，政策收益大于政策成本说明政策效益比较好，如果是政策成本大于政策收益说明政策效益不好。可以通过政策收益和政策成本的比较来确定政策效益。政策效应是指政策的连带影响，也就是一项政策通过政策效果和政策效益的实现对其他因素产生的影响。

对公共政策效能进行评价既要对它的效果进行评价，也要对它的效益进行评价，还要对它的效应进行评价，才能综合反映一项公共政策的效能。评价的方法论原则就是要把事实评价和价值评价有机结合起来。既要评价一项政策是否实现了政策目标及实现的程度，一项政策的政策收益和政策成本之间是什么关系，是否获得了理想的政策效益，同时也要评价一项政策实现政策目标和获取了理想政策效益的价值所在。也就是既要运用工具理性分析政策工具和政策目标的关系，也要运用价值理性分析目标同意义的关系，即实现政策目标究竟有什么意义。例如，以牺牲生态环境为代价的经济发展应如何评价？记得改革开放之初，政府就一再强调，我们的经济发展不能以牺牲环境为代价，走西方国家先污染后治理的路子。结果是我们的经济发展付出了昂贵的生态环境代价，水被污染了、空气被污染了，土地也被污染了。再如，2008 年美国爆发了金融危机，其影响很快波及整个世界，中国也未能幸免。金融危机导致美国房地产价格大幅度下滑。中国房地产的价格也受到了影响，曾经一路上扬的价格开始松动，出现下降的苗头，这恰恰是市场机制起作用的结果，然而在政府的干预下，结果房地产价格在原来已经很高的基础上又大幅度攀升。GDP 增长的速度保住了，其中又有多少个百分点同房地产价格有关？房地产进一步掠夺了社会财富，造就了大量“房奴”，同时也透支了政府的公信力，甚至影响了政府的合法性。这样的 GDP 增长意义何在？因此，只有把工具理性和价值理性结合起来才能对公共政策的效能做出客观的、全面的评价。

对公共政策效能进行评价的具体方法，可以把统计分析评价和利益相关者满意度评价结合起来。统计分析评价是通过在确定评价指标体系的基础上构建相应的评价模型，运用模型对相应的统计数据进行分析做出评价。可以一定程度上反映出一项公共政策的实际效能。但是，在运用统计分析评价方法时有一点需要明确，任何评价结果都只具有相对意义。不管评价指标体系设计得看上去多么完善，模型构建得多么严谨，都是有局限性的。此外，统计分析评价也要受到评价者价值观念的影响。评价者在设计评价指标体系和构建评价模型时都摆脱不了价值取向的作用，做到完全价值中立是不可能。当然，统计数据的获取、评价指标体系的设计、分析模型的构建，只要遵循通行的原则，评价结果就具有一定的有效性，就可能从一个侧面反映公共政策的实际效能。利益相关者满意度评价方法就是按这特定的原则在利益相关者中选择样本，通过问卷和访谈等形式，让利益相关者对相关公共政策的效能做出评价，并测算出满意度的评价方法。通过此种方法对公共政策效能进行评价，也具有重要的参考价值。在运用利益相关者满意度评价方法时，样本的选择、问卷的设计、访谈的内容、测算的方法都是影响评价可靠性的重要因素。尽管在评价过程中的各个环节都遵循了通行的原则，评价的结果也是相对的，也存在着一定的局限性。各种评价方法的综合运用是提高评价的可靠性，减少评价的局限性的重要途径。为了使公共政策效能评价的结果更有实际意义，尽量运用各种可能的方法进行评价，并对各种方法的评价结果进行比较分析，这样得出的结论才会更符合实际。

2. 公共政策效能衰减的主要形式

在公共政策运作过程中，常常发生政策目标无法实现或实现程度不高等现象，其中的重要原因就是受公共政策效能衰减的影响。探讨公共政策效能衰减机制，并予以有效的控制，对于提高公共政策的有效性，更有效地发挥公共政策的作用具有重要意义。

公共政策效能衰减就是公共政策效能弱化的过程，这一过程可能是渐变的，也可能是激变的。公共政策效能衰减表现为两种形式，一种是正常衰减，一种是非正常衰减。区分两种形式的衰减意义重大，它决定了两种不同的应对策略。

探讨公共政策效能衰减问题，有必要对公共政策共同体中的各行为主体做一个相对的区分，主要可分为公共政策的制定主体、公共政策的执行主体、公共政策的目标主体和公共政策的关联主体。各行为主体以及它们之间的相互关系，构成了公共政策的共同体。之所以对他们都冠以主体的称谓，主要是要强调他们之间地位的平等性。公共政策效能是在公共政策共同体之中通过各行为主体交往形成的，也是在他们的交往中运作的。公共政策效能的衰减也离不开各行为主体交往中的相互作用。

正常衰减是公共政策运行过程中不可避免的现象。根据公共政策效能运行规律，公共政策效能在公共政策运行过程中都要经历一个由低效期到增效期，再到递减期这样一个周期。① 公共政策效能的正常衰减是公共政策运行周期的必经阶段，这恰恰为新公共政策取代旧公共政策准备了前提和条件。要考察公共政策效能的正常衰减，必须对公共政策效能运行周期进行具体的考察。在公共政策刚刚出台时都要经历一个效能不明显的阶段，也称为低效期。之所以如此，是因为公共政策作为一个体系在发挥作用，公共政策体系的有序运行是公共政策效能释放的必要条件。当公共政策体系有序运行时，其体系实现了某种平衡，公共政策效能在这种平衡中有效释放。一项新的公共政策投入到原有的公共政策体系之中，必然打破原有的平衡，使公共政策体系的运行从有序变成了无序，公共政策效能的释放就会遭遇阻力，导致效能不明显，这时公共政策效能就处于低效期。其原因可以从以下几个方面进行分析，一是新旧公共政策之间有一个磨合期，因为一项新公共政策刚刚投入到公共政策体系当中，

① 刘斌、王春福等：《政策科学研究：政策科学理论》，人民出版社 2000 年版，第 367—368 页。

公共政策体系中原有的公共政策对新的公共政策会产生一种排斥反应,两者的磨合需要一个过程;二是公共政策执行者执行新的公共政策需要一个准备期,执行者掌握新的公共政策,并制定出执行计划付诸实施也需要一个过程;三是公共政策目标主体的行为有一个调整期,目标主体在原有公共政策的作用下已经形成了相应的行为方式,要按照新的公共政策的要求调整行为方式更需要一个过程,在这种情况下,新公共政策的效能无法释放出来。伴随着新旧公共政策之间的排斥反应的逐渐消失,执行者的准备阶段的结束,目标主体的行为方式开始调整,公共政策效能就会逐渐显现出来,而且不断强化,此时公共政策效能运行就进入了增效期。在这个时期,公共政策效能不断释放出来,其作用越来越明显。当公共政策效能逐渐递增直至达到临界点时,公共政策效能就开始衰减。这是因为在公共政策的作用下,目标主体甚至关联主体的行为按着公共政策的要求已经发生了部分改变或全部改变,公共政策所要解决的公共问题逐步得到解决,公共政策效能进入递减期。目标主体和关联主体行为调整的过程,公共政策问题解决的过程,也就是公共政策效能衰减的过程。这种衰减是在公共政策效能有效发挥作用前提下的衰减,所以也可称为有效衰减。公共政策效能的正常衰减是公共政策运行过程中的必经阶段,需要注意的是当公共政策效能衰减接近于零的时,应及时地终止原有的公共政策,以避免其效能向相反的方向转化,产生更大的负面效应。

公共政策效能的非正常衰减是公共政策效能在没有正常释放、没有有效发挥作用的情况下发生的衰减。对公共政策效能的非正常衰减必须予以足够的关注,它是影响公共政策问题解决和公共政策目标实现的关键因素。公共政策效能的非正常衰减是在公共政策效能运行处于增效期发生的衰减。当公共政策效能运行经过低效期后开始进入增效期,公共政策效能本应逐步显现出来,并随着公共政策作用的有效发挥而不断增强,但是,由于种种原因公共政策效能没有显现出来或者显现不充分。这种现象在公共政策运行过程中,在体制、机制存在问题的情况下是经常发生的。它使公共政策问题不仅没能解决还有可能进一步激化,直接影响公共政策目标的实现。

如果对公共政策效能衰减做类型化的分析,可分为空间衰减、时间衰减和力度衰减。空间衰减又分为局部衰减和全局衰减;时间衰减又分为短期衰减和长期衰减；力度衰减又分为轻度衰减和重度衰减。掌握衰减的不同类型，可以更有针对性地采取不同措施解决相关问题。特别是对那些全局性的、长期性的和重度性的衰减应予以足够的重视。

公共政策效能的非正常衰减，多发生在限制性的公共政策领域。公共政策从其作用方式的角度可以划分为鼓励性的公共政策和限制性的公共政策。鼓励性的公共政策鼓励同其取向相一致的行为，并通过利益倾斜的形式调动目标主体和关联主体的积极性，激励他们强化自身的行为，以此来达到公共政策目标的实现。通常鼓励性公共政策的效能具有放大效应，这往往是执行主体和目标主体在执行中和行为调整中力度加大的结果。限制性的公共政策限制同其取向不一致的行为，约束目标主体和关联主体的行为，促使他们弱化或者改变原有的行为，这种改变可能导致原有利益的某种损失。因此，必然遭到目标主体和相关主体某种程度的抵制。通常限制性公共政策效能具有收缩效应。在这种收缩效应的作用下公共政策效能就会产生非正常衰减。公共政策主体要实现公共政策目标，对这种非正常衰减必须进行控制和预防。弄清楚导致公共政策效能非正常衰减的深层次的原因，有针对性地采取有效措施方能避免或减少公共政策效能的非正常衰减，有效发挥公共政策应有的作用。

3. 公共政策效能的非正常衰减

公共政策效能的有效释放需要具备相应的条件，依赖于公共政策共同体中不同行为主体之间行为取向的一致性和行为方式的协同性，否则，公共政策效能的非正常衰减就不可避免。公共政策共同体是由公共政策的相关者组成的交往群体，是承载公共政策运行的载体。公共政策共同体中的不同行为主体，都是与公共政策具有相关性的群体，他们手中各自都掌握着相应的资源，其中包括权力资源、物质资源和合法性资源，能够对公共政策效能的有效释放产生影响。按照不同行为主体在公共政策共同体中主要扮演的角色，可分为公共政策制定主体、公共政策执行主体、公共政策目标主体和公共政策关联主体。当然，这种划分只具有相对意义，在公共政策运行过程中不同角色之间并不是完全界限分明的，在某些情况下会出现角色互换，在某些情况下还可能出现角色同构现象。因此，不同行为主体在功能上存在着多个主体具有同一功能,同一主体具有多种功能等现象。尽管如此,对公共政策共同体中各行为主体的角色做相对划分还是很有必要的,它是进行行为分析的前提。

公共政策共同体中,不同行为主体之间行为取向的多元化和行为方式的分散化,使公共政策效能在各种力量相互掣肘中损耗,公共政策效能非正常衰减就成为必然。是什么原因导致公共政策共同体中各行为主体之间的行为无法形成合力,这是一个复杂的问题。首先,可以从认知的视角来分析。对同一个公共问题,同一个公共政策方案,由于不同主体认知结构和认知特点上的差异会形成不同的认识,认识上的不一致就可能导致行为上的不一致。公共政策共同体中的各行为主体由于文化环境、教育背景和生活阅历上的不同,知识结构、思维方式、认识能力等方面必然存在差异,面对同样的问题情境所形成的认识可能大相径庭,对公共政策问题会做出不同的界定,进而对公共政策目标的合理性产生不同的理解,对公共政策工具的有效性形成不同的看法,导致不同行为主体行为上的多样化,甚至产生背离公共政策原则的行为,公共政策效能自然无法释放出来。

公共政策共同体中各行为主体的行为不能形成合力,更重要的原因来自于行为背后所隐藏的价值因素。价值取向上的不一致更容易导致行动上的抵牾。公共政策制定主体如果以公平为取向,而公共政策执行主体则以效率为取向,就不可能达到行为上的一致,反之亦然。此外,如果公共政策制定主体和执行主体认为秩序比自由更重要,以秩序为取向,相反公共政策目标主体和关联主体则认为自由比秩序更重要,而以自由为取向,也很难产生一致的行为。公共政策效能就会在公共政策共同体中,不同主体相互矛盾的行为中发生衰减。当然,对价值取向的分析并不如此简单,其中包含非常复杂的关系。

从公共政策制定主体角度分析,公共政策制定主体的价值取向必然渗透到公共政策目标和公共政策工具之中。在通常情况下,公共政策制定主体的价值取向同公共政策目标是一致的,但是,在公共政策制定过程中没有考虑到各种复杂的因素,对可能出现的不良情境防范措施准备不够充分。当公共政策共同体中的其他行为主体出现与公共政策目标相左的行为或消极行为时,没有相应的应对措施予以纠正,只能任其发展,必然影响公共政策效能的发挥。然而,在有些情况下，公共政策制定主体的价值取向同公共政策目标存在着事实上的不一致，造成这种现象的原因是公共政策制定主体迫于某种外在的压力，违心地确定同自己价值取向不一致的公共政策目标。外在压力可能来自于社会公众，也可能来自于某种强势集团。有时公共政策制定主体迫于社会公众的压力，作出具有象征意义的回应。象征性的公共政策不可能显现出实际的效能。

从公共政策执行主体角度分析，公共政策执行主体的价值取向是否同公共政策的价值取向相一致，成为影响公共政策效能的最主要因素。这主要表现为以下两种情况，一种情况是公共政策执行主体的价值取向同公共政策的价值取向相背离。这多发生在公共政策执行主体同时也是目标主体或扮演了目标主体的角色，或成为重要的关联主体的情况下。公共政策效能的有效发挥会导致公共政策执行主体利益上的损失，执行主体或是消极对待，或是极力阻挠公共政策的实施。另一种情况是公共政策执行主体被强势集团所绑架。某项公共政策的实施会导致强势集团的利益受损，强势集团依靠其强势地位左右公共政策执行主体，使公共政策执行主体的行为取向发生扭曲，产生与公共政策要求相违背的行为。公共政策执行主体本来是负责公共政策实施的，现在却成了阻挠公共政策实施的力量，公共政策效能不可能显现出来。

从公共政策目标主体角度分析，公共政策目标主体的价值取向同公共政策的价值取向是否一致和一致的程度，直接影响其是否能产生公共政策所期待的行为。公共政策目标主体是公共政策效能的受众和承载者，能否按照公共政策的期望调整自己的行为，对公共政策效能的发挥有更直接的意义。公共政策目标主体能否按照公共政策的期望调整自己的行为，调整的程度如何，影响因素非常复杂。公共政策目标主体原有行为和公共政策期望行为之间的反差越大调整起来就越困难；公共政策目标主体原有行为内在依据的复杂性，也是影响其行为调整的重要因素。原有行为根据越复杂调整起来越困难，在这两种情况下公共政策效能非正常衰减的可能性比较大。公共政策目标主体原有行为持续的时间时间越长，需要调整的时间也会延长，公共政策效能衰减的时间可能会更长。公共政策目标主体原有行为的一致性程度越高，公共政策效能的衰减就越可能具有全局性，相反，一致性程度越低衰减就越可能是局部的。

从公共政策关联主体角度分析，公共政策的关联主体的构成比较复杂，在公共政策共同体中，除了主要扮演公共政策制定主体、执行主体和目标主体之外的行为主体都可以称为关联主体。根据公共政策关联主体同公共政策价值取向的关系，可分为取向一致的关联主体、取向中立的关联主体和取向相悖的关联主体。取向相悖的关联主体是导致公共政策效能非正常衰减的重要因素。他们在关联主体中所占的比重越多、取向越坚定公共政策效能非正常衰减的可能性就越大，衰减的程度就越重。

以上是从公共政策共同体中各行为主体行为的角度，分析了公共政策效能非正常衰减的原因。各行为主体认知上的不一致和价值取向上的多元化，成为导致公共政策效能非正常衰减的重要原因。公共政策效能非正常衰减还有更深层次的原因。公共政策各行为主体之所以会产生同公共政策行为期待相左甚至相反的行为，归根结底还是制度上的弊端造成的。现有的制度设计上的不完善，使公共政策所依托的公共权力发生了某种程度的变异，导致公共权力一定程度上的垄断化、碎片化和异质化，这是造成公共政策效能非正常衰减的更根本的原因。

公共权力的垄断化是指公共权力被政府部门所垄断，政府部门成为公共权力的唯一主体，公共权力的真正主体丧失了主体地位，委托人和代理人的角色发生错位，其他社会群体都沦为被动承受政府部门权力作用的客体。公共政策共同体中不同主体之间地位失衡。政府部门同其他社会群体之间不能平等交往，很难在行为上达到一致。公共政策共同体内的公共政策制定主体、公共政策执行主体、公共政策目标主体、公共政策关联主体，他们之间的地位本来应该是平等的，共同肩负着公共权力运作承担者的使命，共同行使公共权力，推动公共政策的有效运行，但是，由于公共权力被垄断，公共政策制定主体单一化和凝固化，使其他主体处于被动状态，在公共政策运行中无法发挥应有的作用，公共政策效能非正常衰减势所必然。

公共权力的碎片化可分为纵向碎片化和横向碎片化。纵向碎片化是指公共权力纵向链条的断裂，通常表现为由于中央政府权力和地方政府权力的纵向分割，导致中央政府权力弱化和地方政府权力的膨胀。自上而下和自下而上的连接通道不畅通，致使政令失去了统一性。中央政府和地方政府分权以后，中央政府和地方政府的权力界限划分不清晰,权责不明确。在公共政策共同体内,中央政府通常扮演公共政策制定主体的角色,而地方政府通常扮演公共政策执行主体的角色。由于公共权力的纵向碎片化,公共政策制定主体和公共政策执行主体的行为不能有效衔接,公共政策效能必然发生非正常衰减。横向碎片化是指公共权力横向链条的断裂,通常表现为政府各部门之间由于权力的过度分割无法形成合力。政府整体权力弱化,部门权力强化。在公共政策运行过程中,由于公共权力过于部门化使不同部门之间的协调能力下降,不同部门的公共政策主张出现矛盾,政府整体的整合能力不能发挥应有的作用,公共政策效能就会在各种矛盾中衰减。

公共权力的异质化是对公共权力偏离公共利益取向的一种描述。公共权力本来是代表公共利益的,实现公共利益是公共权力的唯一使命,但是,由于制度设计上的缺陷,对政府行为缺少有效的约束机制,公共权力偏离公共利益情况就可能随时发生。公共权力整体偏离公共利益的现象也是存在的,但更多地表现为部分偏离,因为从整体来看,追求和维护自身的合法性是公共权力的重要特征。单一的政府部门和地方政府,往往忽视公共权力整体的合法性问题。由于公共权力整体的合法性问题并不是它们关注的对象,某些政府部门和某些地方政府自身利益的膨胀,就会出现部门权力侵害整体权力的问题,从而导致权力对权利的蔑视。更有甚者,由于种种原因某些政府部门和某些地方政府成为强势群体的代理人,致使强势群体利益膨胀侵占公共利益,导致中势群体和弱势群体利益受损。这种被异化了的公共权力是造成公共政策效能非正常衰减的重要原因。

导致公共权力垄断化、碎片化和异质化的原因,可以从制度设计的缺陷中寻找。这里所说的制度是在比较宽泛意义上使用的概念,主要指与公共政策相联系的公共权力的组织结构及其运行规则。中国虽然整体上已经处于工业化中期,但由传统的农业社会向现代的工业社会转型还没有完全实现,而且这种转型又是在发展很不平衡的状态下进行的,个别落后地区还处在农业社会,有些地区已经跨入工业社会或进入工业化中期,而有些发达地区已开始向后工业社会迈进或已经进入后工业社会。这种复杂的社会结构必然反映在制度设计上。制度设计上的缺陷恰恰反映了社会结构转型的特点。马克斯·韦伯设计的科层制是与传统的工业社会相联系的管理体制。西方发达国家在实现工业化后，都建立了比较完善的科层制，形成了以规范的科层制为基础的公共权力运行体制和机制。科层制以其专门化、等级化、规则化、非人格化和技术化的特征，把合理性与合法性紧密结合在一起，严格按着等级和法规运作权力，并试图通过提高技术合理性为合法性注入活力，加速了公共权力运作的科学化和规范化。正是由于科层制所发挥的积极作用，确立了自身的历史地位，使其得到了科学理性时代的价值认同。当然，科层制也有自身的缺陷，因而无法适应后工业社会的需要，这恰恰是已经进入后工业社会的西方发达国家，开始探讨适应后工业社会的行政组织架构和行政体制的原因。在中国从来就没有形成真正意义上的科层制。中国走的是工业化和信息化两步并作一步走的新兴工业化道路。伴随着从农业社会向工业社会转型，伴随着新兴工业化道路，从现存的行政体制和组织架构的总体来看，其主要特点是与传统的农业社会相联系的组织架构和行政体制，与工业社会相联系的组织架构和行政体制同与后工业社会相联系的组织架构和行政体制交织在一起，形成了独特的公共权力运行的体制和机制。由于没有完全摆脱农业社会的组织架构和行政体制的影响，导致公共权力垄断化。在没有形成真正意义上的科层制的基础上，进行不适当的纵向分权和横向分权，导致公共权力碎片化。在社会阶层结构逐渐分化，社会组织不完善，强势群体集团化倾向明显，中势群体和弱势群体组织化程度不高的情况下，政府部门和地方政府的权力得不到有效约束，导致公共权力异质化。这是造成公共政策效能非正常衰减的更深层次的原因。尽管特定的制度设计可以在社会结构中找到其内在的根据，但是，这并不能成为容忍制度缺陷的理由。从积极的意义来理解，这恰恰为完善现存的制度提供了方向性的指导。

4. 公共政策效能提升的路径

克服公共政策效能的非正常衰减，依赖于公共政策共同体中各行为主体的行为整合。通过整合使各行为主体在公共政策运行过程中达成行为上的一致，共同实践公共政策所期待的行为。公共政策共同体中各行为主体之间的行为，归根结底，要通过在共同体中的交往而得到整合。“交往行为概念所涉及到的是至少两个以上具有语言和行动能力的主体间的互动，这些主体是使用（口头的或口头之外的）手段，建立起一种人际关系。行为这通过行为语境寻求沟通，以便在相互谅解的基础上把他们的行动计划和行为协调起来。”①有效的和全方位、深层次的交往行为，可以达到认知上的一致和价值上的包容，进而带来行为上的整合。使公共政策效能在各行为主体的行为整合中有效发挥出来，减少非正常衰减。

公共政策共同体中各行为主体以理解为目的的交往活动，构成了行为整合的基础。由于交往的结构不同，公共政策共同体中各行为主体行为整合的程度也有所区别，在克服公共政策效能非正常衰减中发挥的作用也存在差异。在不同行为主体交往的过程中，随着交往层次的不断深入，行为整合的程度会不断提升。以理解为目的的交往活动，根据理解的层次的不同可分为，理解行为的交往活动、理解认知的交往活动和理解价值的交往活动。所谓理解行为的交往活动，是指公共政策共同体中的各行为主体通过交往彼此理解各自的行为，从而产生策略性行为选择，在应对计算的基础上使各行为主体的行为得到整合。这种整合是以顺应为基础的，是一种浅层次的行为整合。理解行为的交往活动仅仅是在应对中选择行为，解决的是行为的协调性问题。这在克服公共政策效能非正常衰减中可以发挥一定的作用，但作用有限。理解认知的交往活动就是通过交往各行为主体可在认识上达成一致的交往活动。这种交往可以在沟通中达成共识，解决认识的一致性问题，从而产生理智性行为选择，使共同体的行为整合建立在认知共识的基础之上。这种行为整合是以认同为基础的，是一种层次较深的行为整合。这种交往活动在克服公共政策效能非正常衰减中发挥着重要作用。理解价值的交往活动可以达到各行为主体价值上的相互包容。各行为主体价值上的包容是以理解为目的的交往活动的最高层次。在交往中，他们理解和接纳各自不同的价值取向，并把它纳入到自己的价值体系之中，解决价值的融合问题，从而产生高度整合的协同性行为。在此基础上的行为整合是以内化为基础的整合，是价值包容基础上的一致性行为。只有达到如此境界，才能从根本上克服公共政策效能的非正常衰减

---

① 〔德〕哈贝马斯：《交往行为理论》，曹卫东译，上海人民出版社2004年版，第84页。

问题。

对现存制度的完善，必须尽快消除与传统农业社会相联系的组织架构和行政体制的消极影响，把与工业社会相联系的，以科学管理为基础的组织架构和行政体制同与后工业社会相联系的，以人本治理为特征的组织架构和行政体制有机地结合起来，构建起有利于公共政策共同体中各行为主体在平等互动的基础上，实现有效的和全方位、深层次交往的制度性平台。这种新的制度性平台应该为公共政策共同体的开放性、包容性和公共性提供制度上的保证。保证所有的相关者进入机会的平等，使他们以同等的机会进入共同体参与公共政策的运作；保证所有的相关者权利地位的平等，在遵守共同规则的基础上，不受任何外在强制地行使自己的权利；保证所有的相关者发挥作用的平等，在没有任何内在强制的情况下，平等地发表意见、引入议题、提出建议、进行表决。

新的制度性平台的第一个突出特点是权力主体多元化。通过公共权力主体分化机制解决公共权力垄断化问题，实现公共权力向社会的真正回归。公共政策主体的多元化指的是公共政策不再是国家公共权力部门的专利，公共权力部门以外的其他社会组织都可以成为公共政策的主体。在多元主体结构中，非政府组织、公民的志愿性社团、协会、社区组织、利益群体等都可以成为公共政策的主体。公共政策主体的多元化，已经成为现代公共政策运行的重要特征。在原有的制度中，政府事实上成为公共政策的真正主体，其他群体只能承担客体的角色，不可能形成由相关者平等交往组成的公共政策共同体。对社会利益要求的回应仅仅依靠政府，在原有的制度下，无法摆脱公共政策对社会利益需求回应的不适当选择问题，某些相关者的利益要求在公共政策中得不到体现。正是这种选择性会导致公共政策偏离公共利益。新的制度平台强调的是政治国家与公民社会的平等互动、政府与非政府组织的平等互动、公共机构与私人机构的平等互动。各行为主体通过平等的交往组成共同体，共同承担公共政策运行的任务。如果公共政策共同体开放到能够容纳所有的相关者，使所有的相关者都成为公共政策的主体，就可以克服公共政策回应机制的不适当选择问题，解决公共政策回应机制对社会利益需求反应失灵的问题。

新的制度性平台的第二个突出特点是组织结构整体化。通过公共权力的功能整合机制解决公共权力碎片化问题,实现公共权力的整体性协同运作。在原有的制度中,由于在缺少有效约束机制的情况下实行了不适当的分权,使政府组织在纵向上出现断裂,横向上出现缝隙。组织结构的纵向不一致,横向不协调,公共权力的整体运作必然受到影响,公共政策体系的整体效应无法发挥出来。新的制度平台要整合公共权力的功能,必须首先整合公共权力的组织结构。组织结构的整合包括横向整合,即同一层次不同部门之间的整合,也包括纵向整合,即上下不同层级部门的整合。基于政治与行政的同质性,注重权力的集中和组织要素的统筹协调,形成新的组织架构,从横向与纵向两个维度强化或恢复中央组织的权力。通过组建具有统筹协调能力的委员会,加强横向的权力整合,在此基础上,通过各部委同地方政府的合作,加强纵向的权力整合。中央部门不同公共政策领域之间增加横向协作、中央机构和地方机构在公共政策运行中增强纵向协作。无论是横向协作,还是纵向协作都要以平等的交往为基础,通过深层次和全方位的交往实现信息交流制度化、合作形式建制化,达到价值上的相互包容。在中央各部门之间、中央部门与地方政府之间建立起了新型的伙伴关系。形成公共政策决策的整体化、执行的整体化,监督的整体化。在组织整合的基础上实现资源的整合,进而达到功能的整合。

新的制度性平台的第三个突出的特点是传导机制网络化。通过公共权力的自我修复机制解决公共权力异质化问题,保证公共权力的公共性。公共权力的公共性集中体现在代表和实现公共利益上。在原有的制度中,公共政策的传导机制往往是自上而下或自下而上的线性传导机制,中间某一个环节出现障碍就会导致传导的中断,公共政策效能就会发生非正常衰减,公共利益无法实现。在公共政策传导过程中一旦发生环节上的错位,就有可能导致整体功能的偏离,使公共政策退化为某一个群体实现自身利益的工具。在网络状态下,公共政策传导机制不再是一种线性的传导机制,而是一种网状的传导机制,这不仅可以克服线性传导可能产生的传导阻断的现象,使公共政策的传导机制快速、便捷地发挥其应有的作用。在网络状态下,公共政策可以全方位地反映公共政策共同体中各行为主体的利益要求,通过利益整合凝结成公共利益,以此为导向确立公共政策目标。在网络状态下,各行为主体通过资源交换而达到资源的整合。

它可以克服传统制度下设置的资源壁垒,打破不同部门的界限,打破公共部门同私人部门的界限,把各种资源整合起来,全方位地动员公共政策资源。在网络中迅速达成公共政策目标,对公共利益作出有效的回应。更重要的是由于某个环节上的问题使公共政策偏离公共利益时,这种网状的传导机制,还可以在公共政策共同体内部不同行为主体之间全方位的交往中及时予以纠正,进行自我修复,确保公共政策效能的有效发挥,实现公共利益。

第四章 公共政策与多元治理模式

多元治理模式是提升公共政策合理性和有效性的重要途径。多元治理模式作为一种新的治理模式需要新的理念作为支撑,而新的理念又是由新的思维方式决定的。思维方式同治理模式有着非常密切的关系,从一定意义上说,思维方式规定着治理模式,因此,要形成新的治理模式必须要首先转变思维方式。多元治理模式也是保证公共政策公正性的前提条件。多元治理模式涉及到政府、市场和社会的关系。正确处理公共政策主体同公民个人及社会组织的关系,实现政府同社会的良性互动;正确处理公共政策主体同私人组织的关系,实现政府同私人组织的良性互动,以及把两个互动有机结合起来,真正实现政府、社会和私人组织的有效协同,可以为公共政策的公正性提供基础。有一点需要特别指出,多元治理模式同西方的政治多元主义理论不同,它强调的是在公共政策运行过程中,政府、市场和社会的良性互动和协同运作。

一、公共政策与治理模式的变革

不同的治理模式形成了不同的公共政策运行方式,直接影响公共政策的合理性和有效性。而治理模式同思维方式又有着极为密切的关系。思维方式的演进是推动治理模式变革的重要的力量。对思维方式的演进过程可以从不同的角度进行考察。以主体和客体关系为主线探讨人类思维方式的演进过程,从西方历史发展来看,经历了古希腊的客体—客体的思维方式、中世纪的客体—主体的思维方式、近代以来所形成的主体—客体的思维方式,发展到主体—主体的思维方式。在不同的思维方式的推动下,不同历史时期形成了不同的治理模式。古希腊时期的客体—客体思维方式，催生了以智慧为核心的自由、民主和平等的治理模式；中世纪的客体—主体思维方式，催生了以信仰为核心的专制治理模式；近代以来的主体—客体思维方式，催生了以科技理性为核心的官僚制的治理模式；当代的主体—主体思维方式，催生了以人文理性为核心的协商互动的治理模式。从思维方式演进的高度解析治理模式变革的历史，能够更深刻的理解公共治理的真正底蕴。中国传统的整体性、系统性、直觉性和意向性的思维方式，造就了具有中国特色的治理模式。以主体—主体思维方式所昭示的观念为指导，探讨适合中国特点的公共治理模式，对于推动公共政策体制改革，完善公共政策运行的体制和机制具有重要意义。这同时也意味着要真正实现治理模式的变革，提升公共政策的合理性必须首先转变思维方式。

1. 传统的思维方式与治理模式

所谓思维方式，“是指在人类社会发展的一定阶段上，思维主体按照自身的特定需要与目的，运用思维工具去接受、反应、理解、加工客体对象或客体信息的思维活动的样式或模式，本质上是反映思维主体、思维对象、思维工具三者关系的一种稳定的、定型化的思维结构。”①每个人都有自己的思维方式，不同民族或同一民族在不同历史时期所形成的思维方式，往往都有其不同的特征，这决定了不同民族有不同民族的思维方式，即使同一民族在不同的历史条件下也会形成不同的思维方式。思维方式从一定意义上决定了人的行为方式。思维方式不同决定了人在从事各种活动时，对客观对象的反映、解释、选择、评价、操作等会有不同的方式，对公共事务的治理活动也是如此。有了国家就有了对公共事务进行治理的活动。探讨思维方式与治理模式的关系，有必要对西方传统的思维方式及其演进过程予以考察。

西方传统思维方式的形成可以追溯到古希腊时期。从主体和客体的关系来看，古希腊时期人的思维方式是在主体意识还没有确立的情况下形成的，根据其特点，可以称之为客体—客体的思维方式。这在古希腊先哲们的客体性本体论的思想中可以得到印证。无论是

① 高晨扬：《中国传统思维方式研究》，科学出版社2012年版，第3页。

米利都学派的泰勒斯把“水”作为万物的始基，还是爱非斯学派的赫拉克利特把“火”作为万物的始基，都使万物在本原上获得了统一，而且这种统一是一种客观形态的统一。尽管普罗泰哥拉曾提出过“人是万物的尺度”①，苏格拉底也曾借用德尔斐神庙墙上的一句箴言呼唤“认识你自己”②，这曾被看做是人的主体意识最初觉醒的标志，但客体—客体的思维方式仍然是古希腊人最主要的思维方式。柏拉图的“理念”论和亚里士多德的“实体”论更有说服力地证明了这一点。柏拉图把世界分为两个，一个是理念世界，一个是现象世界，这两个世界的关系是原本和摹本的关系，理念世界是原本、模型，现象世界是理念世界的影子或摹本。③ 可见，这个理念世界也并不是主体性的存在，而是一种客观存在，所以，柏拉图的本体论仍然是一种客体性的本体论。“实体”是亚里士多德哲学思想中最基本的概念，代表所有事物的固有本质。在亚里士多德看来，实体也可以称为主体，但这只是在事物运动、变化的载体和承担者的意义上的主体。正是在这一意义上，所有的事物都是主体，所有的事物都具有主体性。这种存在论意义上的主体性仍然没有脱离客体的固有属性。柏拉图和亚里士多德的哲学代表了古希腊哲学的最高成就，仍然以客体—客体的思维方式探讨世界的奥秘。这种思维方式在古希腊时期的地位可见一斑。

当然，一定历史阶段所形成的思维方式是由一定历史阶段的生活方式决定的，归根结底，又决定于特定的生产方式。而一定历史阶段所形成的治理模式，从根本上来说，是由当时的经济制度和政治制度决定的。但是，一种思维方式一旦形成，又会极大地影响人们的生活方式，进而对治理模式产生重大的影响。这种客体—客体的思维方式所蕴含的平等理念，推动和强化了古希腊特有的管理公共事务的城邦民主制。古希腊的城邦民主制是在氏族社会解体基础上形成的。在原始的民主观念、平等观念、权利和义务观念的引领下，造就了古希腊人特有的生活方式，同时，也形成了古希腊人特有的客体—

① 北京大学哲学系外国哲学史教研室：《古希腊罗马哲学》，三联书店 1957 年版，第 138 页。

② 黄颂杰等：《古希腊哲学》，人民出版社 2009 年版，第 87 页。

③ 北京大学哲学系外国哲学史教研室：《西方哲学原著选读》（上卷），商务印书馆 1981 年版，第 73—74 页。

客体的思维方式。这种思维方式一经形成反过来又进一步强化了民主、平等、权利和义务等观念。在客体—客体思维方式的推动下，自由、民主、平等的治理模式，在古希腊的雅典经过梭伦和克里斯提尼的改革，到伯里克利时代达到了当时历史条件下近乎完美的程度。但是，有一点需要指出，那就是在古希腊占人口大多数的奴隶和妇女是没有公民权的，也就是说大多数人无法享受这样的民主。自由、民主、平等仅仅是对公民而言的。

在古希腊的雅典，随着城邦民主制度的逐步完善，对公共事务的管理主要靠公民自主进行。管理公共事务既是公民的权利，也是公民的义务，由此形成了一系列的制度设计。公民是公共事务事实上的管理者，公职岗位向所有的公民阶层开放；公民以抽签的方式选举公职人员；在公共事务的活动中公民拥有充分发表个人意见的自由；涉及公共事务的决策由全体公民进行表决，这不仅很好地解决了公民权的问题，而且培养了公民参政的习惯和意识。每天有近一半的公民在为国家公共事务而忙碌。选举权、表达权、抉择权和罢免权成为公民真正享有并能够有效行使的权利。这种高度民主的公共事务管理方式，为雅典带来了经济的空前繁荣、政治的空前昌明和社会的空前稳定。伯里克利曾非常自豪地说："我们的政府为大多数人而不是少数人谋利，这就是它被称为民主政体的原因。"①

在古希腊的民主制度中，没有以物质财富拥有的多寡而享有不同公民权的公民，没有以金钱决定的政治权力，没有以公共权力谋取私利的腐败行为，它浸透着古希腊人高超的政治智慧。在这种民主制度下，对公共事务的管理更多靠的是政治活动家和公民的政治智慧，难怪柏拉图认为最理想的国家应该是哲学家作为国王管理的国家，他说："除非哲学家成为我们这些国家的国王，或者我们目前称之为国王和统治者的那些人物，能严肃认真地追求智慧，使政治权力与聪明才智合而为一"。② 他认为，正义是城邦最高的善，只有哲学家的智慧才能洞悉善的理念。哲学家为王能够把知识和权力高度统一起来，"使全体公民彼此协调和谐，使他们把各自能向集体提供的利

① 马啸原：《西方政治制度史》，高等教育出版社 2000 年版，第 16 页。

② 〔古希腊〕柏拉图：《理想国》，郭斌和等译，商务印书馆 1986 年版，第 215 页。

益让大家分享。"①哲学家之所以能够认识善的理念,实施正义,是因为他受到神的启示。

柏拉图把神引入理想国,这恰恰构成了奥古斯丁基督教神学的逻辑起点,开启了西欧中世纪的神学统治之门。在中世纪,神学统治一切,哲学和科学都沦为神学的婢女。人性被神性所压抑,人类在古希腊时期刚刚觉醒的主体意识几乎丧失殆尽。神成为主宰一切的主体,人沦落为神统治的对象,成为神实现自身目的的工具。本来是人创造了神和神的世界,反过来人却成为神奴役和拯救的对象,必须服从神的意志,这是人性的异化。其结果是人被客体化了,神堂而皇之地以主体自居,成为至高无上的统治者。伊里纳吉就认为,上帝是万物的真实本质,它内在于万物之中,而万物则是上帝的外部显现,"唯一真实的是上帝","是包罗万象的存在"②主体性不属于人,只为神所拥有。人作为客体,神作为主体,形成了中世纪特有的客体—主体的思维方式。

在客体—主体思维方式的作用下,信仰高于理性。对社会"公共事务"的管理,宗教信仰发挥着主导作用。奥古斯丁认为,世界万事万物都是上帝从虚无中创造出来的。"教权至上",教会是上帝建立的"天城",教会的权力高于世俗的权力,凌驾于世俗国家之上,因而,教皇应凌驾于国王之上,成为最高统治者。在中世纪,西欧各国君主由教皇加冕已成为惯例。难怪教皇英诺森三世自称为"万王之王,万主之主",充分显示了教皇至高无上的权力。由此形成了以信仰为核心的管理方式,产生了权力高度集中的封建专制制度。尽管在中世纪初期,由于受封建制原则的影响,封建主在其领地上是权威的象征,公共权力被封建主和教会变成了"私权力",导致公共权威的碎片化。但是,随着封建专制制度的确立,王权逐步得到加强,最后形成了政教合一的专制体制,王权在神权的庇佑下大行其道,甚至可以随心所欲,一切都取决于国王个人的意志。在封建专制制度下,国王集立法、司法、行政权于一身。把国家权力化作私人性质的忠诚与保护的关系。

① 〔古希腊〕柏拉图:《理想国》,郭斌和等译,商务印书馆1986年版,第270页。

② 北京大学哲学系外国哲学史教研室:《西方哲学原著选读》(上卷),商务印书馆1981年版,第136页。

旧制度中往往孕育着新制度的萌芽。为了起草和书写文件，法国和英国设立了国王的私人秘书，后来在法国发展成为国务秘书，在英国发展为首席大臣，变成了政府的真正首脑。国王的统治主要靠由过去的王廷发展而来的大小会议，也称为御前会议。英国的御前会议后来改建为由国王直接领导的枢密院，成为国家最高的立法和行政机构。在普鲁士，由国王直接领导，对国王负责的枢密院成为最高的行政机关。法国的三级会议和英国的国会发展成为立法机关。当时，法律和司法最典型的表现是作为处理封君封臣及与之相应的封土关系准则的私法。近代以来形成的公共事务的管理方式，在欧洲中世纪晚期已见雏形，尽管它还比较模糊，尽管它仍然是封建君主的御用工具，但从中可以看到新的管理方式的影子。当然，要使之真正发展成为新的治理模式，还依赖于新制度取代旧制度的革命变革。

2. 现代的思维方式与治理模式

西方现代的思维方式肇始于文艺复兴时期，伴随着启蒙运动对人性的呼唤，伴随着人的主体性的回归而逐渐形成的。启蒙运动的思想家们用“人性”取代“神性”，用理性崇拜取代宗教偶像，用“天赋人权”否定“君权神授”，用自由对抗暴政，用人生而平等来反对封建等级特权，恢复了人的价值，彰显了人对自由、平等、博爱的渴望。伴随着启蒙运动的呼唤，是人的主体意识的觉醒和主体性的回归。笛卡尔以其特有的普遍怀疑的理性沉思，找到了一个无可怀疑的“第一条原理”，即“我思故我在”①。以此为出发点，重新划分了主体和客体的二元世界，使主体性回归于人，把人之外的一切都作为客体，提供了人的主体性确立的内在根据。康德的“人为自然立法”②，完成了一场哥白尼式的哲学革命，真正确立了人的主体性属性。人性和人的主体性的张扬引发了思维方式的变革，把中世纪弄颠倒了的关系重新颠倒过来，形成了现代的主体—客体的思维方式。在人与自然的关系上，人是主体，自然界是客体；在人与人的关系上，自我是主体，他人是客体。主体可以建构客体、规范客体、利用客体、改造客

① 北京大学哲学系外国哲学史教研室：《十六—十八世纪西欧各国哲学》，商务印书馆1975年版，第148页。

② 〔德〕康德：《未来形而上学》，庞景仁等译，商务印书馆，1982年，第92页。

体,把客体作为实现主体自身目的的工具。主体甚至可以通过奴役客体来确立自身的统治地位。人性在摆脱了专制的束缚以后得到了充分的张扬,理性在冲破了神学的禁锢后充满了征服一切的乐观主义精神。

伴随着人的主体性的回归使人释放出空前的能量,相信自身可以无往而不胜,能够征服一切对象,相信理性是万能的,可以获得一切知识。人性的张扬,在主体—客体思维方式的作用下,形成了积极的个人主义,成为推动社会发展的内在动力,加快了现代化的步伐。理性的张扬,在主体—客体思维方式的作用下,摆脱了传统的羁绊,在享有充分自由的状态下,无拘无束地去发现、去发明、去创造。在理性之光的照耀下,带来了空前的科学繁荣和技术进步,并显示了科学技术对人类社会发展的巨大推动作用,同时,也推动了治理模式的变革。

在主体—客体思维方式下,管理最主要的工具是科学,对公共事务的管理也不例外。自从泰勒通过《科学管理原理》实现了由经验管理向科学管理的转变之后,科学管理不仅成为企业追求的目标,而且也成为公共事务管理的主要方式。马克斯·韦伯的官僚制以其专门化、等级化、规则化、非人格化和技术化的特征,把合理性与合法性紧密结合在一起,严格按着等级和法规运作权力,并试图通过提高技术合理性为合法性注入活力。韦伯的官僚制是同工业社会相联系的管理方式,它适应了工业社会对公共事务管理提出的要求,比较好地解决了政府在管理活动中面临的问题,加速了政府管理的科学化、现代化。正是由于官僚制所发挥的积极作用,确立了自身的历史地位,使其得到了科学理性时代的价值认同。但是,随着公共事务管理活动的发展,官僚制存在的弊端也逐渐显露出来,它导致层级森严,效率低下,行政成本过高;严格刻板、规章繁琐,限制了人的创造性;职能交叉、机构臃肿,遇事相互推诿;极端推崇理性,扼杀行政人员的个性;官僚形成了受到特别保护的利益集团,并不断地侵犯公众的利益。“官僚制犹如一个巨大的铁笼,将人固定在其中,压抑了人的积极性和创造精神,使人成为一种附属品,只会机械地例行公事,成为没有精神的专家,没有感情的享乐人,整个社会将变得毫无生气。”“人追求理性、合理化,把管理作为一种手段,但最后却在合理化中丧失了自我,管理变成了目的本身。”①难怪西方新公共管理运动的首要任务就是摒弃官僚制,重塑政府。

贝克莱的“存在就是被感知”②导致了“唯我论”,并把主体—客体的思维方式推向极端。“自我”是主体,其他一切都是客体,其结果形成的是自我中心主义,伴随着理性经济人假设的不适当的扩张走向了极端个人主义。主体—客体思维方式的极端化,推动“自我”按照自己的意志去征服和改造客体,使人与人之间的关系恶化,甚至走向对抗。“按主体与客体分离对立的二元论模式去说明人与人之间的关系,强调的必然是个人独立于他人的重要性,而他人作为自我的对象,则‘合乎逻辑’地遭到蔑视和贬低,其结果无疑会走向人我的对立。又由于人人都把自己视为独一无二的主体,人人都视自身为‘至尊’,由此导致极端个人主义的泛滥。无怪乎‘几乎所有现代性的解释者都强调个人主义的中心地位’”。③

主体—客体思维方式的极端化进入公共事务管理领域,导致公共权力被滥用,政府和社会公众的关系扭曲。政府把自身看做是主体,其他一切都是客体。政府是统治者,社会公众是被统治者。公共权力运作的所有形式,不管是孟德斯鸠的“三权分立”也好,还是威尔逊的“两权分离”也好,包括威权主义和高度集权等,都只不过是政府主体对公众客体的不同统治方式而已。政府和社会公众的关系陷入矛盾之中,导致一系列可怕的后果。一是政府主体意识的强权化和社会公众意识的游离化。伴随着政府主体意识的不断强化,政府唯我独尊,人民主权被虚置,社会公众的主体意识在一系列的困惑中弱化,从而导致角色错位,甚至角色上的冲突。社会公众由于彷徨而焦虑,由于困惑而紧张,由于迷茫而躁动。二是政府的自我中心化和社会公众地位的边缘化。在政府的眼中,政府才是权力的中心,社会公众只不过是被管制的对象,是政府实现自身目的的工具。社会公众被公共权力边缘化了,成为与政府相对立的力量。三是政府权力的扩张化和社会公众权利的被动化。政府的权力不断扩张,不断蚕食

---

① 丁煌:《西方行政学说史》,武汉大学出版社 1999 年版,第 87 页。

② 北京大学哲学系外国哲学史教研室:《十六—十八世纪西欧各国哲学》,商务印书馆 1975 年版,第 540 页。

③ 徐健等:《后现代主义解读:主体的消亡与重建》,《社会科学家》,2009 年第 9 期。

社会公众的权利。社会公众是否拥有某种权利并不取决于自身，而取决于政府相关的制度安排，取决于政府的价值取向。社会公众的权利选择和权利防御处于一种被动的格局之中。四是政府利益的膨胀化和社会公众属性的异质化。随着政府权力的不断扩张，政府自身的利益也逐渐膨胀，导致政府与民争利，同时，又有政府手中握有的公共权力保驾护航，社会公众在利益受到损害时感到很无助。由于社会公众主体属性的缺失，成为政府之外的一种异己的力量，常常会导致极端者的暴力倾向。在某种权利被剥夺时，会变得愤愤不平，甚至在手段上采用冲突的方式予以应对。

在政府把社会公众作为被统治的客体的同时，在主体—客体思维方式的影响下，政府也被社会公众客体化了，成为社会公众批判的对象。近现代以来，社会公众批判政府已成为普遍现象，只不过是批判的方式和程度不同而已。当政府和社会公众的矛盾激化到不可调和的地步时，就有可能像马克思所说的"批判的武器"就会被"武器的批判"所代替，用"物质的力量"来摧毁"物质的力量"。①

3. 后现代思维方式与治理模式

后现代，不管它是一种思潮，还是一个具有时间意义的称谓，并不能改变它以对现代性的批判为己任的核心理念。"后现代主义的中心任务就是批判现代性，而批判现代性的两个重点，就是批判个人主义在当代的绝对化发展和理性主义的片面发展"。② 现代性的自我中心理念导致了个人主义的绝对化，企图把"自我"以外的一切都变成"自我"奴役的对象，公共性仅仅成为一种奢望。现代性中科技理性的扩张和工具化，把人的理性片面化了。在启蒙时代科学技术本来扮演着解放人的工具的角色，现在却成为奴役人的工具。后现代主义通过对现代性的批判，彰显了自己的本质特征，那就是呼唤公共性和呼唤人文理性。

后现代消解了主体和客体的对立关系，通过交互主体性引发了思维方式的变革，形成了主体—主体的思维方式。这场变革导源于胡塞尔，是他第一个把交互主体性的概念引入了认识论，目的是在他

① 《马克思恩格斯选集》第1卷，人民出版社1995年版，第9页。

② 周穗明：《西方后现代主义思潮的兴衰》，《岭南学刊》2002年第4期。

的现象学中既能坚持先验论,又能摆脱“唯我论”。但是,尽管胡塞尔花费很大的精力来讨论交互主体性的问题,实际上并没有真正解决这一问题,仍然没有跳出主体—客体的思维框架。海德格尔以其“缘在”理论,完成了认识论主体向本体论主体的跨越,摆脱了主体—客体思维方式的束缚。经过伽达默尔的文本与读者关系的“视界融合”,为交互主体性提供了具有存在论意义的基础。在上述基础上,哈贝马斯则通过交往行为理论构建了彻底的交互主体性哲学。按照哈贝马斯的交往行为理论,在主体与主体的交往关系中,不同主体之间没有主动和被动之分,而且,不存在外在力量的强迫问题,不存在约束和被约束的问题,实现了真正意义上的主体间的平等交流、解释、对话、理解、求同、合作。哈贝马斯通过交往理性把片面的主体性升华为交互主体性,展示了主体—主体的新结构,从而超越了主体性哲学,揭示了主体与主体之间的共同性。交互主体性理论尽管有其自身的局限性,但其核心理念已成为推动思维方式变革的重要动力。交互主体性理论从萌芽到逐步成熟,也使思维方式开始了从主体—客体结构向主体—主体结构的演进过程。

这种思维方式的演进,在公共政策运行过程中,从观念上改变了政府同社会公众的关系,也带来了公共治理模式的变革。尽管这种变革的原因很复杂,但思维方式转变的影响作用不可低估。新的治理模式正是在这样的背景下登上了历史的舞台,并展现出全新的特点。主体—主体的思维方式昭示了一系列新的理念,催生了新的公共治理模式的核心观念,形成了它固有的基本特征。

第一,自我与他我共在性的理念,催生了新的治理模式的主体相互依赖的观念,表明政府权力的有限性。在主体—主体的思维方式下,自我和他我的关系不是传统哲学中主体认识、征服和改造客体的关系,而是自我主体和他我主体的共同存在。以这种人与人之间的关系为基础,自我和他我的关系超越了主客关系变成了会合的关系、相遇的关系。每一个独立的自我不是把他我看作是外在的对象性的存在,而是看做是与自我一样的另一个自我,两者的关系应该是共在的伙伴关系。人与人之间互为主体,在公共政策运行过程中政府和社会公众之间也是如此。互为主体表明,政府的主体性要通过社会公众的主体性得以确认,社会公众的主体性也是在同政府的关系中形成的,脱离对方就无法确认自身的主体性。这表明政府权力是有限的，政府和社会公众、社会组织之间存在着权力依赖关系。新的治理模式明确肯定了在涉及共同行动的社会各公共机构之间的权力依赖，也就是说，致力于集体行动的组织必须依靠其他组织，才能实现自己的目标。由于政府与其他社会组织之间，或者各类社会组织之间存在着相互的权力依赖关系，只有彼此交换资源、高度协同才能顺利实现各自的目标。

第二，自我与他我交互性的理念，催生了新的治理模式的平等互动的观念，表明治理不是控制而是协商。交互主体性以各主体之间存在的共同性，打破了传统思维方式中的主从观念，使主体之间在对话、交往和理解的过程中重新建立起人与人之间，即自我与他我真正平等的关系。在公共政策运行过程中，交互主体性使不同主体间的平等交流、平等对话成为真正的现实，同时，也使交流和对话真正具有了它应该具有的意义。因此，交互主体性思想对社会公众正确理解和有效融入公共政策运行之中具有重要的方法论意义。交互主体性表达了在公共生活中多元共生的整体理念。无论政府组织与非政府组织之间，还是公共领域与私人领域之间，都形成了一种平等与协商的互动关系，从而模糊了彼此间的权力界线。政府与社会公众之间不是控制而是协商。

第三，自我和他我去中心的理念，催生了新的治理模式的多中心观念，表明了权力主体的多元性。在传统思维方式中，存在着一种几乎被普遍接受的观念，那就是在自我和他我的关系中以自我为中心，他我对于自我来说只能处于边缘状态。主体—主体思维方式彻底抛弃了自我中心性的理念，认为不存在以谁为中心的问题，每一个主体既是中心又不是中心，中心和边缘的界限是模糊的。在公共政策运行过程中，打破了政府作为权力中心的理念，使权力在不同主体之间扩散。政府是权力主体，但权力主体又不仅仅限于政府，各种公共机构，甚至是私人机构都可能成为权力主体。政府也不再是权力的唯一中心，各种公共和私人机构只要行使的权力得到公众的认可，都可能成为在各个不同层面上的权力中心。

第四，自我和他我无中介的理念，催生了新的治理模式的网络化观念，表明自主网络的权威性。传统思维方式为了超越自我与他我的对立，往往要借助于某种中介以便跨越两者之间设置的鸿沟。交互主体性从间接的主体性关系走向了直接的主体性关系，自我与他我都被直接地扩展为我们,消除了自我的异化,也消除了自我——中介——他我的结构关系,把自我和他我直接联系起来。去除中介的交互主体性表明无数个自我和他我所形成的关系是一种网状的关系,在这张关系网中自我与他我相互依存、相互联系,每一个自我、每一个他我都是这一网状结构上的纽结,地位是平等的。新的治理模式意味着参与者最终将形成一个自主的网络,政府也是这一自主网络中的一个纽结。构成网络的不同主体在特定的领域中进行合作,承担公共事务管理的责任。最终形成了你中有我,我中有你,我离不开你、你也离不开我的参与性自主网络。不同主体在自主网络中通过资源交换和相互博弈,协调利益关系,共同决定政策网络的输出。

第五,自我和他我相包容的理念,催生了新的治理模式的协同性观念,表明治理需要主体之间的良性互动。自我战胜他我、自我同化他我,把他我作为自我实现的工具,这种理念在传统思维方式中屡见不鲜。主体—主体思维方式更多强调的是和谐共生,相互包容。对公共事务的管理不限于政府的发号施令或运用权威,还有其他管理方法和技术,政府有责任使用这些新方法和新技术更好地对公共事务进行控制和引导。公共政策运行需要的是不同主体间的协同运作,协同程度越高,效果越好。不同主体要学会相互倾听、相互宽容、相互尊重,在交往中进行行为学习、价值学习和规范学习,相互理解,协调行动。

4. 思维方式与中国的治理模式

在中国传统的思想观念中,也存在着主体—主体思维方式所昭示的理念。"天人合一"的思想就包含着和谐共生、相互包容等理念,这同主体—主体思维方式所催生的理念可谓异曲同工,只不过是这种理念是建立在主客未分基础之上的,而且更多的是在人与自然的关系中体现出来,它并没有成为推动新的治理模式形成的一种力量。但是,大力弘扬"天人合一"思想观念中隐含的基本理念,可以成为推动思维方式跨越是变革的重要力量。

从总体上来说,中国传统的思维方式还是一种以整体思维和直观思维为特征的思维方式。在这种传统思维方式的作用下,中国形成了高度统一的和高度集权的治理模式。要改变这样一种治理模式首先必须转变思维方式。总结历史是为了现实,借助它山之石是要解决自身的问题,否则就失去了真正的意义。在西方的历史上,伴随着思维方式的演进,在公共事务管理发展过程中所形成的依靠智慧的管理方式、依靠信仰的管理方式、依靠科学的管理方式和依靠人文的管理方式,都有其存在的根据,也都有特定的合理性。每一种新的管理方式都会从原有的管理方式中吸收合理的成分,并把它融入到新的管理方式之中。当代所形成的以人文理性为核心,以协商互动为基础的公共治理模式,是在更高意义上对古希腊时期民主管理方式的回归,是一种包含依靠信仰的管理方式和依靠科学的管理方式合理成分的回归。古希腊形成的治理模式作为原生态,孕育着当代治理模式的一切胚芽形态。它们同当代新的治理模式相呼应,共同为中国通过政治体制改革形成更为完善、更为合理,真正能够实现社会公平和正义的治理模式,提供了可资借鉴的理论成果和实践形式。

在中国公共政策运行过程中,目前主体—客体思维方式还居于主导地位,政府和社会公众的关系仍然没有理顺。这种主体—客体思维方式的极端化,也导致了某些政府组织和政府官员唯我独尊。在他们眼里唯有政府是主体,社会公众不过是政府"治理"的对象而已,由此导致了一系列不良的政府行为,并带有明显的中国特色。一是政府权力不断扩张。在政府同市场的关系上,政府的宏观调控、市场监管职能,伴随着政府权力的扩张变成了直接介入市场竞争,垄断大量资源,垄断产生的超额利润又不同程度地被少数人所垄断,不能合理地回报社会,扩大了社会的不公平;在政府与社会的关系上,政府的社会管理和公共服务职能缺位,伴随着政府权力的扩张,公民的权利受到侵蚀,一定程度上影响了社会的发展。二是政府利益过度膨胀。"理性经济人"假设伴随着经济学的霸权主义向一切领域扩张。一时间,政府也是"理性经济人",政府也有自身的利益,这种带有角色嵌入性质的表述,激发了政府追求自身利益的冲动。"理性经济人"本来应该是对市场经济条件下市场主体本质特征的一种概括,把它泛化到一切领域的所有人,用以涵盖人的全部特征,这不能不说是主体—客体思维方式极端化的表现。但不管什么原因,某些政府组织和某些政府官员自身利益过度膨胀却是不争的事实。三是政府官员恣意妄为。政府官员作为公职人员,其行为代表政府的形象。部分政府官员丧失道德底线,认为手中有权就可以为所欲为,无所顾忌。权力侵害权利的现象时有发生。凡此种种,导致政府的公信力下降,政府的合法性受到影响。当政府把社会公众客体化,把自己主体地位极端化的时候,社会公众在主体—客体思维方式的作用下,不可避免地把政府作为批评的对象。

实现主体—客体思维方式向主体—主体思维方式的转变,对于理顺政府和社会公众的关系,形成新的治理模式具有重要意义。依据主体—主体思维方式所昭示的理念,更新治理观念,借鉴西方的相关理论,形成适合中国特点的治理模式已成当务之急。要形成适合中国特点的治理模式,不仅要处理好政府、市场和社会的关系,而且要处理好人民代表大会、执政党、政府组织、社会公众之间的关系。构建以全方位平等交往为基础的多元治理模式。

新的治理模式必须能够重塑政府和社会公众之间的理解和信任。这就需要确立政府同社会公众的交互主体性的关系。真正实现政府和社会公众之间的主体—主体的平等交往。政府和社会公众可以通过交往达到相互理解,在此基础上发挥政府的作用。政府的作用突出表现在组织完成相关的制度设计,构建政府与其他主体的交往平台,整合不同群体的利益要求,形成公共政策并组织实施。政府的作用必须以政府和社会公众的平等交往为基础,这是多元治理模式最突出的特点。多元治理模式意味着公共政策的主体不再是政府的专利,政府以外的其他社会组织都可以成为主体,实现主体的多元化。在多元主体的结构中,公民的志愿性社团、各种协会、社区组织、利益群体和公民个人等都是公共治理的主体。

二、公共政策的公共性与多元模式

公共政策的公共性主要依赖于公共政策主体行为的公共性,它是公共政策主体有效行使公共权力,调整社会利益关系,实现社会公平正义的决定性条件,也是公共政策主体合法性的基础。公共政策主体作为公共权力的拥有者和行使着,其行为的公共性体现了公共政策主体的本质特征。人类本性中的公共性,构成了公共政策主体行为公共性的内在根据。当然,人类本性中也有自利性的一面,在其作用下可能导致公共政策主体行为公共性的弱化,损害社会的公平正义。提升公共政策主体行为的公共性已成当务之急。公共政策主体行为的公共性主要通过公共产品的供给、公共权力的运作、公共精神的弘扬和公共领域的建构等行为表现出来。政府、私人部门、民间组织和公民的良性互动所形成的多元治理模式,是市场经济条件下提升公共政策主体行为公共性的重要途径。

1. 公共政策主体行为公共性的根据与多元模式

公共政策主体行为的公共性,是公共政策主体行使职能过程中体现出来的公平和正义的价值取向。公共政策主体作为行使公共权力,管理公共事务的公共行政组织,其行为的公共性是其应有之意,也体现了公共政策主体行为的根本特征。政府行为的公共性是实现社会公平正义的前提条件。公共政策主体行为的公共性,归根结底是由人类本性中的公共性一面决定的。但是人类本性中也有自利性的一面,在自利性的作用下,不同程度地存在着公共政策主体行为偏离公共性的现象。需要一种良好的制度设计和较完善的体制建构,抑制其自利性的一面,以保证公共政策主体行为的公共性。多元治理模式指的是公共政策主体选择自己行为时,通过政府、市场和社会的良性互动实现公共政策目标的治理格局。多元治理是由市场经济的本质特征决定的,只要实行市场经济体制结果必然走向多元治理。多元治理模式作为公共政策主体行使其职能的一种方式,合理运用可以提升公共政策的公共性。

多元治理不同于罗伯特·达尔的多元主义。多元主义的核心思想是:“社会体系内存在许多相互竞争的利益集团,政治权力分散在相互竞争的各个利益集团手中,而不是由单一的利益集团或国家独占。在这种权力结构中,相互冲突的利益集团通过直接或间接的院外活动,参与国家政治生活,影响政治决策,以求得本集团利益的实现,国家政策是各利益集团讨价还价和妥协影响的结果。这样,民主就成为建立在社会经济利益、意识形态、价值尺度各异的利益集团之上的一种多元的社会结构状态。”①多元治理主要揭示了政府、市场和社会的关系,也就是通过相应的机制使政府、市场和社会形成良性互动,共同完成公共治理任务的模式。

理性经济人假设构成了公共选择理论的出发点。公共选择理论

① 徐鸿武等:《当代西方民主思潮评析》,北京师范大学出版社 2000 年版,第 63—64 页。

把政府也看做是理性经济人,认为其行为就是追求自身利益的最大化。理性经济人是对市场经济条件下市场主体根本特征的一种揭示。把公共政策主体也仅仅看作理性经济人,无疑犯了根本性的错误。公共政策主体行使的是公共权力,管理的是国家公共事务,公共性才应该是其行为的本质特征。而且这种公共性恰恰是公共政策主体履行公共职能,实现公共利益,维护社会公平正义的前提。公共政策主体的行为直接显现为相关人员的行为,或者说,要通过政府人员的行为表现出来。政府行为的本质特征和人性中的公共性因素,构成了公共政策主体行为公共性的根据。否则,公共政策主体行为的公共性就失去了内在的基础。

"公共性显然是与私人性、个人性和私密性等概念相对而言的,它强调的是某种事物与公众、共同体(集体)相关联的一些性质。"①人类本性中的公共性一面是社会共同体赖以存在的前提。公共性并不表明人不关心自我利益,而是说,在关心自我利益的同时能够跳出自我理解他人的利益,这就具有了公共性。

亚里士多德就曾把城邦生活看做是人公共性的完美体现。"人类生来就具有合群的性能"②。这种合群的性能无疑体现了人的公共性本性。西塞罗认为,人们能够为了共同利益而联合成集合体,"这种联合的第一个原因并非出自个体的软弱,更多的是出自自然植于人的某种社会精神。"③公共性是人生来就有的由自然植入的天性。亚里士多德和西塞罗都把公共性看做是人的本性的重要特征。

在中国历史上,儒家也把公共性同人的本性联系起来,只不过是他们是在"善"的概念下来讨论公共性问题的。性善论是儒家思想的根本出发点,其重要代表人物家孟子就曾说过:"人皆可以为尧舜"。"人之初,性本善"充分表明人的公共性不是由某种外力强加的,而是人不待学而能、不待虑而知的本然面目。西汉时期的董仲舒也认为,"天生民,性有善质",人性中本来就有善质,这是"成善"的根据,当然,要真正"成善",离不开后天的教化。然而,后天的教化只是外因。作为外因的教化只有通过作为内因的善质才能起作用。

---

① 谭安奎:《公共性二十讲》,天津人民出版社 2008 年版,第 1 页。

② 同上书,第 26 页。

③ 同上。

马克思不仅认为人是社会关系的总和,而且对社会关系作了如下界定:“社会关系的含义是指许多个人的共同活动,至于这种共同活动是在什么条件下、用什么方式和为了什么目的进行的,则是无关紧要的。”①正因为许多人的“共同活动”才形成了人类社会,才结成了社会关系,形成了人的共同利益。当人们自觉认识到这种共同利益时,它就上升为一种共同意志,人性中公共性的一面,在这种共同意志中得到了体现。公共性也是人同动物的根本区别之所在,因为“动物不对什么东西发生‘关系’而且根本没有‘关系’”。②

之所以强调人性中的公共性一面,无非是要克服公共选择理论对公共政策主体行为根据的片面理解。人性中的公共性一面,从根本上决定了公共政策主体行为的公共性是可以实现的。当然,从人性特征来看,既有公共性的一面,也有自利性的一面。这也决定了公共政策主体行为的两面性。从应然的意义来讲,公共性是公共政策主体行为的本质特征,这是因为它行使的是公共权力、管理的是公共事物,必须以公共利益为取向,才能显示自身的本质。从实然状态来看,公共政策主体行为也无法摆脱自利性的纠缠,偏离公共性的行为时有发生。在市场经济条件下,对公共政策主体行为如不加以约束的话会导致自利性泛滥。提升公共政策主体行为的公共性是社会公平正义的呼唤,这既符合人类的本性,更符合公共政策主体行为的本质特征。当然,要真正提升公共政策主体行为的公共性,需要相应的制度设计和体制构建,以完善公共性的实现机制,遏制其自利性的一面。多元治理模式提供了一条提升公共政策主体行为公共性的重要途径,可以在一定程度上遏制公共政策主体行为偏离公共性的倾向。

实行多元治理模式能够在治理活动中打破政府对公共行政权力的垄断,形成政府、私人部门、社会组织和公民多元主体平等协商、协同互动的治理格局。多元治理改变了单中心权威秩序的思维方式,意味着政府为了有效地行使公共行政职能,由社会中多种行为主体基于一定的行为规则,通过相互博弈、平等协商、彼此调适等互动关系,形成多样化的运作模式。在这种模式下,私人部门、社会组织、公民等在同政府的良性互动中,对政府行为进行制约,以遏制政府的自

① 《马克思恩格斯选集》第1卷,人民出版社1995年版,第80页。

② 同上书,第81页。

利性行为，提升政府行为的公共性。这也是市场经济条件下公共治理方式的必然选择。当然，形成多元治理模式，需要一定的社会资本和较强的社会自组织能力作为前提条件，并有赖于相应的制度和体制的支撑。

2. 公共政策主体行为公共性的展现与多元模式

政府作为公共政策的重要主体，其公共性要通过自身的公共行为表现出来。政府行为覆盖了经济、政治、文化和社会四大领域，其公共性也必须全方位地展现出来。无论是公共产品供给、公共权力运作，还是公共精神积淀和公共领域建构，都要充分展现政府行为的公共性。这也表明，为了保证政府行为公共性的全面展现，必须全方位地引入多元治理模式。

首先，公共政策主体行为的公共性，展现于高效率和均等化地提供公共产品之中。政府通过公共政策对公共产品的供给模式进行设计，最大限度地提高公共产品的供给效率和均等化水平，可以使政府公共性更充分地展现出来。公共产品供给是政府的职责，但供给的具体方式可以选择。从公共产品供给方式的角度，可相对地划分为一元模式、二元模式和多元模式。一元模式也可以称为政府垄断模式，公共产品的生产、供给和管理活动全部由政府包揽。事实证明，这种由政府垄断的一元模式存在着诸多弊端，垄断的结果带来的是低效率，也使政府陷入资源短缺的困境；垄断会导致供给和需求错位，所提供的公共产品与社会公众的需求不匹配；垄断使政府规模不断膨胀，自身的运行成本大幅度增加。一元模式无法满足人们日益增长的对公共产品的需求。二元模式就是政府和私人部门合作提供公共产品。美国学者萨瓦斯对公私合作提供公共产品的模式作了非常深入的研究，他不仅分析了公私合作的必然性和必要性，而且根据安排者、生产者和消费者之间的动态关系，把具体的制度安排划分为政府服务、政府出售、政府间协议、合同承包、特许经营、政府补助、凭单制度、自由市场、志愿服务和自我服务等形式。并对不同的形式从服务具体性、生产的可得性、效率和效益、服务规模、成本收益的关联度、对消费者的回应性、对欺骗行为的免疫力、经济公平、种族公平、对政府指导的回应性和政府规模等方面进行了评价。① 公私合作模式的有效运行需要严整、周密的制度安排。目前,在中国由于制度设计上的不完善和制度某种程度的形式化,在公私合作模式的运行中,导致大量的公共资源流失,并滋生了严重的腐败问题。公共产品供给的多元模式,就是在公共产品的供给中,政府、私人部门、民间组织和公民共同参与的一种模式。在这种模式下,政府、私人部门、社会组织和公民在公共产品供给中既相互支持、相互补充,又相互制约、相互监督,形成一种良性互动的关系,并在良性互动中发挥各自的功能。政府在社会组织、公民和私人部门的制约和监督下负责对公共产品的供给做出全面安排,并在不同主体间的良性互动中完成制度设计和构建推动制度现实化的机制。私人部门依据相应的制度安排,在政府、民间组织和公民的监督下,通过竞争机制的作用参与公共产品供给。私人部门既要通过激烈的竞争获取政府确定的项目,也要通过激烈的竞争赢得消费者的信任。在参与公共产品供给过程中,一方面为自己获取相应的利润,另一方面也要承担相应的社会责任。民间组织在政府扶持、引导和公民支持、监督下发挥聚合群体利益,反映公众诉求,补充政府和私人部门公共产品供给中的不足。公民通过正常渠道表达对公共产品的需求,并负责对政府、私人部门和社会组织进行全面监督。在多元模式运行过程中,尤其是要发挥民间组织和公民的作用。由于民间组织和公民的参与,一方面对政府进行监督,另一方面对私人部门进行监督,更能够有效发挥监督作用。多元模式可以覆盖公共产品的各个领域,全方位地满足社会公众对公共产品的需求。多元模式的有效运作是提高公共产品供给效率和均等化的根本途径。

其次,公共政策主体行为的公共性,展现于以协商民主为依托的公共权力运作之中。公共政策主体能否为社会公众高效率和均等化地提供公共产品,依赖于公共政策主体对公共权力的有效行使和合理运用。“所谓公共权力就是基于特定的政治共同体成员的同意或授权,为管理、支配、影响、控制政治共同体内部的公共事务,而集中

---

① 〔美〕E. S. 萨瓦斯:《民营化与公私部门的伙伴关系》,周志忍等译,中国人民大学出版社 2003 年版,第 69—101 页。

起来掌握在法定公共组织手中的一种公共权威力量。”①公共权力从根本上来说根源于公民权利，同时又是维护公民权利的重要力量。但是，由于公共权力对于公民权利的相对独立性，从它产生之日起就存在着异化的可能。公共政策主体在行使公共权力的过程中，要保正其行为的公正性，也必须引入多元治理模式，通过政府、私人部门、民间组织和公民等多元主体民主协商的方式运作公共权力。历史上，公共权力在脱离了公民直接行使的“广场政治”之后，特别是近代通过代议制形式运作以来，人们力图通过民主来克服公共权力的异化，为此创造了各种民主形式，诸如多元民主、技术民主、精英民主和曾经居于主导地位的参与民主，以至于更具时代感的协商民主，等等。引入多元治理模式，以协商民主为依托运作公共权力能够在一定程度上克服公共权力的异化，保证公共政策主体行为的公共性。“协商民主是指政治共同体中的自由、平等公民通过参与立法和决策等政治过程，赋予立法和决策以合法性的治理形式。其核心概念是协商或公共协商，强调对话、讨论、辩论、审议与共识。”②政府、私人部门、社会组织和公民共同参与的多元治理模式，是协商民主的社会基础。协商民主的核心是公共协商，其突出特点是协商过程既不是以自利性为基础的政治博弈的过程，也不是追求自身利益最大化的市场交易的过程，而是不同主体都以公共理性为依据寻求最大限度地满足公共利益的过程。在多元治理模式下，公共协商表现为政府、私人部门、民间组织和公民等共同体成员，以平等协商、协同互动方式共同参与公共权力的运作，使民意得到充分表达和体现。“协商民主是一种以公共利益为导向，以平等公民之间的理性协商为基础，能够形成具有民主合法性和集体约束力的决策机制，它有助于实现民主范式的转型，即从国家形态的民主转向公民形态的民主，在公民实践理性基础上，协商民主激发了理性立法、参与政治和公民自治的理想。”③这同时也表明公共理性的形成是协商民主的前提和本质特征。“公共理性是民主社会的特征：它是公民，是那些分享平等公民

① 宁骚：《公共政策学》，高等教育出版社 2003 年版，第 246 页。

② 〔南非〕毛里西奥·帕瑟林·登特利维斯：《作为公共协商的民主：新的视角》，王英津等译，中央编译出版社 2006 年版，第 138 页。

③ 万平等：《协商民主理论渊源探析》，《前沿》2011 年第 5 期。

权地位的人的理性。其理性的目标是共同的善……公共理性在三个方面是公共的：作为公民的理性，它是公众的理性；它的目标是共同的善和基本正义问题；它的性质和内容是公共的。”①参与主体的平等地位、自由开放的讨论、批判性审议、理性的思考、通过协商达成共识，是协商民主的精髓。以多元治理模式通过协商民主运作公共政策主体的公共权力，是提升公共政策主体行为公共性的重要途径。

再次，公共政策主体行为的公共性，展现于大力弘扬和倡导公共精神之中。公共理性是协商民主的前提，公共理性的形成需要公共精神的引领。大力弘扬和倡导公共精神既是公共政策主体行为公共性的表现，也是公共政策主体行为公共性的精神依托。在多元治理模式中，政府、私人部门、社会组织和公民在公共理性的基础上进行良性互动，要求弘扬公共精神，也为弘扬公共精神提供了根本动力。“现代公共精神是指孕育于现代公民社会之中，作为具有独立主体人格和平等权利义务的个人，自觉融入社会公共生活，积极关怀和实践公共事务，维护和践履公共性的心理态度和精神风貌。”②公共精神本质上是一种伦理精神，也表现为“孕育在公共领域中并渗入每个成员心底最深处的以利他方式关心公共利益的态度和行为方式。”③公平正义是公共精神的核心内容，也应该是蕴含于公共政策主体行为之中的终极价值。虽然，公平正义在不同的历史条件下人们对它的理解会有所不同，甚至同一时代不同的学者赋予它不同的内涵，但是，“在一个由公众承认的政治正义观念加以有效调节的秩序良好社会里，每一个人都接受相同的正义原则。”④公共政策主体的行为只有符合公共利益才能得到社会公众的认同，也才具有公共性。公共政策主体要为社会公众表达诉求提供广阔渠道，更要为在实现社会公正而不懈努力。在公共政策主体的价值层面，体现其价值依归的公共精神显然就是对公平正义的承诺和践诺，这意味着要保证所有公民身份上的平等，要保证在公共交往中权利与义务的统一。公共

---

① 〔美〕詹姆斯·博曼等：《协商民主：论理性与政治》，陈家刚等译，中央编译出版社2006年版，第68—69页。

② 刘鑫淼：《当代中国公共精神的培育研究》，人民出版社2010年版，第49页。

③ 同上书，第20页。

④ 〔美〕约翰·罗尔斯：《作为公平的正义——正义新论》，姚大志译，上海三联书店2002年版，第45页。

政策主体具有了公共精神,何愁其服务宗旨不能实现。维护社会的公平正义即是公共政策主体的崇高信念,也是公共政策主体的首要责任。公共政策主体要弘扬公共精神,就要用自己的良知来实践公共政策主体的责任。多元治理模式的核心理念是推动公共政策主体弘扬公共精神的根本动力。

最后,公共政策主体行为的公共性,展现于支持和引领公共交往领域的建构之中。公共交往领域是形成公共精神的场所。人们在从事公共交往领域的活动的过程中,培养了公共精神,形成了公共理性。制约公共权力异化是公共领域的重要功能。之所以如此,主要在于公共领域是改善政治参与进而完善宪法政治的重要依托力量。著名思想家汉娜·阿伦特是最早对公共领域问题进行系统思考的哲学家,在她看来,人的复数性为公共领域奠定了基础。人是以复数的形态存在于世界的,这是公共领域存在的前提。① "公共领域是介于国家和社会之间进行调解的一个领域,在这个领域中,作为公共意见载体的公众形成了,就这样一种公共领域而言,它涉及公共性原则……这种公共性使得公众能对国家活动实施民主控制。"②在中国,不管你是否喜欢,只要是推行市场经济,公共交往领域的形成和发展就势所必然。在市场经济条件下,社会生产主要靠市场进行调解,产权明晰的企业成为社会经济生活的主体。这样就打破了政府对资源的垄断,削弱了政府对社会经济活动的控制。市场主体获得了独立性和自主性,也为公共交往领域的形成创造了前提条件。"市场经济通过平等交换的市场和自由产权制度创造了一个不受国家控制的充满活力的私人生活领域,从而为公共领域的生存和发展提供了一个广阔的社会空间和价值根据。"③当然,在中国,公共交往领域正处于发育之中,还缺少相对的独立性。但是,伴随着市场经济的发展,民间组织的发育,公共交往领域正在逐步发展起来。伴随着社会自我管理能力的加强,对公共交往领域的培育和规范的任务已经迫切地摆在了政府的面前。构建和谐社会,创新社会管理,实际上已经将公共交往领域的建构提升到了战略的高度。公共交往领域的建构

---

① 〔美〕汉娜·阿伦特:《人的条件》,竺乾威译,上海人民出版社 1999 年版,第 1 页。

② 杨仁忠:《公共领域》,人民出版社 2009 年版,第 167—168 页。

③ 同上书,第 109 页。

离不开民间组织的培育和发展，政府要扶持、引导和规范民间组织，推动民间组织健康发展。随着民间组织的发展，公共交往领域必将逐步走向成熟和完善，国家与社会的关系就会越来越明晰。把社会的治理权逐渐还给社会，增加社会自治在公共治理中的比重势所必然。这也为形成政府、私人部门、社会组织和公民的良性互动的多元治理模式，以提升公共政策主体行为的公共性创造了前提。反过来，公共交往领域的发育也需要多元治理模式的推动，原因在于要实现政府、私人部门、社会组织和公民良性互动必须以公共交往领域为依托，这也为公共交往领域的发育提供了重要的推动力量。

3. 公共政策主体行为公共性的提升与多元模式

提升公共政策主体行为的公共性，可以说是历代思想家和开明的政治家都苦苦求索的问题，对这一问题的探求同政府存在的历史同样古老。特别是近代以来很多思想家为之付出了巨大的努力。古代的学者多从政府人员的道德修养出发，探讨提升政策主体行为公共性的途径。近代以来，某些学者企图通过“价值中立”消弭政府行为自利性和公共性的对立。更多的学者是围绕着制度和体制做文章，企图通过一种制度或体制一劳永逸地解决地公共政策主体行为的公共性问题。

亚当·斯密期望借助一只“看不见的手”的推动，来实现从自利性向公共性的跨越，以保证社会的公正性。斯密以人的本性作为经济学的出发点，提出了经济学史上最重要的人性假设，这就是“自利人”假设。他认为，人都有“利己”的本性，其行为都是为“利己心”所驱动的。任何个人的经济活动的最终目的都是为追求自己利益的最大化。在他看来，“自利人”在行为上是理性的。每个人在追求自身利益的同时，必须考虑他人的利益，否则就难以实现自身的利益。这样，在一只“看不见的手”的推动下，“自利人”的自利行为将会无意地增进社会利益。也就是说，社会的公共利益恰恰是在每个人追求个人利益的基础上实现的。他追求自己的利益，往往使他能比在真正出于本意的情况下更能够有效地促进社会的利益。后来的学者企图通过市场手段提升政府行为公共性的主张，多是继承了亚当·斯密的衣钵。事实证明这是无法奏效的。

法国思想家卢梭，企图通过他的“社会契约”呼唤公共性。“卢梭设想一种社会契约，其实质就是每一个结合者把自身的一切权力全部转让给集体，接受公意的指导，由此形成一个具有公共人格的共和国。公意被认为是永远正确的，因为它以公共利益为依归。在共和国中，公民必须具有公共精神，亲自参加公共事务，而不是委托代表，这既是幸福的源泉，也是自由的唯一途径。”①卢梭是想通过社会契约的方式，来实现政府行为的公共性，事实证明其有效性极其有限。

马克思揭示了实现公共性的最终途径，那就是完成“两个彻底决裂”，即同私有制彻底决裂，同私有观念彻底决裂。实现“两个彻底决裂”，建立起每个人的自由发展是一切人的自由发展的条件的自由人联合体，也就彻底实现了向人的公共性本性的回归。这确实可以一劳永逸的解决政府行为的公共性问题。然而，到那时按照马克思自己的设想政府已经不存在了。

现阶段的主要任务是，必须寻找能够提升公共政策主体行为公共性的现实途径。多元治理模式为提升公共政策主体行为的公共性开辟了一条具有现实可行性的途径。借鉴奥斯特罗姆的“交叠管辖”和“权威分散”理论，可以解释多元治理模式对于提升政府行为公共性的价值。交叠管辖可以保证多主体的协调互动过程能够持续运行，而使公共政策主体的行为决定于公民的意志。权威分散可以避免行政行为的垄断，政府、私人部门、社会组织和公民均可成为行政行为的主体，从而把它们之间的良性互动机制引入到政府行为之中。由政府权威、民间力量共同参与，比较充分地体现了公民自治和自主管理，而且各种力量可以分别作为独立的行为主体围绕着特定的问题，按照一定的规则，采用弹性、灵活和多样的集体行动，寻求解决政府行为公共性的最佳途径。多元治理模式的关键是公民参与和社群自治。只有实现这一条件，才能保证多元主体的良性互动，从而使多元治理模式有效运转和持续运行。

在多元治理模式运行中各行为主体的地位是平等的，平等协商成为它们交往的主要形式。随着多元治理模式的运行，各行为主体处于流动的状态，有利于最广泛的利益包容。由于构成主体的多元性和纵横交错的关系导致了人际关系的复杂性，同时也增加了不同

---

① 谭安奎：《公共性二十讲》，天津人民出版社 2008 年版，第 4—5 页。

主体之间的相互制约的力度。在多元治理模式中各行为主体能够协同行动,主要出于利益结盟的需要、交换资源的需要、交流信息的需要、追逐权力的需要,同时还要依赖于公共理性的整合作用。

总之,公共政策主体行为公共性的提升,从根本上来说,根源于人性中公共性的一面。公共政策主体行为的公共性之所以需要提升,原因在于受人性中自利性一面的影响,公共政策主体行为会偏离公共性,使公共政策主体不能有效地履行公共职能,这种现象在现实生活中屡见不鲜。多元治理模式对于提升公共政策主体行为的公共性可以发挥一定的作用,但也不是万能的,也有自身的局限性。政府、私人部门、社会组织和公民的良性互动也只能做相对的理解。而且,多元治理模式的运用需要具备相应的条件,那就是民间组织的良好发育和社会较强的自治能力。如何通过公共政策主体的公共产品供给、公共权力运作、公共精神弘扬和公共领域建构等行为,提升公共政策主体行为的公共性,以提升公共政策的公共性还有广阔的研究空间。

三、公共政策与政府同公民的互动

实施多元治理模式,首先必须处理好公共政策运行过程中政府同公民个人的关系,充分发挥公民在公共政策运行中的作用。这就需要全面落实公民的各项权利,实现政府同公民的良性互动。某些政府组织或人员滥用“公权力”,致使一些地方侵犯公民政治权利、平等权利、自由权利和财产权利的现象时有发生,一定程度上激化了社会矛盾,影响了社会的和谐。要消除侵犯公民权利的现象,推动政府同公民的良性互动,必须完善相应的保障机制。

1. 公民个人在公共政策运行中的作用

公民个人在公共政策运行中的作用不可忽视,特别是在民主体制下,公民个人的作用显得更有意义。正如美国学者安德森所说,“在政策制定的讨论中,人们主要将焦点放在立法机关、利益集团和其他重要参与者身上,而忽视了公民个人,然而,这种偏见是不对的,因为公民个人确实是有影响力的。在很多情况下,公民可直接参与决策。"[①]公民个人在公共政策运行中的作用主要表现在以下几方面。

第一,公民个人投票选举人大代表等公共政策决策者。《中华人民共和国宪法》规定:公民有选举权和被选举权。人大代表由公民投票选举产生。公民选举产生了人大代表,就把某些权利委托给人大代表代为行使。人大代表直接参与国家重大公共政策的决策。这是公民影响公共政策的一条重要渠道。现在关键的是公民的选举权能否真正落实的问题。选举是否是真正意义上的选举,包括公民选举人大代表和人大代表选举政府官员,一定程度上存在着形式化的问题。由于种种原因导致"大多数公民并没有利用这些机会直接参加和影响公共政策的形成"[②]。查尔斯·林德布洛姆曾总结道:"专制政权和民主政权最明显的不同是:在民主体制下,公民能够在真实的选举中选择最高的政策制定者。有政治学家认为,真实选举中的投票之所以是公民影响政策的重要手段,不仅是因为它确实允许公民选择官员,并在某种程度上引导官员的政策,更重要的是,真实选举的存在使公民的参与成为可能。因此,选举中的事实间接地将一个原则强加给了未来的政策制定者,即'政策制定要考虑公民的愿望'。"[③]公民通过选举选择公共政策制定者,这是民主制度的基本要求,也是民主制度的典型特征。

第二,公民个人通过表达利益诉求影响政策议程。在有些情况下,公民直接的利益表达对公共政策议程会产生很大的作用。"厦门PX事件"就证明了这一点。公民的利益诉求表达可以有多种形式。宪法对公民的表达权利作了明确的规定。只要是在宪法规定的范围内选择表达方式,都应该被视为是合法的,都要予以保护。

第三,公民个人可直接提出公共政策方案的建议。在民主体制下,公民可以直接就某项政策提出建议。建议对公共政策影响作用的大小,取决于多种因素,其中最重要的是公共政策运行的民主化程度。通常情况下,民主化程度越高的社会,公民合理的政策建议越有

---

① 〔美〕詹姆斯·E.安德森:《公共政策制定》,谢明等译,中国人民大学出版社2009年版,第75—76页。

② 同上书,第76页。

③ 同上书,第77页。

可能被采纳。其次是建议提出者的身份,有一定影响力的公民要比影响力小的公民的政策建议更可能得到重视。“孙志刚事件”发生后,几位法学博士直接上书全国人大,要求取消收容审查制度,建立社会救助制度,得到全国人大的重视,后来在相关立法中采纳了他们的建议。这说明,在有些情况下公民直接提出的政策建议,对公共政策会产生很大的影响。

第四,公民个人的积极参与影响公共政策有效实施。有时公民既是政策作用的对象,也是政策的执行者。公民作为执行者的积极参与,有利于加快公共政策的贯彻落实。公民作为政策对象的积极参与,即按照政策的要求积极调整自己的行为,能够保证公共政策的有效实施。在公共政策实施过程中公民如果消极怠工,政策实施一定不会取得好的效果。

第五,公民个人是公共政策运行的重要监督主体。公共政策的有效运行离不开监督机制的作用。没有有效的监督机制,公共政策运行偏离正确轨道的现象随时都可能发生。公民个人在公共政策制定过程中的监督作用,主要表现在监督政策议程和政策方案是否真正反映了公民的正当利益。听证制度本来既是政策制定的重要环节,也是公民发挥监督作用的重要形式。只不过是某些听证活动被某些政府官员糟蹋了,败坏了听证制度的名声。要为听证制度恢复名誉,依赖于政府能够真正发挥听证制度的作用,而不仅仅是走形式而已。

2. 公共政策运行中政府同公民的互动

在公共政策运行过程中,政府同公民的良性互动是保证公共政策有效性的前提。政府同公民的良性互动,实质上就是政府手中掌握的公共权力同公民享有的自身权利之间互动。全面落实公民的权利是实现政府同公民良性互动的重要前提条件。

权利从最一般意义来讲,它表明了一个人的主张和要求的正当性。在社会生活中,人们往往根据自己的利益、愿望和认识,提出自己的主张和要求,但是,这种主张和要求是否有效,能否成为对他人具有约束性的力量,或者说,能否真正成为一个人的权利,取决于社会其他成员对此主张和要求的评价意见。只有那些被社会其他成员认可的主张和要求,才是正当的,也才能成为一个人所拥有的权利。

而得到了国家法律认可的主张和要求,就上升为法定的权利。从这个意义上说,公民权利就是公民所拥有的为国家权力所保障的合法权利。这是公民在一个国家里生存和发展的前提条件,也是其从事各种活动的根据。

公民权利和国家权力两者从产生之日起就存在着矛盾。这种矛盾既表现为权利与权力的相互否定,也表现为权利与权力的相互制约。在国家权力处于强势的状态下,两者之间的矛盾更多地表现为政府权力对公民权利的制约。要实现政府同公民的良性互动,首先就是要理顺公民权利和国家权力的关系。“人民是国家的主人,人民是一切国家权力的本源,国家权力行使的目的是为了人民的权利、利益和幸福。维护人的尊严、保障人的权利是国家的一项最基本的义务和责任。为实现这一宗旨,必须将国家权力的主权部分归属于人民,使人民掌握最高的、最终的政治权力”。[①] 这也是中国民主政治最本质的内容。宪法所确定的同公共政策运行相关的公民的基本权利,主要包括政治权利、平等权利、自由权利等。这些权利规定了公民同政府展开互动的主要方式。

政治权利是公民在一个国家从事政治活动的资格。马克思说:“政治权利,只有同别人一起才能行使的权利。这种权利的内容就是参加这个共同体,而且是参加政治共同体,参加国家。”[②]政治权利的核心就是选举权和被选举权,也有人把这称为公民权,这是宪法赋予公民的最基本的权利。“选举权是与人民主权联系最密切的权利,选举权直接来自于人民主权。”[③]选举权和被选举权也是国家一切权力属于人民的根本体现。选举权直接产生国家机关这一国家权力的载体,决定国家权力掌握在谁的手里。选举权和被选举权能否真正落实,而不是形式上“被落实”,就成为公民行使政治权利的关键。当然,选举权又同监督权和罢免权联系在一起,没有监督权和罢免权的有效行使,选举权是不完整的。在中国,公民的选举权和被选举权主要通过选举和参选、监督和罢免人大代表等活动表现出来。无论是

---

① 邹平学:《国家权力分配原理论纲》,法律教育网(www. chinalawedu. com),2007. 5.17。

② 《马克思恩格斯全集》第1卷,人民出版社1956年版,第442页。

③ 马岭:《宪法权利解读》,中国人民公安大学出版社2010年版,第208页。

从人大代表的实际选举过程来看,还是从人大代表的选举结果来看,都一定程度地存在着选举权和被选举权形式化的问题。如果这一与人民主权联系最密切的权利不能有效发挥作用,必然导致公民权利和国家权力之间失去平衡。

平等权利是指公民具有同等的依法享有的权利和依法履行的义务。“平等既是一项宪法权利,又是一项宪法原则。”①之所以如此,是因为“所有宪法权利中都包含着平等的含义,都受平等规范的约束,因此平等作为一个宪法条文对所有的宪法权利都有指导和规范作用,任何一项宪法权利离开平等原则都是不完整的。”②宪法对公民平等权利的基本规定是公民在法律面前一律平等。宪法规定的基本权利每一个人都平等享有。任何公民享有宪法和法律规定的权利,同时也必须履行宪法和法律规定的义务。这些共同构成了中国宪法有关平等权利规定的规范系统。这在一定意义上表明了平等权利对于公民的重要性。丢掉了平等原则,公民的权利就会变得不可思议。国家权力作为“公权力”,“必须同等地关心和尊重人民。它绝不应该认为某些公民尤为值得更多地关心,就可以拥有更多的权利,从而不平等地分配利益或机会。”③在现实的社会生活中,由于某些组织和人员滥用“公权力”,不同程度上存在着侵犯公民平等权利的现象。某些群体由于所处的特殊地位和手中掌握的特殊权力,而成为特殊群体,这是最大的不平等。利用“公权力”谋取不正当的私利,更是对公民平等权利的践踏。公民同政府互动,不仅公民同政府之间地位应该是平等的,而且公民与公民之间地位也是平等的。

自由权利就是指“对社会已然形成和存在的自由事实,加以确认和规范,并给以规限和保护,是指纳入社会秩序要求的轨道,成为不受他人侵犯、也不致用来侵犯他人的法定权利。”④“自由就是从事一切对别人没有害处的活动的权利。”“每个人所能进行的对别人没有害处的活动的界限是由法律规定的”。⑤ 自由权利也是公民的一项

---

① 马岭:《宪法权利解读》,中国人民公安大学出版社 2010 年版,第 137 页。

② 同上书,第 136 页。

③ 〔美〕杰克·唐纳利:《普遍人权的理论与实践》,王浦劬等译,中国社会科学出版社 2001 年版,第 74 页。

④ 郭道晖:《社会权利与公民社会》,译林出版社 2009 年版,第 277 页。

⑤ 《马克思恩格斯全集》(第 1 卷),人民出版社 1956 年版,第 438 页。

基本权利。宪法对公民的自由权利作了非常明确的规定。根据宪法的规定,公民的自由权利主要是由表达自由、信仰自由、人身自由等内容构成。表达自由包括公民有言论、出版、集会、结社、游行、示威的自由。这说明,言论表达、书面表达和行为表达都可以作为公民表达的合法形式。但是无论采取什么形式表达,都必须以不侵犯他人的法定权利为前提。不仅如此,公民还有对国家机关和国家工作人员提出批评和建议,并对他们的违法失职行为提出申诉、控告或者检举的权利。这也是公民同政府互动的重要形式,在公共政策运行中发挥着重要的监督作用。对于公民的申诉、控告或者检举,有关国家机关必须查清事实,负责处理,不得压制和打击报复。这是建立在监督权基础上的一种表达。公民在同政府互动表达诉求或提出政策建议时,可采用宪法规定的任何合法形式。虽然宪法对公民的自由权利作了非常明确的规定,但在现实生活中,仍然存在着某些公职人员利用手中掌握的"公权力",侵犯公民自由权利的现象。

3. 政府同公民互动机制的完善

当前,社会生活中存在的种种问题,从根本上来说,主要是由于公共政策在实际运作过程中权利和权力关系失衡导致的。这种失衡通常表现为权力对权利的傲慢和侵犯。由于在工作进程中实际运作国家权力,并同公众产生直接互动的某些组织和人员滥用"公权力",不同程度地侵犯了公民的某些权利。这样的事例在现实社会生活中时有发生,尤其是近年来在一些热点领域发生的频率又很高。在这种情况下,公民往往会产生一种被剥夺感,长此以往,必然累积社会矛盾。

要解决上述问题,在公共政策运行过程中落实公民的权利,实现政府同公民的良性互动。必须完善相应的机制。一是完善选举机制,就是要完善由公民直接选举公共政策决策主体的机制;二是完善协商机制,就是要完善政府同公民在公共政策运行中的平等协商机制;三是完善监督机制,就是要完善公民在公共政策运行中对政府的监督机制。只有这样公民同政府的良性互动机制才能够形成,并有效地发挥应有的作用。

四、公共政策与社会公共交往领域

多元治理模式的有效运作依赖于政府同公民的良性互动,其中包括同公民个人的直接互动,也包括以社会组织为中介的互动。社会组织是社会公共交往领域的重要构成要素。在中国改革开放以来,伴随着市场经济体制的确立,产生了私人经济交换领域,同时社会公共交往领域也逐渐发展起来,从而形成了国家政治权力领域、私人经济交换领域、社会公共交往领域既相互分离、又相互联系和相互作用的新格局。这种格局对公共政策产生了深远的影响,从而也使多元治理模式的运作成为可能。

1. 社会公共交往领域的构成

所谓社会公共交往领域,就是由各种传播媒介、各类民间的社会组织构成的一个领域。在这个领域中公共舆论得以形成,公共理念得以凝结、公共利益得以聚合。社会公共交往领域通常以社会组织为依托,以公共空间为载体,以交往方式为中介所形成的领域。

社会组织简单地说,就是不同的社会群体为了特定目标自觉组织起来,独立于政府的民间组织。非政府性和非营利性构成了社会组织的突出特征。因为它既不同于政府部门,也不同于私人部门,所以在国外又称为"第三部门"。社会组织以其自主性、自治性、自愿性等特点区别于企业和政府,正是由于社会组织的存在,形成了政府、市场和社会的多元治理格局。正如萨拉蒙所说,非营利组织在世界各国的发展表明,一个由非营利组织所发动的全球性的"结社革命"正方兴未艾,它对21世纪所具有的意义,也许如同民族国家的兴起对20世纪所具有的意义一样重大。改革开放以来,中国的社会组织也有了较大的发展。根据官方公布的数据,截至2012年底共登记成立社会组织49.9万个,从业人员1200万,社会组织拥有固定资产1425.4亿元。尽管中国的社会组织在发展过程中还存在着诸多问题,如独立性问题,但社会组织在公共治理中正在发挥着越来越重要的作用。社会组织的发展为社会公共交往领域提供了重要支撑。伴随着社会组织的发展,社会公共交往领域不断扩大。

公共空间是人们进行交往的载体,也是进行非强制性交往的领域。公共空间最本质的特征就是它的公共性和公开性，它是社会不同群体和个人共享的空间。在公共空间中人们的交往是自由的和自愿的。在公共空间中人们可以自由地表达自己的观点和利益诉求。公共空间的外在形式包括公共广场、影剧院、博物馆、音乐厅、咖啡馆、茶馆、饭店、展览馆、俱乐部、沙龙、会议和论坛等，此外还有书籍、报纸、杂志、广播电视、互联网等传媒也是公共空间的重要组成部分。公共空间是形成公共精神，整合公共利益的场所。人们在公共空间中通过交往培养公共精神，形成公共理性。公共精神是社会共同体的精神纽带，是人类理性的公共运用，它表现为一种责任心和义务感。之所以如此，因为在公共空间中尽管人可以自愿和自由地交往，但实际上，在公共空间中人不能仅仅依靠自己的任性去行事，它需要听取其他人的观点和利益诉求，并向他人表达自己的观点和诉求，通过平等协商，在相互理解中达成共识，把不同群体和个人的利益诉求整合为公共利益。

交往方式构成了公共空间中不同交往主体进行交往的中间媒介，可简称为中介。交往方式当然要受到交往主体特征的影响，但不同的交往方式的根本区别在于交往过程中所运用的中介的区别。"交往是工具性行为，交往必须使用相应的工具。交往手段或工具是交往资料系统中最主要的、具有决定意义的因素，是衡量人类交往能力发展水平的客观标志。史实表明，历史上任何一次交往手段或工具的进步和变革，都会引起社会交往方式的变迁。因此，交往手段或工具不仅是交往方式构成中的一个重要方面，而且还直接决定着交往能力和交往关系的方方面面，从而成为决定社会交往方式变迁的直接决定力量。"①互联网的出现和发展使之成为最新的交往工具，极大地改进了人们的交往方式，并使交往呈现出许多新的特点。虚拟隐秘性和自由开放性构成了互联网的两个基本特征。在互联网上人们的表达更加自由，甚至可以说无所顾忌。国家政治权力对其控制更加困难，因而也就进一步缩小了国家政治权力对社会公共交往领域渗透的范围，进一步扩大了交往的公共空间。交往是一种交往各方以理解为核心行为，这同时也揭示了交往的目的。交往的目的

---

① 李素霞等：《交往手段革命与交往方式变迁》，《河北师范大学学报》（哲学社会科学版）2006 年第 1 期。

就是相互理解各方的观点和利益诉求。

市场经济打造了独立的市场主体，也形成了独立的私人经济交换领域。只要是实行市场经济体制，独立于国家政治权力领域的私人经济交换领域的存在就是必然的、不可避免的。而且这种独立性，会伴随着市场经济体制的不断完善表现得越来越突出。民营企业作为独立的市场主体，也是私人经济交换领域的主体。民营企业通过其相应的行为，来实现私人经济交换领域和国家政治权力领域的互动。私人经济交换领域追求的是交换主体自身利益的最大化，国家政治权力领域追求的是自身的合法性，而这种合法性归根结底决定于它能否最大限度地实现公共利益，这就形成了一种张力。要通过整合来消解这种张力，就需要打造一个不同主体能够进行建设性交往的平台。社会公共交往领域就是适应这种需要产生的，它一经产生就承担起了交往平台的重任。

自从国家政治权力领域、私人经济交换领域和社会公共交往领域三个领域的格局形成以来，如何处理三者之间的关系就成为决定公共政策合理性的带有根本性的因素。国家政治权力领域的过度膨胀以及对私人经济交换领域的不合理渗透；国家政治权力领域对社会公共交往领域的过度控制；国家政治权力由于被私人经济交换领域绑架而异化，都直接影响公共政策的合理性。此外，私人经济交换领域的自利性原则对社会公共交往领域的入侵、私人经济交换领域对国家政治权力的腐蚀，也必然影响公共政策的合理性。在上述情况下所形成的社会公共交往领域，不可能是真正意义上的社会公共交往领域。社会公共交往领域本应是平等互动的场所，但在中国的现实状况往往是由于国家政治权力的过度控制，使社会公共交往领域变成一个代表和被代表的领域；由于私人经济交换领域自利性原则的泛滥，社会公共交往领域就不再是聚合公共利益的场所，而变成了私人利益的角斗场。在这种情况下，公共政策的合理性就会大打折扣，严重者甚至荡然无存。公共政策的有效性也必然受到影响。

2. 社会公共交往领域与民营企业

社会公共交往领域一经形成，便成为国家政治权力领域和私人经济交换领域相互作用的中间环节，成为连接两者的桥梁和纽带。在中国，社会公共交往领域不可能独立于国家政治权力而存在，国家政治权力要通过政府行为参与其中。民营企业通过组建各类行业协会和民间商会,也参与到社会公共交往领域之中,成为其中交往和互动的重要主体。民营企业的行为同公共政策合理性的关系,依赖于这种互动是否是良性的,是否是一种建设性的互动。判断的标准就看是否有利于形成公共舆论、是否有利于凝结公共理念和聚合公共利益。这又依赖于社会组织化程度的不断提高,依赖于社会公共交往领域的无限开放和各主体之间真正意义上的平等互动。

要构建真正意义上的社会公共交往领域,实现各行为主体的良性互动,使之成为消解国家政治权力领域和私人经济交换领域张力的媒介,成为形成公共舆论、凝结公共理念、聚合公共利益,赋予公共政策合理性的场所,必须正确处理政府同企业的关系,正确处理国有企业同民营企业的关系,正确处理大型企业同中小企业的关系、正确处理企业所有者同企业员工的关系、正确处理民营企业家群体同其他社会群体的关系。民营企业通过行业协会和民间商会展开的活动,在完善的社会公共交往领域中更能发挥积极作用。要构建完善的社会公共交往领域,必须不断提升公共组织层次、拓展公共交往空间、强化公共媒体功能。在社会公共交往领域中,实现民营企业家组织同其他公共组织的良性互动和不同主体间的建设性交往,更有利于形成公共舆论、凝结公共理念、聚合公共利益,以提升公共政策的合理性和有效性。

在中国改革开放以后,出现了以民间资本作为投资主体的企业,通常被称之为民营企业。中国当代的民营企业是伴随着改革开放进程逐渐兴起的,也是市场经济发展的产物。市场经济造就了民营企业这一相对独立的市场主体,也就造就了一个逐渐与国家政治权力领域相脱离的私人经济交换领域。这里之所以使用“相对独立”概念来描述这一现象,因为在任何国家企业不可能脱离国家政治权力的控制,私人经济交换领域也无法摆脱国家政治权力的渗入,在中国更是如此。正因为企业同政府的这种联系,政府公共政策对企业所产生的重要影响,在有些情况下,这种影响可以决定企业的兴衰成败。因此企业千方百计地采取各种行为以影响政府的公共政策,古今中外皆如此。在中国更具有特殊的意义,因为中国民营企业的命运往往掌握在政府手里,民营企业的兴衰和发展同政府公共政策的关系尤其密切,因此,中国民营企业通过一定的行为影响政府公共政策的动机更为强烈。

要实现民营企业、政府和社会的良性互动，需要以社会公共交往领域为中介。“在市场经济条件下，私人企业、自由产权制度、平等交换的市场和各种利益组织构成社会经济基础和经济生活的主体。这要求削弱政府权力对经济活动的控制和干预，由市场主体而不是由国家来控制主要的社会资源。”①中国当代的民营企业，尽管是改革开放后兴起的一种独特的经济现象，但在民营企业同政府的关系中，同样遵循企业与政府关系的一般规律，这是认知民营企业同政府关系的重要依据。当然，在中国的政治、经济制度和体制下，民营企业同政府的关系又有不可忽视的特殊性，这也是把握两者互动关系的出发点。其特殊性的一个突出表现，就是国家政治权力对民营企业的支配，以及在两者互动中国家政治权力绝对优势的主导作用。这种强政府、弱市场的关系格局，使民营企业的行为同公共政策之间的关系更为复杂。

3. 社会公共交往领域与公共政策的合理性

公共政策合理性的本质特征就在于它的公共性，其实质也是判断的唯一标准，就是公共政策的价值取向是否符合公共利益。透视公共政策合理性的结构，从一定意义上说，它是程序合理性和结果合理性的统一。程序合理性把不同主体间通过建设性交往而形成公共理性的过程，作为公共政策合理性的依归，实现议程合理性、目标合理性、工具合理性和结果合理性的有效衔接。结果合理性的内在规定性就是实现公共利益。程序合理性是手段、前提，结果合理性是目的。程序合理性注重的是工具和目的的关系，强调的是手段的有效性，是一种形式合理性，结果合理性注重的是目的和意义的关系，强调的是结果的价值，因此也称为实质合理性。公共政策合理性应该是工具合理性和价值合理性的内在统一。

理想的社会公共交往领域，应该是一个独立于国家政治权力领域和私人经济交往领域的自主领域。这个领域对社会来说又是一个广泛开放的领域，不同阶层和群体都能够通过自己的组织进入到这个领域中来。不同主体都能够在这个领域中，公开、公平、自由、平等

① 杨仁忠：《公共领域》，人民出版社 2009 年版，第 108 页。

地进行良性互动和建设性交往。但是,理想的社会公共交往领域的构建是一个逐渐完善的过程。在现实生活中,事实上,社会公共交往领域即无法摆脱国家政治权力领域的控制,也无法摆脱私人经济交换领域的渗透。加上不同阶层和不同群体组织化程度的不平衡,良性互动和建设性交往只能是相对的。因此,只要公共政策存在,其合理性就有一个不断提升的过程。

由民营企业组建的行业协会和民间商会,对于构建和完善社会公共交往领域通常具有两重性。一方面行业协会和民间商会可以通过积极的活动,推动公共舆论的形成、公共理念的凝结和公共利益的聚合;另一方面,行业协会和民间商会也可能通过追求自身成员的利益而侵害公共利益。为了弱化民营企业政治行为的消极影响,弱化行业协会和民间商会对公共利益实现的负面效应,必须不断完善社会公共交往领域。

完善社会公共交往领域,一要不断提升公共组织的层次。通过提升公共组织层次,克服由于国家政治权力领域扩张而导致的公共组织行政化倾向,使不同的社会组织都能够成为聚合组织成员共同利益,并代表组织成员共同利益的真正民间组织,并有效地行使组织成员赋予的权利。这依赖于不断提高社会的组织化程度,使不同社会群体都能形成真正意义上的自己的组织。在平等的基础上展开不同社会组织间的良性互动,聚合公共利益。要克服在私人经济交换领域作用下,由于资本和权力的勾连共同打压其他社会群体,导致其他社会群体组织发育不良的状况,使各群体在力量均衡基础上展开互动,尤其是要避免由于强势群体的高组织化和弱势群体的低组织化而产生的对弱势群体权利的藐视,甚至剥夺。二要不断拓展公共交往的空间。通过拓展公共交往空间,解决国家政治权力领域的不合理扩张问题,使其合理归位,减少对公共交往空间的过度挤压;解决私人经济交换领域的不良渗透问题,防止私人交换领域的某些原则对公共交往空间的侵蚀。真正实现国家政治权力领域同私人经济交换领域,以社会公共交往领域为媒介的良性互动和不同主体间的建设性交往。三要不断强化公共媒体的功能。通过强化公共媒体功能,防止由于国家政治权力领域的扩张,使公共媒体过于官方化而丧失对政治权力的监督和制约功能。消除由于国家政治权力掌控的官方媒体和大众媒体的断裂,而无法形成真正意义上的公共舆论的现象;防止由于私人经济交换领域不合理的渗透,导致公共传媒公共性缺失,使公共传媒沦为市场的奴隶和金钱的婢女的倾向。要不断提升公共传媒的公共性,使之真正发挥形成公共舆论、凝结公共理念的功能。

通过建立完善的社会公共交往领域,实现民营企业通过行业协会和民间商会同其他社会组织的良性互动和建设性交往,进而发挥民营企业政治行为对于提升公共政策合理性的积极作用。真正实现"行为者通过行为语境寻求沟通,以便在相互谅解的基础上把他们的行为计划和行为协调起来。"①推动国家公共权力领域、私人经济交换领域和社会公共交往领域的协同,以在更高层次上提升公共政策的合理性。

五、公共政策与企业的政治行为

多元治理模式的有效运作涉及政府与市场的关系问题,这依赖于政府同企业的良性互动。在中国,由于国有企业是政府兴办的,从一定意义上应看做是政府的一部分。探讨政府与市场的关系,进而探讨公共政策与企业政治行为的关系,重点是要探讨政府同民营企业的关系。民营企业的政治行为以及政府对其作出的回应,是政府同民营企业互动的重要形式。民营企业的政治行为主要通过参与政治系统的运作过程表现出来,目的是影响政府的政策,以形成有利于自身发展及社会进步的政策环境。在中国,民营企业的发展环境同政府政策之间存在着实质性的联系,因此民营企业都力图通过各种政治行为影响政府的政策。民营企业的政治行为不仅可以为自身的发展争取良好的政策环境,而且对全社会的经济发展、民主政治建设和社会和谐稳定都会产生一定的影响。然而,民营企业的政治行为是一把双刃剑,其消极影响也不可低估。分析民营企业政治行为的有效性,既要从工具理性的视角进行效果和效益分析,也要从价值理性的视角分析其社会效应。以通过制度、体制和机制建设使民营企业的政治行为更加制度化和规范化,更有效地发挥民营企业政治行为的积极作用。探讨公共政策同民营企业政治行为的关系,重要的

---

① 〔德〕哈贝马斯:《交往行为理论》,上海人民出版社 2004 年版,第 84 页。

是要关注民营企业政治行为的有效性问题，也就是民营企业政治行为对公共政策能否产生影响以及影响的程度。

1. 公共政策与民营企业政治行为的选择

凡是企业采取的企图影响政府公共政策的行为，都属于企业政治行为的范畴。在当今世界，企业的政治行为已成为带有普遍性的行为。在世界范围内，伴随着各国政府职能的扩张，政府公共政策对企业的经营行为和企业的整体发展产生了越来越大的影响，因此企业的政治行为也越来越突出地展现出来。在西方国家，企业的政治行为主要是指企业试图影响政府政策为自身谋利的行为，主要形式有为竞选活动提供资金支持、直接或间接游说、建立同盟等，当然也不排除对政府官员的利益输送。在中国，民营企业的政治行为就是指民营企业为了改善公共政策环境而采取的影响政府公共政策的行为。这也是民营企业同政府进行互动的主要形式。

通过对民营企业的问卷调查和专题访谈①及案例分析，并在此基础上所展开的研究，结果表明，民营企业的政治行为在行为方式上具有多样化的特点，主要有参选人大代表和担任政协委员、加入执政党或民主党派、组建行业协会和民间商会、参加政府组织的活动、同政府官员个别接触、聘请政府人员到企业供职、安排政府官员的子女和亲属、到政府部门上访、资助媒体代言、资助学者研究，等等。无论采取什么方式其目的都是为了影响政府的公共政策。“在现代商业体系中，企业的竞争环境与政府管制、公共政策之间存在着实质性的依存关系：政府控制着重要资源，如信息、土地等，这些资源决定了企业的竞争优势。政府出台的相关公共政策可以影响企业在市场中的竞争地位；通过设置和撤除进入（或退出）壁垒改变市场结构进而影响企业的市场份额；通过各种类型的立法（如劳动力立法和污染标准限制）改变企业的成本结构；通过改变税收影响产品和服务的需求等

① 为了研究民营企业政治行为同公共政策合理性的关系，我们通过问卷调查和专题访谈的形式获取第一手资料。问卷样本和访谈对象，主要选择了民营企业比较发达的浙江杭州、温州、宁波、绍兴、湖州、义乌等地的民营企业，并以中小民营企业为主，对大型民营企业的政治行为主要是通过案例分析展开研究。以下所引用的关于民营企业政治行为的数据均根据此次调研资料整理所得。

等。这些都对企业竞争优势的塑造产生了很大的影响。”①

民营企业政治行为尽管有很多种行为方式，但从性质上或者说从是否有国家正式的制度设计，可以划分为三类，即制度性政治行为、非制度性政治行为和准制度性政治行为。所谓制度性政治行为，就是通过体制内的渠道展开的政治行为，主要包括：选举与参选人大代表和担任政协委员、加入中国共产党或民主党派、参加政府组织的各种活动等。而非制度性政治行为则是通过体制外的渠道展开的政治行为，同政府官员私下接触或对政府官员进行各种形式的利益输送等，是非制度性政治行为的主要表现形式。准制度性政治行为可以界定为：通过行业协会和民间商会等组织形式以及传播媒介展开的政治行为。对这一类政治行为，政府总是力图纳入到体制内加以控制，而民间组织则要保持自身的独立性，因此，处于体制内和体制外的游离状态。这同时也就决定了行业协会和民间商会的两重性。而传播媒介本身就是官方媒体和大众媒体两种性质的混合，这也是把民营企业通过传播媒介展开的政治行为称为准制度性政治行为的重要原因。

通过调查反映出在三类政治行为中，民营企业更注重和更期待的还是通过制度性政治行为影响政府的公共政策。在对政治行为认知的调查中，结果显示，调查对象最看好的是选举和参选人大代表和担任政协委员，此项选择高达85.2%，其次是加入中国共产党或民主党派，占7.4%，选择参加政府组织的各项活动的占3.7%，三者均为制度性政治行为，合计为96.3%。这表明制度性政治行为更受民营企业家的青睐。民营企业家之所以最看好参选人大代表和担任政协委员，因为它可以直接参政议政，参与公共政策的制定。但调查中也反映出，实际上，真正能够当选人大代表和担任政协委员，在两会上直接参政议政的仅占调查对象的4.7%，其他两项加起来也不过是28.4%。在自己无法成为人大代表和政协委员的情况下，是否可以通过其他民营企业家代表来代表自己表达利益诉求，结果显示，有50.8%调查对象认为人大、政协和党代会中的民营企业家代表不能代表自己的利益。这说明相应的制度还需要进一步完善。本来制度性政治行为应该更有利于提升公共政策的合理性，但是由于制度本

① 昌灏：《企业政治行为的重要性及其差异性》，《企业导报》2009年第8期。

身的不完善,如代表和委员产生的方式与构成成分等方面存在的问题,使之不能很好地发挥应有的作用。

由于体制内的渠道无法满足民营企业政治行为的需要,很多民营企业开始选择非制度性政治行为来影响政府的公共政策。调查中发现,绝大多数民营企业政治行为的首要动机是谋取更多的利益。只要条件允许他们就力图同政府官员建立比较密切的关系,通过同政府官员私下接触或对政府官员进行利益输送,以获得政府官员的庇护和政府公共政策上的利益倾斜。在对民营企业政治行为主要渠道的调查中,结果显示,选择通过行业协会和民间商会渠道的最多,为21.8%,其次是加入中国共产党或民主党派,为17.9%,第三位的就是与政府官员私下接触,为12.8%。从中可以看出与政府官员私下接触是其中一条重要渠道。调查中还反映出能够真正同政府官员建立关系的的企业,往往都是有一定规模和一定社会影响的企业。许多企业也想建立这种关系,但苦于没有门路。在对制约民营企业政治行为主要因素的调查中,面对"自身的文化水平、对政治行为知识了解不多、与政府工作人员关系太少、正式的制度渠道缺乏"等选项。34%的调查对象选择与政府工作人员关系太少,位列第一。在对影响政治行为效果的主要因素的调查中,45.3%的调查对象把自身对政府的公关能力看做是影响政治行为效果的最主要因素,也排在第一位。民营企业的关注点主要集中在对政府的公关能力上,这与把同政府官员的关系看做是制约政治行为的关键性因素相吻合,也进一步验证了同政府官员私下接触确实是民营企业政治行为的重要方式。这同时也表明,在制度化渠道不顺畅的情况下,民营企业政治行为趋向于非制度化的倾向。同政府官员私下接触并进行利益输送滋生了权力腐败,败坏了社会风气,民营企业自身也要承担很大的政治风险和经济风险。民营企业非制度性政治行为,对公共政策带来的影响是非常消极的。

伴随着民营企业的发展,行业协会和民间商会这些非政府组织,已成为民营企业政治行为的重要渠道。"民间商会通过自身的组织化参与和政府的支持、鼓励,为私营企业主阶层开辟了一条准制度化的利益表达和政治参与渠道……作为一种利益代表组织,民间商会很好地弥补了个体企业在利益表达、影响政府决策能力上的不足,极大地增强了中小型民营企业防御政治、经济风险的能力。"①在不能直接通过人大和政协等制度化渠道参政议政的情况下，民营企业开始更多地依赖能够代表自身利益的民间组织，这也是行业协会和民间商会更为民营企业家看好的重要原因。从调查获得的实际资料来看，民营企业政治行为实际选择的主要渠道，排在第一位的就是行业协会和民间商会。这说明行业协会和民间商会已成为民营企业反映利益诉求，影响政府公共政策的重要渠道。以下的调研数据证明了这一点。

在遇到不利于企业发展的政策时多采取什么行动的调查中，结果显示，民营企业家很少依靠个人单独行动，大多采取组织化的行为方式。在主动采取行动力图影响政府公共政策的行为中，排在第一位的是求助于行业协会和民间商会，达31.0%。以下依次为，与其他同行商量对策，为11.9%，通过私人关系与政府沟通的为2.4%。这主要是因为他们认为政策已经出台，私下沟通意义不大。在最有可能对政府公共政策产生影响的渠道的调查中，40.3%的调查对象选择了行业协会和民间商会，也排在第一位。行业协会和民间商会成为中小民营企业家们普遍认可的、最有可能对政策施加影响的渠道。在参加过哪些组织的调查中，51.4%的调查对象选择了行业协会和民间商会；在最想参加的组织的调查中，57.9%的调查对象也选择了行业协会和民间商会，两者均居各自调查项目的第一位。这反映了行业协会和民间商会在民营企业家群体中确实有较好的声誉和影响力。在你所认识的民营企业家参加最多的组织的调查中，也是行业协会和民间商会占绝对的优势，为86.8%。再次肯定了行业协会和民间商会在民营企业政治行为中扮演的重要角色。事实也是如此，依靠民营企业家个人的力量要对政府公共政策产生影响，其作用微乎其微。行业协会和民间商会可以发挥整合会员利益，把个人的利益诉求凝聚成组织的意志，这不仅使会员更清晰地认识自身的利益，而且能够运用组织的力量向政府表达利益诉求，更能对政府公共政策发生实质性的影响。

当然，行业协会和民间商会在自身建设和作用发挥上，也存在着

① 陈剩勇等：《组织化、自主治理与民主——浙江温州民间商会研究》，中国社会科学出版社2004年版，第232—233页。

需要改进的问题。在对行业协会和民间商会日常运行上需要改进的问题的调查中，有32.2%的调查对象选择了协会的代表性和覆盖面，有25.1%的调查对象把内部的人事组织建设看作是最需要改进的问题，此外，25.1%的调查对象认为个体权利和职能是最需要改进的问题，有15.2%的调查对象认为行业协会去行政化倾向最为重要。这反映出行业协会和民间商会在运行中确实存在一些问题。行业协会和民间商会的代表性和覆盖面还有待提高，这是有效发挥其作用的重要前提。组织中的个体权利是否得到应有的确认，是组织赖以存在的基础。只有在每个成员都享有充分个人权利的基础上，行业协会和民间商会才能真正发挥整合利益和表达利益的作用。存在上述问题的主要原因，当然有组织自身建设的问题，但更重要的是由于国家政治权力对行业协会和民间商会的过度控制，导致其行政化倾向明显，独立性没有得到充分实现。因此在社会公共交往领域构建过程中作用发挥得不理想。

传播媒介是社会公共交往领域的重要组成部分，在形成公共舆论、凝结公共理念、聚合公共利益过程中发挥着极为重要的作用。在调查中发现，民营企业更多的是把传播媒介作为获取政府信息的渠道，还没有把它作为开展政治行为的重要手段。在通过哪些渠道获得政府信息的调查中，结果显示，排在第一位的是政府管理部门，为43.1%，排在第二位的就是传播媒介，为37.3%，以下依次为：政府公报9.8%，行业协会5.9%，与他人讨论3.9%。这说明传播媒介在获取政府信息方面扮演着重要角色。但是利用传播媒介，包括互联网，表达对政府公共政策看法的仅占2.1%。这说明，民营企业家还没有充分认识到传播媒介的重要作用，还没有主动把它作为影响政府公共政策的重要途径。

在强大的政府面前，在国家垄断企业、大型民营企业面前，中小民营企业还是个弱势群体。大多数中小民营企业都具有政治行为的内在动力，而且在民营企业发展初期政治热情还非常高，但近年来越来越多的民营企业政治热情在消退，有的甚至患了政治行为“冷漠症”。在遇到不利于企业发展的政策时多采取什么行动的调查中，数据显示，选择接受的高达54.8%。多数民营企业觉得无力改变政府的公共政策。这说明民营企业对通过政治行为表达自己的利益诉求，并最终通过改变政府公共政策赢得利益的信心不足，消极顺从型政治文化还是主流，这必然影响民营企业政治行为的积极性和主动性。出现这种现象的原因是多方面的，但主要是由政府行为导致的。政府对民营企业政治行为的接纳，对其利益诉求进行回应，更多的是为了发展经济，而不会从政治发展的角度来考虑问题。当民营企业经济上发展到一定程度后就会产生相应的政治诉求，一旦这种政治诉求触碰了政治权力的敏感神经，就会受到遏制和打压。民营企业政治行为影响力弱化，政治行为得不到回应，必然产生动力衰减。充分发挥民间组织的作用，更有效地利用传播媒介的力量，对于构建和完善社会公共交往领域，提高民营企业政治行为的影响力，从而对公共政策合理性产生积极影响，具有非常重要的意义。

2. 公共政策与民营企业政治行为有效性

正是由于政府公共政策对民营企业的生存和发展有重大影响，民营企业都千方百计地通过自身的政治行为影响政府的公共政策，使其更有利于自身的发展。民营企业政治行为的有效性表明它对政府公共政策产生了实实在在的影响。如果民营企业的政治行为对政府公共政策不能产生实质性的影响，那就是无效的。可见，民营企业政治行为的有效性意义重大。

通过实际调查也证明了政府公共政策同民营企业有着密切的关联性。在政府公共政策对民营企业的影响的调查中，结果显示，58.5%的调查对象认为公共政策对民营企业的影响较大，28.8%的认为公共政策对民营企业的影响很大，只有2.5%的认为影响很小。可以看出，民营的企业政治行为在很大程度上与政府政策对民营企业的影响有关。在对民营企业最关心的问题的调查中也进一步证明了这一点，结果显示，有52.3%的调查对象最关心的是政府关于自己所在行业的政策，列第一位，有34.2%的调查对象最关心国家对民营企业的政策动向，列第二位，两者合计为86.5%。公共政策作为权威性的公共资源分配，对企业的发展十分重要，尤其在中国的市场机制还不成熟的条件下，公共政策不仅可以影响企业发展的外部环境，甚至可以直接影响企业经济利益的获得。在西方国家，企业政治行为的总体目标是产生有利于企业持续发展的公共政策。在中国也是如此，经济利益依然是民营企业政治行为的主要目标。“爱泼斯坦认为，‘企业已经步人政治竞争的时代’，政府或政府政策作为一种竞争工具，能拓展企业的外部生存空间，为企业创造有利的竞争环境。企业竞争环境和政府政策之间存在一种相互影响的关系。政府政策的不确定性导致企业商业交易费用的增加，而企业是否能够成功地运用政治权力获得潜在的利益将直接关系到企业的经营业绩及竞争力。"①

从对民营企业政治行为的界定中，可以引申出民营企业政治行为有效性的内涵。西方学者对企业政治行为有效性的研究，往往局限于企业自身的效益，这从他们对企业政治行为的界定中就可以看出来。他们往往认为，企业政治行为是指企业试图通过影响政府政策来为公司谋利的行为。关于中国民营企业政治行为的有效性，其直接意义就是民营企业对政府政策的影响及其程度，以及由此产生的企业效益和社会效应。分析中国民营企业政治行为的有效性不能忽视其社会效应。

民营企业政治行为的有效性有着复杂的内在结构。通过剖析其内在结构，可以对它有一个深入的了解。对民营企业政治行为的有效性从与其作用对象的关系方面，可以划分为：内容有效性、方式有效性和结构有效性。一是内容有效性。所谓内容有效性，就是在民营企业实施政治行为过程中所表达的利益诉求，在多大程度上影响了公共政策的内容。对内容有效性的分析，可以从总体上把握民营企业政治行为的有效性。从行为的动机来看，可以把民营企业的政治行为分为自利性政治行为和公益性政治行为。自利性政治行为是以实现自身的利益为目的政治行为，这在中国目前民营企业政治行为中占绝大多数。由于民营企业家，特别是中小民营企业家总体上政治素质还比较低，公益性政治行为所占的比重比较少。除极少数大型民营企业之外，绝大多数中小民营企的自利性政治行为的有效性都很低。由于极少数大型民营企业有可能同某些公共政策的制定者结成共同体，利用共同体的力量提高政治行为的有效性。二是方式有效性。方式有效性是从行为主体的角度所作的分析。民营企业政治行为的方式，从大的方面来看可以划分为制度性政治行为、非制度性政治行为和准制度性政治行为。在中国参与政党的活动、参加

① 马新智等：《新疆民营企业家政治行为实证研究》，《新疆大学学报》（人文社会科学版）2010 年第 3 期。

各级人民代表大会、参加政治协商会议，通过工商联的活动影响政府的公共政策，上述类型的政治行为是对国家制度安排的回应。在制度性政治行为中，由于执政党向民营企业家敞开了大门，他们中的优秀分子可以加入执政党，参与执政党的活动，尤其是参加执政党的各级代表大会，参与最高层次的政治活动，对执政党的行为会产生一定的影响，从而影响政府的公共政策。民营企业家参加各级人民代表大会和人民政治协商会议，也是制度性政治参与的主要形式。同其他参与方式相比，其有效性的程度要高一些。而一些非制度性参与对某些地方政府和政府某些部门的政策可能产生影响，但对国家的大政方针发挥的作用有限。三是结构有效性。结构有效性是从行为客体的角度所作的分析。把民营企业作为政治行为的主体，那么其作用的对象，即政府公共政策就是行为的客体。对政府的公共政策行为进行剖析，其过程可以划分为建立政策议程、进行政策规划和实现政策合法化三个大的环节。结构有效性主要是分析民营企业政治为对公共政策过程三个不同环节各自影响的有效性问题。从结构有效性视角分析，民营企业政治行为可作如下划分：对建立政策议程过程产生影响的政治行为，可称为议程性政治行为；对进行政策规划过程产生影响的政治行为称为规划性政治行为；对政策合法化过程产生影响的政治行为，可以用合法性政治行为进行概括。分析议程性政治行为的有效性，主要看其利益诉求在多大程度上引起政府的关注，从而启动某项公共政策议程。而对规划性政治行为有效性的分析，就是要分析其意见和建议对公共政策方案形成产生的影响，也就是其意见和建议多大程度上被公共政策方案所采纳。合法性政治行为的有效性就看其在对公共政策方案审查、通过、批准过程中发挥了什么样的作用，效果如何。

对民营企业政治行为的有效性进行更深层次的分析，依赖于人类理性的作用。在人类理性的作用下，对民营企业政治行为的分析可以深入到核心层次，把更深层次的问题揭示出来。要发挥理性的作用必须对理性有一个全面地把握。马克斯·韦伯对人的理性结构的划分，被概括为工具理性和价值理性。工具理性是以能够计算和预测后果为条件来实现目的，主要关注的是手段和程序的可计算性，又可以称为“功效理性”；价值理性是依据后果或目的的价值做出判断，主要关注的是结果或目的的意义，又可以称为“意义理性”。如果仅仅从工具理性的视角来分析企业政治行为的有效性,就会陷入算计的误区而忽视对意义的把握。必须从工具理性和价值理性相结合的视角来分析民营企业政治行为的有效性,既要分析它的效果,即结果和目标的关系,也要分析它的效益,即成本和收益的关系,同时还要分析它的效应,即对全社会所产生的影响。这样才能对民营企业政治行为的有效性有一个全面地把握。

2. 民营企业政治行为有效性的具体分析

对民营企业政治行为的有效性进行具体分析,就要深入到有效性的内在结构之中。效果、效益和效应构成了民营企业政治行为有效性的主要内容。对民营企业政治行为有效性进行分析的动态过程,依次为效果分析、效益分析和效应分析,这也构成了对民营企业政治行为有效性分析的基本程序。对民营企业政治行为的有效性进行具体分析,主要就是分析不同的行为方式对政府公共政策所产生的实质性的影响,以及影响的程度。

(1) 民营企业政治行为的效果分析

民营企业政治行为的效果分析,主要分析结果和目标的关系,也就是分析是否实现目标、实现目标的程度。人在需要的基础上形成的动机是人的行为的直接动力,并指向特定的目标。根据调查,民营企业政治行为的目标主要有获取经济利益、寻求政治安全和承担社会责任等,而获取更多的经济利益是其中最主要的目标。从不同的动机出发,选择不同的行为方式,对政府公共政策产生影响的结果是不同的。

第一,民营企业政治行为的目标与效果。民营企业政治行为的目标不同,效果上也会存在一定的差异。一是以经济利益为目标的政治行为。在对民营企业政治行为动机的调查中,结果显示,出于改善企业经营环境,获得更多的经济利益动机的所占比例最大,为35%,寻求政治保护,使企业免遭不公正待遇的,为22%,居第二位,而以贡献社会为动机的,占19%,以对社会事务、政治事务的关心,推进社会发展为动机的,占16%,以获得社会尊重为动机的,占8%。这一结果表明民营企业政治行为,既有自利性动机,也有公共性动机,当然,自利性动机居于主导地位。总体来讲,民营企业政治行为最主要的目标还是为自己获取更多的经济利益。通过民营企业家中的人大代表、政协委员的议案、提案，也可以看出明显的经济利益取向。在温州市人大十届一次会议上，从事纺织品行业的温州商人提出的《关于实施温州市纺织品市场的议案》，就是希望政府能够对纺织品市场进行管理，对纺织品行业进行政策扶持。省政协委员、普天东方通信集团有限公司总裁 2009 年提出的《引导支持民企进军农业》的议案，建议对民营企业和民间资本从事农业产业及农业生产性服务业，给予一定程度、一定期限的优惠；为资产剥离、抵押、出售等方面能够提供便捷通道，目的也是为了企业的经济利益。二是以政治安全为目标的政治行为。目前，中国正处于转型时期，尽管政治的不确定性随着社会主义市场经济体制的确立而逐渐降低，但公共政策变化带来的不确定性依然存在，政府和执法部门工作的不透明和不规范带来的不确定性也不同程度地存在着。这些不确定性会给企业经营带来不可预见的风险，使民营企业产生不安全感。民营企业通过自身的政治行为寻求政治保护，力争使民营企业获得更公平的待遇，也是其政治行为的重要目标。正如调查所显示的，有 22% 的调查对象选择了为寻求政治保护，使企业免遭不公正的待遇，居于政治行为动机的第二位。成为人大代表的民营企业家提出的很多议案也与此有关。例如，吉利集团董事长在 2006 年全国两会时提交的《更快更好地建设社会主义市场经济竞争氛围》，正泰集团董事长在 2007 年全国两会上提交的《尽快出台〈反垄断法〉，警惕外资并购》，星月集团总裁在 2007 年全国两会上提交的《制定〈反商业贿赂法〉，减少“权力寻租”的机会》等议案，其主要动机是希望政府能够为民营企业提供一个更为公平的市场竞争环境。经过多方利益博弈，《反垄断法》终于于 2008 年出台。这些提案对反垄断问题进入政府政策议程起到了较大的推动作用。三是以公共责任为目的的政治行为。从客观上讲，与发达国家的企业相比，中国民营企业总体上社会责任感还比较低。只有少数政治行为是以社会责任为目的的。调查显示，以贡献社会为目的的，仅占 19%。当然，这与企业的发展规模和发展阶段有一定的关系。一般处于企业成长期的中小企业更关注企业自身的发展壮大，没有更多的时间和精力考虑社会责任问题，或者说社会责任问题还没有提到议事日程。而处于成熟期的大型企业由于企业的运作已经进入稳定轨道，自己也积累了一定的社会影响力，开始希望通过自己的政治行为承担一定的社会责任，促进全社会的发展。传化集团的董事长从2001年开始至今，在人大会议上提出过大量提案，有关于民营企业发展的，也有“三农”问题的。2008年，在《积极推进民营企业社会责任标准体系建设，为构建社会主义和谐社会作贡献》的提案中建议：“政府要建立基础性的引导机制，树立社会责任企业榜样，通过赋予社会责任标杆企业税收优惠、优先采购权等方式，支持和鼓励企业积极践行社会责任。对于不履行社会责任的企业，除法律规定的处罚外，还要出台相应的政策和措施，强制其履行应承担的社会责任。”娃哈哈集团总裁在2007年全国两会上提出的《尽快推动农民工社会管理制度改革，促进社会和谐》，在2010年全国两会《加快住房保障法立法》等议案，吉利集团董事长在2010年两会上建议，将现行的个税起征点调整为5000元，各省、区、市可根据本辖区财政实际情况最多上下浮动1000元。适当降低工资收入的最高税率，建议将其设定在5%至35%的范围。从这些议案关注的问题可以发现民营企业对社会责任的使命感。

第二，民营企业政治行为方式与效果。制度性政治行为、非制度性政治行为和准制度性政治行为，构成了民营企业政治行为方式的三种类型，不同类型的政治行为在不同条件下，会产生不同的效果。一是制度性政治行为。制度性政治行为是指企业在现有的制度体系内合法、有序地进行的政治活动。在中国，制度性政治行为的主要形式：进入人大或政协；加入政党、社会团体；参加党政部门召开的政策咨询会、座谈会或听证会；组织行业协会或民间商会，等等。在哪种政治行为比较有效的调查中，其中列举了18个选项，结果显示，选择当选人大代表、担任政协委员的占85.2%、加入政党占7.4%、加入工商联占3.7%、参加政府活动占3.7%。其他选项没有选择。这说明民营企业家最看重的是当选人大代表和担任政协委员，同时也说明此种政治行为最有效。人民代表大会制度是中国的根本政治制度。政治协商会议是中国共产党领导的多党合作和政治协商的重要机构，是参政议政的重要组织形式。人大与政协会议又是产生公共政策和公共政策建议的重要机构，“两会”期间代表们提出的议案、建议对政策法规的制定有着直接的导向作用，因此，成为人大代表或政协委员是影响政府政策最有效的途径。在另一项调查中也发现有近30%的民营企业家认为最为迫切的就是“争取当选人大代表、政协委员”。但调查显示，在诸多因素的影响下，能够成为人大代表和政协委员的是极少数。在人大、政协、党组织中的民营企业家代表能否代表自己权益的调查中，如前所述，只有15.4%的调查对象认为能够代表。反映了民营企业对各类代表制度缺乏信心。从政治行为效果的角度看，对代表缺乏必要的信任度，会导致代表和作为被代表群体之间难以形成充分的互动关系，直接影响制度性政治行为的效果。在对民营企业政治行为方式的调查中，诉诸行业协会或民间商会方式的所占比例最高，这表明，通过行业协会或民间商会表达利益诉求，也是民营企业政治行为的重要方式。二是非制度性政治行为。非制度性行为是指在制度规定以外的渠道进行的政治活动。非制度性行为通常是由于制度内的渠道难以满足需要和多元主体的利益诉求，便到制度以外寻找途径，而以各种非常态的形式影响政府的公共政策，以满足自己的利益需求。尽管伴随着民主政治的发展，形成了各种制度性渠道，但作用发挥得不理想，这是导致非制度性政治行为的根本原因。在非制度性政治行为中，正常的网络参与、网络问政等是合理的政治行为。然而，为了获取不正当的利益而选择非制度性政治行为的民营企业也不乏其例。在对民营企业政治行为方式的调查中，通过与政府官员的私下接触的占到了12.8%，排在了通过行业协会或民间商会方式、加入中国共产党或民主党派之后的第三位。这足以说明，这种非制度性的政治行为已经成为民营企业一种重要的政治行为方式。通过同官员的非正常接触，甚至以拉拢收买、寻租贿选等形式影响政府官员的行为，从而达到影响政府政策已获得更多资源的目的，属于非制度性政治行为中不合理的政治行为。通过调查发现，一部分民营企业更看重同政府官员的非正常接触，这也证明这条渠道在某些情况下还是有效的。在对影响政治行为效果的因素的调查中，所列的自身的公关能力、财富数量、良好的声誉、社会责任和政府部门的认可的选项中，调查对象选择了“自身的公关能力”的最多，位居第一。较为清晰地反映了民营企业的关注点主要集中在攻关能力上。这同把与政府工作人员的关系看做是影响政治行为有效性的关键性因素相吻合。政府部门的认可与否并不重要，重要的是同政府工作人员个人搞好关系。在对制约民营企业政治行为的因素的调查中，面对自身的文化水平、对政治行为知识了解不多、与政府工作人员关系太少、正式的制度渠道缺乏等选项中。34.0%的调查对象选择与政府工作人员关系太少，位列第一，排在第二位的是对政治行为知识了解不多，占19.1%，这两项因素成为限制民营企业政治行为的主要因素。同样表明，把与政府工作人员的关系看做是影响政治行为有效性的最主要的因素，当然，这与正式的制度渠道不畅通有直接的关系。通过与政府官员的非正式接触，建立一种互利的关系，政府官员以自己的权力交换民营企业的物质财富，而民营企业则以自己的物质财富获得自己需要的政治保护与政策倾斜，这种现象必须引起重视。调查中发现，有相当多的民营企业与政府官员接触过，主要是通过送礼，包括赠送钱财、古董、珍贵字画等。这些潜规则越来越显性化了，形成了中国特有的"关系政治"。这种政治关系不仅造成权力腐败，严重影响了政府政策的公正性和政府的公信力，而且已经影响到社会的方方面面，危害之大有目共睹。

第三，民营企业政治行为的组织化程度与效果。民营企业政治行为的组织化程度，是反映政治行为效果的重要指标。政治行为的组织化程度越高，其作用越有效。在是否参加过某种组织这一问题上，98.5%的调查对象明确回答参加过某种组织。这说明民营企业组织化程度很高。这反映了民营企业较为倚重团体的政治行为，把团体政治行为作为提高政治行为效果的重要渠道。在最想参加的组织的问题上，有57.9%的调查对象选择民间商会和行业协会。这反映民间商会和行业协会在民营企业中享有较好的声誉和影响力，是提高政治行为有效性的重要渠道。而选择工商业联合会的只占4.5%，一定程度上反映出工商业联合会同民间商会、行业协会相比有效性程度比较低。在所认识的民营企业家参与最多的组织的问题上，民间商会、行业协会与工商业联合会位居前列，分别占57.9%和28.9%，这一数据与前述数据基本上保持了一致，再次肯定了行业协会等组织在民营企业政治行为中扮演了较为重要的角色。在参加一个组织对自己的利益表达是否重要的问题上，有25.5%的调查对象认为非常重要，有20.0%的调查对象认为重要，当然还有34.5%认为没有必要。这在一定程度上反映了民营企业对加入一定的组织提高政治行为有效性的双重心态。一方面，希望通过组织化的方式，利用团体的力量更好地维护自己的利益；另一方面，某些民营企业认为能够表达自己的利益诉求的只能是自己，团体的可靠性程度是要打折扣的。在政治行为的方式上，尽管民营企业最看好人大代表和政协委员等制度化渠道，认为当选人大代表和政协委员将更有利于表达自身的利益诉求。但是，真正能够当选人大代表和政协委员的毕竟是少数。在实际的政治行为中，更多地依赖于民间商会和行业协会这一能够代表自身利益的民间组织。

（2）民营企业政治行为的效益分析

民营企业政治行为的效益分析，主要是分析成本与收益的关系。如果政治行为带来的收益，大于所需承担的实际成本，这样的政治行为对民营企业来说才有意义。民营企业政治行为的成本主要包括：财力和人力、时间和精力以及风险等。

第一，财力和人力成本。企业的财力与企业的经营状况有关。企业发展的规模和能够获取的利润，决定于企业自身的经营状况。民营企业的政治行为是要支付一定的财力和人力成本的。在中国目前的政治系统运行过程中，由于公开化和透明度不够，民营企业的政治行为需付出更多的财力和人力成本。支付财力和人力成本对于部分大型民营企业来说并不是问题，因为它们有着雄厚的财力和人力基础。但对于中小企业来说财力和人力都相对有限，在政府的回应性十分不确定的情况下做出相应的投入是不理性的。而且企业经营状况好的大型民营企业，具有较大的社会影响力，自然也容易引起政府的重视，投入能够获得相应的回报，甚至能够获得更大的收益。而对企业经营规模较小的中小企业来说，提出合理的建议或诉求往往也不容易引起政府的重视，政治行为的效益不高。在对影响民营企业政治行为效益的调查中，结果显示，有28.5%的调查对象认为主要受自身经济实力的制约。

第二，时间与精力成本。与社会中的其他社会群体不同，民营企业从事企业经营，在瞬息万变的市场中竞争，需要投入更多的时间和精力来管理和经营自己的企业。企业的政治行为不可避免地要投入一定的时间和精力，而且投入的时间和精力成本同可能获得的收益之间的关系具有很大的不确定性。特别是对于一些中小企业来说，企业的经营发展是头等大事，投入那么多的时间和精力去从事收益不确定，甚至得不偿失的活动，内在的动力不足。这也是中小企业政治积极性不高的重要原因。在对影响民营企业政治行为有效性的因素的调查中，认为时间与精力有限的占19.1%，渠道不畅通的占

13.3%，信息缺乏的占10.3%。

第三，风险成本。中国目前的行政体制正在向法治化迈进，而现有的行政体制使各级政府官员拥有相当大的社会价值的分配权力和政治信息资源。通过民营企业的政治行为获取更多的社会价值和政治信息资源，对企业经营来说是极为利好的事情。但是，要获取这些价值和资源有时需要遵循制度外的“潜规则”方能奏效。这就需要承担很大的风险。法制不健全、政治民主化程度比较低，某些民营企业为了规避风险导致政治冷漠。

(3)民营企业政治行为的效应分析

民营企业的政治行为也具有重要的社会功能，它不仅可以推动民营企业自身的发展，而且对全社会的发展也有一定的积极意义，但是民营企业非制度性的不合理的政治行为的消极影响也不可低估。

第一，民营企业政治行为的积极效应。民营企业制度化、规范化的政治行为，通过与政府的良性互动形成良好的政策环境，不仅有利以自身的发展，而有利于推动社会的经济发展，政治建设和社会和谐。一是民营企业的政治行为与经济发展。民营企业的政治行为有利于促进国家的经济发展。民营企业的政治行为可以使企业同政府的关系得以调整和重构。民营企业的政治行为是民营企业同政府之间联系的重要通道。民营企业可以通过这一通道表达诉求、提出建议，政府也可以通过这一通道了解企业的现状、存在的困难和所需的政策扶持，掌握企业真正的需求，有利于构建企业发展的良好的政策环境。民营企业对民营经济和市场发展具有更深刻的认识，往往能够提出更有针对性的意见和建议，从而使政府的公共政策更符合民营企业发展的实际。民营经济发展了有利于推动整个国民经济的发展。二是民营企业的政治行为与政治建设。民营企业的政治行为有助于增强政治系统的合法性。如果说权力是政治的核心，那么合法性则是政治系统有效运行的基础。民营企业家积极努力争取成为人大代表和政协委员、要求加入政党组织，这本身就表明了对现存的政治系统的认可，从而增进了政治系统的合法性。在民主政治建设中，民营企业政治行为的普遍性越高，越深入，影响力越大，就越能够对民主政治建设产生积极的影响。民营企业积极、有效的政治行为有助于推动政治民主化，使政府的公共政策更多地反映民情民意。民营企业以各种方式参与政治过程,不仅可以表达自己的利益诉求,而且可以提高对国家的认同感和责任感,提高对政治体制的归属感,加快自身的政治社会化过程。这一切必将推动国家的政治文明建设。三是民营企业的政治行为与社会和谐。民营企业合理的政治行为有利于社会的稳定,从而对和谐社会的构建起到一定的推动作用。民营企业家是新的社会阶层的重要组成部分。新阶层的发育过程也是我国社会结构分化的过程,必然使社会利益关系由于社会利益主体的多元化而越来越复杂,不同群体的利益冲突可能加剧,影响社会的和谐稳定。如何化解这些矛盾,有效地进行社会不同阶层利益的整合,是构建和谐社会面临的首要任务。不同社会阶层的政治行为实质是不同社会力量进行利益整合的手段。民营企业的政治行为,不仅有利于同政府之间形成互动,而且有利于同其他社会阶层联系沟通,寻求共识、化解矛盾、协调关系,实现社会的和谐稳定。

第二,民营企业政治行为的消极效应。有些民营企业由于制度性政治行为缺乏有效性,不能带来更多的经济利益,往往诉诸非制度性的政治行为,特别是一些不合理的政治行为必然对社会生活产生消极影响。一是民营企业政治行为对政企关系的消极影响。"从企业政治行为的目的来看,企业主要为了获取稀缺资源、垄断项目、优惠政策,以及寻求政治地位和地方政府庇护等;从企业政治行为的表现来看,主要体现为夸大经营规模、热衷于对地方政府公关,甚至为了迎合地方政府偏好作出脱离实际的决策;从结果来看,已经产生一批因企业政治行为而受益的企业群体。受利益的诱导,导致了一大批企业热衷于政治行为活动,有的演绎了非正常的政企关系,违背了市场规律,削弱了企业作为市场主体的独立性。"①政企关系的扭曲不利于形成平等竞争的市场环境。二是民营企业政治行为对政府合法性的消极影响。在制度性的政治行为方式效果不明显时,某些民营企业只能诉诸非制度性的政治行为。这是非制度性政治行为还占有相当比例的重要原因。在非制度性政治行为方式中,民营企业更多地选择同官员私下接触的方式。有些民营企业绕开正常的组织渠道,寻求同个别政府官员私下接触,以便获得的更多的利益和政府官

① 王呈斌等:《企业政治行为的非对称博弈分析》,《复旦学报》(自然科学版)2007年第2期。

员的特殊保护。这种同政府官员私下接触的方式,往往都同权钱交易相联系,致使腐败问题越演越烈。导致政府越来越多地支付公信力成本,影响了政府的合法性。三是民营企业政治行为对社会公正的消极影响。但事实上,真正能同掌握实权的政府官员建立联系的,往往都是有一定经营规模、有一定社会影响的民营企业。由于能够同政府官员私下接触的民营企业毕竟是少数,它们通过贿赂政府官员以便对政府政策产生影响,有可能导致政府被少数利益集团所绑架。这些利益集团通过为官员提供某种好处来操控政府行为,政府的公共政策就会被扭曲,使资源的配置失衡。由于少数利益集团通过不正当的手段攫取了更多的非法利益,必然影响社会的公平和正义,而且还败坏了社会风气。

3. 民营企业政治行为有效性的优化机制

优化民营企业政治行为的有效性,就是要通过民营企业同政府的良性互动,使民营企业的政治行为更加规范化和制度化,构建相应的机制,以提升民营企业政治行为的效果和效益,同时更要通过提升其积极效应,对社会的发展发挥更大的促进作用。

第一,规范机制。制度的关键性功能就是增进秩序,抑制人际交往过程中的不良行为。因此,加强制度建设是规范民营企业政治行为,提高制度性政治行为有效性的重要途径。一是完善民营企业政治行为的制度化机制。要完善现有的制度,尤其是人民代表大会制度和政治协商制度。必须公开人民代表大会的选举过程、政策议程与立法程序以及人大代表的相关信息等。要公开政协委员的产生和政治协商会议的运作方式。通过完善上述制度,使民营企业能够通过制度性的政治行为参政议政。要通过制度建设,将民营企业非制度性政治行为纳入制度化轨道,消除不合理的政治行为。政府有关部门及人员应与民营企业建立制度化的联系,使民营企业与政府的接触公开化、透明化,以防止私人化、隐蔽化带来的弊端。民营企业通过大众媒体、互联网等方式进行的政治行为,也要通过相应的制度加以规范。二是构建民营企业平等的利益表达机制。中国现有的利益表达的机制还不够完善,还存在着诸多的不平等,因此,需要构建多层次的利益表达机制。对在政治生活实践中涌现出来的、被广大民营企业认可的代表性民营企业家,要通过完善人民代表大会制度和政治协商制度等，发展高层次的表达渠道；对那些具有较高的政治热情和较强的政治行为能力的民营企业家，要通过完善各级各类团体组织，明确这些组织的地位和作用，拓展行为空间，使他们也有利益表达的渠道；而对广大中小企业要通过完善基层群众性自治组织，拓宽利益表达的渠道。尤其重要的是要形成多元的非强制性的政治行为渠道。三是健全民营企业政治行为的约束机制。健全并强化法律法规的作用，减少政府官员的设租寻租行为。由于制度上的不完善和市场经济负面效应的影响，产生了大量的政府官员的寻租行为。官员寻租行为多了，民营企业的非制度性政治行为也随之增多。政府官员寻租行为是导致不合理性的非制度性政治行为的重要原因。要改变这种局面，必须健全法律法规，完善反腐败制度，对于那些以权谋私、违法乱纪的行为要加大打击的力度，维护国家法律的严肃性、权威性。只有政府官员自觉遵纪守法，才能减少民营企业非制度化的政治行为。

第二，回应机制。民营企业政治行为的有效性直接依赖于政府的回应机制。政府要及时、准确地对各种利益诉求、意见和建议作出令人满意的回应，依赖于构建良好的回应机制。一是健全政府的开放机制。开放机制实质上反映了政府和社会之间的互动关系，主要指政府向社会开放的结构和方式，离了开放机制政府就无法对社会利益诉求、意见和建议做出回应。高容量、敏感性是开放机制的显著特征。民营企业的利益诉求、意见和建议能否及时进入政府议程，不可避免地要受到政府开放程度的影响。政府目前的开放程度还不高，主要表现在政府获取社会信息的容量比较低，政府对社会的不同群体、不同阶层的开放程度存在着差异。很多中小企业的利益诉求、意见和建议无法进入政府的视野。政府开放程度不高还表现在政府捕捉社情民意的敏感程度比较低，不能及时发现带有倾向性的、有可能对社会产生重大影响的利益诉求，政治行为的有效性必然受到影响。政府必须实行全方位的开放，平等地面向所有的民营企业和社会群体。二是完善政府的传导机制。传导机制就是把社会利益诉求、意见和建议及时地传导到政府的中枢系统，把政府中枢系统的决策迅速传导到社会。在现代社会，这种传导呈现出网络化、多向性的特点。现有的传导机制在有些情况下会处于阻断状态，无法实现有效传递。传导机制阻断，往往表现为政府的中间环节不作为或有选择的作为。通过完善传导机制,使民营企业的政治行为迅速及时地传递到政府的中枢系统,对政府决策产生实质性的影响,同时政府的公共政策也要及时地传递回来,使民营企业能够及时调整自己的行为。三是优化政府应答机制。应答机制以最快的速度对通过传导机制传递的社会利益诉求、意见和建议做出反应,形成政策方案,及时出台并付诸实施。但是在现实社会生活中,这种应答机制往往存在着应答速度比较慢,应答质量比较低的问题。这是由政府的中枢系统反映迟滞导致的。由于政府的中枢系统反映迟滞,无法迅速形成政策决策,并付诸实施。这种情况下,社会必然要作出反弹,搞不好有可能导致激烈的消极反应。优化应答机制必须缩短应答时间,使民营企业的合理意见和建议迅速转化为政府的公共政策。

第三,协商机制。协商机制从一定意义上说,就是建立在协商民主基础上的政府政策的形成机制。各主体地位的平等、自由的讨论、批判性审议、理性的思考,通过协商达成共识是协商民主的精髓。民营企业同政府之间应要建立起良好的协商机制,以更好地发挥民营企业政治行为的积极作用。一是构建民营企业与政府的良性互动机制。协商民主的重要特征是参与协商的主体地位平等,这包括政府和民营企业之间地位平等,民营企业同其他群体之间地位平等,不同民营企业之间的地位平等。要通过政府和民营企业及其他群体地位平等基础上的对话、讨论、辩论、审议达成共识,共同决定政府的公共政策输出。二是构建民营企业和政府的相互包容机制。协商民主通过协商过程创造条件,把不同主体的利益诉求融合在一起,对不同主体的诉求相互包容,认真听取每一个主体的意见和建议。能够容纳相对独立的、不一致的观点,形成多样化的相互包容。所有相关的主体都要在平等的基础上参与公共政策运行过程,并在相互包容的基础上达成共识。三是构建民营企业与政府的公共理性打造机制。公共理性构成了协商民主的本质特征。各主体要在平等的、全方位的交往中达成共识,形成公共理性,并在公共理性的基础上制定出对具有共同约束力的公共政策。协商民主必须以公共利益为导向,在公共理性的基础上重构政治合法性,重构政府和民营企业的关系。

4. 民营企业政治行为有效性与政策网络

对民营企业政治行为的研究同对一般政治行为的研究一样,原有的研究路径有两条,即制度主义的研究路径和行为主义的研究路径。制度主义的研究路径从宏观视角展开研究,关注的是政治行为的制度安排,把制度作为影响民营企业政治行为有效性实现的根本因素,研究的重点是探讨民营企业政治行为的制度保障问题。行为主义的研究路径从微观视角展开研究,把行为主体的素质作为主要的分析对象,认为民营企业家的政治素质是优化民营企业政治行为的关键因素。要更好地发挥民营企业政治行为的积极作用,必须首先提升民营企业家的政治素质。由于制度主义的研究路径过于宏观,增加了操作的难度。由此催生了行为主义的研究路径,以摆脱制度主义研究路径面临的难题。然而,行为主义研究路径走向了另一个极端,因为过于具体而陷入了向普遍性跨越的困境。因此,政策网络作为中观视角进入了研究的视野,在宏观与微观之间架起了一座桥梁。政策网络视角的研究既不像制度主义那么宏观而难以把握,也不像行为主义那么微观而难以提升。可以从全新的意义上来解读民营企业政治行为的有效性问题。从政策网络视角研究民营企业政治行为的有效性问题,开辟了一条新的研究路径。

民营企业政治行为有效性问题,必须从民营企业政治行为同所作用的对象的关系中来把握。民营企业政治行为作用的对象是政府的公共政策。从政策网络视角分析民营企业政治行为的有效性,其核心问题也是分析民营企业政治行为对政府公共政策影响的程度。只不过是把它纳入到政策网络之中,从它与政策网络的其他主体相互作用中来把握。在政策网络状态下,民营企业同政府部门、民间组织的作用通道是错综复杂的网状结构。这不仅使民营企业同政府的互动关系复杂化,而且其他主体也参与其中,更增加了复杂的程度。

"政府不同分支机构和不同部门之间的相互关系,以及政府与其他社会组织之间的互动关系构成了政策网络,这个网络有助于政策的形成与发展。"①"政府与其他利益相关者之间建立的制度化的互动模式,他们针对和围绕共同关心的议题进行对话和协商,使得参与者的政策偏好或政策诉求得到重视,以便增加彼此的政策利益。"②

---

① 〔加〕迈克尔·豪利特等:《公共政策研究》,庞诗等译,三联书店 2006 年版,第 220 页。

② 任勇:《政策网络的两种分析途径及其影响》,《公共管理学报》2005 年第 3 期。

以上对政策网络的描述，揭示了政策网络的实质、运作机制及其功能，为在政策网络状态下优化民营企业政治行为提供了新的思路，也提供了新的方法。

公共政策问题是政策网络形成的基础。当某一社会问题成为政治系统关注的对象，并进入政府的公共政策议程时，利益相关者就会聚集起来，在相互作用中形成政策网络。民营企业的政治行为也具有相同的性质。在实际的公共政策运作过程中，同某一部分民营企业相关的社会问题一旦进入政治系统的视野，政府的某些部门，代表这部分民营企业利益的组织，以及其他的利益相关者组织，就会组合在一起形成相应的政策网络。在政策网络这一平台上交换信息、协调利益、动员资源，开始具体的公共政策运行过程。这种状况在某些公共政策实践中已表现得非常明显。

民营企业在政策网络中的地位，是影响其政治行为有效性的重要因素。政策网络是在各种构成要素协同互动中形成的。政策网络的结构反映的是各种要素及其相互关系。由民营企业政治行为所结成的政策网络，其构成要素通常包括政府的某些部门、民营企业的相关群体、其他社会组织、有关的专家学者和媒体等。在政策网络中，各种要素所形成的关系可以从权力关系、利益关系和资源关系三个方面来把握。权力关系表明了各种要素之间的相互影响和相互控制；利益关系反映了不同要素利益诉求的集结程度；资源关系表现为各成员在政策网络中可以调动的资源。民营企业政治行为的有效性，直接受政策网络中权力关系、利益关系和资源关系的影响。民营企业在政策网络中多大程度上能够影响和控制其他构成要素，民营企业的利益诉求多大程度上形成网络的利益集结，民营企业在政策网络中可以调动的资源的多少，直接影响其政治行为的有效性。

民营企业的利益诉求同政府部门利益取向的相关度，也是影响其政治行为有效性重要因素。在中国现有的政治体制下，政府在公共政策的运行中起着决定性的作用。尽管在政策网络中，政府的行为往往要受到其他构成要素的制约，但是，这并不能改变政府行使公共权力的职能。民营企业政治行为的有效性同政府部门的态度具有很强的关联性。民营企业的利益诉求同政府部门的利益取向是否具有较强的关联度，左右着政府部门的态度。如果民营企业的利益诉求同政府部门的利益取向相一致，就会对公共政策的产出发生较大的影响,否则,其影响力就会大大减弱。尤其是当政府部门同民营企业形成利益勾连时,在满足民营企业利益诉求的同时也可以实现政府部门的某些利益,民营企业政治行为的有效性更高,作用更大。如民营企业要发展自己,地方政府要借助民营企业的力量发展地方经济,两者就形成了利益上的联系,在这种情况下,民营企业发展所需要的政策环境往往更容易得到满足,其行为的有效性更高。如果民营企业的发展同政府所属的企业发生了此消彼长的利益关系,那么,政府就有可能为了维护政府所属企业的利益而牺牲民营企业的某些利益,在这种情况下,民营企业政治行为的有效性就要受到影响。

政策网络的集成程度,是优化民营企业政治行为的关键因素。当然,由于发展的不平衡,政策网络的集成程度是有差异的。有些民营企业进入的政策网络集成程度比较低,在其中发挥的作用也相对有限,政治行为的有效性不高。西方学者使用问题网络概念来描述集成程度比较低的政策网络,而用政策共同体概念来描述集成程度较高的政策网络,并对它们各自的特点作了概括。这为从政策网络视角分析民营企业政治行为的有效性提供了重要的启示。在问题网络状态下,由于网络的规模比较大,结构模式呈多样化的特点;成员间的联系松散,共识程度低;资源分布不均衡,对资源集体运用的管理难度大;权力分配不均等。这样的政策网络的集成程度比较低。处于这样的政策网络之中,民营企业政治行为的优化程度当然不会很高。而政策共同体的状态就大不相同了。由于规模相对来说比较小,利益的集结程度比较高;成员分享价值,而且互动频繁;可以有效管理资源的交换活动;成员拥有的权力相对平衡。在政策共同体的状态下,才能进一步提升民营企业政治行为的优化程度。

从政策网络视角分析,要优化民营企业的政治行为,就必须提高民营企业在政策网络中的地位,掌握更多的网络资源,协调好同政府相关部门的利益关系,使自己的利益诉求同政府部门的利益取向有更强的关联度,更重要的是要通过同其他主体的良性互动,提高政策网络的集成程度。

要提升民营企业政治行为的优化程度,当然也离不开政策网络的学习机制。从一定意义上说,网络学习是提升民营企业政治行为优化程度的根本机制。以政策网络为框架对民营企业政治行为的优化程度进行分析,可以看出,政治行为的优化不仅仅决定于民营企业自身,也不仅仅是由政府同民营企业的关系决定的,它是政策网络各成员协同互动的结果。随着政策网络协同程度的逐步上升,民营企业政治行为的有效性也随之提升。政策网络中各成员之间的协同互动,主要是通过政策网络的学习功能实现的,也就是说,政策网络中各成员之间的网络学习过程,构成了优化民营企业政治行为的重要途径。

网络学习的结构是一种立体的网状结构,学习的路径是由通路和回路构成的多向度路径,学习内容同样包括行为学习、价值学习和规范学习在内的不同层次的逐步递进。在网络学习过程中,政府部门、民营企业以及其他网络成员在相互作用中逐步达成共识,由此提升其政治行为的优化程度。如果政策网络中各成员都能达到学习的最高层次,政策网络的集成程度才能达到理想的状态,民营企业政治行为才能更好地发挥作用。

第五章 公共政策的公共服务职能

公共政策同公共服务的供给有着极为密切的关系,以资源分配的方式提供公共服务是公共政策的基本职能。公共服务就是为提供公共产品而开展的服务。通过公共政策的公共资源分配功能为社会公众提供优质的公共服务,是政府的根本职责所在。享有应该享有的公共服务是公民的基本权利。中国社会转型期的公共服务供给有其特殊性,也为强化公共政策的公共服务职能提出了更高的要求。伴随着实现现代化步伐的加快,社会公众的公共服务需求在不断增长,而且对公共服务绩效的要求也越来越高,使公共政策主体履行公共服务职能的难度不断加大。由社会转型所引发了一系列公共服务问题也迫切需要解决。公共服务供给模式直接影响供给绩效,在公共服务供给中如何有效发挥政府资源、市场资源和社会资源的作用,构建和完善公共服务的供给模式,并合理地选择政策工具确保其有效运作,已成为公共政策面临的重要任务。

一、公共政策与公共服务中人的权利

为社会公众提供公共服务是公共政策的基本职能。通过公共政策职能的履行,为公共服务分配资源、确定内容、设置目标、构建模式、选择工具和提供保障。从根本上说,公民权利规定了公共服务的主要内容。既然是权利就具有不可剥夺性,为公民提供公共服务是政府不可推卸的责任。中国的社会转型和体制转轨对公共服务供给造成了很大的影响,把公共服务中一系列迫切需要解决的问题摆在了公共政策面前,也提出了公共政策在履行公共服务职能时迫切需要完成的主要任务。

1. 人的权利与公共服务的主要内容

公共服务作为公共政策主体为社会公众提供公共产品而开展的服务,当然与公共产品有着极为密切的关系。公共产品和公共服务一定程度上可以看作是在同等意义上使用的概念。如果非要考察两者差异的话,公共服务更注重的是过程,公共产品更注重的是结果。然而,这种区分只具有相对意义。

关于公共产品,可以列举的比较典型的界定有:美国经济学家保罗·萨缪尔森从私人物品与公共物品关系的角度对公共产品进行了界定,认为公共物品的效益涉及一个人以上的、不可分割的外部消费效果。相比之下,如果一个物品能够被分割,并且其中的每一部分能够分别通过竞争卖给不同的人,而对其他人没有产生外部性,那么,这种物品就是私人物品。公共物品常常要求集体行动,私人物品则可以被市场有效地提供出来。[①] 约瑟夫·斯蒂格利茨揭示了公共产品的最基本特性:公共物品是这样一种物品,增加任何一个人的分享不导致成本的增长(它们的消费是非竞争性的),排除任何一个人的分享要花费巨大成本(它们是非排他性的)。[②] 在他看来,非竞争性和非排他性构成了公共产品的基本特性。世界银行把公共物品就直接界定为"非竞争性的和非排他性的货物"。所谓非竞争性是指使用者消费该物品并不减少供给其他使用者,而非排他性则是指使用者不能被排除在消费该物品之外。这些特征决定,不能对消费公共物品收费,因而私人没有提供这种物品的积极性。[③] 而布坎南的俱乐部理论提出了准公共产品的问题,认为只要是集体或社会团体的决定,为了某种原因通过集体组织提供的物品或服务就是公共产品。正是由于公共产品的非竞争性和非排他性的特征,导致市场在公共产品面前失灵了,暴露了自身的局限性。因此,公共产品和公共服务必须由政府来提供。政府为社会公众提供公共服务的内容和范围,

---

① 〔美〕保罗·萨缪尔森等:《经济学》(第 12 版),高鸿业等译,中国发展出版社 1992 年版,第 1194 页。

② 〔美〕约瑟夫·斯蒂格利茨:《经济学》,姚开建等译,中国人民大学出版社 1997 年版,第 147 页。

③ 世界银行:《1997 年世界发展报告:变革世界中的政府》,编译组译,中国财政经济出版社 1997 年版,第 26 页。

归根结底是由社会公众应该享有的权利决定的。

权利作为社会性的价值判断，其最一般的意义就是正当，即社会成员对某种事物能够合法合理、自然自由地表示赞同的态度或者反对的态度。由此引申出权利具有某种行为的正当性与不可侵犯性。在社会生活中，个人可以根据自己的利益、愿望和理解、认识，向社会、向他人宣称或者主张自己拥有某种“权利”，要求社会、他人尊重和服从自己的意志以及自己的选择。但是个人所宣称或者主张的“权利”，要真正成为不可侵犯的权利是有条件的。不是一个人的所有主张和要求都能成为权利。他的主张和要求能否有效，能否成为影响和约束他人的力量，即能否真正成为这个人的权利，取决于社会其他成员的评价。只有被社会其他成员认可、赞同的主张和要求才是正当的，才能成为一个人所拥有的社会权利。在社会关系中，公民的权利是指被法律、道德、传统所赋予的享有和要求某种利益的资格或名分。这些资格或名分不可侵犯、不可剥夺、不可干涉。①

人的权利不可避免地要受到主观因素和客观因素的影响。从主观因素看，不同的历史条件决定了人的需要的内容和满足人的需要的方式有所不同，这决定了在不同的历史条件下人的权利在内容和结构上有所不同；从客观因素看，无论是社会成员，还是国家层面，在不同的历史条件下，价值判断的标准也有差异，这也决定了人的权利构成也必然存在差异。伴随着历史的发展和社会的进步，人的需要和人的社会权利将不断得到丰富，其正当性范围也会不断扩大，由此对人的权利必须在动态中加以把握。但无论如何在任何历史条件下，人应该享有的权利都应该是平等的。

经济、政治、文化、社会和生态构成了人类生活的五大领域，经济需要、政治需要、文化需要、社会需要和生态需要覆盖了人的需要的所有内容。人的需要总要指向特定的对象。根源于人的需要的权利，也可以根据其不同的指向作出相对应的划分。经济资源、政治资源、文化资源、社会资源和生态资源，成为满足人的不同需要的对象性因素。不同需要与不同资源的结合构成了人的不同权利。人的经济需要同经济资源相结合构成了人的经济权利；人的政治需要同政治资源相结合构成了人的政治权利；人的文化需要同文化资源相结

① 叶蓬：《道德权力和道德义务新论》，《开放时代》1997 第 3 期。

合构成了人的文化权利；人的社会需要同社会资源相结合构成了人的社会权利；人的生态需要同生态资源相结合构成了人的生态权利。从权利和正当的关系来看，经济权利就是从事经济活动、获取和占有经济资源的正当性；政治权利就是从事政治活动、获取和占有政治资源的正当性；文化权利就是从事文化活动、获取和占有文化资源的正当性；社会权利就是从事社会活动、获取和占有社会资源的正当性，那么生态权利就是从事生态活动、获取和占有生态资源的正当性。由此可见，人的权利的内容是非常丰富的。

《公民权利和政治权利国际公约》《经济、社会及文化权利国际公约》等人权宪章确认了人的基本权利，《中华人民共和国宪法》对中华人民共和国公民的基本权利也作了规定。人所拥有的权利决定了公共服务的基本内容和范围。有的学者认为，从这个意义上来说，公共服务应主要包括以下三个方面的内容：首先是基础性公共服务。基础性公共服务应该主要规定为人的实体性权利。一是维护个人财产权的公共服务。财产权通常是指以财产为标的，以经济利益为内容的权利，包括物权、知识产权、债权和继承权等。从中国的实际来看，完善土地征收补偿机制，动态地维护"权利交换"中的地价保值；加强知识产权的权利保护，特别是为企业的经济活动提供知识产权的审查机制等服务；完善政府采购制度和财产权的救济制度，确保政府按照市场的规律参与经济活动；优化财政的收支结构，畅通纳税人享有公共服务和监督政府的路径；就业促进服务，保障民众通过劳动获得财产的权利等，构成了其中的重点内容。二是维护个人基本生活尊严权利的公共服务。这包括住房保障服务，保障每个公民享有安居的尊严；公共卫生医疗服务；公共教育服务；维持基本生活条件和生活水准服务，主要包括水电气、交通设施、扶贫等；公共文体服务，特别是健全针对老年人精神生活保障的服务；社会救济和社会福利服务；促进公民、社会组织合作共赢的服务，搭建公共信息平台，促进信息交流和信息服务；基本安全服务，包括良好的社会治安服务、食品安全公共服务，等等。三是提供基本社会保障的服务。建立普惠均等的社会保险制度，包括涵盖全民的基本养老保险制度；提供基本医疗保险；完善工伤保险制度；健全失业保险制度；生育保险等。其次是调适性公共服务。经济社会不断发展变化，必然要求政府为社会提供调适性公共服务。细化政府的程序性职权，划定政府的职能范围，在社会发展与公共服务之间建立一种动态的关联。一是明晰政府的职能范围。这主要包括提供经济调节服务、提供市场监管服务、提供社会管理服务、健全社会诚信记录服务等。二是拓展社会权的实现形式。主要包括生存权、工作权和受教育权等权利。再次是演化性公共服务。必须完善下列权利体系：一是既有公共服务形成和维护中的个人自决权，包括表达自由权、和平集会结社权等；二是未有的公共服务形成和变迁的个人判断权等。① 从以上可以看出，以人所享有的权利为根据来确定公共服务的内容，其内容非常广泛。

由于公共服务的内容非常广泛，所以要在公共服务如此广泛内容中，划分出基本公共服务的范围。政府关注的重点是基本公共服务。基本公共服务的内容可以根据人的需要结构划分为：基本生存服务，包括劳动就业服务、社会保障服务、住房保障服务；基本发展服务，包括公共教育服务、医疗卫生服务、人口计划生育服务、文化体育服务；基本环境服务，包括生活基础设施、公共信息基础设施、环境保护和生态服务；基本安全服务，包括生活安全、生产安全、防灾减灾与应急管理，等等。当然基本公共服务的范围是动态的，随着经济社会的发展，随着政府所掌握的公共资源的增加，基本公共服务的范围也在不断扩大。

2. 公共政策与公共服务的有效供给

从公共服务同公共政策的关系来看，公共政策的基本职能就是提供以公共产品为主要内容的公共服务。从广义上说，除了政府的内部管理活动以外，政府的一切行为都同公共服务相关联，都是在提供某种公共服务，而公共政策则是政府用来提供公共服务的工具，这同时也就赋予了公共政策的公共服务职能。

公共政策为公共服务分配资源。任何公共服务的供给都要以一定的公共资源为基础，或者说都要投入一定的公共资源。公共政策就是通过对公共资源进行分配的方式为公共服务提供相应的资源。公共服务主要是同国民收入的二次分配相联系的活动。国民收入初

---

① 杨清望：《公共服务的"意义"探析与内容重构》，《法律科学》（西北政法大学学报）2012 年第 4 期。

次分配中的税收部分构成了政府财政收入的主要内容，也是政府用来进行二次分配的主要公共资源。如何分配，其中有多少用于公共服务是由政府的财政政策决定的。没有公共政策对公共资源的分配任何公共服务都无法开展。

公共政策为公共服务确定内容。公共服务的内容极其广泛，在一定的历史条件下，那些内容成为政府提供公共服务的现实对象，或者是必须由政府现实提供的基本公共服务，也是由公共政策决定的。社会公众的公共服务需求不仅内容越来越广泛，而且需求的层次也不断提升，任何国家都不可能把社会公众的公共服务需求全部纳入政府供给的范围，即使像北欧那些高福利国家也做不到这一点。因此，必须通过公共政策划一个界限，以确定公共服务现实对象的范围，从而确定公共政策提供公共服务的具体内容。公共政策在确定哪些公共服务可以纳入政府供给的范围时，一是要根据社会公众的公共服务需求结构，找出最为迫切的公共服务需求都有哪些，以社会公众的公共服务需求为导向确定范围。二是要根据手中掌握的能够用于提供公共服务的公共资源状况，政府不可能为自己确定实现不了的供给任务，除非是某些官员好大喜功，或者是出于其不可告人的目的，划定不切实际的内容。三是要根据政府所能动员的市场资源和社会资源来确定。公共服务完全靠政府垄断是不行的，还必须要动员企业和社会的力量共同参与公共服务的供给。可以动员多少市场资源和社会资源，也是政府确定基本公共服务范围的依据。最终还是要出台相应的公共政策来划定基本公共服务的范围和所涵盖的具体内容。

公共政策为公共服务选择目标。政府提供公共服务在一定历史阶段要达到什么样的目标，也需要公共政策作出选择。公共服务的范围确定以后，就有一个公共服务供给要达到的目标问题。公共服务供给的目标是由总目标和分项目标构成的目标体系。总体上要达到的目标和具体项目要达到的目标，都要由公共政策作出选择。这就需要搞清楚政府公共服务供给的现状和未来发展的趋势。对现状的分析重点是要找出公共服务供给方面存在的问题，通过比较理想状态和现实状态的差距确定目标的方向。对未来发展趋势的预测，一方面，要对社会公众公共服务需求的发展趋势作出预测，另一方面，还要对政府未来所能够运用的全部资源的状况，包括政府自身的资源和政府以外的资源作出预测。通过对未来发展趋势的预测，把已确定的目标方向具体化为公共服务供给的目标。通过公共政策所选择的公共服务目标，引导公共服务的方向，形成公共服务的具体指标，确定对公共服务供给绩效的评价标准和评价体系。

公共政策为公共服务构建模式。通过什么样的方式来提供公共服务，也是由公共政策决定的。哪些公共服务项目由政府独立提供、哪些公共服务项目由政府和私人部门合作提供，哪些公共服务项目由政府、企业和社会共同提供，也需要出台相应的公共政策予以确认。由政府独立提供效率如何保证；政府和私人部门合作提供，私人部门的合法权益如何保证，政府如何进行监管以保证公共服务的质量；由多主体共同提供，多主体之间的关系如何处理，等等，也需要通过相应的公共政策予以规定，以构建和不断优化相应的公共服务供给模式。

公共政策为公共服务提供保障。为了保证公共服务供给机制的有效运行，实现所确定的公共服务目标，也需要公共政策为此提供保障。通过财政政策优化财政支出结构，完善财政支出标准体系，确保新增财力的大部分用于公共服务支出，为公共服务提供财力保障；通过供给体制方面的公共政策，明确各级政府的事权、财权和责任，为公共服务提供体制上的保障、通过各种机制性的公共政策，创新公共服务供给机制、完善公共服务绩效评估监督机制和问责机制，为公共服务提供机制上的保障。

中国的社会转型是同体制转轨交织在一起的，在从计划经济体制向市场经济体制转轨过程中，通过一系列的市场化，有些本来应该由政府提供的公共服务，为了甩包袱也推向了市场。过去提出的教育产业化问题、医疗改革的市场化问题，尽管已经在进一步深化改革中予以纠正，但遗留下来的问题还远没有完全解决。此外，还有住房商品化问题，居住权是公民的基本权利，基本的住房条件应该由政府来提供，可是在住房改革中一股脑推向市场，虽然启动了经济适用房项目，开始时在一定程度上缓解了住房商品化带来的矛盾，但后来却成了某些政府官员用于谋取私利或谋取一部分人利益的手段。近年来，政府一再加大保障性住房建设的力度，但是离问题的解决还相距甚远。社会保险、社会救助、社会福利等社会保障服务又欠账太多。基本公共服务的范围亟待拓展，基本公共服务的层次亟待提升。政府在公共服务供给中的压力越来越大,因此迫切需要提升政府公共服务供给能力。如何有效地发挥公共政策在公共服务供给中的职能,优质、高效地为社会公众提供公共服务已成当务之急。

二、公共政策与公共服务的均等供给

公共政策对公共资源的合理分配是实现基本公共服务均等化的保障。合理地运用公共政策推动基本公共服务均等化,就是要逐步消除不同地区之间,重点是城乡之间和不同群体之间基本公共服务供给上的差距,使全体公民都能够享有大体均等的基本公共服务。

1. 社会权利与城乡公共服务的均等供给

社会权利同社会性公共服务相关联。社会性公共服务主要包括社会生活性服务、社会事业性服务和社会保障性服务,是公共服务的重要内容,直接关系到民生问题,也是城乡居民最为迫切的基本公共服务需求。公民的社会权利是社会性公共服务供给的依据。城乡分割的二元体制造成社会性公共服务的城乡差距。农村社会性公共服务的供给远远落后于城市,这实际上是在剥夺了农民的某些社会权利,造成农民的社会权利同其他群体的社会权利事实上处于不平等的状态。实现社会性公共服务的均等供给,是公民拥有平等社会权利的重要标志。要维护平等的社会权利,必须打破城乡二元结构,在城乡一体化的前提下搞好社会性公共服务的供给。为此,必须合理运用公共政策优化供给机制,也就是要构建均等供给的户籍制度,打造均等供给的治理平台,建立均等供给的财政体制,形成均等供给的多元结构。消除城乡差距,实现城乡居民社会权利的平等。这也是社会转型的必然结果,人为设置障碍或迟或早总会被打破。

在西方国家,社会权利的观念可以追溯到英国的伊丽莎白女王时代。在1601年,英国颁布《济贫法》,其中把国家救济国民的行为同纯粹慈善的行为区别开来,也就是说,不认为国家救济国民是纯慈善行为。这被看做是社会权利观念的萌芽。后来,托马斯·霍布斯依据自然权利是自然法得以成立的决定性前提的思想,完成了由自然法理论向自然权利理论的转型,把社会权利观念又向前推进了一步。在美国的《独立宣言》中,托马斯·杰斐逊把追求幸福的权利当作人的基本权利,推动了传统的社会权利观念向现代的社会权利观念的转变。1834 年,英国实施新的《济贫法》,将社会救助确定为公民的合法权利,确认人人有生存的权利,救济是国家和社会的一项义务。这在把社会权利确定为人的权利的道路上又向前迈进了一大步。

当然,真正意义上的社会权利观念来自英国著名学者 T·H. 马歇尔的公民资格理论。公民资格理论主张,公民资格具有公民权利、政治权利和社会权利三种权利表现和权利划分。而“社会权利包括受教育、医疗、福利方面的权利”。① 美国公民理论家托马斯·亚诺斯基进一步明确了社会权利的性质和内容,认为社会权利大多是个人权利。它由四项权利构成:一是能力权利,公民享有医疗保健和家庭服务,以保证他们的基本社会活动;二是机会权利,公民享有初等、中等和高等教育的援助,使他们获得工作技能和文化参与技能;三是分配权利,为公民提供转让金支付,以保证工人、退休者、残疾人、儿童、单亲家长及其他公民获得生活的经济来源;四是补偿权利,向残疾军人、工伤工人及权利受到损害的人提供赔偿支付。② 根据《经济、社会及文化权利国际公约》的规定,社会权利包括社会保障权利、维持基本社会水准的权利和免于饥饿的权利、医疗和健康的权利、受教育的权利。③ 可见,无论是学者们的观点,还是国际公约的规定,享受基本生活服务、享受教育和文化服务、享受医疗服务和社会保障服务构成了公民社会权利的主要内容。

公民的社会权利,必须通过社会性公共服务的供给才能得到确认和保障。公共服务只能由政府和其他公共部门来提供,当然提供的方式可以有所不同。如果把权利同公共服务的供给联系起来,就需要由国家的意志确认公民需要的正当性,使权利上升为法定权利,从而把公民应享有公共服务看做是公民不可剥夺的权利。公民的社会权利上升为法定权利,为社会性公共服务的供给提供了依据。因

---

① 孔繁斌:《公共性的再生产——多中心治理的合作机制建构》,江苏人民出版社 2008 年版,第 88 页。

② 〔美〕托马斯·亚诺斯基:《公民与文明社会》,柯雄译,辽宁教育出版社 2000 年版,第 41 页。

③ 孔繁斌:《公共性的再生产——多中心治理的合作机制建构》,江苏人民出版社 2008 年版,第 88 页。

此，有理由认为，社会性公共服务是公民社会权利所规定的，以公共事业为依托的公共服务，是与经济性公共服务、政治性公共服务相并列的公共服务。公民的社会权利决定了社会性公共服务的性质和构成。基本生活条件、基础教育、公共文化、医疗卫生和社会保障等构成了社会性公共服务的主要内容。

恩格斯指出："一切人，作为人来说，都有某些共同点。在这些共同点所及的范围内，他们是平等的。这样的观念自然是非常古老的。但是，现代的平等要求与此完全不同。这种平等要求更应当是从人的这种共同特性中，从人就他们是人而言的这种平等中引申出这样的要求：一切人，或至少是一个国家的一切公民，或一个社会的一切成员，都应当有平等的政治地位和社会地位。"①权利平等已经成为人类文明的重要标志。它涵盖人类生活的一切领域。人的合法权利受到保护，不受歧视，是人类文明的根本价值所在。

在国家层面，公民的社会权利是以法的形式所确认的权利，也是人格的一种外在表现。对社会权利的尊重就是对人格的尊重。社会权利展示其正当性，更突出的是制度安排和价值取向的平等。社会权利的平等，归根结底强调的是基本人权的平等，尤其注重社会权利资源配置的平等，也就是说，所有的人都应该平等地享有相同的社会权利。社会性公共服务的供给，说到底就是社会权利资源的配置问题。社会性公共服务的均等供给，是公民社会权利平等的根本标志。

公民的社会权利神圣不可侵犯，决定了社会性公共服务的供给具有不可选择性。既然获取和占有社会性公共服务是公民的社会权利，那么，为社会成员提供社会性公共服务也就成为政府不可推卸的责任。社会权利的不可剥夺性，决定了社会性公共服务的刚性供给，它也表明了政府对公民社会权利的确认和尊重。这就为公民的社会权利从应然状态转向实然状态提供了不可或缺的条件。把社会性公共服务的供给同公民的社会权利联系起来，社会性公共服务就成为人人平等享有的、不可剥夺的东西。

公民社会权利的神圣不可侵犯，决定了社会性公共服务的供给具有普遍惠及性。同一个国家的所有公民享有同样的社会权利，这就要求社会性公共服务在不同群体之间必须实行均等供给。获取教

① 《马克思恩格斯选集》第3卷，人民出版社1995年版，第444页。

育、文化、医疗和社会保障等社会性公共服务，既然是公民的社会权利，那么，就必须把政府提供的社会性公共服务覆盖到每一个公民。“权利平等是全体社会成员进入国家社会的逻辑起点和实践基点。”①

由于社会性公共服务在不同群体之间的不均衡配置，使得某些群体实际享有的社会性公共服务打了折扣。在中国，社会性公共服务供给的最大不公平就表现在城乡差距上。这种差距根源于城乡二元结构。正是城乡分割使农民应该享有的社会性公共服务，由于受到体制性和政策性的排斥而缩水。在体制性排斥和政策性排斥的双重作用下，一部分社会成员被推至社会的边缘。正如法国学者斯特罗贝尔所说的那样，公民没有或者缺少社会权利，就会陷入普遍而持续的不利状态，甚至减少社会的和职业的参与机会。② 排斥很大可能使被排斥群体沦为弱势群体。人的基本社会权利遭到否定或者被剥夺，就等于否定和剥夺了他们的公民身份。在不同的利益主体之间，社会权利资源不均衡地分布和不恰当地配置所产生的不平等，直接影响到社会的和谐与稳定，甚至成为瓦解社会公共生活的重要隐患。

城乡二元结构，通常是发展中国家从传统的农业社会转向现代的工商业社会所实行的过渡形式。③ 城乡二元结构形成的根本原因是经济结构的二元性。从传统的农业社会向现代工业社会转型过程中，发展中国家都要经历一个以社会化大生产为主要特点的城市经济和以小生产为主要特点的农村经济并存的时期，这就形成了经济上的二元结构。在中国，城乡二元结构根源于经济结构但又不局限于经济结构，是一种全面的二元结构。现行的户籍制度及其种种特殊功能，使城乡二元结构渗透到社会生活的各个领域。由于中国的二元结构如此固化，历久弥坚，导致整个社会某种程度的二元断裂。在劳动收入、生活消费、基本教育、医疗卫生、社会保障等方面，城市居民和农村居民存在着很大差异，甚至形成两个相对独立的社会单

---

① 梅萍:《和谐社会权利平等的伦理思考》,《江淮论坛》2008 年第 1 期。

② ［法］皮埃尔・斯特罗贝尔:《从贫困到社会排斥》,《国际社会科学》1997 年第 4 期。

③ 郭勇:《经济发展:从二元结构到三元结构》,《湖湘论坛》2004 年第 3 期。

元。因此,当今中国的社会结构是这样两个部分结合起来的,由市民组成的城市社会和由农民组成的农村社会。它们的最大区别只在于,是否持有农户户口。这种二元社会结构,以二元户籍制度为核心,包括二元就业制度、二元福利保障制度、二元教育制度、二元公共事业投入制度等一系列具体制度在内的社会制度体系。①

城乡二元结构之所以成为中国经济社会发展的典型结构,同计划经济体制密切相关,也同经济发展的赶超战略分不开。为了赶超发达国家,中国确定了优先发展重工业的战略,并且在实施这一战略的过程中,将城乡二元结构固定下来。中国城乡二元结构的形成,政府的政策发挥了重要作用。1953 年,国家实行粮食的统购统销政策,以便从农产品中抽取资金补贴重工业,积累重工业的发展资金。工农业产品从此出现巨大的“剪刀差”。1956—1957 年,国务院连续 4 次发出指示,防止和制止农村人口盲目外流,以便用农民的劳动为城市及其工业的发展不断提供所需的产品和资金。1958 年,全国人大常委会审核批准《中华人民共和国户口登记条例》,将中国的国民分为“农业人口”和“非农业人口”,正式形成了城乡二元户籍制度。此后,中国的许多政策都是在城乡二元结构的体制下制定和实行的。基础教育、公共文化、医疗卫生和社会保障等社会性公共服务的制度安排偏向城市,农村的投入严重不足,城乡差距越拉越大。以户籍制为基础的城乡二元结构,至今仍然是中国进行人口管理的主要手段,也是制约社会性公共服务均衡供给的“瓶颈”。

进入新世纪以来,中国政府出台了一系列惠及农业、农村和农民的政策,力图建立以工促农、以城带乡的长效机制,形成城乡经济社会发展一体化的新格局。同时,以实现基本公共服务均等化为宗旨,逐步加大了向农村提供社会性公共服务的力度。但是,从根本上解决社会性公共服务的城乡差距,还必须消除城乡二元结构,实现社会性公共服务的城乡一体化治理。当然,这还需要一个过程。

保障公民享有应该享有的社会权利,就要不断优化社会性公共服务的供给机制,不断丰富社会性公共服务的供给内容,不断扩大社会性公共服务的供给范围,不断缩小社会性公共服务的供给差距。随着社会的进步,公民的社会权利会越来越丰富,政府也会提供越来

---

① 郭书田等:《失衡的中国》,河北人民出版社 1990 年版,第 161 页。

越充足的社会性公共服务。确认公民的社会权利，要求政府不断扩大社会性公共服务的覆盖范围。缩小公民社会权利的实现差距，要求政府实行社会性公共服务的均等供给。

在中国，优化社会性公共服务供给的根本途径，就是打破城乡二元结构带来的体制壁垒，特别是要消除社会性公共服务方面对农民的体制性排斥和政策性排斥，实现社会性公共服务的城乡一体化治理。城乡一体化是一个内涵丰富的概念，涉及经济社会、生态环境、文化生活的方方面面。从城乡关系的角度出发，社会学和人类学把城乡一体化看做是相对发达的城市和相对落后的农村打破相互间的分割壁垒，逐步实现生产要素的合理流动和优化组合，促进城乡经济和社会生活紧密结合与协调发展，逐步缩小直至消灭城乡之间的基本差别，从而使城市和乡村融为一体的过程。从根本上说，城乡一体化就是要实现城乡的最终融合。最早提出"城乡融合"概念的是恩格斯，他说："通过消除旧的分工，通过产业教育、变换工种、所有人共同享受大家创造出来的福利，通过城乡的融合，使社会全体成员的才能得到全面的发展"。① "城市和乡村的对立也将消失"②。他认为，实现城乡融合的标志是工人和农民之间不存在阶级差别、人口分布不存在失衡现象。当然，达到城乡融合是实现城乡一体化的最高境界，需要漫长的历史过程。

中国提出的城乡一体化，是针对城乡之间实行不同的土地使用、户籍管理、劳动用工、基础教育、公共文化、医疗卫生、社会保障等政策所形成的城乡二元的经济社会分割，意在打破城乡二元结构，消除城乡之间的制度阻隔，创建缩小城乡差距的融合机制。因此，中国城乡一体化需要制度、体制和机制的全面运作。

对社会性公共服务实行城乡一体化治理，就是要把城市与乡村、城镇居民与农村居民作为一个整体，统筹谋划、综合研究，通过体制改革和政策调整，在社会性公共服务供给方面改变城乡二元结构，实现城乡居民的政策平等和国民待遇的一致。用发展的眼光看，社会性公共服务的城乡一体化治理，是社会发展到一定阶段，城乡充分发挥各自优势，各种要素实现自由流动，以城带乡，以乡促城，城乡联

---

① 《马克思恩格斯选集》第1卷，人民出版社1995年版，第243页。

② 同上书，第243页。

动,使城乡居民共享社会发展成果。这需要根除城乡发展的二元观念,以一体化战略引导城乡均衡发展。

社会性公共服务城乡一体化治理具有三个基本特征:在供给规划上城乡统筹、在供给政策上平等对待、在供给对象上城乡间流通顺畅。只有通过相应的制度设计和体制、机制创新,统筹城乡资源并予以合理配置,充分发挥城市和农村的各自优势,才有能够实现社会性公共服务的城乡一体化治理。

第一,要构建社会性公共服务城乡一体化供给的户籍制度。中国的户籍制度固定了城市人和农村人的身份,并且同人的社会权利捆绑在一起。真正实现社会性公共服务的城乡一体化治理,必须消除户籍决定身份等级的功能,打破城乡供给的二元格局,改变城乡分割、户籍壁垒的局面。

第二,要打造社会性公共服务城乡一体化供给的治理平台。要充分发挥公共政策的引导作用,尽快扭转城乡社会性公共服务供给的体制分治和要素分割的状况。要统一城乡社会性公共服务供给的规划体制,统筹规划城乡基础教育、公共文化、医疗卫生和社会保障的规模、结构和布局。要打造城乡一体化治理的运行平台,必须制定相应的激励政策,构筑供给社会性公共服务,包括基础教育、公共文化、医疗卫生和社会保障的城乡共同体。以共同体为平台,实现社会资源的合理流动,城乡联合,优势互补。

第三,要建立社会性公共服务城乡一体化供给的财政体制。根据中国的发展格局和现有的财政体制,必须建立以中央和省为主的城乡一体化供给社会性公共服务的投入体制,优化财政资金的投入结构,合理分配公共财政资源。中央政府和省级政府特别要加大公共财政资金用于农村地区的扶持力度,把中央财政的转移支付资金重点用于农村地区,提高农村地区的基础教育、公共文化、医疗卫生和社会保障等供给水平,缩小城乡差距。优化社会性公共服务供给的内在结构,合理划分财政资金在不同种类的社会性公共服务之间的投入比例,建立合理的城乡社会性公共服务的融资体制。因为,政府掌握的资源总是有限的。为了尽可能多地向农村供给社会性公共服务,需要不断拓宽融资渠道,逐步建立起政府、企业和社会的多元化融资模式,共同填补资金缺口。

第四,要形成社会性公共服务城乡一体化供给的多元结构。社会性公共服务主要由政府来提供，但优化城乡的社会性公共服务的供给，实现城乡一体化，还必须形成政府、私人部门和民间组织等共同提供社会性公共产品的新格局。以国家的整体利益和行政区域的公共利益为取向，政府需要对社会性公共服务的城乡一体化治理做出全面安排。合理地确定由政府直接提供的城乡社会性公共服务的范围和由私人部门、民间组织参与供给的项目。要通过政策设计和制度创新，扶持、引导和规范私人部门和民间组织，在社会性公共服务的城乡一体化治理的过程中承担相应的义务和发挥各自的作用。

2. 公民身份与群体公共服务的均等供给

实现基本公共服务的均等供给，不仅要消除城乡差距，实现城乡一体化治理，而且也要实现不同群体之间的均等供给。工人、农民、个体业者、私营企业者、事业单位工作人员和党政机关工作人员等不同群体，都应享有基本均等的公共服务。这是由平等的公民身份决定的。但是，在中国当前，不同群体之间基本公共服务不均等还是一种比较普遍的现象。不同群体基本公共服务的不均等尤为突出地表现在城市外来人口身上。城市外来人口是工业化和城市化进程中出现的一种现象。伴随着城市化和工业化步伐的加快，大量的农村人口涌入城市，为城市的发展做出了重要贡献。但由于受户籍和附加在户籍上的种种衍生功能的影响，外来人口和城市原住民之间在享受基本公共服务方面存在很大的差距。这一定意义上是对外来人口公民身份的形式化，导致了外来人口公民权利的某种缺失。这不仅影响了外来人口的生活质量，而且也影响城市的建设和发展，甚至影响城市原住民的生活质量。实现外来人口和城市原住民之间基本公共服务的均等化，实质上是对城市外来人口公民权利的确认和保障，也是加快城市建设的步伐，提高城市生活品质的需要。从更宏观的意义上来讲，这关系到中国社会转型中现代化建设目标的实现问题。

公民身份的确认和公民权利的保障是国家权力必须承担的责任。实现基本公共服务均等化，是对公民身份的普遍确认和公民权利的保障。搞好外来人口的基本公共服务，从一个非常重要的方面确认了城市外来人口在流入城市的实质性公民身份，是对外来人口社会权利的确认和保障。政府必须在强化公民权利意识的基础上，完善相关的制度和政策机制，才能真正实现外来人口和原住民基本公共服务的均等化。

英国学者马歇尔，被公认是第一个对公民身份理论进行系统研究的学者。他把公民身份分为三部分，即公民的要素、政治的要素和社会的要素。他认为，“公民的要素（civil element）由个人所必需的权利所组成：包括人身自由，言论、思想和信仰自由，拥有财产和订立有效契约的权利以及司法权利。”“政治的要素（political element），我指的是公民作为政治权力实体的成员或这个实体的选举者，参与行使政治权力的权利。”“社会的要素（social element），我指的是从某种程度的经济福利与安全到充分享有社会遗产并依据社会通行的标准享受文明生活的权利等一系列权利。”①按照马歇尔的观点，公民身份可以看做是由公民权利、政治权利和社会权利构成的。为了能够同广义的公民权利相区别，托马斯·亚诺斯基把马歇尔这里所说的“公民权利”概括为“法律权利”。② 这种概括更具有合理性。公民身份理论是20世纪最有影响的政治理论之一，它一经产生很快就成为政治理论中的核心内容。公民身份理论为解释国家和社会关系这一政治领域永恒的问题提供了新的视角。公民身份与国家权力之间的关系，是现代国家中最基本的政治关系。公民身份的确认和公民权利的保障是国家权力必须承担的责任。公民身份或者说公民权利可作如下理解：它主要是指“在社会关系中，主体因法律、道德、传统的赋予而拥有的不可侵犯、不可剥夺、不可干涉的享有、实施和要求某种利益的资格或名分。”③公民权利是同利益联系在一起的，国家法律所认可的公民利益就上升为公民权利。国家权力只有为公民提供相应的公共服务，才能维护自身的合法性。这种公共服务对每一个公民来说都应该是均等的，这体现了国家权力对社会公平正义的维护。

公民身份表明公民应享有的权利具有不可剥夺性的特点，这也就决定了公共服务供给的不可选择性。公民权利的不可剥夺性决定了社会公共服务供给的刚性，表明政府对公民权利的确认和尊重。

---

① 〔英〕T. H. 马歇尔等：《公民身份与社会阶级》，郭中华等编译，江苏人民出版社2008年版，第10—11页。

② 〔美〕托马斯·亚诺斯基：《公民与文明社会》，柯雄译，辽宁教育出版社2000年版，第39页。

③ 叶蓬：《道德权力和道德义务新论》，《开放时代》1997年第3期。

把基本公共服务的供给同公民身份联系起来,就成为人人平等享有的东西,这一点是不可选择的。公民身份还表明它具有同一性的特点,这就决定了基本公共服务的供给具有普遍惠及性。公民身份的同一性是指在同一个国家所有的公民都享有同样的权利,这就要求公共服务的供给在不同群体间的分布应该是均等的。公共服务与公民身份的勾连,表明实现基本公共服务均等化实际上是对公民身份的一种确认。

把公共服务同公民身份联系起来,展示了公共服务的宪法意义,体现了公民对于国家的主权关系和国家对于公民的责任。公民不可剥夺的权利构成了公共服务的价值基础。基本公共服务就是由国家经济社会发展状况规定的,以公民的生存权和发展权为依据的,为实现公民全面发展所需要的基本条件。当然,在不同的历史条件下,这个基本条件的内涵会有所不同。政府为公民提供的公共服务在内容上,要受到国家经济社会发展状况的制约。随着国家经济和社会的发展,由政府所提供的基本公共服务的内容也应该不断丰富。

城市外来人口在中国既具有特殊的意义,也有着不同于其他国家的特殊表现。城市外来人口由于受到户籍制度的限制,同城市原住民之间存在着某种身份上的不平等。汤姆·巴特摩尔曾提出了形式公民身份和实质公民身份的概念,以表明外来人口在流入地实际受到的不公正的待遇。由于人口大规模的迁移:"形式公民身份越来越引起人们的兴趣。不论在形式上和法律意义上,它都明显是影响权利属性的主要因素之一,尽管它对于各种权利的有效拥有或运作来说既不是必要条件也不是充分条件。"①形式公民身份和实质公民身份本来是从不同国家关系的层面上所提出来的概念,由于中国的特定条件,可以借用来分析中国城市外来人口的基本状况。中国的城市外来人口,在流入地也出现了形式公民身份同实质公民身份相分离的现象。随着城市化进程加快,城市涌入了大量的外来人口。由于受户籍制度和其他因素的影响,他们在一个城市工作和生活,但却没有这个城市的户籍。形式上成了这个城市公民,但却没有真正融入这个城市,取得这个城市的实质性公民身份。在享有基本公共

① 〔英〕T. H. 马歇尔等:《公民身份与社会阶级》,郭中华等编译,江苏人民出版社2008年版,第371页。

服务方面的缺失,毋庸置疑地证明了这一点。基本公共服务均等化任务的提出,从一个非常重要的方面确认了外来人口的实质性公民身份。公共服务本身意味着使政府在自己所辖的范围内,向有机会在此长期或短期生活在这一范围的所有人提供普遍的和无差别的基本服务。这是政府的责任所在。

中华人民共和国《宪法》规定:中华人民共和国公民法律面前人人平等,意即公民都应具有相同的权利。所有的社会成员都是平等的,外来人口和原住民之间也不例外。“一个人,人性和个性上都不可能超过他人或低于他人。人具有的尊严是没有程度差别的。世间人人平等,指他们作为人在尊严上的平等。”①既然如此,政府和社会就应当公平地对待所有的社会成员,为他们提供均等化的基本公共服务,以保证外来人口和原住民在社会权利方面事实上的平等。“社会权利是国家对所有社会成员所承诺的一种服务底线,是超越家庭和市场之外的社会成员之间互助互惠关系,突破非制度化非机制化的非常规社会行为在国家层面的体现,也是所有社会成员可以预期的权利。从这个意义上说,社会权利要求整个社会对每个人能够维持生活的某种水平予以承认,从而将传统的由个人和家庭承担的风险上升到国家分配体系当中。”②

按照汤姆·巴特摩尔的观点,公民的基本权利应该包括:教育、卫生保健、养老金、失业救济和其他社会援助,还应该包括足够的住房、就业、某种程度上让雇员参与企业管理以及反对种族和性别歧视等。③ 公民基本权利的内容,一定程度上规定了政府向公民提供基本公共服务的范围。

为了落实外来人口的基本权利,大多数城市的政府把提高对外来人口基本公共服务的供给能力,实现基本公共服务均等化,作为加快推进城市化进程和构建和谐社会的重大举措,相继推出了涉及外来人口的户籍、就业、教育、住房、社保等方面的一系列制度和政策。要确保外来人口“有收入”“有房住”“有书读”“有医疗”“有社保”

① 〔美〕艾德勒:《六大观念》,郗庆华译,三联书店 1998 年版,第 200 页。

② 曾长秋等:《论公民社会权利视野下的农民工社会保障问题》,《湖南文理学院学报》(社会科学版)2009 年第 5 期。

③ 〔英〕T. H. 马歇尔等:《公民身份与社会阶级》,郭中华等编译,江苏人民出版社 2008 年版,第 374 页。

"有救助""有安全""有组织",确定了为外来人口提供基本公共服务的目标。通过一系列的制度设计和政策供给,为基本公共服务均等化奠定了基础,也为实现外来人口的社会权利提供了一定程度的保障。这无疑也是对外来人口在城市实质性公民身份的确认和尊重。

按照现有的制度和政策,许多城市在提高对外来人口公共服务供给能力,实现基本公共服务均等化方面已有了良好的开端。一是在户籍方面,实施了"居住证"制度,更多地体现公民权利的平等,让外来人口分享城市发展的成果,并为早日打破二元户籍制度,剥离户籍制度的附加功能做了准备。二是在就业方面,放宽了用工单位雇佣外来人口的相关规定;扩大外来务工人员的就业培训和职业指导范围;通过各种途径向外来人口提供企业用工信息;并在各区县、街道建立了各级外来劳动力市场和管理办公室,为促进外来务工人员更快、更好的就业建立平台。三是在子女教育方面,已经基本上解决了外来人口子女义务教育问题,初步形成了一套完善的服务体系。其中最为突出的是关于外来人口子女教育的"同城待遇"等政策的出台,为外来人口子女接受同等的义务教育开启了绿色通道。并且把外来人口子女比较集中的一部分国有民办学校实行了国有化改造,加大政府的投入,以确保教育质量。四是在住房方面,通过一系列相关制度和政策,为确保外来人口生活早日实现住有所居的目标提供了政策性支持。五是在社会保障方面,逐步把外来人口的社会保障纳入城市社会保障系统,基本实现了覆盖包括外来人口在内的社会保险参与面;将特困外来人口纳入到社会救助范围之内,建立了外来务工人员特殊困难救助专项资金,把尚未参加工伤保险及医疗保险的外来人口也纳入到保障体系中。

尽管各城市政府采取了一系列措施,在实现城市外来人口和原住民基本公共服务均等化方面加快了步伐,但是,外来人口公共服务的供给方面还存在着诸多问题。一是外来人口劳动就业和就业培训状况有待改善;二是外来人口子女在流入地的教育问题仍然存在一定困难;三是外来人口的居住条件比较差亟待改善;四是外来人口社会保险覆盖率比较低、保险种类比较单一;五是外来人口大部分没有获得过流入地政府的救助和补贴,在社会救助方面政府缺位比较严重;六是外来人口集中居住地区的文化设施、治安管理和生活垃圾处理等方面存在很多问题,等等。总体来说,外来人口所享有的基本公共服务同原住民相比较仍然存在着很大的差距。政府很多政策性规定在具体落实过程中存在着问题,导致其实际效用与预期效用差距明显。绝大部分外来人口仍然没有享受到应有的政策性保障,其生活状况在很多方面仍不容乐观,实现外来人口和城市原住民之间基本公共服务均等化任重而道远。

造成外来人口公共服务供给存在上述问题的原因是多方面的,其中根本原因是由于外来人口在流入城市实质性公民身份的缺失,近而导致公民社会权利的保障不到位。这同政府在外来人口问题上公民权利意识淡薄有关。实现外来人口和城市原住民之间基本公共服务均等化,不是政府慈善活动的恩赐,而是外来人口固有的社会权利。这同时也就意味着,实现基本公共服务均等化是政府义不容辞的责任。形成于公民权利意识淡薄基础上的政府责任的缺失,导致制度设计上的缺陷不能及时修复,导致政策供给上的不到位无法及时补充和推动。当然,也存在着由于外来人口变化比较大带来的公共服务供给上的困难。但无论如何制度设计上的缺陷和政策供给上的缺位是其中的根本原因。

第一,制度设计上的缺陷。一是户籍制度改革滞后。外来人口和城市原住民之间在享有基本公共服务上的差距,从根本上来说是由于传统户籍制度造成的。改革开放以来,特别是近年来,传统的城乡分割的二元户籍制度的弊端越来越凸显出来,改革势在必行。在中国,由于二元的户籍制度和户籍被赋予的种种特殊的功能,使二元结构渗透到社会生活的各个领域,形成一种全面的二元结构,导致整个社会的二元断裂。城市居民和外来人口(大多数来自农村),在享有基本公共服务方面存在着很大的差异。这种二元的社会结构导致一系列制度的二元化,包括就业制度的二元化、教育制度的二元化、社会保障制度的二元化和公共事业投入制度的二元化等,从而形成了外来人口和原住民之间基本公共服务的二元化。面对城乡的二元分割,中央政府开始出台各种政策对其进行改革,力图对城镇户籍的价值采取淡化的政策。但户籍制度的改革在现实中想要落到实处、取得显著效果面临的困难很多。地方政府想改革不合理的城镇户籍制度,就要支付相应的成本,由于受利益的驱动,地方政府有可能为了减少成本,延缓户籍制度的改革。外来人口最为突出的特点是流动性强,这种流动主要在不同城市甚至是跨省之间进行。由于不同城市经济社会发展水平的不同,对外来人口的相关政策上也存在着差异,这也一定程度上阻碍了户籍制度改革政策的落实。当然,二元的户籍制度的彻底改革,依赖于中央政府全国性的制度设计,这不是一个城市所能解决得了的。但是,剥离户籍制度上的种种附加功能还是可以做到的。尽管许多城市政府在这方面已做出了很大的努力,但是,剥离的还不够彻底。现行的户籍制度和附加在户籍制度上的种种衍生的功能,仍然是制约基本公共服务均等化的主要障碍。二是财政体制不完善。分税制改革以来,省级和市级政府在中央集中一部分财力的基础上,对共享收入和地方固定收入进行了分成。实际上,省以下的财政体制尚未理顺。在层层集中财政收入的同时,还存在负担下放的倾向,即将部分应由上级财政负担的财政支出全部或部分下放给地方政府。中央和省级政府出台的一些惠民政策要靠地方自行消化,使地方财政支出责任加大,加剧了地方财政困难。面对如此压力,地方各级政府在对外来人口公共服务方面的政策的执行中,首先考虑的问题不是外来人口的基本权益的保障问题,而是成本的节约问题,也就造成了政策落实过程中的缩水现象。三是服务体系规范性层次不高。大量的外来人口涌入城市,为城市政府的公共服务工作提出了新的挑战。面对外来人口流动性很强的突出特点和外来人口公共服务问题的复杂性,政府必须重新审视自身的角色,构建完善的公共服务体系,提高实现基本公共服务均等化的能力。这一切需要规范性的公共服务体系作保障。问题是现有的外来人口服务体系规范化的层次不高,缺少法规性质的长效机制,往往是问题出现后才急于应对。另一方面,某些政府部门在进行具体工作过程中往往不按照相关规章制度进行,导致这些原本相对完善的制度也失去了应有的实效性。

第二,政策供给上的缺位。一是政策制定与执行环节脱节。从政策规定来看,为了改善外来人口的公共服务供给状况,各城市政府出台了大量的公共政策,并且明确了政府各职能部门的职责,但现有公共政策与实际执行效果不对称。政府部门在外来人口公共服务供给的公共政策上存在着“重制定、轻执行”的现象,造成了某些公共政策执行不到位,甚至落空的问题。例如,在社会保障的“同城待遇”方面,公共政策规定对外来人口提供与本地居民相同的社会保障待遇,但从结果来看,同公共政策规定脱节。二是某些政策规定过于原则化。由于某些公共政策规定过于原则,缺乏可操作的方法,致使许多公共政策无法落实。由于政府部门在制定公共政策的时候只是再大的框架上提出“应该做什么”,而对“怎样做、如何做”没有具体的规定,增加了实际操作的难度。因而,导致实际工作中公共政策执行者难以找到有效的解决问题的办法,政策规定必然流于形式。三是政策制定与目标群体需求相脱节。在公共政策制定过程中,由于在听取外来人口的意见方面做得不够,不了解目标群体的真实需求,政策议程不是来自目标群体的公众议程,无法恰当地把外来人口最需要和最关心的问题反映在公共政策之中,所以公共政策制定出来表面上是保障了外来人口的基本权益,但实际上公共政策供给与公共政策需求脱节。最为典型的例子就是社会保障问题,公共政策设计者的愿望是将外来人口纳入到城市社会保障体系中来,让他们也能享受到和原住民相同的社会保障待遇。但很大一部分外来人口主要是农民工,其收入水平要比本地市民差很多,来到城市的根本目的就是要赚钱。对于这部分外来人口而言,根本就没有参加社会保险的观念,更何况还要从其微薄收入中拿出一部分进入统筹,他们根本没有积极性。现有的社会保障政策与外来人口的真实需求相脱节。四是对上级政策的依赖性太强。大多数有关外来人口的政策都是在上级政策出台后,再根据上级政策的要求出台一个自己的政策。比如说外来人口子女教育的政策、住房政策、外来人口权益保护政策等等。应该说在这些政策出台之前,问题早就已经存在了,而且政府也看到了问题所在,但很少有先于上级政府出台相关政策的。因为谁出台政策,谁就要承担政策成本,造成地方政府的公共政策动力不足。

要实现外来人口和城市原住民基本公共服务的均等化,城市政府必须增强公民权利意识,从保障外来人口在流入城市的实质性公民身份和社会权利的高度,来认识实现基本公共服务均等化的意义。采取切实可行的措施,完善公共服务均等化的制度设计和以需求为导向的公共政策供给,同时要构建保证相关制度和公共政策有效发挥作用的传导机制,以提高政治和公共政策有效性。

第一,要深化户籍制度改革。可以采取渐进式改革的方式,逐步实现户籍制度的一元化,使户籍制度更科学、更合理。当务之急是要实行公共服务待遇与户籍脱钩的政策,恢复户籍本来面目,赋予城乡人口以平等的公民身份,真正实现公民权利的平等。要认真贯彻落实好“居住证”制度，为实现城乡一元化的户籍制度创造条件。要做好传统户籍制度附加功能的剥离工作，卸载那些原本不应由户籍承担的政治、经济、社会、文化功能，取消户口特权。继续弱化直至最后消解户籍制度的附加功能，使劳动就业、子女教育、住房、社会保障制度等与户口完全脱钩，逐步使户籍恢复到本来只承担民事登记的社会管理功能。要有步骤、分阶段地逐步放开户籍的限制，直至彻底放开，实现人口的自由流动。

第二，要完善财政体制。完善财政体制要以实现公共服务均等化为宗旨。财政分配不合理是影响外来人口享受基本公共服务的首要因素，因此，改革现有的财政体制，完善财政转移支付制度对于提高公共政策的实际效用具有重要意义。中国的特殊情况决定了实现公共服务均等化不能依靠人口的流动，而只能靠政府财政的转移支付来实现，要赋予财政转移支付制度实现公共服务均等化的使命。因此，在做出有关财政转移支付方面的决策过程中，应明确提出实现基本公共服务均等化的目标。转变传统的以中央的财政转移支付为主的财政管理理念，加大流入城市为外来人口提供公共服务的财政支出比例，使财政支出适当向外来人口基本公共服务供给倾斜。

第三，要构建有法律保障的服务体系。构建以法律为后盾的、规范化的服务体系是提高对外来人口公共服务质量，实现外来人口和城市原住民基本公共服务均等化的重要保障。为了提高对外来人口的公共服务质量，流入地城市纷纷建立相应的服务体系，但有时这一体系的运作存在一定的问题，无法发挥其应有的作用，其重要原因在于保障成次比较低，为此，必须加强地方性规章条例的建设，构建有法律保障的公共服务体系。这需要对外来人口的社会权利予以明确的法律保护，使他们享有基本公共服务的权利上升到法律的层面。只有这样才能使构建起来的公共服务体系，在法律保障的基础上有效发挥作用。要通过加强城市外来人口公共服务方面规章条例的建设，从法律的层次上规范流入地城市政府各部门的服务行为。

第四，要完善政策的传导机制。针对已经出台的提高对外来人口公共服务供给质量的某些公共政策落实不到位，流于形式的情况，必须强化公共政策执行的力度，使公共政策能够得到有效的贯彻落实。要完善公共政策的指挥链条，使公共政策能够迅速地传导到目标群体。要通过全程督导、跟踪问效、责任追究等机制保证公共政策的落实。要加强对公共政策执行环节的监督，把内部监督和外部监督有机地结合起来，使监督机制真正发挥应有的作用。建立政府政策制定部门、基层政策执行部门和外来人口之间的互动机制。通过增强三者之间的良性互动，来保证政府的公共政策供给和外来人口作为目标群体的公共政策需求的一致性，提高公共政策的合理性和可操作性。在三者互动中激发基层执行者的积极性，及时、准确地落实公共政策，以保证公共政策在实现外来人口和城市原住民基本公共服务均等化过程中发挥应有的作用。

三、公共政策与公共服务的供给方式

社会转型引发了诸多公共服务问题，要消除城乡之间、不同群体之间、不同地区之间的差距，实现基本公共服务的均等供给，推行公共服务的多元供给方式是解决基本公共服务不均等问题的重要途径。建立公共服务多元供给方式，问题的关键不在于构建一个供给体系，当然这是很重要的，而更重要的是要完善相应的公共政策，为多元供给方式的有效运作提供公共政策上的保证。与公共服务供给形式相匹配的公共政策既涉及经济政策，也涉及政治政策、文化政策和社会政策。为了保证公共服务多元供给方式的有效运行，必须打破原有的束缚，对与此相关的公共政策进行全方位创新。

1. 公共服务多元供给方式的有效性

关于公共服务的供给问题，西方学者提出了不同的供给方式，一是政府供给方式，公共产品完全由政府生产和提供；二是市场化方式，把供给和生产分开，引入市场机制；三是社会组织供给方式，由非营利组织、非政府组织或第三部门来提供；四是公私合作方式，形式有政府出售；政府间协议；合同承包；特许经营；补助；凭单；自由市场；志愿服务等；五是“多中心”方式，目的是探求政府、市场、民间力量在供给中的特定作用，以达到最佳的互动效果，提高供给效率。关于公共服务供给的公平问题，1980 年代以来，西方学者所提出的以财政分权为基础的财政均衡理论成为研究的主流趋势，它重点是研究由于财政分权导致地区间公共服务的不公平问题。大多数学者主张通过财政均衡性转移支付来实现公平。

我国的公共服务供给方式,从供给主体的角度来分析,可以划分为政府垄断的单一供给方式、政府和私人部门合作治理的二维供给方式,以及政府、私人部门和民间组织共同治理的多元供给方式。不同的方式会带来不同的绩效,相比较而言,在三种供给方式中多元供给方式更具有优势,特别是在政府手中掌握的公共资源有限的情况下更是如此。

第一,公共服务的单一供给方式。单一供给方式就是政府垄断公共服务供给的全部活动。在单一供给方式下,政府既是资金供应者,也是生产安排者和产品提供者,供给的方式是直接向消费者提供服务,而且往往是无偿的或者是低价的。这种单一供给方式的制度安排是:其一,政府生产,即政府同时扮演安排者和生产者的角色;其二,政府供给,即人们从政府机构获得或购买公共服务;其三,政府间的协议,即政府雇用或付费给其他政府机构来提供公共服务。由于政府直接垄断公共产品投资、生产、供给的全过程,一切公共产品的生产和供给都由政府自身承担,带来了一系列的制度性缺陷。人们对公共服务的需求不断增长,单一供给方式陷入了困境。一是资金短缺。公共服务的供给是同资金联系在一起的,能否为其提供足够的资金,直接关系到公共服务供给的数量和质量。政府用来提供公共服务的资金,在政府垄断公共产品生产和供给的情况下,只能由政府财政来提供。当然,政府可通过积极的财政政策,扩大某些公共服务的投资,一定程度上缓解某些公共服务的供需矛盾。但这也仅仅是权宜之计,公共服务供给中的资金短缺问题不可能得到根本解决。二是供需失衡。政府垄断公共服务的生产和供给,自上而下地对公共服务的生产和供给的种类和数量进行决策,由于决策信息的不完备性,致使公共产品生产和供给的决策不能准确反映社会对公共服务的需求。这一方面导致了社会公共服务总需求和总供给的失衡;另一方面导致一部分人对公共服务的过度消费,而另一部分人消费不足,使不同群体的公共服务供需失衡。三是效率低下。政府垄断公共产品的生产和供给,也就是政府成为公共资源的唯一支配者。在对公共资源的使用上,由于缺少竞争机制,导致政府在公共资源使用上的低效率。公共资源本来就有限,就是这有限的公共资源也得不到充分的利用。在实际的运作过程中,经常出现政府投资的工程投入和产出严重不平衡,工程质量低下的现象。这不仅影响了公共服务供给的效率,而且损坏了政府的形象。四是效用递减。公共产品特别是一些基础设施类公共产品得不到维护和修缮,使之所发挥的作用呈递减的趋势。此外,公共服务完全由政府生产和提供,还会出现搭便车的现象。这极大地影响了公共产品的质量,使公共产品的效用越来越小,影响了对公共产品的消费。

第二,公共服务的二维供给方式。政府和私人部门共同生产、供给和管理公共产品。由于政府垄断公共产品的生产、供给和管理的供给模式产生的弊端,迫使政府不得不开放公共服务领域,允许私人部门进入,参与公共产品的供给活动。政府和私人部门合作供给,政府成为公共服务供给的安排者,私人部门是资金的投入者和生产者。政府以公共利益为依归,私人部门以盈利为目的,产出的是能够满足公众需要的公共产品。这表明公共产品也是可以市场化运作的。公共服务供给的二维方式形成了复杂的相互关系。政府承载着公共利益,为了能够卓有成效地满足公众对公共服务的需求,允许或授权私人部门以盈利为目的进入公共服务领域。政府为了保证实现满足公众需求的目的,负责对私人部门进行监督,避免私人利益对公共利益的侵害。当然政府也要为私人部门提供保护,使其生产经营活动能够正常进行。私人部门作为投资者和生产者在关心自己利润最大化的同时,也要对政府和消费者负责,这主要来源于相应的制度安排。政府在确定某些公共产品由哪一个私人部门来生产的时候,引入竞争机制,私人部门之间通过激烈的竞争获取相应的项目,同时,他们还必须为争夺消费者的信任而竞争。如果哪一个私人部门只关心自己利润的最大化,而不能满足政府和消费者的要求,就有可能被淘汰出局。消费者不用再与政府直接打交道,而是与直接生产公共产品的私人部门发生关系,他们拥有选择的权利。在二维供给方式中,竞争机制起着决定性作用,政府必须通过相应的制度安排为私人部门创造一个平等竞争的环境,为消费者提供自由选择的权利。由政府和私人部门共同供给,既可以解决效率问题,也可以解决公平问题,从而提高公共服务供给的绩效。私人部门的资本投入是以追求效率为目的的,效率也是公共服务供给的物质基础,是改善公共服务供给的前提条件。通过私人部门的参与,又使得公共资源得到了充分利用。政府由于手中掌握着公共项目资源,在合作中处于优势地位,通过制定一定的标准维护社会公平。既可以减轻财政负担,也可以提高公共服务供给的绩效。

但是,二维供给方式运行过程中,目前来看至少存在三个亟待解决的问题:一是公共服务的供给无法覆盖社会的全部需求。私人资本只能进入那些有利可图的领域,因此,范围总是有限的,不可能覆盖整个社会对公共服务的全部需求。二是在争夺政府授予特许权和签订承包合同阶段的寻租问题。根据相应的制度安排,私人部门参与公共服务的供给是一件有利可图的事情,不同的私人部门都想获得政府授予的特许权,都想签订对自己更为有利的合同,由于制度上的某些缺陷,可能产生寻租和腐败问题。三是公共产品生产、供给和管理过程中的数量、质量短缺问题。虽然,在私人部门参与公共服务供给过程中,政府必须发挥监督作用,但是,在监督制度不健全的情况下,某些私人部门为了获取更大的收益,有可能在数量和质量上做文章,影响公共服务供给的绩效。

第三,公共服务的多元供给方式。政府、私人部门和民间组织等共同负责公共产品的生产、供给和管理。在多元供给方式中,政府、私人部门和民间组织联合起来共同完成对公共服务的供给。三者之间的关系是相互补充、相互支持、相互监督的关系。它们依据不同的原则在公共服务的供给中分别发挥着不同的社会功能。政府是以国家利益和行政区域内的公共利益为取向,对公共服务的供给作出全面安排,它不仅要承担纯公共产品的直接供给,而且要确定可以由私人部门生产的公共产品项目,完成相应的政策设计和制度创新。政府还负责对民间组织进行扶持、引导和规范,使其在公共服务供给中更有效地发挥应有的作用。私人部门以追求利润最大化为取向,依据相应的制度安排参与公共服务的供给,发挥政府无法发挥的作用。民间组织以追求共同体的公共利益为取向,扩大公共服务对公众需求的覆盖范围。由于民间组织同公众的联系最直接,对公众公共服务的需求也最了解,可以补充政府和私人部门的不足。由于民间组织的参与,形成了有第三方介入的监督机制,更能够有效发挥监督机制的作用。民间组织一方面对政府进行监督,另一方面对私人部门进行监督。由此可见,多元供给方式的有效运作,是提高公共服务供给绩效的有效途径。

民间组织同政府和私人部门相比有自身的优势和特点。同政府组织相比民间组织更具有灵活性。这种灵活性带来的是低成本、高效率。民间组织独立于政府体系之外，可以摆脱政府组织结构的固定模式，形成自己特有的多样性和灵活性，形成平等的参与式的组织结构，在提供公共服务的过程中，可以创造出比政府更低的成本和更高的效率。同私人部门相比民间组织更具有公益性。民间组织不像私人部门那样追求自身利润的最大化，而是以某种公益性的目的为取向。以极强的使命感维护社会的公平和追求公共服务供给的高效率，实现公平和效率的统一。

民间组织参与公共服务的供给，固然可以克服政府失灵和市场失灵所带来的弊端，但是，由于民间组织自身的局限性，不可能在公共服务供给方面包打天下。民间组织虽然具有公益性的特征，但是，由于它们是由不同取向、不同动机的人群自下而上建立的，各自又有不同的宗旨，导致其独立性和多元性的特征。它们不可能作为一个整体从社会的全局出发考虑公共服务的供给问题，这恰恰需要政府从全社会的整体利益出发予以引导。此外，民间组织也需要借鉴私人部门的行为方式，以需求为导向开展活动。同私人部门不同的是它们是以满足公共利益的需求为导向展开自己的活动的，只不过每一个民间组织仅仅是从一个侧面或特定的角度来体现公共利益罢了。政府必须作出相应的制度安排规范民间组织的行为。对其性质、地位、功能、权利和义务做出明确的规定，并建立有效的税收、财务和会计等制度，使民间组织更好地承担起应有的职责。

在这三种方式中多元供给方式可以覆盖公共服务的各个领域，全方位地满足公众对公共服务的需求。由于民间组织的加入所形成的公共服务多元供给方式，是现有的公共服务供给方式中最有效的供给方式。目前，在中国政府垄断公共服务的单一方式正在被打破，多元供给方式正在形成。当然，多元供给方式的运作也暴露出了现有的制度安排存在的缺陷，提出了新的公共政策需求。

2. 公共服务多元供给方式的制约因素

私人部门和民间组织参与公共服务供给，观念上的障碍已经破除，所要解决的关键问题是还存在着种种制度上的约束。由于中国正处于社会转型的过程中，许多新的制度安排正在形成过程之中，因此，公共服务多元供给方式运作的制度性约束还很多。

第一，私人部门市场准入的制度约束。虽然，政府已经放开了某些公共产品生产领域，允许民间资本进入，但是，设置的条款较为苛刻，事实上限制了私人部门的进入。基础产业与基础设施领域一直是制约国民经济发展的瓶颈，所以，政府始终把这一领域作为国民经济发展中的重点领域不断加强，直到现在这一领域仍然是需要重点发展的领域。这也是民间资本大有可为的领域，但是，这一领域仍是民间资本进入最少，最难于扩张的领域，原因可能是多方面的，现存的相关制度上的某些缺陷导致的种种限制不能不说是其中的重要原因。金融、教育、旅游、文体、卫生等新型服务领域为民间资本进入设置的门槛，也制约着民间资本在这些领域的发展。新型服务业投资放开的难度与复杂程度不是一般制造业所能比拟的。当然，上述领域对市场开放已经不存在政治上或意识形态上的障碍了，根本障碍是来自于垄断部门的特权或既得利益集团不肯放弃控制权。现存的制度对打破垄断和放弃控制权，缺少强制性的规范。准入制度上的种种约束，已经成为私人部门进入公服务领域的，并在该领域发展的最大障碍。尽管 2010 年 5 月政府颁布了《关于鼓励和引导民间投资健康发展的若干意见》，即新 36 条，再加上一系列与之配套的政策的出台，似乎民间资本参与公共服务供给已没有准入制度上的障碍，但事实上某些垄断领域民间资本要进入仍然非常困难。

第二，产权保护方面的制度约束。私人部门要想进入公共服务领域，产权保护是其成功提供公共产品的重要保障。如果产权能够的得到确立和保护，只要交易成本足够低，私人交易就能实现资源的最优配置。私人部门进入公共服务供给领域，它必须承受来自政府的、社会的和市场的多方面的压力，对私人产权的保护和投资的保护更显得尤为重要。当然，中国在产权保护方面的制度正在逐步完善，但也不能否认政府承诺前后不一致的现象仍然存在，甚至在某些地方还一定程度地存在着对私人部门的掠夺问题。产权保护方面的制度约束，一定程度上影响着私人部门进入公共服务供给领域的积极性。

第三，民间组织身份方面的制度约束。中国的民间组织发育较晚，还处在发展的初始阶段。而且，由于受到原有制度的影响，有相当一部分民间组织是通过获取自上而下的资源建立和发展起来的。有的民间组织本身就是各级党政机构直接创办的，有些民间组织是从党政机构转变过来的，不是纯粹意义上的民间组织，带有官办的性质。有的民间组织是由原党政官员及与党政关系密切的知名人士创办的,同党政机关有着千丝万缕的联系。由于上述民间组织其资源主要来源于政府,不可避免地在活动方式上和管理体制上都严重依赖于政府,其独立性和自主性比较差。即使民间自发建立的组织,其活动也要受到种种限制。真正意义上的、独立的民间组织近年来有了一定的发展,但是不仅数量少,规模也不大,需要有一个大发展的过程。政府对民间组织是要扶持而不是打压,引导而不是限制,规范而不是扼杀。民间组织不能得到很好的发育,公共服务多元供给方式就不可能真正运作起来。

第四,政府职能方面的制度约束。中国正处于政府转型的过程中,由于政府职能转变不彻底,原有体制下政府的某些特征还没有完全消除,政府职能越位的现象大量存在,政府仍然具有垄断公共服务供给的冲动。虽然,与新体制相适应的政府职能已经被详细地加以描述了,也成为社会大多数人的共识,但是,政府出于自身利益,迟迟不愿意从应该退出的领域退出。政府缺少有效的自我约束机制,导致机构膨胀,人员增加,行政经费支出大幅度提高,寻租和腐败现象大量存在。公共服务多元供给方式在政府职能大量越位的情况下,是无法有效运作的。政府不从它应该退出的领域退出,私人部门就无法进入,民间组织的正常活动也无法开展。

3. 公共服务多元供给方式的制度创新

新制度经济学派的代表人物诺思把制度看作是一个社会的游戏规则,更规范地说,它们是为决定人们的相互关系而人为设定的一些制约。在某种意义上,制度构成了国家和社会结构本身,它优劣与否直接决定着国家和社会的现实状况和发展趋向。与公共服务供给模式相关的公共政策设计是社会的制度在这一领域的具体化,涉及的内容很多。公共服务多元供给方式的有效运作,必须打破原有制度的束缚,有与之相匹配的制度作保证。这些基本的制度保证构成了多元供给方式有效运作的制度需求。政府要对这些制度需求作出回应,以提供相应的制度供给。公共服务多元供给方式有效运作的制度需求主要包括如下内容:

第一,准入制度。准入制度是公共服务多元供给方式有效运行的首要的制度需求。政府要通过相应的制度安排,明确开放的领域,也就是明确哪些公共服务领域允许私人部门和民间组织进入；明确进入的条件，也就是明确哪些私人部门和民间组织可以进入；明确相应的程序，也就是明确设置能够保证私人部门和民间组织平等竞争的程序，保证进入的公正性和合理性。如果没有健全的准入制度的支持，公共服务多元供给方式的有效运作只能是一句空话。

第二，保障制度。私人部门进入公共服务供给领域，一个非常重要的问题就是产权保护问题。产权保护问题是公共服务多元供给方式有效运作的带有关键性的制度需求。私人部门投资公共产品的生产，如果产权得不到应有的保护，不仅会失去安全感，更重要的会失去投资的热情。私人部门如果不进入公共服务供给领域，不要说会影响公共服务多元供给方式的有效运作，就连公共服务多元供给方式也无法形成。民间组织参与公共服务的供给，也需要相应的保障制度保护民间组织的合法权益，否则，民间组织参与活动的合法性可能受到威胁。

第三，调节制度。调节制度就是能够有效调节公共产品市场价格的制度，这也是非常重要的制度需求。通过相应的制度设计，建立起有效调节公共产品市场价格的机制，降低公共产品生产领域的投资风险，可以使私人部门得到较为长期的收益回报，刺激私人部门进入公共产品生产领域的积极性。没有合理的公共产品市场价格的调节制度，私人部门的收益回报没有相应的保证，其积极性就会受到影响。民间组织参与公共服务的供给活动，当然不以盈利为目的，但有些项目也要收取一定的费用，这也需要相应的调节制度予以支持。

第四，监督制度。公共服务多元供给方式的有效运作，需要健全的监督制度作保证。监督制度是由内部监督制度和外部监督制度构成的。内部监督制度就是多元供给方式内部不同主体的相互监督，包括政府部门对私人部门和民间组织的监督；民间组织对政府部门和私人部门的监督；私人部门对政府部门和民间组织的监督。为了使内部监督更有效地发挥作用，需要有效的监督制度。外部监督制度就是监督主体来自公共服务多元供给模式的外部。外部监督也是重要的监督形式，为了保证外部监督发挥应有的作用，也需要有相应的制度安排。

第五，评价制度。对公共服务供给绩效要作出合理的评价必须建立合理的评价制度，这也是公共服务多元供给方式有效运作必不可少的制度需求。要建立有效的评价制度,关键是要明确评价的主体、评价的标准、评价的内容和评价的程序,还要明确政府、私人部门和民间组织在多元供给方式中各自的职责,使评价能够有所遵循。

第六,淘汰制度。准入制度解决的是入口的问题,而淘汰制度是解决出口的问题。由于私人部门的逐利性,有可能在获得了某一项目之后,不能很好地提供相应的公共服务。对那些不能很好履行职责的私人部门,可以通过合理的和合法的程序淘汰出局,以保证多元治理方式的良性运作。

公共服务多元供给方式有效运行的制度需求,决定了公共政策创新的思路与对策。公共政策创新必须围绕着制度需求来进行才有意义。打破垄断,开放市场,公平竞争,保护产权,是进行公共政策创新应该坚持的基本原则。公共政策创新属于公共政策变迁的范畴。由于公共政策变迁存在着路径依赖的问题,有可能使已过时的公共政策得以长期存在,并发挥消极作用。要进行公共政策创新必须改变公共政策变迁路径依赖的性质。公共政策创新还有一个关键性的问题就是政府转型,政府要由管制型政府转变为服务型政府,完善与服务型政府相适应的制度。必须明确政府和市场的关系,政府和社会的关系。政府就是要为市场服务,为公众服务,以保证政府自身形成推动公共支出效率的内在改革动力。通过公共政策创新用相应的制度保证政府真正成为公共利益的代表,以更好地为公众提供公共服务。在公共服务供给过程中,实现公平和效率的统一。

四、公共政策与公共服务的工具选择

公共服务多元供给方式,为政府在提供公共服务的过程中政策工具选择提供了依据。公共服务多元供给方式也需要通过相应的政策工具来运行和实现。伴随着社会转型步伐的加快,农业现代化、城市化和新兴城镇化进入了发展的快车道,公共服务需求也凸现出来。面对如此大量的公共服务需求,仅仅依靠政府自身的资源远远无法满足要求。公共服务的多元供给是解决政府资源不足,提高公共服务供给水平的切实可行的供给方式。政府在公共服务供给中有多种政策工具可以选择。公共服务多元供给方式的确定为政策工具的选择提供了依据。多元供给方式极大地拓展了政策工具选择的范围。

通过公私合作的方式政府向社会购买公共服务，是西方国家近些年来比较流行的公共服务供给的新方式。在中国公共服务供给中引入该方式，由政府向社会购买公共服务是摆脱公共资源瓶颈，提高供给效率的重要途径。

1. 公共服务供给方式与政策工具

为保证公共服务多元供给方式的有效运行，必须选择切实可行的政策工具。在多元供给方式实施过程中，支撑公共服务多元供给方式的政策工具可以有多种选择，不同政策工具之间也具有一定的可替代性。公共服务多元供给方式的运作，离不开政府、市场和社会的良性互动，需要综合运用政府工具、市场工具和社会工具。其运作效率离不开各种政策工具的合理搭配。在政策工具选择中遵循什么样的原则，直接影响公共服务的供给及其效率。对各种影响因素进行全面而深入的分析，构成了政策工具选择的条件。当然，反过来说，公共服务供给选择什么样的政策工具，依赖于采取什么样的供给方式。公共服务多元供给方式的实施规定了政策工具选择的前提和范围。合理地选择政策工具才能提高公共服务的供给效率。

在多元供给方式下，政府可以运用的政策工具其内容非常广泛，并分布在一个极其广阔的领域。对公共服务供给的政策工具进行分类，以确定政府选择的范围，揭示不同政策工具的基本特征及其功能，为政府合理选择政策工具提供可以把握的依据，这是非常重要的。当然，对政策工具进行分类有多种分类方式。如前所述，迈克尔·豪利特确定的强制性政策工具、混合型政策工具和自愿性政策工具的分类方式，具有一定意义上的普遍认同性。对公共服务的政策工具进行分类和选择，也可以运用迈克尔·豪利特确定的政策工具分析框架进行分析，并在此基础上进行选择。

强制性政策工具主要包括直接提供、公共事业和规制。直接提供就是政府动用公共财政资源直接向社会提供公共服务。如城乡义务教育和卫生防疫等公共服务，更多地要靠政府直接提供。公共事业也是政府经常运用的政策工具。政府通过发展公共事业为社会提供公共服务，兴办公共企业是其中重要的方式。某些领域由于资本成本过高或预期收入相对较低等原因私人企业不愿进入，这一部分社会需求就要靠公共企业来满足，如铁路、民航等基础设施就是如此。“规制”是政府要求一部分人或机构履行一定行为的程序或行动方案，主要有经济规制和社会规制。经济规制主要是对产品的价格、数量、投资回报，以及进入和退出某一行业的行为进行管制。只要有私人企业参与公共服务的供给，政府的经济规制就是必不可少的政策工具。而社会规制通常是针对公共卫生、公共安全和社会惯例等方面的管理法规，这在公共服务供给中发挥着重要的作用。由于规制在制定过程中成本比较低，而在管理过程中效率又比较高。在公共服务供给过程中，对政府自身行为、公共企业和私人企业，包括社会组织的活动均可以采用规制这一政策工具。

在混合型政策工具中，征税和用户收费是政府干预程度比较高的政策工具。征税的直接作用是增加政府收入，而且征税可以用来限制某种行为。它主要是通过对某种不受欢迎的行为进行惩罚而发挥作用。用户收费对于控制外部性来说是一种有效的政策工具，它可以把要限制的行为控制在一定的范围内。供水、供电多采取这一方式。征税和用户收费作为政策工具它具有易于构建，功能的持续性、灵活性和有利于促进创新等特点。但是，管理成本比较高，还有可能导致资源配置的扭曲。产权拍卖是在没有市场的领域建立市场，其前提是认可市场是最有效的资源配置工具。有些中小型水利设施可以采取产权拍卖的形式进行供给。补贴实际是一种财政转移，目的是对鼓励的行为进行奖励。为了鼓励私人企业进入公共服务领域，可以对某些项目采取税收减免的政策，如对某些公共设施的建设就可以采取通过减免税收的形式，鼓励企业参与。公共服务供给中绝大部分都比较适合运用混合型政策工具。

自愿性政策工具是政府运用的具有补充性的政策工具，除了政府要对某种行为提供补贴之外，通常不需要政府支出，因此可以节约政府公共服务供给的成本。城乡社区内的基础设施应主要靠家庭和社区来提供，政府可以给予相应的补贴。自愿性组织也称为非营利组织，它可以填补政府和市场留下的空白。大部分公共服务的供给自愿性组织都可以参与，如教育、医疗卫生、文化和体育等，也包括就业、养老、社会扶助等公共服务。自愿性组织参与公共服务的供给不仅可以提高效率，而且还可以节约成本，这当然要以自愿性组织的良好发育为前提。市场也是自愿性政策工具，但是，市场不适合提供纯公共产品，对一些准公共产品可以引入市场机制。在公共服务供给过程中,市场在其他政策工具的配合下可以发挥很重要的作用。

对公共服务从消费特点上进行分类是政策工具选择的重要依据。以消费特点为依据对公共服务进行分类,可以分为纯公共产品性质的公共服务、混合产品性质或俱乐部产品性质的公共服务。纯公共产品性质的公共服务在消费过程中,具有非竞争性和非排他性,较为典型的是国防、外交、义务教育、卫生防疫等。而大部分物质类基础设施属于混合产品性质或俱乐部产品性质的公共服务,如水利设施、垃圾和污水处理、电力输送、给排水设施、卫生设施、文化设施、体育设施,等等。

公共服务从提供纯公共产品向提供俱乐部型产品的不同分布,形成了一个分布空间,越接近纯公共产品政府的控制力越强,越接近私人性质的产品政府的控制力越弱。对提供纯公共产品性质的公共服务,政府一般应选择强制性政策工具进行治理。如农村道路、义务教育和卫生防疫属于纯公共产品,必须由政府来提供,或是政府直接提供或是通过兴办公共企事业来提供。而城乡基础设施的绝大部分具有准公共产品或俱乐部性产品的性质,如水利设施、垃圾和污水处理、电力输送、给排水、义务教育以外的教育、卫生、文化和体育设施,等等,政府更多地选择混合型政策工具和自愿性政策工具进行供给,通常会收到比较好的效果。当然,这只能从相对意义上来理解,具体如何选择还要视情况而定。

2. 公共服务多元供给方式与公私合作

为了解决公共服务供给中的公平和效率问题,政府采取了很多措施,其中包括要实现公共资源分配的均等化,统筹城乡发展,甚至提出要通过城乡一体化的途径来解决公共服务供给不均等问题;同时要增加财政投入,优化供给机制,以解决公共服务供给的低效率问题。尽管近年来政府不断增加对公共服务投入的力度,但政府所能运用的公共资源毕竟是有限的。仅仅靠政府完成公共服务的供给问题是不可能的,而且也无法克服由于政府失灵导致的低效率。因此,在公共服务供给中采取多元供给的方式不失为一种明智的选择。要有效地运用多元供给方式推进公共服务均等化和提高公共服务的效率,需要一系列的先决条件,政策工具的合理选择是其中的重要保证。

在实施公共服务多元供给方式的过程中，首先也是最重要的是要解决政府和民营企业合作的问题，即公私合作问题。在公共服务供给中引入公私合作模式，通常就是公共部门通过与私人组织建立伙伴关系来提供公共服务的一种模式。公私合作模式的理论基础是萨缪尔森的公共产品理论和奥斯特罗姆的多中心理论。最早对公共产品供给的公私合作模式进行系统而深入研究的是美国学者萨瓦斯。他认为，在基础设施公共服务供给中公私合作可以采取多种形式，其中主要有服务外包、运营和维护的外包或租赁、合作组织、租赁—建设—经营、建设—转让—经营、建设—经营—转让、购买—建设—经营、建设—拥有—经营等。并对现有的、扩建的和改造的、新建的等不同种类的基础设施的适用方式进行了探讨。他指出，采用公私合作的形式提供公共服务，关键要处理好各参与方的角色、竞争、规制、风险、招标和融资等问题。① 公私合作模式是西方国家在公共服务供给中广泛采用的一种模式，而且被认为是能够给政府带来现代化、优质化公共服务供给的一种有效模式。

国内学者对公私合作模式的研究主要集中在如下方面：一是在公共服务供给中引入公私合作模式的必要性和可行性。中国的公共服务供给往往存在着政府投入不足、基层财政困难、管理效率低下和多元融资激励力量较低等问题。推行公私合作模式是解决上述问题的重要途径。由于公共产品的公益性、外部性等特征，不可能完全实行市场化，公私合作模式是引导企业和个人参与的较为理想的模式。中国已经具备了公私合作模式运作的政策环境、相关的法律框架和较为充足的资金来源，以及由需求所提供的充足市场。二是在公共服务供给中引入公私合作模式的主要障碍。在中国，其主要障碍来自于某些公共产品自身的特殊性。有些公共产品由于受益方位的区域性、有限性和使用上的低效性，以及较弱的可经营性，导致私人参与意愿不高。这就需要政府不但要从体制、政策、资金、服务等方面构建发展平台，而且要提供更多的优惠政策和承担更大的责任。三是在公共服务供给中引入公私合作模式的政策思路。公司合作模式政策支持的基本框架包括：公私合作模式的具体适用范围、设立程

---

① 〔美〕E. S. 萨瓦斯：《民营化与公私部门的伙伴关系》，中译本，中国人民大学出版社 2002 年版，第 248—271 页。

序、招投标和评标程序、特许权协议、风险分担、权利与义务、合同规范、监督与管理以及争议解决方式和适用法律等。政府应根据项目的特点提供最低经营收入保证、授予经营现有收费设施的专营权、给予商业自由空间和无第二设施担保。“自下而上”地改变政府投资管理方式、“以奖代补”鼓励地方引导企业和社会投资、完善税收优惠政策、引导各类资金以借贷方式投入某些公共产品的生产和运营等，这一切为公共政策创新提供了具体思路。

要进一步推进在公共服务供给中的公私合作模式，使其在公共服务供给中发挥更大的作用，以往的研究所提出的政策思路具有重要的启示作用。然而，要推广公私合作模式完善现有的公共政策固然重要，更重要的是如何发挥公共政策应有的作用，提高公共政策效能，这就涉及政策工具的选择问题。这是以往的研究涉及较少，或者说，还有待于进一步深入研究的问题。根据公私合作模式的需求，大胆地进行政策工具创新研究，深化以往的研究成果，这既有重要的理论意义，也有重要的实际价值。

3. 公共服务多元供给方式的政策工具需求

公共服务多元供给方式的具体运作形式很多，就政府向社会购买公共服务的形式来说，合同承包、委托代理、特许经营、产权变更，凭单制度等等是其中比较主要的形式。结合中国的实际和某些公共产品受益方位的区域性、有限性、使用上的低效性和较弱的可经营性特点，其中合同承包、特许经营和产权变更三类，更具有实际的应用价值。合同承包主要是由公共部门投资，私营部门承包整个项目中的一项或几项，并通过公共部门付费实现收益。特许经营则需要私人参与部分或全部投资，并通过一定的合作机制与公共部门分担项目风险、共享项目收益，公共部门根据项目实际收益向特许经营公司收取一定的特许经营费或给予一定的补偿，项目的资产最终归公共部门保留。产权变更需要私营部门负责项目的全部投资，建设项目的所有权归私人所有，并在政府的监管下通过向用户收费收回投资实现利润。上述方式也是在公共服务供给中运用比较多的方式，运用得好可以收到良好的实际效果。

公私合作是公共服务多元供给方式运作的重要形式，但并不是所有的公共服务都可以采用公私合作模式。推广公私合作模式有诸多的影响因素需要考虑。从公共产品自身的性质来讲,有些公共产品接近纯公共产品,有些公共产品属于准公共产品。越是接近纯公共产品,推广公私合作模式的约束条件越多,可能性越小。准公共产品又可以分为两类,一部分具有受益难以完全排他,消费有竞争性;还有一部分受益可以排他,但消费在一定范围内没有竞争性。引入公私合作模式的主要依据是该类公共产品是否能够实现受益的排他。只要在一定意义上受益可以排他就可以引入公私合作模式。此外,其他因素的影响也不可忽视。一定数量的民营资本是不可或缺的,顺畅的融资渠道也是非常重要的。更为重要的是消费方要有一定的支付能力,这同当地的收入水平直接相关。凡此种种,都是推行公私合作模式需要认真分析的问题。

在公共服务中实行多元供给方式,会形成许多新的政策工具需求。从宏观层次看,一是对市场准入方面政策工具的需求。某些公共产品的生产对民营资本开放的大门已经打开,但是,这一领域仍然是民营资本进入较少的领域,具体的制约因素当然是多方面的。其中一个重要的原因是政府的垄断地位还没有完全打破,因而,与市场准入相配套的政策工具还很不完善。完善与市场准入相配套的政策工具成为一种迫切的政策需求。二是对产权界定方面政策工具的需求。物权法的出台为公私财产提供了同样的法律保护,问题是在公共产品生产和供给过程中公私合作模式的具体形式上,产权的界定问题还需要进一步规范。三是对政府自我约束方面政策工具的需求。政府缺少有效的自我约束机制,导致政府职能大量越位,加上寻租和腐败现象的存在,已经成为制约公共服务多元供给方式运行最大障碍。在政府职能大量越位的情况下,公共服务多元供给方式是无法有效运作的。从微观层次看,为了保证公共服务多元供给方式的有效运作,政府向社会购买公共服务的具体适用范围的规定、项目设立决策方式的设计、招投标和评标的程序、特许权协议的签署、利益共享与风险分担、权利和义务的确认、投资与回报、合同规范、监督与管理、争议解决的机制等,都需要相应的政策工具来支撑。

4. 公共服务多元供给方式的政策工具选择

已有的公共政策已经为公共服务多元供给方式的运作,特别是民营资本进入公共服务领域敞开了大门。中国各级政府在消除体制性障碍、加快推进和完善垄断行业改革、深化行政审批制度改革、放宽市场准入、享受同等待遇、改进服务和监管等方面已出台了一系列的政策，民营资本参与公共服务供给在总体上已经不存在大的政策性障碍。问题的关键是推行上述政策需要相应的具体政策工具。选择适当的政策工具是公共政策得以实施并有效发挥作用的根本保证。在公共服务中推行多元供给方式，已有了诸多的政策支持，当然还需要对支持性政策作进一步完善，形成从建设资金、技术、运营、管理等各方面相对完善的公共政策体系。然而，即使有了完善的政策体系，如果缺少有效的与之配套的政策工具政策也很难落到实处。这已经从对政策工具的需求中反映出来了。如何选择适合的政策工具把现有的公共政策落到实处，已经成为在公共服务中推行多元供给方式，特别是政府向社会购买公共服务过程中带有关键性的问题。

要实施公共服务多元供给方式，当然需要对现有的政策工具的有效运用，但更离不开政策工具的不断创新。由于在不同的环境下，落实不同的公共政策对政策工具的需求会有所不同，更重要的是需要多种政策工具的相互配合。在有些情况下，现有的政策工具无法奏效，需要引入新的政策工具。拓宽政策工具选择的视野，实现政策工具选择的多元化，注重多种政策工具的综合运用与优化组合，这是政策工具创新的重要思路。

市场作为一种自愿性政策工具，在公共服务多元供给方式运行过程中，在其他政策工具的配合下发挥着重要的作用。产权拍卖就是在没有市场的领域建立市场。通过产权拍卖的形式界定产权是民间资本顺利进入公共服务领域的根本保证，也是在公共服务中推行公私合作模式的前提条件。

规制虽然是一种强制性比较高的政策工具，但在公共服务多元供给模式运行过程中也需要这一类的政策工具作支撑。通过规制类的政策工具对公共服务项目的价格、数量、投资回报、质量要求，以及进入和退出的行为进行规范。私人企业参与公共服务供给，规制是必不可少的政策工具。在公共服务多元供给方式整个运行过程，都需要制定相应的规制予以约束，包括对各类主体的约束，当然也包括对政府自身的约束。在政府向社会购买公共服务的过程中，具体的运行包括如下环节：项目的立项和可行性研究、招投标选择私人投资机构、签署特许权协议和成立项目公司、项目建设、项目验收和营运等。项目应由政府根据社会公众的公共服务需求提出，并要对项目的可行性进行评估，其中重要的是要对项目向社会购买的可行性进行评估。立项以后开始组织招投标选择私人投资机构。这一环节尤其需要一系列的规制以保证其公平与公正。签署特许权协议明确规定各主体的权利和义务。在项目建设和生产过程中必须依据特许权协议的规定进行，以确保项目建设和生产的质量。

具有纯公共产品性质的公共服务应该由政府无偿提供，这是不言而喻的，这也是政府不可推卸的责任。但对于具有准公共产品性质的公共服务，用户收费对于控制外部性来说是一种有效的政策工具，它可以把要限制的行为控制在一定的范围内。用户收费作为政策工具具有易于构建，功能的持续性、灵活性和有利于促进创新的特点。在应用用户收费政策工具时，收费的标准是一个非常敏感的问题。合理的收费可以为投资者提供赢利的空间，以增加投资的积极性。消费者可以在支出一定的费用后获得更优质的服务。

补贴实际是一种财政转移，目的是对鼓励的行为进行奖励，主要形式有赠款、税收减免等政策工具形式。补贴是支撑公共服务多元供给方式的主要政策工具。只要是政府同民众取向一致，补贴也是一种易于建构和容易被接受的政策工具。在公共服务多元供给方式下，补贴可以有多种形式。一是提供最低经营收入保证。为了确保服务项目的成功实施，政府可以在一定时期内以固定的价格购买一定数量的产品，以保证民营企业一定数量的收益。二是对于民营企业有能力投资的小型项目，可以通过以奖代补的形式鼓励民营企业投资。三是在增值税、所得税等主体税种上制定有利于公共服务供给的政策。对民营企业投资公益性基础设施建设与管理，可考虑给予一定的税收减免。四是在一定时期内运营企业获得的利润可以不交所得税，直接用于这些项目的滚动发展。五是对于建设成本较高的地区可以实行价格补贴，根据还本付息和有适当利润的原则对公共产品定价，确保投资者利益。六是对于落后地区投入公共产品生产和运营企业给予一定的政府直接补贴，以使其能够为当地居民低价提供公共产品和公共服务。

家庭、社区和自愿性组织也称为非营利组织，它们可以填补政府和市场留下的空白。大部分公共服务，家庭、社区和自愿性组织都可以参与。家庭、社区和自愿性组织参与公共服务的供给可以节约成本。在推行公共服务多元供给方式的过程中,政府可以采取诸多的新的具体形式来运用家庭、社区和自愿性组织等政策工具。一是引导居民参与公共服务的供给,如以自愿出资、出劳的方式开展公共服务,或者以自愿与公共资金合作的方式从事某些公共服务。二是通过发行债券的形式募集民间资本,将民间资金引导到公共产品生产中来,地方政府来为债券偿还提供担保,承担部分风险。三是集中少量的预算内专项资金作为带动性投资基金,广泛吸引民间投资参与。

以上只是为公共服务多元供给方式的有效运作,在政策工具的创新上提供了一个思路。当然,政策工具创新是一个开放的、不断丰富的过程,需要不断地去开拓。公共服务的有效供给是实现全面建成小康社会目标的重要保证。在公共资源短缺的情况下,在公共服务中采取多元供给的方式是提高其有效性的根本途径。已有的公共政策已经为这种的有效运作奠定了一定的基础,当然,相关公共政策还需要进一步完善,问题的关键在于要通过政策工具的不断创新把各项公共政策落到实处。把各种政策工具有机地结合起来,形成相对完善的政策工具体系,并在具体的形式上不断创新,构建公共服务多元供给方式的良性运作机制,就可以更有效地发挥政府、市场和社会在公共服务中的作用,为广大社会公众提供更多、更优质的公共产品和公共服务,更好地履行公共政策的公共服务职能。

五、公共政策公共服务能力的提升

公共服务的供给同民生问题密切相关,直接关系到广大社会公众的福祉,并影响社会公众对政府的评价,甚至影响政府的合法性。要搞好公共服务供给,必须提升政府的公共服务能力,这就需要公共政策的总体设计和具体实施。马克思主义创始人关于公共服务的相关理论以及政府职能的理论,为提升政府公共服务能力的公共政策设计提供了理论上的指导。此外,有关国家在公共服务供给方面的具体作法,为提升公共服务能力提供了值得借鉴的经验。

1. 公共服务能力提升的理论指导

为社会提供公共服务是政府的重要职能,也是公共政策的重要职能。马克思和恩格斯虽然没有直接在公共产品或公共服务语境下讨论过公共服务问题,但在他们的著作中有非常丰富的与公共服务相关的理论。这些理论在今天仍然具有重要意义,它为提升公共政策的公共服务效能提供了理论上的指导。

马克思主义创始人关于社会总产品分配的理论,从资源分配的角度确定了分配的重要原则,并对分配的结构进行了具体的阐述。马克思主义认为,所谓社会总产品,就是在一定时期社会所生产出来的全部产品的总和,通常以年为时间单位进行计算,也就是一年内社会生产出来的全部生产资料和消费资料。为了使社会再生产能够继续进行,为了满足人们的生活需要,必须对社会总产品进行分配。马克思在《哥达纲领批判》这一著作中,阐述了社会主义社会总产品的分配理论和分配原则,对于深入理解公共服务的有关问题具有重要的指导意义。

第一,生产方式的性质决定消费资料的分配方式。马克思在该著作中指出:"消费资料的任何一种分配,都不过是生产条件本身分配的结果,而生产条件的分配则表现生产方式本身的性质。"①在马克思看来,生产方式的性质决定了消费资料分配的方式,因此,任何一种分配关系都只不过是与之相适应的生产方式的现实表现。生产方式的性质不同,消费资料的分配方式也会有所不同。社会主义社会的生产方式,决定了消费资料的分配是为了满足全社会的公共需求。这是社会主义社会消费资料分配的一条非常重要的原则。

第二,社会总产品进入个人消费之前要进行扣除。一定社会在一定时期生产的社会总产品并不是都进入个人消费,必须进行必要的扣除。马克思指出,社会总产品进入个人消费之前所要进行的扣除主要包括:一是用来补偿消耗掉的生产资料的部分;二是用来扩大生产的追加部分;三是用来应付不幸事故、自然灾害等的后备基金或保险基金。以上三项扣除用于简单再生产和扩大再生产。余下部分在进入个人消费之前,还得进行扣除:一是同生产没有直接关系的一般管理费用,如政府自身的管理费用。和现代社会比起来,在新社会这一部分将会立即极为显著地缩减,并将随着新社会的发展而日益减少。二是用来满足共同需要的部分,如学校、保健设施等。和现代社会比起来,这一部分将会立即显著增加,并将随着新社会的发展而

---

① 《马克思恩格斯选集》第3卷,人民出版社1995年版,第306页。

日益增加。三是为丧失劳动能力的人等等设立的基金①。对于第二部分的扣除，马克思明确指出："从一个处于私人地位的生产者身上扣除的一切，又会直接或间接地用来为处于社会成员地位的这个生产者谋利益。"②进行这些扣除的目的在于取之于民，用之于民。也就是说，这部分社会扣除除了少量用于与生产没有直接关系的一般管理费用，也就是政府自身管理的费用，主要用于满足社会公共需求。关于第二部分的扣除，虽然马克思没有明确使用公共服务概念予以概括，但是其内涵已经包括了今天我们所探讨的公共服务的主要内容。

第三，满足共同需要的部分随着新社会的发展将日益增加。马克思在论述第二部分扣除时还特别强调，在新社会即社会主义社会同现在社会比起来，在扣除中用于政府自身管理的费用将大幅度缩减，而用于公共服务的部分必将显著增加，这是社会主义制度优于现存制度的非常突出的表现。同时，随着社会的发展用于公共服务的部分还会日益增加。这也一定程度上表明公共服务同社会性质和社会发展水平直接相关。社会性质不同用于公共服务的费用也不同，这方面社会主义社会又优于现存的社会。此外，经济社会发展水平的变化，决定了公共服务水平的变化。

第四，所有人共同享受大家创造出来的福利。享受社会创造出来的福利是所有人共同享有的权利。权利对每个人来说都是平等的。马克思进一步指出，社会主义社会就是要"把生产发展到能够满足所有人的需要的规模；结束牺牲一些人的利益来满足另一些人的需要的情况；……所有人共同享受大家创造出来的福利。"③因为社会主义最终会"使社会的每一成员不仅有可能参加生产"，还能够"使社会生产力及其所制成的产品增加到能够保证每个人一切合理需求都得到日益满足的程度"④。全体人民共享大家共同创造出来的福利是社会主义社会的重要原则。

马克思主义创始人关于政府服务职能的理论，关于税负同政府

① 《马克思恩格斯选集》第3卷，人民出版社1995年版，第303页。

② 同上书，第10页。

③ 《马克思恩格斯选集》第1卷，人民出版社1995年版，第75页。

④ 同上书，第304页。

服务价格的关系、财权和事权的关系等理论,为政府运用公共政策履行公共服务职能,提出了要求和确定应该遵循的原则。

第一,作为国家社会职能的公共事业具有服务的特性。在马克思看来,社会职能是国家职能的重要组成部分,而国家社会职能的主要方面就是公共事业。马克思不仅提出了公共事业是国家的重要职能,而且非常明确地指出了公共事业的服务特性。马克思认为:"凡是货币直接同不生产资本的劳动即非生产劳动相交换的地方这种劳动都是作为服务被购买的。服务这个名词一般地说,不过是指这种劳动所提供的特殊使用价值,就像其他一切商品也提供自己的特殊使用价值一样;但是,这种劳动的特殊使用价值在这里取得了——服务,这个特殊名称,是因为劳动不是作为物,而是作为活动提供服务的。"①马克思对于国家执行的公共事业具有服务特性的论述,进一步深化了对国家社会职能所应具有的服务性质的认识。实际上,国家为了履行社会管理职能而兴办公共事业就是要为社会提供公共服务。

第二,国家征收的赋税是政府服务的价格。提供公共服务成为国家或政府的重要职能,是同国家征收的赋税直接相关的。公民向国家缴纳了税收就决定了国家必须为公民提供服务,这是公民和国家之间进行的某种交换。正是在这个意义上,马克思指出国家征收的"赋税"是政府服务的价格。赋税"属于生产上的非生产费用"②,是国家所提供的服务的价值。马克思从国家社会职能的服务范畴入手,阐述了国家所提供的服务的特性,认为国家征收的赋税是国家提供公共服务的价值体现和价值保证,其目的是为公众提供公共服务,满足公众的基本需要,这些构成了马克思政府服务理论的主要内容。

第三,税款征收的财权与公共需要支出的事权要统一。由于国家提供公共服务的支出来源于征收的赋税,因此,在财税体制上必须进行分层管理,实现税款征收的财权与公共需要支出的事权相统一,以实现财政收入与支付能力的平衡。所以,马克思说:"市税由公社规定和征收,用于全国性的公共需要上的税款由公社公务员征收,并

① 《马克思恩格斯全集》第26卷,人民出版社2003年版,第435页。

② 《马克思恩格斯全集》第49卷,人民出版社2003年版,第104页。

由公社自己支付于各项公共需要。”①

运用马克思主义的理论分析中国的具体情况，可以对中国公共服务供给中存在的问题有一个更深刻的认识。处于转型期的中国还存在着诸多影响政府公共服务供给能力的因素，如政府还没有把主要精力放在为社会公众提供公共服务上来，建设服务型政府仍然任重而道远；政府用于自身管理的费用过高，政府机构庞大，冗员过多，“三公消费”居高不下，损失浪费严重，由各级政府官员决策失误造成的损失更为惊人，大量挤占了用于公共服务的资源；社会共同创造的财富由于分配不公和公共服务供给上的不均衡，在福利共享方面还存在着诸多的不平等；政府征收的税赋由于支出上的不合理，社会公众上缴的税赋同所应享受的公共服务不匹配；中央政府同地方政府财权和事权不统一，导致财政收入与财政支出的不平衡等等，严重地制约着政府公共服务的供给能力。要提升政府的公共服务供给能力，必须下大力气解决上述问题，否则就是一句空话。

2. 公共服务能力提升的国外经验

不同国家特别是发达国家在公共服务供给方面有很多好的经验和做法，为中国公共服务体系的建设提供了重要启示，借鉴国外好的经验和做法，对于提升政府的公共服务能力，使公共政策更好地履行公共服务职能具有重要意义。

(1) 国外基本公共服务的历史发展

西方国家现代公共服务体系的建设和发展，大体上经历了供给的缺失时期、框架初建时期、体系完善时期、体制改革时期和价值重构时期五个阶段，每一个阶段都体现出自身的不同特点。

第一个阶段是公共服务供给的缺失时期。这主要是 19 世纪中期以前，伴随着市场经济体制的建立，政府只承担少量的公共事务管理职能。其中一个重要原因是在西方国家资本主义制度建立之初，亚当·斯密的古典自由主义经济理论主导着国家的政策。社会的经济活动完全依靠市场这只“看不见的手”发挥作用，政府的职能主要是维护国家安全，因此，也被称为“守夜人”政府。政府基本不提供现

---

① 《马克思恩格斯全集》第 3 卷，人民出版社 2002 年版，第 122 页。

代意义上的公共服务。“管事最少，政府最好”是当时的主流思想。尽管如此，西方国家的政府也仍拥有一定数量的社会公共事务管理职能，但其范围和规模都被保持在最小限度。正如亚当·斯密所说，“政府最好的经济政策是让市场机制这只‘看不见的手’自由调节经济的运行，而政府的职能也仅仅限于下述方面：保护本国的社会安全，使之不受其他独立社会的暴行与侵犯；保护人民不使社会中任何人受其他人的欺侮压迫，建设并维持某些公共事业及某些公共设施。”①这成为资本主义制度建立之初政府所遵循的基本原则。

第二阶段是公共服务框架初建时期。这个时期可以追溯到1834年，英国颁布的《新济贫法》。《新济贫法》认为，政府负有实施救济、保障公民生存的责任。这一认识为现代社会保障制度的建立奠定了基础。19世纪中期以后，西方主要资本主义国家适应经济社会发展需要，开始构建基本公共服务体系。加之资本主义国家内部矛盾加剧，工人运动此起彼伏。一方面，迫于社会矛盾的压力；另一方面，出于对维持劳动力再生产的需要，一些西方国家逐步建立了劳动保险和社会救济等制度，并由国家兴办一部分公共福利事业以改善国民生活。

第三阶段是公共服务体系完善时期。20世纪30—60年代是西方发达国家基本公共服务体系完善时期。1929年爆发了具有空前规模的经济危机，打破了市场这只“看不见的手”的神话，把资本主义推向了崩溃的边缘，同时也使各国公共服务需求凸显出来。凯恩斯主义强调了国家干预的重要性。美国“罗斯福新政”的推行，强化了政府的职能，把国家干预理论转化为实践，挽救了资本主义制度。为适应经济社会发展的需要，一些西方国家开始调整经济社会管理的相关政策，在经济恢复和发展的基础上，推动公共服务体系建设。特别是第二次世界大战以后，西方国家伴随着政府职能的扩展，对经济社会发展的干预能力也不断增强。在经济大发展的前提下，政府公共服务职能也进一步强化。为了同社会主义竞争，为了解决国内矛盾，也为了进一步刺激经济的发展，西方国家全面推进公共服务体系建设，公共服务的覆盖面逐步向全体社会成员扩展。有的国家甚至

---

① 亚当·斯密：《国家财富的性质和原因的研究》（下卷），商务印书馆1981版，第235页。

建立起了“从摇篮到坟墓”的全面福利制度。政府公共服务的范围扩大到了社会生活的各个方面。到了20世纪60年代,西方国家基本建立起了较为健全的公共服务体系。

第四阶段是公共服务体制改革时期。在20世纪70年代,由于受石油危机的影响,西方国家经济开始不景气,陷入了严重的经济“滞胀”,通货膨胀率居高不下,失业率居高不下,基本公共服务需求大幅度增加。同时,由于西方社会福利的过度提供,产生了许多负面影响,积累了高额的财政赤字,福利国家难以为继,政府财政压力不断增大,公共服务体系的可持续问题面临挑战,公共服务制度调整的需求增加。70年代末,从英国开始,西方国家普遍掀起了一场新公共管理运动,改革公共服务制度是其中的重要内容。改革的基本取向是推进公共服务的市场化和社会化。顾客导向和结果导向成为公共服务的主要特征,对社会公众的回应和服务的绩效与质量受到高度重视。新公共管理运动对传统的政府公共服务带来了很大的冲击。西方主要国家开始重新调整和改革政府公共服务职能。英国通过引入市场竞争机制,美国通过收缩政府的社会职能,减轻政府的负担,提高政府的绩效。其他西方国家也都相继调整了政府的公共服务职能。在公共服务市场化和社会化的过程中,不仅减轻了政府的负担,而且提高了政府的效率。但过度的市场化和社会化也带来了一系列的负效应。

第五阶段是公共服务价值重构时期。“随着民主公民权理论、组织人本主义和组织对话理论以及社区和公民社会模型的出现,21世纪初,美国等西方国家开始对新公共管理下的政府公共服务职能进行反思,对过分重视市场手段和效率提出了质疑。公共服务中的公民权利、人文主义和民主价值得到了凸现,这种新的政府服务理念被称为‘新公共服务’。”①尽管在西方国家新公共服务模式还正在形成之中,但已突显出价值重构的基本特征,主要表现在服务理念的重构、利益取向的重构和公务员责任意识的重构。在服务理念上更加强调参与式服务,改变那种公民只是被动接受服务的状况,使公民积极参与公共服务体系构建和公共服务供给的决策之中。公民不仅享

① 汪来杰:《西方国家公共服务的变化:轨迹与特征》,《社会主义研究》2007年第6期。

受公共服务的结果,而且参与公共服务的过程。在利益取向上,政府在提供公共服务过程中必须确保以公共利益为取向,使公共服务真正体现公平、公正和平等的价值准则,建立共享的公共利益观念。在公务员责任意识上,强调公务员的责任不是试图控制和驾驭社会,而是要帮助公民表达和实现他们的共同利益;强调公务员的责任不仅仅在于关注公共服务的市场与效率,更应该关注宪法和法令,关注社会价值观、政治行为准则,更重要的是关注公民的利益。价值理念的重构,使公共服务更加体现社会的正义原则和公民的共同利益。

(2) 主要国家公共服务体系的特点

美国和德国都属于"公平与效率兼顾型"的公共服务体系,主要特点是在政府调节分配的前提下,建立以个人自助为主,政府补助、商业保险为辅的公共服务体系。

美国的公共服务体系是一种把政府公共补贴与工作贡献,以及运用市场机制有机结合的制度模式,其主要特点是在政府调节分配的前提下,建立起以个人自助为主,政府补助、商业保险为辅的公共服务体系。由于受自由市场经济和多元价值观念的影响,既坚持政府是公共服务体系建设的基础力量,同时也强调发挥市场和社会在公共服务供给中的补充性作用,注重公平与效率的统一。主要有如下特点:一是公共服务体系覆盖面广。美国从19世纪中叶以来,就为居民提供了免费的公共教育。到20世纪60年代,许多州实现了12年制的义务教育。美国政府对低收入者及其家庭提供的救济也十分广泛。在医疗卫生方面,普通人实施医疗保险计划;对某些特殊人群实施医疗照顾计划;对低收入的穷人及其未成年子女等实施医疗补助计划。在社会保障方面,实施社会保险计划。在收入保障方面,主要有失业救济计划、补充收入保障、未成年儿童家庭补助、食品券计划等。在住房保障方面,对穷人实施住房补贴。二是注重公共服务的市场化和社会化。政府注重在公共服务的供给过程中引入市场机制,通过市场竞争选择公共服务的提供者。同时注重社会协同,发挥非政府组织和志愿服务者的作用。政府通过设立专门机构加强对非政府组织和志愿服务者的引导与支持,并对其参与的公共服务项目给予一定资助。三是对公共服务实施严格监管。在对公共服务实行市场化运作的过程中,为了确保公共服务的公平、质量和效率,政府运用公共权力，依据有关法律法规，就准入资格、服务价格、服务质量、成本效益、普遍服务等内容制定规则或标准，并建立了专门的监管机构和监管队伍，严格监督和约束公共服务的供给者。

德国的公共服务体系与其社会市场经济体制相适应，实行公助与自助相结合，更加注重公共服务的均等化。遵循国家基本法“公民生存条件一致”的原则，在全国范围内，制定了相对完善的制度并采取了一系列的措施，保证全国范围内公民享有的公共服务均等一致。财政均衡性转移支付体制是德国最富成效和最具特色的公共服务体系。早在 20 世纪 50 年代德国就建立起“财政集中、共享分税”的分税制模式，并构建了横向转移支付与纵向转移支付相结合的复合型转移支付机制，以确保全国范围内公共服务的基本平衡。财政纵向平衡机制：一是通过税收收入在联邦、州和地方政府的合理分配，实现财政在国家范围内的纵向平衡；二是通过一般性财政拨款和指定用途所需的拨款补助，实现州和所辖地方政府之间的财政平衡。财政横向平衡机制：一是中央财政把增值税部分作为专项均衡资金分为两部分，一部分按照人均返还给各州，另一部分则对低于全国财政平均水平的州进行财政补贴，提升财政能力较弱州的公共服务供给能力；二是财政转移在各州间进行，按照严谨复杂的公式化方法测算出各州是具有平衡义务还是平衡资格，具有平衡义务的州按照测算的比例将财政收入“支援”给平衡资格的州，通过这种“劫富济贫”的方式使各州的公共服务能力基本相当；三是联邦政府通过补充拨款对一些特殊困难的州进行转移支付，补充平衡，对欠发达地区还有各种优惠政策，以实现全国范围内的公共服务均等化。

英国和法国都属于“公平主导型”的公共服务体系，主要特点是强调以政府为主体，实行对全民的普遍保障，覆盖面广，服务项目多，服务层次高，是带有浓厚的均等化特点的公共服务体系。

英国建立了由市场机制提升效率、以政府责任保障公平、多元主体共同治理的公共服务体系。强调以政府为主体，实行对全民的普遍保障。该体系遵循“全民普及、公平公正”的原则，覆盖面广，服务项目多，层次高，服务体系比较健全。突出特点是对社会成员进行全面的、高水平的保障，带有浓厚的均等化色彩。“英国公共服务的提供中以‘公平’作为首要的价值理念，以国家为主体，实行对全民的普遍保障，但国家的保障仅限于平等地保障国民的最低生活水平，超出最低生活水平的生活需要则由个人承担。”①其主要特点：一是以市场化为导向。新公共管理运动以来，英国的公共服务一直坚持以市场化为导向，不断在政府公共服务职责和市场机制调节之间寻求平衡，对公共服务有效供给的形式进行探索。英国政府始终将公共服务作为自己的主要职责，并未将公共服务完全推向市场，而是与市场合理分工，担当公共服务的安排者和监督者，并保留较强干预能力；有针对性地引入准市场机制，在电信、电力、供水、天然气及教育、医疗、卫生等领域打破垄断，采用合同出租、公私合作、用者付费等方式，鼓励竞争发展。把私营部门作为公共服务的主要生产者，追求公共服务供给的多元化，让消费者拥有更多的选择权。二是鼓励社会组织和公民积极参与。英国非政府组织发展有着悠久的历史传统和良好的人文环境，在教育、卫生、福利、保障等公共服务领域扮演着越来越重要的角色，在解决社会问题特别是满足弱势群体需求方面发挥着越来越重要的作用。政府重视社会、公民的主体地位，鼓励社会团体、志愿者团体以及社区等参与公共服务，允许社会团体或私人进入除政府垄断之外的公共服务领域，并从资金、政策给予扶持。公益透明度高，公民志愿活动日常化，各级政府及相关部门与社会组织之间形成了良性的“合作伙伴关系”。英国的非政府组织在教育、文体休闲、社会服务这三个领域中最为活跃，在公共服务领域发挥着越来越积极的作用。三是有效发挥地方政府的作用。尽管英国中央政府对地方政府有明确的控制权，但受各种因素的影响，地方政府也有一定的自治权。由于缺少法律上的明确规定，中央与地方的关系一直处于调整之中。在已经形成的平衡机制中，政策制定被控制在中央政府手中，公共服务的提供则被下放给地方政府。地方政府被充分赋权，在公共安全、市政建设和社会福利等方面拥有较大的事务管理权，直接向民众提供多层次、多样化的公共服务。四是以法律法规和制度建设为根本。英国是一个法治传统悠久，法律体系完备的国家。在公共服务的改革与发展中，政府始终坚持立法先导原则。从上世纪 70 年代末的新公共服务改革运动以来，在公共服务供给上，为确保有法可依，政府颁布了一系列法律和法规，其中主要有交通法、电

① 顾丽梅：《英、美、新加坡公共服务模式比较研究——理论、模式及其变迁》，《浙江学刊》2008 年第 5 期。

信法、煤气法、自来水法、电力法、铁路法和环境法等，使公共服务体系建设有法可依，更为规范。

法国是典型的福利国家，其公共服务体系历史悠久，也积累了丰富的经验。法国近年在公共服务方面的主要做法：培训与就业紧密配合，切实保障公民就业和再就业；以政策为保障，力争弱势群体住有所居；以教育公平力促社会公平，为青年人提供走向成功的均等机会；加大投入与管理，向公民提供高质量的医疗服务；提高企业、家庭参与度，多项措施并举，大力改革养老服务业；倡导文化大众化和便民化，增强文化对国民的吸引力和对社会的凝聚力；推进农村复兴计划，缩小城乡公共服务差距等。法国的公共服务体系呈现出如下特点：一是政府将公共服务作为首要职能，积极推进公共服务均等化。据欧盟统计局数据显示，法国公共服务开支占 GDP 比重由 1935 年的 25% 上升到 2008 年的 52.7%。法国政府在发展和完善公共服务体系的过程中坚持普遍性、公平性和互助性三大基本原则，始终将公共服务视作社会发展与进步的重要内容和经济发展的重要促进力量。以中央政府为主体、地方政府密切配合的形式，因地制宜，提供了范围广、层次高、内容多、个性强的公共服务。通过加大农村地区公共服务体系建设，以及在政策上向弱势群体倾斜，缩小了城乡差距和贫富差距。法国大力倡导的“公平主导型”社会公共服务理念，在很大程度上维护了社会和谐与稳定。二是不断整合公共服务资源，提高公共服务质量和效率。中央政府除自身大力投入发展公共服务外，还注重发挥各地方政府作用，设立地方协调员制度，保证权力下放，同时不断引入非政府组织、私人部门等社会力量共同参与公共服务体系的建设。为进一步优化和整合社会公共服务的质量与资源，极大增强了公共服务的可及性，形成了公民参与度高、与政府良性互动的公共服务体系。当然，高水平、高覆盖的公共服务也为国家财政带来沉重负担。

韩国和新加坡同属于新兴工业化国家，也是公共服务体系建设较为成功的国家，两国在公共服务体系建设上也各有特色。韩国公共服务体系的特点是保基本，促公平，多元化。韩国公共服务体系建设具有明确的指导思想，既要建立相对完善的公共服务体系，使国民安居乐业，同时也要避免由于过高的政治承诺而导致财政负担过重，影响经济发展。因此，政府重点抓基本收入、基本医疗、基本教育和基本居住四个方面的保障。在这四个领域,全民皆享有,没有城乡差别。在公共服务的供给方式上主要采取:一是政府直接提供公共服务。根据政府组织法和地方自治法,中央政府和地方政府在公共服务供给上有法定的明确分工,中央政府主管国防、治安等事关国家安全的服务以及经济事业和社会福利等服务。地方政府主要负责一般行政、开发服务等内容。市政府主管一般行政、社会福利、产业福利、建设、地区开发、环境美化、地区安全、文化、体育等公共服务。二是国营企业提供公共服务。根据《地方国营企业法》的规定,国营企业主要有地方国营企业、地方工程、地方公团等三种形式,它所提供的公共服务主要包括供水、医疗、住房、地铁等。三是民营企业提供公共服务。民营企业提供公共服务的方式有两种,一种是与市政府签订合同,由市政府委托授权,在民营企业提供公共服务的过程中,政府给予一定的补助;另一种是民间企业直接作为公共服务生产和供给的主体,提供公共服务。四是民间组织提供公共服务。在韩国城市公共服务供给中,非营利组织或自愿服务组织发挥着重要作用。虽然,城市公共服务的主体是市政府,但实际上公共服务的生产在多数情况下是由民间组织代理完成。特别是在社会福利领域表现得最为突出。在民间组织提供公共服务的过程中政府给予适当的补助。

新加坡是以政府为主导的"政社合作"型公共服务体系。新加坡自独立以后就十分重视公共服务体系建设,从而有力地推动和保障了本国的经济社会发展。其主要特点是覆盖范围广泛和注重政府责任。与英美两国以市场化和社会化为主导的公共服务模式不同,新加坡的公共服务体系是政府为主导的公共服务模式。它强调的是政府的强力调控和垄断,表现为政府在公共服务的生产、提供和监管中均是强势支配力量,依照政府的计划性和权威性严格遏制公共服务市场化所带来的分散性和私立性。但在政府主导的大前提下,"新加坡政府和市场建立一种政府主导下的政府与市场的共生关系,一种特殊的上下分离、两手并用的公共管理方式,管理靠'威严',服务讲'仁慈',即宏观管理体现出一种权威性,依法对经济政策、公众社会生活等进行强干预,但微观的具体服务体现出较强的民主化,亲商、亲民的服务精神浸透在公共部门。"①这种政府与市场的共生关系，两手并用的公共服务提供与管理方式取得了很大的成功。

3. 公共服务能力提升的公共政策思路

要提升政府公共服务能力,需要以相应的公共政策做保证。依据马克思主义创始人提供的理论,借鉴西方发达国家和亚太发展中国家的主要经验,根据中国公共服务供给的实际状况,形成如下公共政策思路。

第一,公共服务供给的责任主体是政府。无论是发达国家还是新兴工业化国家,都把公共服务供给作为政府的重要职责。尽管在公共服务供给上各个国家强调引入市场机制,强调发挥社会组织的作用,但政府始终是公共服务的责任主体。基本公共服务体系建设的责任主体是政府,搞好基本公共服务供给,实现基本公共服务均等化是政府不可推卸的责任。在经济社会发展的基础上,必须进一步加大政府的财政投入,不断提高公共服务供给水平,大力推进基本公共服务均等化,使全体人民共享发展的成果。

第二,公共服务的供给必须符合本国实际。各个国家在公共服务体系建设中都从本国实际出发,构建具有本国特色的基本公共服务体系,使公共服务供给符合本国国情,突出本国特色。其他国家的经验可以借鉴,但不能照搬。

第三,公共服务的供给要与经济社会发展相匹配。经济社会发展状况是公共服务体建设的基础,各个国家都把自身经济社会发展状况作为公共服务体系建设的前提条件。超越现实条件,过分强调高指标,只能使政府陷入被动。中国的公共服务体系建设也必须与经济社会发展状况相匹配,不能超越经济社会发展阶段,否则即使建立起来的公共服务体系也会缺少可持续性。

第四,公共服务供给的市场化和社会化必须适度。各国政府为了提高公共服务供给效率,使国民享受更多高质量的公共服务,都积极推进公共服务的市场化和社会化。在公共服务供给中引入市场机制,发挥社会组织的作用,是提高公共服务供给效率的重要途径,但

① 顾丽梅:《英、美、新加坡公共服务模式比较研究——理论、模式及变迁》,《浙江学刊》2008 年第 5 期。

市场化和社会化必须适度。过度的市场化和过渡的社会化也会带来一定的负效应,影响公共服务的有效供给。

第五,公共服务的供给必须以制度建设为根本。各国为了搞好公共服务体系建设都把制度建设放在首位,用制度规范政府自身和其他主体的行为,以保证公共服务的有效供给。用完善的制度保证公共服务供给的可持续性。中国的公共服务体系建设也必须以制度建设为根本,使各级政府明确各自的职责,把公共服务供给纳入制度框架,同时,用制度来约束市场主体和社会主体参与公共服务供给的行为,保证公共服务的公共性取向以实现公共利益。

第六,公共服务供给能力的提升要以政府职能转变为前提。要优化分配结构,大幅度减少政府自身管理的费用支出,大幅度增加公共服务的支出,这是提升公共服务能力的资源保障;要强化服务职能,通过大力兴办公共事业强化政府的公共服务职能,这是提升政府公共服务能力的事业保障;要财和权事权统一,在各级政府之间合理地分配财权和事权,使财权和事权相匹配,重视提升政府公共服务能力的体制保障。

第六章　社会转型与公共政策合理性重构

在中国社会转型期，公共政策的制度、体制、价值、机制、模式和职能都呈现出自身的特殊性，也不断地拷问着公共政策的合理性。社会转型必然涉及公共政策合理性的重构问题。社会转型中最深层次的转型是文化转型，从文化转型的视角探讨公共政策的合理性问题，揭示文化模式、文化冲突、文化转型对公共政策理论和实践的意义，促进公共政策主体行为的规范化、制度化，以增强公共政策的合理性，已成为中国社会转型期公共政策理论研究和实践探索的重要内容。中国传统文化向现代文化乃至后现代文化转型的过程中，形成了独具特色的文化模式，造就了文化的多重属性，解构了原有的公共政策合理性。通过文化转型在非理性和理性、工具理性和价值理性、个体理性和公共理性的统一中重构公共政策的合理性，同时也开辟了公共政策合理性优化和提升的根本途径。公共政策合理性要进一步优化和提升，毫无疑问也依赖于文化转型的推动。

一、社会转型与文化转型

文化结构是社会结构中最本质、最核心的内容，因此社会转型必然与文化转型相伴随。文化转型的过程就是一种传统文化模式被新的文化模式所取代的过程，这是更深层次的历史变革。文化转型对整个社会生活产生的影响是不可估量的。人们的价值观念、行为方式在文化转型过程中都要发生极为深刻的变化，最终改变的是包括经济生活方式、政治生活方式在内的一切物质的和精神的生活方式。公共政策是社会政治生活的重要组除部分，伴随着文化转型，公共政策运行的体制、机制和模式也必将发生根本性的改变。

1. 社会结构与文化结构

对于社会结构可以从宏观角度也可以从微观角度进行分析，但无论如何“社会结构暗示着这样一个事实，即个体会根据自己所处的社会位置进行互动。随着时间的推移，行动者会在互动中产生角色固化，他们会在社会中占有一个特殊的‘位置’，其他行动者会依据互动对象所处的这种社会位置进行互动，这种位置会产生一个网络，或者我们可以称之为社会关系图，这就是所谓社会结构。”①简单说，社会结构实际上就是社会各种构成要素之间所形成的相对稳定的关系。文化结构是社会结构最本质的内容，社会转型最终要通过文化转型来实现。

文化是一个极其复杂的概念，如何界定尽管众说纷纭，但文化是一种文明所形成的生活方式的界定更能反映文化的本质。这不仅对文化作了最具典型意义的界定，而且指明了文化和文明之间的区别。也可以说，“文化包含了后天获得的，作为一个特定社会或民族所特有的一切行为、观念和态度。”②文化所指称的范围非常广泛，一个民族所特有的一切行为和观念都可以归入文化的范畴。文化可以理解为由历史积淀下来的，一个国家或民族共同认可的观念形态和行为方式。把社会结构划分为经济结构、政治结构和文化结构，这里仅仅是对文化结构的狭义理解。就像把整个社会划分为经济、政治、文化、社会和生态等不同领域一样，这里的文化也是狭义，是整个社会生活的一个领域。从广义来说，文化结构并不是在经济结构和政治结构之外独立存在的一种现象。文化作为一种生活方式是内在于社会的经济生活和政治生活之中的，并通过经济行为方式和政治行为方式表现出来的更深层次的活动图式。它是对社会生活进行多维度分析的结果。对整个社会生活或整个社会历史的发展，可以从经济活动的视角分析经济结构的演进过程，例如，按照马克思主义的观点，从所有制的维度分析人类社会，它经历了从原始的公有制，发展

---

① 〔美〕乔尔·M.卡伦等：《社会学的意蕴》，张惠强译，中国人民大学出版社 2011 年版，第 55 页。

② 〔美〕C·恩伯等：《文化的变异》，辽宁人民出版社 1998 年版，第 29 页。

到奴隶社会的奴隶主占有制、封建社会的封建主占有制和资本主义社会的资本家占有制的私有制的演进过程；可以从政治生活的视角分析政治结构的演进过程，人类社会经历了奴隶社会的政治结构、封建社会的政治结构、资本主义社会的政治结构和社会主义社会的政治结构的演进过程。对人类社会的发展还可以从更深层次的文化视角进行分析，分为原始社会的文化结构、农业社会的文化结构、工业社会的文化结构和后工业社会的文化结构。文化结构分析实际上是从更深的层次上对社会结构所进行的解读。

2. 社会转型与文化模式

社会转型是一种新的社会结构代替旧的社会结构的过程。"社会转型的具体内容是结构转换、机制转轨、利益调整和观念转变。在社会转型期，人们的行为方式、生活方式、价值体系都会发生明显的变化。"①而"文化模式是特定的民族或特定的时代人们普遍认同的，由内在的民族精神或时代精神、价值取向、习俗、伦理规范等构成的相对稳定的行为方式，或者说是基本的生存方式或样法。"②一个国家、一个民族、一个群体由于所处的自然环境的差异形成了特定的生产方式，从而也积淀了各具特色的文化传统，同时也就形成了不同国家、不同民族，甚至不同地区人们的生活样法和行为方式，也就是与其他国家、民族和地区相区别的文化模式。社会转型必然带来文化模式的变化。社会转型对文化模式的发展具有指向性的作用力。

从文化模式同个体行为的关系来看，"文化模式则以内在的不知不觉地、潜移默化的方式制约和规范着每一个体的行为，赋予人的行动以根据和意义。虽然文化的影响力不像政治经济那样直接和强烈，但更为持久和稳定，它往往能够跨越时代、超越政治经济而左右人们的行为，进而影响政治经济活动和历史进程。因而，文化模式是人的生存的深层维度。"③也就是说，文化模式对置身于其中的个体行为具有根本性和决定性的制约作用。这具体表现为，文化对个体

① 李培林：《另一只看不见的手——社会结构转型》，社会科学文献出版社 2005 年版，第 7 页。

② 衣俊卿：《文化哲学》，云南人民出版社 2005 年版，第 93 页。

③ 同上。

行为具有导向功能，它通过价值观念和价值取向引领着个体行为的方向；文化对个体行为具有规范功能，它通过价值规范体系和行为规范体系对个体行为发挥着带有强制性的约束作用；文化对个体行为具有塑造功能，它通过教化机制和自我超越对个体的行为方式进行形塑和锻造。

社会转型对文化模式的影响可作如下解读：一是社会转型为文化模式发展提供直接动力。在任何社会里由于社会所处的环境不同，必然形成本民族特有的文化模式。伴随着社会转型所带来的社会结构的变化，已经形成的文化模式也要发生变化。二是社会转型规定文化模式发展的基本方向。一种文化模式沿着什么方向发展是由社会转型的目标规定的。从农业社会向工业社会的转型，规定了文化模式发展的基本方向是工业社会的文化模式，从工业社会向后工业社会转型，也必然要求文化模式按照这样一个方向发展自己。三是社会转型决定文化模式发展的主要进程。社会转型的进程决定了文化模式发展的进程。社会转型如果按照发展阶段来划分的话，可以划分为早期的肇始阶段、中期的演进阶段和后期的激变阶段。文化模式的发展进程和节奏也与这三个阶段相适应，并且呈现出不同阶段与社会转型相一致的特征。因此，社会转型必然伴随着文化模式的转型，这从一定意义上展现了社会转型的深刻意义。

3. 文化模式与文化转型

"所谓文化转型，是指特定时代特定民族或群体所习以为常地赖以生存的主导性文化模式为另一种新的主导性文化模式所取代。""只有在大的历史尺度上所发生的主导性文化观念、文化理念、价值体系、文化习惯的总体性的、根本性的、脱胎换骨式的转变，才是我们所说的文化转型。"①文化转型就是新的文化模式取代原有文化模式的过程。文化转型的过程必然是新旧文化交叠、冲突、激荡、升华的过程。文化转型期所形成的文化模式必然具有多重性和过渡性的特质。

文化转型通常是从文化危机开始的。文化危机指的是一种文化模式由于内部矛盾或外部冲突而发生紊乱，无法发挥应有的作用致

---

① 衣俊卿：《文化哲学》，云南人民出版社2005年版，第134页。

使功能失灵的状况。“文化危机的最基本的含义可以简单地界定为特定时代的主导性文化模式的失范。即是说，当一种人们习以为常地、自在地赖以生存的自在的文化模式或人们自觉信奉的文化精神不再有效地规范个体行为和社会运行，开始被人们所怀疑、质疑、批判或在行动上背离，同时一些新的文化特质或文化因素开始介入人的行为和社会的活动，并同原有的文化模式和文化观念形成冲突时，我们断言，这种主导性文化模式陷入了危机。”①文化危机是文化转型的前奏，文化转型是文化危机的结果。文化危机表明一个国家、一个民族、一个地区或一个群体主导性文化模式失范。文化危机多发生在重大的历史转折时期，是由于原有文化模式的制约作用和规范作用失灵，新的文化模式的制约作用和规范作用又没有形成或没有发挥出来导致的。文化转型所带来的社会变化是极其深刻的。

文化转型不仅仅是中国的问题，整个世界都面临着文化转型问题，只不过是不同国家和民族文化转型的内容和道路不同而已。西方发达国家的文化转型经历了由前工业文化向工业文化的转型，目前正在由工业文化向后工业文化转型。从历史的发展过程来说，西方发达国家由前工业文化向工业文化的转型开始于文艺复兴时期，后经启蒙运动，历经几百年。这一文化转型所形成的工业文化或现代文化被称为“黑色文化”。费孝通指出：“文化转型是当前人类的共同问题，因为现代工业文明已经走上自身毁灭的绝路。我们对地球上的资源，不惜竭泽而渔地消耗下去，不仅森林已遭到难于恢复的破坏，提供能源的煤炭和石油不是一再告急了吗？后工业时期势必发生一个文化大转型，人类能否生存下去已经是个现实问题了。”②事实上，西方发达国家由工业文化向后工业文化转型已经是进行时。有的学者认为，西方发达国家由工业文化向后工业文化的转型开始于20世纪60—70年代，当然也有的学者认为开始于20世纪初。时间的界限固然很重要，但在有些情况下也不必过度地拘泥于具体的时间界限，文化转型的界限本来就是既清晰又模糊的。在这里只要有这种转型已经在进行过程之中的认识就可以了。

有的学者认为，中国由传统农业文化向现代工业文化转型最早

---

① 衣俊卿：《文化哲学》，云南人民出版社2005年版，第121页。

② 费孝通：《论人类学与文化自觉》，华夏出版社2004年版，第183页。

开始于明朝末年,后来由于北方少数民族入主中原,从一定意义来说,中断了文化转型的历史进程。近代的文化转型以1840年鸦片战争为标志,重新拉开序幕。当然,文化的发展是一个不间断的过程,对文化转型起止时期进行划分只具有相对意义,因此,标志也仅仅是“标志”而已。中国正在向本世纪中叶基本实现现代化的目标迈进,而中国的现代化是工业化和信息和两步并作一步走,走的是一条新兴的工业化道路,这是后发国家的一种跨越式发展。由生产方式所决定的中国的文化转型从一定意义上来说也是跨越式的,既要完成由传统农业文化向现代工业文化的转型,也要完成由工业文化向后工业文化转型。所谓跨越式转型无非是说,由于“后转型”的优势,中国的文化转型之路可以不同于西方发达国家已走过的文化转型之路,而走出一条新文化转型之路。如果还是沿着发达国家走过的老路,只能跟在发达国家的后面,无法发挥中国文化的引领作用,哪来的文化自觉和文化自信? 因此,中国的文化转型也可称为新型文化转型。走新文化转型之路之所以可能,一是生产方式的跨越式发展为新文化转型提供了根本动力;二是西方国家文化转型的经验和教训为新文化转型提供了重要的启示和借鉴;三是中国传统文化中的相关理念为实现新文化转型提供了观念上的支撑。

二、新型文化转型与公共政策

文化转型对公共政策的影响是全方位的,它直接规范公共政策问题的界定、公共政策目标的确立和公共政策工具的选择,决定了公共政策运行的组织结构、权力配置和运行机制,影响公共政策主体的价值取向和行为方式。中国现正处在由传统农业文化向现代工业文化及后工业文化转型的过程之中。这种文化转型解构了原有的公共政策合理性,提出了重构公共政策合理性的任务。

1. 文化转型对公共政策的影响

文化转型对公共政策的影响是巨大的,它可以重塑公共政策的判断标准、价值取向和运行机制。正如美国学者乔尔·M.卡伦所说:“文化是一套共享的观念,是人们在社会互动中发展和学习的一套观念。实际上,我们发现可以把这套观念划分为三类:(1)什么是真的(我们的真理);(2)什么是值得的(我们的价值和目标);(3)什么是行动的正确方式(我们的规则)。"①文化实际上涉及人类认识和实践中遇到的最具一般、最具普遍意义的问题,同时也是人们在社会生活中必须面对的问题。这些问题同样也是而且恰恰是公共政策运行中必须解决的问题,那就是"是什么、为什么、怎么办"的问题。

在公共政策运行过程中首先要解决"是什么"的问题。"文化是一套有关什么是真实的或正确的观念。"②在一个组织或共同体中有许多关于什么是正确的观念,一个人只要身处其中就要学习到这些观念。大多数人往往都不假思索地接受这些观念,并以此作为判断是非的标准。任何公共政策的运行都是以社会问题为前提的,也都是为了解决社会问题而发生的。一个问题是否成立,是一个什么样的问题,是否需要通过公共政策来解决?都要依据一定的判断标准作出回答。这也就是公共政策研究过程中首先要作的事实分析。事实分析材料的获取可以有多种途径,其中最主要的途径是统计数据、实际调查和焦点事件等。无论是哪一条途径都离不开判断的标准问题。同样一组数据,依据一定的标准可确定其中存在的问题,依据另一标准可能就不是问题。实际调查中调查方法的确定、调查样本的选择、调查材料的分析,也都要受到文化的影响。在对焦点事件的处理中,文化作为判断的标准也起着非常重要的作用,有时甚至是决定性的作用。

在公共政策运行过程中不仅要解决是什么的问题,还要解决"为什么"的问题,也就是价值问题。"文化不仅是一套关于什么是正确的观念体系,同时也是什么是值得为之努力(的目的)的观念体系。这些目的可以分为价值和目标。有时,我们很难在价值和目标之间进行区分,因为二者都是由什么是我们应当追求的理念组成的,同时也是由我们的行动所意欲达成的效果的观念组成的。"③在确定公共政策目标的过程中,价值分析是必不可少的。价值分析不仅为确定公共政策目标提供依据,而且还会帮助理解所确定的公共政策目标

---

① 〔美〕乔尔·M.卡伦等:《社会学的意蕴》,张惠强译,中国人民大学出版社2011年版,第95页。

② 同上。

③ 同上书,第98页。

的意义所在。文化作为价值观念体系，在公共政策目标确定过程中发挥着导向和引领作用。公共政策目标从一定意义上说，不仅表明公共政策要解决的社会问题解决到什么程度，而且更重要的还有一个解决社会问题的方向问题。对社会问题解决的方向和解决的程度，都取决于作为价值观念的文化的作用。公共政策目标的确定必然要受到价值观念的影响。

在公共政策运行过程中为了解决问题，实现预期目标，还要解决"怎么办"的问题，也就是选择解决问题、实现目标的手段和途径。对手段和途径的选择必须要遵循一定的规范。公共政策运行中规范分析的一个重要任务，就是要解决公共政策手段与途径选择是否符合规范的问题。"规范存在于所有的社会组织之中，是文化模式的一部分。规范影响、塑造或控制(取决于情境)个人的行为。人们一般会遵守一些原则(例如法律)，因为他们认识到，如果不服从的话将受惩罚，而社会整体也将受到威胁。"①公共政策手段和途径的选择必须在规范允许的范围内进行选择。在这里文化的作用更不可忽视，因为手段和途径的选择决定了公共政策的运行机制。

在文化转型的过程中一系列的观念都在发生变化，有些变化甚至是颠覆性的。"什么是真实或正确的观念"、"什么是值得为之努力的观念"，以及"什么是应当的观念"都在发生变化。随着文化的转型，对是非标准、价值取向和规范原则都要进行重新审视，重新确立。公共政策的事实分析、价值分析和规范分析，都要构建新的分析框架和新的分析原则。公共政策问题的界定、公共政策目标的确立和公共政策工具的选择标准和原则，都要在新文化模式所形成的新观念的引领下进行重构。尤其是中国所走的新文化转型之路，带来的巨大的观念上的冲击前所未有，也极大地冲击着原有的公共政策合理性的理念。

文化决定了公共政策运行的体制问题。文化是体制的灵魂，在不同的文化背景下会构建起不同的公共政策体制。公共政策运行过程中的组织结构、权力配置和运行规则构成了公共政策体制最主要的因素。"在不同的文化与制度的环境-路径条件下，政治决策和政

---

① 〔美〕乔尔·M.卡伦等:《社会学的意蕴》，张惠强译，中国人民大学出版社 2011 年版，第 105 页。

策制定的规则和程序存在很大的差距。一般说来，在传统的文化与制度的环境-路径背景下，政治决策的规则或规范是较为单一的、集中和专断的。"①在中国传统的专制主义文化背景下，所形成的政治决策的体制是集中型组织结构、集权型权力配置，君主独断与臣子绝对服从的运行规则。"与此相反，在现代文化与制度的环境-路径系统条件下，政治决策的规则和程序是复杂、多样和民主的。其原因在于现代民主政治把政治看做是公开、公平的竞赛，而决策的规则和程序决定了这种竞赛的合法性与有效性。因而，现代政治决策规则已在尽可能限制统治者或统治集团的个人意志及权力专断，最大限度地保证政治决策的公正和圆满。"②不言而喻，文化转型必然带来公共政策体制的根本性变化，那就是组织结构的重组、权力配置的重构、运行规则的重建。

从文化模式同公共政策主体行为的关系来看，文化模式决定了公共政策主体的价值观念和行为方式。"文化模式不仅作为特定时代占主导地位的生存方式、价值体系和社会内在机理而制约、影响、规范着个体的人格、个体的活动和社会的运行，而且还通过文化模式在较大的历史尺度上的变迁，即在文明形态意义上从一种形态向另一种形态的转换和更替，更加深刻地、从更高的层面上制约、影响和规范着人的活动和社会的运行。"③文化对公共政策主体的行为具有导向功能、规范功能、形塑功能。文化转型必然带来公共政策主体价值观念和行为方式的重大变化。

2. 中国的文化转型与公共政策

中国的文化转型走的是一条新的文化转型之路。在中国传统农业文化向现代工业文化或后工业文化转型的过程中，形成了独具特色的文化模式。这种文化模式造就了中华民族特有的生活样法和行为方式，形成了中华民族特有的民族性格。这是中华民族区别于其他民族的内在根据。

第一，从文化渊源的角度看，形成了以大陆文化为主体，以海洋

① 曾小华：《文化·制度与社会变革》，中国经济出版社2004年版，第321页。

② 同上书，第323页。

③ 衣俊卿：《文化哲学》，云南人民出版社2005年版，第119页。

文化为补充的文化模式。每一种独特的文化形态都有自己赖以生存的土壤,都可以在自然环境中找到最终的根据。德国哲学家黑格尔,把中华文明发祥地的地理环境归为巨川大江所灌溉的平原流域,而把欧洲文明的源头古希腊古罗马文明归为与海相连的海岸区域,并指出:"大海给了我们茫茫无定、浩浩无际和渺渺无限的观念;人类在大海的无限里感到他自己底无限的时候,他们就被激起了勇气,要去超越那有限的一切。大海邀请人类从事征服,从事掠夺,但是同时也鼓励人们追求利润,从事商业。平凡的土地、平凡的平原流域把人类束缚在土壤里,把他卷入到无穷的依赖性里边,但是大海却挟着人类超越了那些思想和行为有限的圈子。"①中国的内陆文化造就了人们中庸、温和、安于现状的性格特征,而西方的海洋文化带给人们的是励精图治、超越有限、开拓进取的品格。处于转型期的中国文化既具有中庸、温和的特点,又具有励精图治、开拓进取的特征。

第二,从文化发生的角度,形成了以农耕文化为基础,以工商文化为功用的文化模式。"农业文明以自然经济为基础……自然条件下的生产是分散的小农经济,是依据自然节律自发地进行的重复性的实践活动。""农业文明条件下的人际关系和社会关系更多地表现为宗法关系和伦理关系。""日常生活的主体进行着基于血缘关系、宗法关系和天然情感的日常交往。"②所以"家庭生活是中国人第一重的社会生活,亲戚邻里朋友等关系是中国人第二重的社会生活。这两重社会生活集中了中国人的要求,范围了中国人的活动,规定了其社会的道德条件和政治上的法律制度。"③欧洲文明根源于工商文化,商业和航海是欧洲文明的发祥地古希腊城邦国家的经济支柱。大规模的航海远征"把西方人的商业贸易与海外殖民活动扩展为世界性的事业,随之而来的是新兴的工商业组织的建立和资本主义生产关系的萌芽"。④ 中国传统文化是一种农耕文化,家庭是最基本的生产单位,一家一户,自给自足的小农经济,使中国的传统文化更多地表现为重家族,轻社会;重伦理,轻功利。而在西方文化中,由商业

① 〔德〕黑格尔:《历史哲学》,王造时译,商务印书馆 1963 年版,第 134 页。

② 衣俊卿:《文化哲学》,云南人民出版社 2005 年版,第 111—112 页。

③ 梁漱溟:《中国文化要义》,上海人民出版社 2011 年版,第 18 页。

④ 徐行言:《中西文化比较》,北京大学出版社 2004 年版,第 48 页。

文明所决定的社会组织形式不以家庭利益为基础,城市社会共同利益成为社会组织形式的决定因素,家庭观念、家族观念比较淡薄。由于工商业的高度发达,形成了较为完善的市场经济体系,受市场主体自利性本质特征的影响,西方文化更注重功利。中国文化转型由于处在农耕文化与工商文化的融通过程,因此,既具有农耕文化的自发性,存在着重家族、轻社会和某种程度上的重伦理的特征,但由于受工商文化的影响,追逐功利构成了中国现有文化非常突出的特点。

第三,从文化形态的角度看,形成了以经验文化为根基,以理性文化为引领的文化模式。与农耕文明相联系的是一种经验主义的文化模式。"传统的农业文明的文化模式是由人们的生产和生活自觉或不自觉地积淀的,并自发地遵循的经验、常识、习惯、习俗、天然情感等自在的文化要素构成。"①农耕文化造就了中国的乡土社会,经验在乡土社会中发挥着非常重要的作用。"乡土社会安土重迁,生于斯、长于斯、死于斯的社会。不但人口流动很小,而且人们所取给资源的土地也很少变动。在这种不分秦汉、代代如是的环境里,个人不但可以信任自己的经验,而且同样可以信任若祖若父的经验。一个在乡土社会里种田的老农所遇到的只是四季的转换,而不是时代的变更。一年一度,周而复始。前人所用来解决生活问题的方案,尽可抄袭来做自己的生活指南。"②而与工业文明相联系的文化模式是一种理性主义的文化模式。"理性主义的文化模式是以理性和科学知识为基础的,体现着理性精神、契约精神、人本精神的自由自觉地、创造性的文化模式。"③但是他们崇尚的理性只不过是工具理性,而价值理性往往被忽略了。中国传统文化中有两个突出的特点,那就是重经验、轻理性,重价值、轻工具。而重理性、重工具,超越具体的经验,精于理性算计,善于在追求目的的过程中做出有效的工具性安排,却忽视了目的的意义和价值,这构成了西方现代理性主义文化的突出特点。社会转型中的中国文化既具有突出的经验主义特征,又具有偏重理性算计的工具主义特点。中国文化中重价值和重经验的特点,恰恰可以弥补西方现代文化的缺陷。

---

① 衣俊卿:《文化哲学》,云南人民出版社 2005 年版,第 111 页。

② 费孝通:《乡土中国》,人民出版社 2008 年版,第 62 页。

③ 衣俊卿:《文化哲学》,云南人民出版社 2005 年版,第 113 页。

第四，从文化发展的角度看，形成了以传统文化为基调，以现代和后现代文化为内核的文化模式。“中国传统日常生活世界是一个典型的人情世界。在人情面前人们常常可以牺牲原则、正义、平等、公正等一切理性化的文化特质。拉关系、讲人情、注重礼尚往来、盛行裙带关系，在中国日常生活中成为一种完全正常的现象。”①“在现代都市社会讲个人权利，权利是不能侵犯的。国家保护这些权利，所以定了许多法律。”②而在传统社会里更多的是讲关系、论交情。现代文化是以工业文明为标志的文化，“是一种真正体现人的精神自觉的文化模式。”“在工业文明条件下，交往的自由与空间不断拓宽，开始形成理性的、契约的、自由的、平等的交往关系。”③中国传统文化重情感，轻契约；重礼教，轻法治，使中国社会成为“人情社会”，“理”在“情”面前往往处于弱势。同时也形成了中国的人治传统和专制主义特征。而西方现代文化则相反，重契约、重法治是其非常突出的特点。权利观念、平等意识、自由精神成为现代文化的主要支柱。在中国，由于社会转型的加速，因而形成了以传统文化为基调，以现代文化为内核的文化模式，当然也有某些后现代文化的色彩。人情社会的格局正在被打破，重契约、重法治的格局正在形成。但在某些领域契约精神的缺失、法治的不完善，已成为市场经济发展的最大障碍。

这种突出地带有过渡形态的文化模式，对公共政策运行过程及其体制和机制都产生了很大的影响。使公共政策在运行过程中经常陷入固守与超越、伦理与功利、经验与理性、价值与工具、人情与法治的冲突之中。

3. 文化转型对公共政策合理性的解构

近代以来，中国传统文化在其内在矛盾的推动和在西方文化的冲击下，开始了漫长的文化转型之路。中华人民共和国的成立，加深了中国传统文化的危机。社会主导意识形态高举马克思主义的旗帜，向传统文化发起了总攻，力图用马克思主义引领中国文化转型，以实现文化的现代化。一方面，由于传统文化的根深蒂固，快速实现

---

① 衣俊卿：《文化哲学》，云南人民出版社2005年版，第258页。

② 费孝通：《乡土中国》，人民出版社2008年版，第70页。

③ 衣俊卿：《文化哲学》，云南人民出版社2005年版，第112—113页。

文化转型谈何容易；另一方面，由于超越了社会的发展阶段，积淀起来的仍然是一种传统文化特征非常突出的文化模式。重人伦，轻自然；重人治，轻法治；重群体，轻个体；重直觉，轻理性；重情感，轻契约；重价值，轻工具；重家族，轻社会；重伦理，轻功利，仍然是文化的主旋律。改革开放三十多年来，伴随着市场经济体制的建立和逐步完善，爆发了传统文化的总危机，进入了文化转型快速挺进的时期。以儒家文化为核心，辅之以道家和释家文化的中国传统文化，在市场经济的冲击下失去了居于统治地位的经济基础。

严格说来，传统的儒家文化与市场经济具有不兼容性，其根本原因在于它们的人性出发点不同，以及由人性冲突所决定的一系列文化特质上的矛盾。儒家文化以“人性善”为根本出发点，正因为人性是善的，因此可以重人伦、重感情、重伦理。而“人性恶”或“理性经济人”构成了市场经济条件下市场主体的本质特征，正因为人性是恶的，所以必须重法治、重契约。传统的儒家文化中的伦理道德体系被市场经济冲击得七零八落。在文化冲突的过程之中，传统文化模式的规范作用在弱化，现代文化模式的规范作用还没有形成，导致道德失范，物欲横流，底线失守，潜规则盛行。当然，与市场经济相适应的法律体系正在建设过程中，但由于契约精神的缺乏，已经形成的法律一定程度上被形式化了，在现实中没有发挥应有的作用。由于潜规则大行其道，使对政府官员各种形式的利益输送成为社会行为的重要内容，这不仅使公共政策的合理性大打折扣，而且败坏了社会风气。

文化转型的负面效应是可以弱化的，但这需要通过大力弘扬先进文化方能奏效。文化转型是需要引领的，发挥先进文化在文化转型中的引领作用，社会精英阶层肩负着不可推卸的历史责任。然而从现实来看，某些政治“精英”在千方百计地谋取和膨胀自己的权力，然后通过权钱交易攫取金钱；某些经济“精英”假冒伪劣、坑蒙拐骗、巧取豪夺，甚至不惜草菅人命，不择手段地大发不义之财；某些文化“精英”为了捞取金钱灵魂也可以出卖。在他们的引领下，盛行的是金钱拜物教。文化转型的负面效应不仅没有弱化，反而被大大强化了。要扭转这种局面，恐怕需要几代人的努力。又要当“精英”又不承担历史责任，最终只能被历史钉在耻辱柱上。

西方发达国家在从传统文化向现代文化转型的过程中，也经历了社会失范的痛苦。但在新教伦理和契约精神的引领下，既赋予世俗经济活动以伦理价值，又以“禁欲主义”来约束放纵的物欲。更为重要的是，契约精神在文化转型中对底线的坚守。新教伦理作为内在的自我约束限制着人们的行为，契约精神转化为比较完善的法律制度，作为外在的社会约束规范着人们的行为。因此，他们的行为多表现为以规范化、制度化行为为主，社会公众主要通过游说、资助竞选、选举、建立利益同盟，在有些情况下也会通过游行、示威、罢工等形式，来影响政府的公共政策。当然，西方国家文化转型所产生的负效应也不可低估。

中国传统文化模式正在转型的过程之中，不言而喻，正在经历文化转型的阵痛。尽管现有的文化模式无论是从文化渊源、文化发生，还是从文化形态、文化发展上都具有多重属性，但其文化的核心、文化的底蕴仍然植根于中国传统文化的土壤之中，仍然带有中国传统文化的突出特点。特别是改革开放以来文化转型的阵痛显得尤为突出。由于经济上实行了在西方发达国家早已实行多年的市场经济，尽管冠之以社会主义的前置词，但其实质仍然是市场经济。毫无疑问，市场经济体制的建立从一定意义上说，推动了中国经济的发展。从而使一部分人产生了思维上的惯性，既然实行了西方发达国家早已实行的市场经济体制，推动了中国经济的发展，在政治领域是否也可以通过借鉴西方发达国家的政治体制，来推动中国的政治发展。抛开其他因素不说，这实际上是一种思想上的懒汉做法。在执政党看来这是在走改旗易帜的邪路。为了抵制西方现代文化的影响，提出要弘扬中国的传统文化，以增强民族的文化自觉和文化自信。不可否认中国传统文化在历史上曾经辉煌过，但是传统文化毕竟已成传统，搬到今天存在着根本上的不适应。为了使中国传统文化能够适应今天的需要，必须予以改造。中国共产党成立以来就致力于用马克思主义改造中国的传统文化，特别是中华人民共和国成立以后，树立了马克思主义的绝对权威。改革开放以后，一部分中国的政治精英们发现，在这之前被奉为绝对权威的马克思主义往往带有斯大林主义的色彩。马克思主义的权威地位发生了动摇。马克思主义文化式微，西方现代文化又有导致邪路的风险，中国传统文化伴随着文化转型又被冲击得七零八落，文化结构呈现出三维断裂的状态。这也是中国文化转型表现出来的最突出的特点。这种文化结构的断裂解构了原有的合理性。中国传统文化中经验合理性和伦理合理性被解构了，西方现代文化中的工具合理性被解构了，甚至马克思主义的实践合理性也在一定意义上被解构了。

由于文化结构是社会结构最本质的东西，文化结构的断裂必然导致社会结构的一系列断裂，经济、政治、意识形态发生了断裂；政府、企业和社会发生了断裂；强势群体、中势群体和弱势群体发生了断裂。这一系列的断裂聚集着公共政策主体的纠结，造就了公共政策主体行为的多重属性，同时也表明公共政策主体仍在文化转型的痛苦中挣扎。在非理性和理性的张力中挣扎，在工具理性和价值理性的断裂中挣扎，在个体理性和公共理性的撕扯中挣扎。在公共政策运行过程中完全诉诸理性，然而理性又不是万能的；诉诸非理性，又会在情感和欲望的撕扯中使公共政策偏离合理的轨道。在公共政策运行过程中是高扬工具理性，注重手段和目标的关系，会导致意义的缺失；高扬价值理性，注重目标的意义，又有可能由于目标和手段的不匹配导致公共政策的无效率。在公共政策运行过程中以个体理性为出发点，依赖于不同群体的博弈，在力量不对等的情况下博弈的结果必然是成本和效益的不合理分布；以公共理性为出发点，依赖于不同主体的民主协商，那么，公共理性如何形成，能否解决“沉默的大多数”的问题，能否避免“多数人的暴政”？

中国的文化转型要从这种痛苦中走出来，可以借鉴西方文化，但不能重蹈西方文化转型的覆辙。西方由传统文化向现代文化的转型以呼唤人性和呼唤理性为核心，但转型后西方文化的弊端也凸现出来，人性的异化和理性的工具化，窒息了人性，也肢解了理性。正因为如此，福克才发出“人死了”的哀叹。西方现代文化的种种弊端，遭到了法兰克福学派和后现代主义的猛烈抨击。西方现代文化的衰微，使某些思想家力图从中国传统文化中寻找西方文化走出困境的通道。然而，西方文化毕竟经历了自然主义文化被现代文化所否定的阶段，开始进入了否定现代文化的否定之否定阶段，这确实存在着某些方面形式上向自然主义文化的回归，但这毕竟是在更高层次上历经两次扬弃的回归。中国传统文化中自然主义的某些观念在形式上似乎适应了这种需要，但中国传统文化毕竟是没有经过自我否定洗礼的自然主义文化，用来克服西方现代文化的弊端，还需要注入现代文化的元素，予以改造和升华。但有一点是肯定的，中国传统文化的转型可以汲取西方文化转型中人性异化和理性工具化的历史教训，充分利用“后转型”优势，两步并作一步走，实现文化的跨越式转型。

公共政策主体行为的内在动机、主要方式、基本特征和策略选择等，都无法摆脱文化的纠缠，必然打上特定文化模式的烙印。这也是从文化转型视角解读公共政策合理性的内在根据。从文化转型的视角解读公共政策主体的行为，就是从更深层次上探讨公共政策主体行为的文化底蕴，把其中最本质的东西揭示出来。也就是以文化模式、文化危机和文化转型及其相互关系作为逻辑线索，对公共政策主体的行为进行剖析。这种解读可以从文化的层次上为引导和优化公共政策主体的行为，为重构和提升公共政策合理性寻求根本途径。

三、公共政策合理性的重构

社会转型或者说更深层次上的文化转型，解构了原有的合理性，同时也解构了公共政策的合理性，使公共政策合理性失去了统一的判断标准。公共政策合理性又直接影响公共政策的有效性。为了提升公共政策的有效性，更好地发挥公共政策的作用，调整好社会利益关系，必须重构公共政策合理性。以马克思的实践合理性为依据，解决公共政策的合规律性与合目的性的问题，辅之以哈贝马斯的交往合理性，解决公共政策的合规范性问题。在理性与非理性、工具理性与价值理性、个体理性与公共理性的统一中重构公共政策合理性。真正把公共利益作为公共政策合理性的出发点，实现公共资源分配的合理性，才能推动整个社会健康发展。

1. 公共政策合理性重构的依据

重构公共政策的合理性，应以马克思的实践合理性为核心，把中国传统文化中的经验合理性和伦理合理性同西方现代文化中的理性合理性有机地结合起来。实践活动是主观见之于客观的活动，为合理性提供了双重尺度。实践活动是一种目的性的活动，它为合理性提供了主体尺度，也就是人的需要的尺度；实践活动又是一种对象性的活动，它又为合理性提供了客体尺度，也就是物的规律的尺度。实践的合理性应该是主体尺度和客体尺度的统一。人通过实践活动把主体也就是人的目的物化在客体即客观事物之中，使客体能够符合主体的需要。当然，主体的需要也离不开客观性的制约，人的需要的产生和满足需要的方式不是随心所欲的。从主体尺度和客体尺度的统一中，升华出科学尺度和价值尺度的统一，也可以称为真和善的统一。这种统一最终达到主体和客体的融合、科学尺度和价值尺度的融合，当然也是真和善的融合。

实践合理性通过建构人的行为方式，对人的行为起到导向和规范作用。实践合理性对人的行为方式构建的直接目的，是为未来的行为提供观念形态的模型。从人的行为特点来看，人不仅要通过实践活动对客观对象作实然的把握，也就是对客观对象的实际状况的认识，掌握人与客观对象关系的现状，同时，还要通过实践活动对客观对象作应然的把握，即对客观对象未来发展的可能性的认识，掌握人与客观对象关系的未来。因为，人实践活动的结果是要把客观对象改造成更符合人的需要的样子。当然这种改造应该符合规律，而且是有节制的。这就必然要求人在没有实际地进行和完成此项实践活动之前，就首先需要以观念的形式预先把握它，这也是人能动性的集中体现。观念地建构人与客观对象的应然关系，也就是未来人与客观对象应该是一种什么样的关系，这是实践活动的中心环节。这种应然关系实际上就是客观对象在可能性上所应该具备的，对人而言的一种理想状态。它是以人对于人与客观对象实然关系的认识为根据，把客观对象发展的规律同人的需要、目的结合起来所构想出的尚未形成的一种关系。应然关系对于实然关系而言就是一种超越。当然，这种超越并不是人完全主观设定的，它既有符合客观对象必然性的一面，又体现了人对客观对象自然发展过程的干预和改变。因此，寻求人的需要与客观对象满足人的需要的结合点是求解应然关系的决定性环节。人根据自身的需要来确定自己的价值偏好。人的价值偏好同客观对象之间开始往往处于一种矛盾的状态，要解决这一矛盾必须对人的需要进行分析，同时还要了解人满足自身需要的能力，在此基础上确定人和客观对象的应然关系，才能使之具有转化为现实的可能性。即便如此，客观对象也不会主动地满足人的需要，人要实际地利用客观对象来满足自身的需要，必须通过人的实践活动去改变客观对象现有的存在方式，变“应然”为“实然”，或者说使应然现实化。但如何变应然为实然，通过什么方式使这种转变成为现实？要完成这种转变，就离不开实践合理性对“何然”，也就是“怎样做”的观念建构。

公共政策合理性在满足合规律性与合目的性条件的基础上，还要解决个体理性向公共理性的升华问题，以赋予公共政策的公共性本质。通过向公共理性的升华，其目的是确立公共政策合理性的合公共性标准。哈贝马斯的交往合理性，为实现个体理性向公共理性的过渡提供了根本路径。交往是主体与主体之间一种以理解为目的的行为，通过交往人们可以达成共识。这种共识不仅具有认识论的意义，更重要的还具有价值论的意义。公共理性的凝结恰恰是通过这种人际交往实现的。

依据实践合理性和交往合理性，不仅解决了公共政策合理性的外在尺度和内在尺度，而且解决了公共政策合理性的共在尺度，也就是一个共同体共同确定的尺度，从而也就赋予了评价公共政策合理性的三个维度的标准。外在的尺度规定了公共政策的运行，无论是制定、执行还是评价都必须符合客观事物的本质和规律；内在的尺度要求公共政策运行的结果必须能够满足人们的需要，也就是公共政策主体按照自身的要求、愿望来选择公共政策；共在尺度是指公共政策选择必须得到社会共同体的认同，符合历史积淀下来的社会规范。公共政策主体必须按照内在尺度、外在尺度和共在尺度相统一的原则来选择公共政策。这种统一，具体表现为合目的性、合规律性与合规范性的统一。由此，也就实现了从主体—客体关系向主体—主体关系的升华。

合目的性作为价值尺度是指在人的活动中，外部世界的事物向人呈现出来的某种类型的实际效用和实际价值。在这里，价值既是公共政策选择的依据，也是公共政策选择的尺度。公共政策主体同公共政策客体的关系首先是一种价值关系。追求某种价值的需要是公共政策主体行为的主要动力。价值尺度是公共政策选择的基本尺度之一，对公共政策选择起着重要的制导作用。合规律性作为科学尺度是一种认识世界并指导人们进行实践活动的必然性知识。公共政策主体的内在需求不是选择公共政策的惟一根据，甚至不是主要的根据。公共政策主体之外的客观世界是公共政策选择更为重要的根据。公共政策的直接目的是把未能满足公共政策主体需要的客观对象，改变为能够满足公共政策主体需要的对象，要完成这种改变必须首先承认被改造对象的客观独立性,掌握其运动的规律。在公共政策选择过程中遵循科学尺度,是对客体对象的属性、结构、功能、形态和运动规律的自觉利用。科学尺度可以保证公共政策的有效性。合规范性作为社会尺度是指符合社会普遍认同的规范。坚持社会尺度的根本目的在于实现公共政策目标的社会价值和社会意义,使公共政策与社会普遍公认的规范相一致。当然,合规范性的社会尺度具有明显的历史性、民族性。在不同的国家、民族和时代这种规范往往有较大差异,有时甚至截然相反。然而,人类作为一个共同体也遵循许多共同的规范。在公共政策运行过程中,遵循合规范性的社会尺度,既要遵循一定时代、国家和民族的规范准则,也要遵循人类共同的规范准则。遵循社会尺度有利于维护公共政策的公正性。

2. 公共政策合理性重构的核心问题

公共政策合理性重构的核心问题是在坚持三个维度标准的前提下,实现理性和非理性、工具理性和价值理性、个体理性和公共理性的统一。在这三个统一中重构公共政策合理性,才能真正把握公共政策合理性的内在意蕴。

第一,理性和非理性的统一。理性通常用来表示推出逻辑结论的认识阶段及认识能力,一般是指运用概念、判断、推理等形式所进行的思维活动,它区别于感性、情感、意志等心理活动。人同其他动物的根本区别就在于人是有理性的,是理性的动物。它具有从逻辑前提逻辑地推出逻辑结论的能力。理性通常表现为为实现目标和最大限度地获取价值而选择最有效和最适合的手段的能力。理性具有逻辑的同一性、观念的根据性、过程的周密性等特点。逻辑的同一性是指概念、思想、理论上的前后一致,不能同时使用相互矛盾的概念;观念的根据性是指形成任何观念和接受任何观念都要有一定的根据,不能无根据地臆造和接受某种观念;过程的周密性是指理性的运行过程严格遵循逻辑规则,不能随心所欲。非理性是指思维活动或认识活动中非逻辑的心理活动形式。这些非理性因素不遵循逻辑程序和逻辑规则而运作。从认识论层面说,非理性是指一种不按照有步骤、分阶段的逻辑程序活动的认识形式,如直觉、灵感、顿悟等。它们的迸发不是按着严格的思维形式进行的,带有突发性、瞬时性、随机性的特点,是一个非逻辑的过程。从意识论层面说,非理性是以没有意识到的无意识或潜意识的形态而存在。人处于无意识状态时，无法自觉地意识到自己的行为的动机和指向的对象。无意识活动是不自觉的，它不受人的显意识的支配，呈现出离散性、模糊性和无规则性等特点。从人性论层面说，非理性是指人的情感、欲望和意志等。理性和非理性的有机结合构成了人类行为选择的基本特点。

美国公共政策学者 R. M. 克朗在《系统分析和政策科学》一书中列举了理性过程以外的各种因素，他称为超理性因素，主要包括判断；知觉；创造力；灵感；隐含的知识；信仰；爱情、欢乐；歉意、憎恨；恐惧；领袖的魅力；忠诚；洞察力；意志；政治；超感交流；预见能力等，为分析非理性因素在公共政策运行过程中的作用提供了思路。克朗还对所列举的各种因素作了进一步的说明。他指出，判断是指从经验中获得的决策智慧；知觉是不依靠逻辑推理而在头脑中领悟到的知识；创造力是产生型式、构造和关系的脑力过程；灵感是通过非理性的方式所得到的偶然发现；隐含的知识是通过生活体验获得的知识；信仰是未经理性检验而接受为真理；爱情、欢乐是从感情而产生的意识中的情绪状态；歉意和憎恨、恐惧（这里没有作解释）；领袖的魅力是激发忠诚和称颂的能力；忠诚是对人或组织的忠顺和自觉承担义务；洞察力及理解能力；意志及达到目的的决心（越是耐心和克己，意志就越坚强）；政治是决定什么人在什么时候得到什么的过程（决定分配的理性）；超感交流指超出感觉正常范围的交流；预见能力即预见未来实践的能力。[①] 克朗认为，以上因素在公共政策运行过程中发挥着非常重要的作用。

在重构公共政策合理性的过程中，要把理性和非理性统一起来，就是要在公共政策运行过程中把理性的算计和非理性的超越结合起来。理性算计遵循的原则，一是前提的可靠性，它以一个真正的能够与其他问题相区别的实实在在的社会问题为前提；二是程序的规范性，就是要严格遵循规范程序；三是方法的可检验性，所运用的方法必须是经过检验的具有科学性的方法。同时也要在情感、意志的作用下发挥经验、灵感、直觉的作用，超越理性算计的局限性。

第二，工具理性和价值理性的统一。马克斯·韦伯在探寻合理

---

① 〔美〕R. M. 克朗：《系统分析和政策科学》，陈东威译，商务印书馆 1985 年版，第 38—39 页。

性的内在结构时,把合理性划分为形式的合理性和实质的合理性,后来被某些学者明确地概括为工具理性和价值理性。这一划分在一定程度上揭示了人类理性的两大基本特征。工具理性关注的是手段对达成目的的可能性。工具理性的特点是注重过程、注重手段、注重方法、注重技术,反映在社会生活中,制度和体制成为其关注的对象。在西方现代化过程中,由于工具理性的过度扩张使人成为技术的工具。制度、体制、机制本来是人为了实现自身的目的创造的,反过来却把人作为工具,马克思把这种现象称为"异化"。这种异化现象恰恰反映出把人作为目的的价值理性在衰落。理性的工具化导致价值理性的非理性化。所谓"价值理性则是人类对价值和价值追求的一种自觉意识,是在理性认知的基础上对价值追求的自觉理解和把握。价值理性在人的活动中表现为价值主体合规律性与和目的性相统一的行为取向。"①价值理性注重目的和结果的意义,方法和技术只是达成目的实现意义的手段。在价值理性失去其应有地位的情况下,呼唤价值理性的回归就成为人类理性的一种追求。价值理性的回归,必然要求对公共政策运行机制重新建构。马克思的"异化"理论从一个侧面揭示了工具理性和价值理性的矛盾。哈贝马斯对这种现象作了更为深刻的剖析。在他看来,由于工具理性的体制化运作大举侵占了生活世界领域,使现代社会处于一种病态。人与人之间的相互理解与沟通,被各自分离的意见、机械组合的量化计算所代替。这种工具理性的过分张扬也导致了公共政策主体行为的扭曲。托马斯·戴伊把公共政策看做是政府选择作为或不作为的行为。无论是作为还是不作为其对象都是公共问题。任何公共政策都是为了解决公共问题而制定的。公共问题能否解决,解决到什么程度,公共政策主体必须对此负责。戴维·伊斯顿认为,公共政策就是对全社会的价值做权威性的分配。公共政策就是通过价值分配的形式,使自己成为调整社会利益关系的工具。不言而喻,任何公共政策都有自身的利益取向,公共政策的目标就是这种利益取向的集中反映。公共政策主体既要对其确定的目标中隐含的价值取向负责,又要对在公共政策作用下社会利益关系调整的结果负责。在工具理性成为理性

---

① 张兴国:《价值理性:哲学应用的方法论选择》,《辽宁大学学报》(哲学社会科学版)2002年第4期。

主宰的前提下，对公共政策目标的价值审视似乎变成多余的了，致使人们只注重手段同目的的关系，而忽视了目的自身的意义。工具理性的越位不仅造成人的智力过于褊狭，而且导致价值或意义的失落，公共政策主体也因此失去了内在的责任感。

在中国，要实现公共政策决策的民主化和科学化，当然，要充分认识以科学技术为标志的工具理性的作用，但也应看到工具理性片面发展的危害。尤其是公共政策的运行过程切不可忽视价值理性的作用。公共政策决策民主化的“民主”作为目的体现的就是价值理性，作为手段应归结为工具理性的作用，其本身就是工具理性与价值理性的统一。这就意味着在公共政策运行中，不仅要对手段负责，而且要对目的负责。只强调过程的民主性，把民主作为一种手段，不对目的也就是公共政策目标的价值进行审视，会造成在公共政策决策民主化进程中主体责任的缺失。此外，在公共政策决策中，由于价值理性为工具理性所遮蔽，致使技术专家和技术官僚包打天下。在这种情况下，即使是再民主的程序设计，公民也无法在公共政策方案选择时真正发挥自己的作用，最多只能在不同技术专家与官僚们设计的政策方案中做只具形式而没有实质意义的选择。公共政策决策科学化的“科学”作为过程和方法同工具理性联系在一起，而作为结果和目的又同价值理性相勾连。如果仅仅追求决策技术和方法的改进，以及运用数学、逻辑等手段追求过程的所谓科学性，而无视结果的意义，公共政策主体必然迷失核心价值，而公共政策客体也变成了从属于逻辑公式的类或量。正如韦伯所说，工具理性的过度扩张已经达到了这样的境地：“专家没有灵魂”①。如此，公共政策也失去了自身应有的意义。

以完整的理性为依托，对建立在工具理性之上的公共政策实践进行反思，要求对公共政策必须从工具理性和价值理性的双重视角来把握。在工具理性和价值理性的统一中展开公共政策主体的行为。把工具理性的算计和价值理性的考量有机地结合起来。在公共政策选择过程中，首先要对所要确定的政策目标进行价值分析，明确实现目标的意义所在，然后再寻找实现目标的手段和途径，即选择政

---

① 〔德〕马克斯·韦伯：《新教伦理与资本主义精神》，于晓等译，三联书店 1987 年版，第 143 页。

策工具。这样才能够避免由于目标和价值的分离而导致的目的就是一切,而价值是没有的,以及由此造成的对公共政策进而对人类未来的侵害。

第三,个体理性和公共理性的统一。个体理性和公共理性也是理性的两种表现形式,它们同人的自利性和公共性本性相联系。人既是自然的存在物,也是社的存在物,自然属性同社会属性构成了人的两重属性。人作为自然性的存在物,个体理性居于主导地位;人作为社会性的存在物,公共理性构成了人社会性的基础。人的个体理性和公共理性不是截然分开的,而是交织在一起的。在现代社会,由于市场经济对人的自利性的呼唤和过度张扬,导致个体理性不断地追求自身利益的最大化。市场经济最大的历史“功绩”就是把人的自利性充分呼唤出来,由此推动了传统社会向现代社会的转型;市场经济最大的历史“罪恶”也是把人的自利性充分呼唤出来,就如同打开了“潘多拉之匣”一样。由于人自利性的一面被展现得淋漓尽致,从而使人与人的关系成为建立在自利性基础上的博弈关系。这不仅表现在经济领域,使人成为追求自身利益最大化的经济主体,而且也表现在政治领域,使政治领域成为不同的具有自利性特征的人角逐的战场。这种自利性甚至使思想文化领域也成为个人利益争斗的场所,人失去了灵魂。这一切与经济学理性经济人假设的引导也不无关系。当然,人作为社会性的动物又具有公共性的一面,脱离了人的公共性任何社会都无法维持。从人的本性来看,既有善质,也有恶因,修其善则善,修其恶则恶。修善、修恶,是社会环境使然。面对弱肉强食,尔虞我诈的现代社会,政治上的民主制度也走入死胡同。如果在政治领域不同的政治主体完全从受自利性统治的个体理性出发,无论什么样的公共政策都无法解决人类所面对的公共治理问题。

在这种情况下,有良知的人开始呼唤人的公共性。公共理性成为人类摆脱现代性困境的良药。罗尔斯指出:“公共理性是一个民主国家的基本特征。它是公民的理性,是那些共享平等公民身份的人的理性。他们的理性目标是公共善,此乃政治正义观念对社会之基本制度结构的要求所在,也是这些制度所服务的目标和目的所在。"①公共理性是同人的公共性联系在一起的，呼唤人的公共性，张扬人的公共性是公共理性得以形成并发挥应有作用的前提。罗尔斯的公共理性与民主国家、公民、公共的善和正义联系在一起。只有真正实行民主的国家才能够形成公共理性。当然，这依赖于社会自治程度的不断提升，最终决定于公共资源的公共占有程度。公共理性弘扬的是公共的善和社会正义，是真正意义上的公民理性。公共理性表现在政治领域，使公共政策选择成为民主协商的结果。

公共理性形成的现实基础是社会的公共交往领域。哈贝马斯曾对资产阶级公共领域做了非常深入的研究，指出："所谓'公共领域'，我们首先意指我们的社会生活的一个领域，在这个领域中，像公共意见这样的事物能够形成。公共领域原则上向所有公民开放。公共领域的一部分由各种对话构成，在这些对话中，作为私人的人们来到一起，形成了公众。"②哈贝马斯通过他的交往行为理论，为公共领域的建构以及公共理性的形成开辟了一条重要途径。

要实现把个体理性的博弈同公共理性的协商统一起来，其前提是多元主体之间的交往，并通过交往形成一个能够达成共识的共同体结构。建立在公共理性基础上的协商是公共政策运行的理想形式。当然从目前来看，建立在个体理性基础上的博弈还是公共政策运行的主要形式，但随着社会自治程度的提升，建立在公共理性基础上的协商作为公共政策的运行形式所占的比重会逐步提高。

3. 公共政策合理性重构的路径

重构公共政策的合理性，实现公共政策合规律性、合目的性与合规范性的统一必须为其寻求一个统一的载体。三者统一的载体在"公民"的语境下就是公共利益，在"人民"的语境下就是人民群众的利益。"人民群众的根本利益同社会历史发展规律是一致的。人民群众的根本利益也是人类历史发展的根本目的。人民群众的根本利益应该成为公共政策最根本的价值取向，它同人类社会发展过程中

---

① 〔美〕约翰·罗尔斯：《政治自由主义》，万俊人译，译林出版社2002年版，第225—226页。

② 〔德〕哈贝马斯：《公共领域》，载汪晖等主编：《文化与公共性》，三联书店1998年版，第125页。

沉淀下来的社会规范有着高度的重合性。公共政策能够真正代表、体现和满足人民群众的根本利益就具有合理性,否则就失去了合理性。当然,人民群众是由不同的阶层和群体构成的,不同的阶层和群体在利益要求上又是有差异的。人民群众的根本利益不能脱离各阶层和各群体的利益而独立存在,它就存在于各阶层、各群体的利益之中,存在于无数个'利'的平行四边形形成的'合利'之中。公共政策在实现人民群众的根本利益的过程中,既不能用某阶层、某群体的利益代替人民群众的根本利益,使公共政策成为谋取某阶层、某群体一己私利的工具;也不能脱离各阶层、各群体的利益,在它们之外去寻求所谓的'根本利益',使公共政策打着'根本利益'的旗号,侵犯各阶层、各群体的正当利益。"①

要保证公共政策的合理性,必须平等地赋予社会不同群体和公民个人公共政策的初始话语权。公共政策的初始话语权掌握在谁手里,就有可能左右公共政策的结果。公共政策的初始话语权在公共政策运行的全过程,都发挥着非常重要的作用。在公共政策议程建立过程中,公民的初始话语权决定了与人民群众利益直接相关的社会问题,能够进入公共政策的视野,成为公共政策优先解决的问题,避免政治官僚把关乎自身利益或者小团体利益的问题摆在不适当的位置;公共政策方案设计和选择过程中,公民的初始话语权可以保证公共政策方案符合人民的利益,真正把人民的利益放在首位,避免政治官僚通过公共政策的设计和选择谋取私利;在公共政策实施过程中,公民的初始话语权可以发挥有效的监督作用,使公共政策的实施不能偏离正确的轨道,避免政治官僚通过"上有政策,下有对策"扭曲公共政策;在公共政策评价过程中,公民的初始话语权可以对公共政策作出更为符合实际的评价,避免政治官僚自说自话。

总之,重构公共政策合理性,必须在公共政策的制度、体制、机制、模式和职能等方面全方位推进。优化公共政策的制度生态,构建良好的公共政策体制、完善公共政策运行机制、形成符合实际的公共政策运行模式、优化公共政策的公共服务职能。伴随着社会的转型,尤其是文化的转型,人们的行为方式也必然发生变化,公共政策运行方式的变化也不可避免。在社会转型期所形成的公共政策的制度、

---

① 陈绍芳:《行为理性与公共政策合理性的实现》,《社会科学家》2011 年第 5 期。

体制、机制和模式不可避免地具有过渡的性质。在跨越式社会转型特别是新型文化转型取得决定性成果以后，在公共政策的制度、体制、机制、模式和职能上，才能更加具有先进性和稳定性。公共政策合理性也才能在理性和非理性、工具理性和价值理性、个体理性和公共理性的有机结合上得到重构和提升。

参考文献

1.《马克思恩格斯选集》(第1—4卷),人民出版社1995年版。

2.《马克思恩格斯全集》第1、3、19、26、49卷,人民出版社1956、1960、2003年版。

3.〔古希腊〕柏拉图:《理想国》,郭斌和等译,商务印书馆1986年版。

4.〔古希腊〕亚里士多德:《政治学》,颜一等译,中国人民大学出版社2003年版。

5.〔古罗马〕西塞罗:《法律篇》,《西方法律思想史资料选编》,北京大学出版社1982年版。

6.〔意〕托马斯·阿奎那:《阿奎那政治著作选》,商务印书馆1982年版。

7.〔法〕霍尔巴赫:《自然的体系》(上卷),商务印书馆1999年版。

8.〔英〕洛克:《政府论》下篇,瞿菊农等译,商务印书馆1986年版。

9.〔德〕康德:《未来形而上学》,庞景仁等译,商务印书馆1982年版。

10.〔德〕黑格尔:《历史哲学》,王造时译,商务印书馆1963年版。

11.〔英〕亚当·斯密:《道德情操论》,蒋自强等译,商务印书馆1997年版。

12.〔英〕亚当·斯密:《国家财富的性质和原因的研究》(下卷),商务印书馆1981版。

13.〔德〕马克斯·韦伯:《新教伦理与资本主义精神》,于晓等译,三联书店1987年版。

14.〔德〕马克斯·韦伯:《经济与社会》上卷,林荣远译,商务印书馆1977年版。

15.〔德〕哈贝马斯:《公共领域的结构转型》,曹卫东等译,学林出版社1999年版。

16.〔德〕哈贝马斯:《交往行为理论》,曹卫东译,上海人民出版社2004年版。

17.〔法〕布罗代尔:《15至18世纪的物质文明、经济和资本主义》(第一卷),顾良等译,三联书店1992年版。

18.〔美〕丹尼尔·贝尔:《后工业社会的来临——对社会预测的一次探索》,高铦等译,新华出版社1997年版。

19.〔美〕丹尼尔·贝尔:《后工业社会简明读本》,彭强编译,科学普及出版社1985年版。

20. 〔美〕道格拉斯·C. 诺斯:《制度、制度变迁与经济绩效》,杭行译,上海三联书店1994年版。
21. 〔美〕罗尔斯:《正义论》,何怀宏等译,中国社会科学出版社1988年版。
22. 〔美〕约翰·罗尔斯:《作为公平的正义——正义新论》,姚大志译,上海三联书店2002年版。
23. 〔美〕约翰·罗尔斯:《政治自由主义》,万俊人译,译林出版社2002年版。
24. 〔美〕马奇,〔挪〕奥尔森:《重新发现制度:政治的组织的基础》,张伟译,三联书店2011年版。
25. 〔美〕埃利诺·奥斯特罗姆等:《规则、博弈与公共池塘资源》,王巧玲等译,山西人民出版社2011年版。
26. 〔美〕迈克尔·麦金尼斯:《多中心体制与地方公共经济》毛寿龙译,上海三联书店2003年版。
27. 〔美〕杰伊·沙夫里茨等:《公共政策经典》,彭云望译,北京大学出版社2008年版。
28. 〔美〕珍妮特·V. 登哈特等:《新公共服务》,丁煌译,中国人民大学出版社2004年版。
29. 〔美〕乔治·弗雷德里克森:《公共行政的精神》,张成福等译,中国人民大学出版社2003年版。
30. 〔美〕亨廷顿:《变化社会中的政治秩序》,王冠华等译,三联书店1989版。
31. 〔美〕E·R. 克鲁斯克,B·M. 杰克逊:《公共政策词典》,上海远东出版社1992版。
32. 〔美〕林德布洛姆:《决策过程》,竺乾威等译,上海译文出版社1988版。
33. 〔美〕盖伊·彼得斯:《政府未来的治理模式》,吴爱明等译,中国人民大学出版社2001年版。
34. 〔美〕史蒂文·科恩等:《新有效公共管理者》,王巧玲等译,中国人民大学出版社2001年版。
35. 《布莱克维尔政治学百科全书》,邓正来等译,中国政法大学出版社1992年版。
36. 〔美〕丹尼斯·朗:《权力论》,郑明哲译,中国社会科学出版社2001年版。
37. 〔美〕特里·L. 库伯:《行政伦理学:实现行政责任的途径》,张秀琴译,中国人民大学出版社2001年版。
38. 〔美〕A·麦金泰尔:《谁之正义?何种合理性?》,当代中国出版社1996年版。
39. 〔英〕哈耶克:《法律、立法与自由》(第2卷),邓正来译,中国大百科全书出版社2000年版。
40. 〔美〕诺奇克:《无政府、国家和乌托邦》,姚大志译,中国社会科学出版社2008年版。

41. 〔英〕米尔恩:《人权哲学》,王先恒等译,东方出版社 1991 年版。
42. 〔美〕曼瑟尔·奥尔森:《集体行动的逻辑》,陈郁等译,上海三联书店 1995 年版。
43. 〔美〕路易斯·亨金:《宪政·民主·对外事务》,邓正来译,三联书店 1996 年版。
44. 〔美〕詹姆斯·M. 布坎南:《自由、市场和国家》,吴良健等译,北京经济经学院出版社 1988 年版。
45. 〔美〕戴维·伊斯顿:《政治生活的系统分析》,华夏出版社 1999 年版。
46. 〔美〕阿瑟·奥肯:《平等与效率——重大抉择》,王奔洲译,华夏出版社 2010 年版。
47. 〔意〕尼占拉·阿克塞拉:《经济政策原理:价值与技术》,郭庆旺等译,中国人民大学出版社 2001 年版。
48. 〔美〕格利戈里·曼昆:《经济学原理》,梁小民译,三联书店 1999 年版。
49. 〔美〕德博拉·斯通:《政策悖论》,顾建光译,中国人民大学出版社 2006 年版。
50. 〔英〕约翰·伊特韦尔等:《新帕尔格雷夫经济学词典》,经济科学出版社 1992 年版。
51. 〔加〕迈克尔·豪利特等:《公共政策研究》,庞诗等译,三联书店 2006 年版。
52. 〔美〕查尔斯·沃尔夫:《市场,还是政府:市场和政府失灵真相》,陆俊等译,重庆出版社 2009 年版。
53. 〔美〕詹姆斯·E. 安德森:《公共政策制定》,谢明等译. 中国人民大学出版社 2009 年版。
54. 〔南非〕毛里西奥·帕瑟林·登特利维斯主编:《作为公共协商的民主:新的视角》,中央编译出版社 2006 年版。
55. 〔美〕罗伯特·达尔:《论民主》,李柏光等译,商务印书馆 1999 年版。
56. 〔美〕格罗弗·斯塔林:《公共部门管理》,陈宪等译,上海译文出版社 2003 年版。
57. 〔英〕米切尔·黑尧:《现代国家的政策过程》,赵成根译,中国青年出版社 2004 年版。
58. 〔美〕约翰·W. 金登:《议程、备选方案与公共政策》,丁煌等译,中国人民大学出版社 2004 年版。
59. 〔美〕托马斯·R. 戴伊:《自上而下的政策制定》,鞠方安译,中国人民大学出版社 2002 年版。
60. 〔美〕拉雷·N. 格斯顿:《公共政策制定——程序和原理》,朱子文译,重庆出版社 2001 年版。
61. 〔美〕亨廷顿:《变化社会中的政治秩序》,王冠华等译,三联书店 1989 年版。
62. 〔美〕特里·L. 库伯:《行政伦理学:实现行政责任的途径》,张秀琴译,中国人民大学出版社 2001 年版。
63. 〔美〕E. S. 萨瓦斯:《民营化与公私部门的伙伴关系》,周志忍等译,中国人民大学出版社 2003 年版。
64. 〔美〕詹姆斯·博曼等:《协商民主:论理性与政治》,陈家刚等译,中央编译出版社 2006 年版。
65. 〔美〕汉娜·阿伦特:《人的条件》,竺乾威译,上海人民出版社 1999 年版。
66. 〔美〕保罗·萨缪尔森等:《经济学》(第 12 版),高鸿业等译,中国发展出版社 1992 年版。
67. 〔美〕约瑟夫·斯蒂格利茨:《经济学》,姚开建等译,中国人民大学出版社 1997 年版。
68. 〔美〕托马斯·亚诺斯基:《公民与文明社会》,柯雄译,辽宁教育出版社 2000 年版。
69. 〔英〕T. H. 马歇尔等:《公民身份与社会阶级》,郭中华等编译,江苏人民出版社 2008 年版。
70. 〔美〕艾德勒:《六大观念》,郗庆华译,三联书店 1998 年版。
71. 〔美〕乔尔·M. 卡伦等:《社会学的意蕴》,张惠强译,中国人民大学出版社 2011 年版。
72. 〔美〕C·恩伯等:《文化的变异》,辽宁人民出版社 1998 年版。
73. 〔美〕R. M. 克朗:《系统分析和政策科学》,陈东威译,商务印书馆 1985 年版。
74. 世界银行:《1997 年世界发展报告:变革世界中的政府》,编译组译,中国财政经济出版社 1997 年版。
75. 〔法〕皮埃尔·斯特罗贝尔:《从贫困到社会排斥》,《国际社会科学》1997 年第 4 期。
76. 〔美〕乔治·M. 瓦拉德兹:《协商民主》,何莉编译,《马克思主义与现实》2004 年第 3 期。
77. 冯友兰:《中国哲学史》,华东师范大学出版社 2011 年版。
78. 梁漱溟:《中国文化要义》,上海人民出版社 2011 年版。
79. 胡适:《胡适选集》,天津人民出版社 1991 年版。
80. 费孝通:《乡土中国》,人民出版社 2008 年版。
81. 郑红峰:《中国哲学史》,北京燕山出版社 2011 年版。
82. 王焕镳:《墨子校释》,浙江文艺出版社 1984 年版。
83. 汪子嵩等:《希腊哲学史》第 2 卷,人民出版社 1997 年版。
84. 柏桦:《中国政治制度史》,人民大学出版社 2011 年版。
85. 白钢:《中国政治制度史》,天津人民出版社 2002 年版。
86. 李培林:《另一只看不见的手——社会结构转型》,社会科学文献出版社 2005 年版。
87. 常杰等:《生态学》,高等教育出版社 2010 年版。

88. 何俊志等编译:《新制度主义政治学译文精选》,天津人民出版社 2007 年版。
89. 孙立平:《守卫底线:转型社会生活的基础秩序》,社会科学文献出版社 2007 年版。
90. 曾小华:《文化制度与社会变革》,中国经济出版社 2004 年版。
91. 李鹏程:《当代文化哲学沉思》,人民出版社 2008 年版。
92. 李德顺:《价值论》,中国人民大学出版社 2007 年版。
93. 刘圣中:《历史制度主义:制度变迁的比较历史研究》,上海人民出版社 2010 年版。
94. 冯利、覃光广:《当代国外文化学研究译文集》,中央民族学院出版社 1986 年版。
95. 宁骚:《公共政策学》,高等教育出版社 2003 年版。
96. 张康之:《公共行政中的哲学与伦理》,中国人民大学出版社 2004 年版。
97. 马骏、叶娟丽:《西方公共行政学理论前沿》,中国社会科学出版社 2004 年版。
98. 周树志:《公共政策学》,西北大学出版社 2000 版。
99. 何增科:《公民社会与第三部门》,社会科学文献出版社 2000 年版。
100. 李海青:《公民、权力与正义:政治学基础范畴研究》,知识产权出版社 2011 年版。
101. 邓正来:《哈耶克读本》,北京大学出版社 2010 年版。
102. 姚大志:《何谓正义:当代西方政治哲学研究》,人民出版社 2007 年版。
103. 郭道辉:《社会权利与公民社会》,译林出版社 2009 年版。
104. 陈家刚:《协商民主与当代中国政治》,中国人民大学出版社 2009 年版。
105. 马岭:《宪法权利解读》,中国人民公安大学出版社 2010 版。
106. 杨仁忠:《公共领域》,人民出版社 2009 年版。
107. 薛晓明:《转型期的弱势群体问题》,中国经济出版社 2005 年版。
108. 俞可平:《西方政治学名著提要》,江西人民出版社 2001 版。
109. 李元书:《政治发展导论》,商务印书馆 2001 年版。
110. 丁煌:《政策执行阻滞机制及其防治对策》,人民出版社 2002 年版。
111. 金太军等:《公共政策执行梗阻与消解》,广东人民出版社 2005 年版。
112. 刘斌、王春福等:《政策科学研究:政策科学理论》,人民出版社 2000 年版。
113. 陈振明:《政策科学》,中国人民大学出版社 1998 年版。
114. 徐鸿武等:《当代西方民主思潮评析》,北京师范大学出版社 2000 年版。
115. 谭安奎:《公共性二十讲》,天津人民出版社 2008 年版。
116. 刘鑫淼:《当代中国公共精神的培育研究》,人民出版社 2010 年版。
117. 陈剩勇等:《组织化、自主治理与民主——浙江温州民间商会研究》,中国社会科学出版社 2004 年版。
118. 孔繁斌:《公共性的再生产——多中心治理的合作机制建构》,江苏人民出版社 2008 年版。
119. 北京大学哲学系外国哲学史教研室:《古希腊罗马哲学》,三联书店 1957 年版。
120. 北京大学哲学系外国哲学史教研室:《西方哲学原著选读》(上卷),商务印书馆 1981 年版。
121. 北京大学哲学系外国哲学史教研室:《十六—十八世纪西欧各国哲学》,商务印书馆 1975 年版。
122. 高晨扬:《中国传统思维方式研究》,科学出版社 2012 年版。
123. 黄颂杰等:《古希腊哲学》,人民出版社 2009 年版。
124. 马啸原:《西方政治制度史》,高等教育出版社 2000 年版。
125. 郭书田等:《失衡的中国》,河北人民出版社 1990 年版。
126. 衣俊卿:《文化哲学》,云南人民出版社 2005 年版。
127. 徐行言:《中西文化比较》,北京大学出版社 2004 年版。
128. 张邦辉、彭洪洋:《行政生态学理论研究述评》,《云南行政学院学报》2008 年第 6 期。
129. 曾维和:《西方"整体政府"改革:理论、实践及启示》,《公共管理学报》2008 年第 4 期。
130. 陶攀:《2004 年行政法年会"公共利益的界定"之议题研讨综述》,《行政法学研究》2004 年第 4 期。
131. 任洁:《唯物史观视野中的文化与制度变迁关系论纲》,《东岳论丛》2010 年第 11 期。
132. 刘熙瑞:《服务型政府——经济全球化背景下中国政府改革的目标选择》,《中国行政管理》2002 第 7 期。
133. 孙亮:《服务型政府的目标意涵及其实现途径》,《中国行政管理》2007 年第 8 期。
134. 鄞益奋:《网络治理:公共管理的新框架》,《公共管理学报》2007 年第 1 期。
135. 朱亚鹏:《公共政策研究的政策网络视角》,《中山大学学报》(社会科学版) 2006 年第 1 期。
136. 沈晓阳:《西方正义观念的历史演变及其启示》,《杭州师范学院学报》2003 年第 3 期。
137. 苏敏:《关于公平和效率的哲学思考》,《中国人民大学学报》1997 年第 5 期。
138. 万平,罗洪:《协商民主理论渊源探析》,《前沿》2011 年第 5 期。
139. 刘伟等:《当代中国政策议程创建模式嬗变分析》,《公共管理学报》2008 年第 3 期。
140. 蔡京京、李德国:《政策网络中的政府治理》,《理论探讨》2005 年第 4 期。
141. 唐皇凤:《政策网络与政策后果:中国的运用》,《中共浙江省委党校学报》

2004 年第 1 期。
142. 万斌等:《论政治妥协》,《浙江学刊》2005 年第 1 期。
143. 李素霞等:《交往手段革命与交往方式变迁》,《河北师范大学学报(哲学社会科学版)》2006 年第 1 期。
144. 莫勇波:《政府执行力刍议》,《上海大学学报》2005 年第 5 期。
145. 王呈斌等:《企业政治行为的非对称博弈分析》,《复旦学报》(自然科学版)2007 年第 2 期。
146. 任勇:《政策网络的两种分析途径及其影响》,《公共管理学报》2005 年第 3 期。
147. 叶蓬:《道德权力和道德义务新论》,《开放时代》1997 第 3 期。
148. 郭勇:《经济发展:从二元结构到三元结构》,《湖湘论坛》2004 年第 3 期。
149. 王绍光:《中国公共政策议程设置的模式》,《中国社会科学》2006 年第 5 期。
150. 赵理文:《制度、体制、机制的划分及其对改革开放的方法论意义》,《中共中央党校学报》2009 年第 5 期。
151. 梅萍:《和谐社会权利平等的伦理思考》,《江淮论坛》2008 年第 1 期。
152. 汪来杰:《西方国家公共服务的变化:轨迹与特征》,《社会主义研究》2007 年第 6 期。
153. 顾丽梅:《英、美、新加坡公共服务模式比较研究——理论、模式及其变迁》,《浙江学刊》2008 年第 5 期。
154. 曾长秋等:《论公民社会权利视野下的农民工社会保障问题》,《湖南文理学院学报》(社会科学版)2009 年第 5 期。
155. 陈福今:《完善政府公共服务的若干思考》,《国家行政学院学报》2006 年第 1 期。
156. 张兴国:《价值理性:哲学应用的方法论选择》,《辽宁大学学报》(哲学社会科学版)2002 年第 4 期。
157. 翟振明:《价值理性的恢复》,《哲学研究》2002 年第 5 期。
158. 陈绍芳:《行为理性与公共政策合理性的实现》,《社会科学家》2011 年第 5 期。

后　记

中国的公共政策学理论是改革开放后兴起的，并与改革开放相伴而行，相协而进。经历了引进西方公共政策学理论的拿来主义时期、结合中国的公共政策实践予以改造的时期，然而理论上的创新还需假以时日。可喜的是公共政策学在中国方兴未艾，在老一代学者即将退出历史舞台的时候，年轻一代的学者不断加入进来，后继有人就是希望所在。年轻的学者中有一大部分是科班出身，在他们展开研究的时候已经具有了坚实的公共政策理论基础了，这种优势令人羡慕。从事公共政策学研究的老一代学者几乎都不是科班出身，具有先天性的不足。从他们发表的文章中可以看出各自的学科背景，有哲学、政治学、经济学、社会学背景的，甚至还有自然科学、工程技术背景的。当然，这有好的一面，公共政策学本来就是一个综合性的学科，需要综合运用各门学科的知识和方法进行研究。这也符合一个新兴的综合性学科的发展特点，更何况也使公共政策学的研究形成了不同特色，更加丰富多彩。伴随着不同研究视角理论上的逐步成熟，可能会形成中国公共政策学的不同流派。到那时，公共政策学领域百花齐放，百家争鸣的时代就会到来。没有争鸣就不可能发展，没有争鸣也不可能创新。不言而喻，这样的局面毫无疑问依赖于宽松的学术环境。当然，公共政策学要想成为一个独立而成熟的学科，需要构建相对完善的理论体系，需要有自己特定的研究方法。这也是摆在新一代公共政策学者面前的重要任务，必须勇敢担当，不辱使命。

本书的目的是对中国社会转型期的公共政策从理论上进行探讨和解读。涉及的范围包括社会转型期，特别是改革开放以来公共政策的制度、体制、价值、机制、模式、职能等问题，落脚点是公共政策合理性问题。如此广泛的话题、如此丰富的内容,并不是一本小书所能够容纳得了的。更何况这个时期又是一个起伏跌宕、错综复杂、色彩纷呈的时期。这个时期的公共政策实践活动也极其丰富,有探索、有反思、有实验,有创新,有成功的经验,也有失误的教训。用灰色的理论去裁剪丰富多彩的社会生活,无论什么样的理论都摆脱不了自身的局限性。当然,只要能够称得上理论,也都毫无例外的从一个侧面反映着生活的现实。书中的很多想法是带有探索性的,很多观点还不够成熟,甚至有失偏颇。之所以拿出来,目的是就教于同行,并希望与同行和读者一道更深入地探讨相关的问题,为中国公共政策学的发展略尽绵薄之力。

到浙江工商大学从教以来,一直关注此问题,已十年有余,分别在《政治学研究》《管理世界》《马克思主义研究》《中共中央党校学报》《学术交流》《理论探讨》《浙江社会科学》等学术期刊上发表了50篇相关论文,其中近30篇被《新华文摘》《中国社会科学文摘》《人大复印报刊资料》转载,本书就是在此基础上通过进一步研究和思考完成的。感谢所有发表过我文章的学术期刊及其相关编辑人员,是他们通过辛勤劳动开垦了良好的园地,才使我有机会展示耕耘的成果。感谢所列参考文献的作者,他们的研究成果为完成本书提供了思想启示和理论源泉。更感谢浙江工商大学所提供的良好而又宽松的教研平台,使我能够专心于公共政策学的教学和研究工作。感谢浙江工商大学公共管理学院行政管理省级重点学科建设经费的资助,感谢北京大学出版社,使本书得以问世。

作者

2013年10月1日于杭州沁雅花园

索 引